U0527683

HR
大律师

人力资源合规管理实战

杨 京 郑建丰 卓家鹏 游本春 / 主编

法律出版社 | LAW PRESS
北京

图书在版编目(CIP)数据

HR 大律师：人力资源合规管理实战／杨京等主编. -- 北京：法律出版社，2023
ISBN 978-7-5197-8315-0

Ⅰ.①H… Ⅱ.①杨… Ⅲ.①人力资源管理-劳动法-研究-中国 Ⅳ.①D922.504

中国国家版本馆 CIP 数据核字（2023）第 176028 号

HR 大律师：人力资源合规管理实战
HR DALÜSHI：RENLI ZIYUAN HEGUI GUANLI SHIZHAN

| 杨　京　郑建丰 | 主编 |
| 卓家鹏　游本春 | |

策划编辑 张　颖
责任编辑 张　颖
装帧设计 汪奇峰　鲍龙卉

出版发行	法律出版社	开本	710 毫米×1000 毫米 1/16
编辑统筹	法律应用出版分社	印张	23　字数 438 千
责任校对	王　丰	版本	2023 年 9 月第 1 版
责任印制	刘晓伟	印次	2023 年 9 月第 1 次印刷
经　　销	新华书店	印刷	天津嘉恒印务有限公司

地址：北京市丰台区莲花池西里 7 号(100073)
网址：www.lawpress.com.cn   销售电话：010-83938349
投稿邮箱：info@lawpress.com.cn   客服电话：010-83938350
举报盗版邮箱：jbwq@lawpress.com.cn   咨询电话：010-63939796
版权所有·侵权必究

书号：ISBN 978-7-5197-8315-0   定价：88.00 元

凡购买本社图书，如有印装错误，我社负责退换。电话：010-83938349

编 委 会

主　编

杨　京　郑建丰　卓家鹏　游本春

副主编

贺继征　陈　萍　乔烈武　张友贵
刘建忠　王建军　杨　静　陈　清
王优飞　徐　婷　陈　锐　张　峰

编　委

张　萍　王凤英　方志新　钱大胜
伍　琼　李　杰　温　乐　岑曦蕾
郭　芬　王　颖　赵纪秀　吴　建

序　言

用工是法人和其他组织的刚需,用工合规是法人和其他组织合规管理必不可少的内容。

用工合规就是要正确行使用人单位权利,履行用人单位义务,防止用人单位因行使权利不规范或者是履行义务不规范承担不利的法律后果。因此,用工合规应当分为三步:第一步,明确用工规范,厘清用人单位与劳动者的权利义务关系;第二步,评估法律责任,对比用人单位用工不规范的法律责任与合规成本,准确作出合规管理决策;第三步,用工合规管理,正确行使用人单位权利,履行用人单位义务。

法律责任分为刑事责任、行政责任和民事责任。当不利的法律后果是民事责任时,就需要考虑时效的问题。劳动者申请劳动仲裁要求用人单位承担该民事责任的时效期间已经经过的,则可忽略该法律风险。因此,本书将仲裁时效的内容放在开头。

不同的用工模式下,劳资双方的权利义务关系不同,调整劳资双方法律关系的法律规定也不一样。所以,需要先判断不同用工模式下,劳资双方建立的是何种法律关系,劳资双方的权利义务是什么,以确定法律适用问题,进一步确定用人单位用工不规范的法律责任以及合规成本。

用工模式包括全日制用工、非全日制用工、劳务派遣、劳务外包、退休返聘等,全日制用工是最常见的用工模式,也是劳资关系最为复杂的用工模式之一。相较于劳务派遣,劳务派遣虽涉及三方主体,用工关系复杂,但劳务派遣也是以全日制用工为基础的。因此,本书将全日制用工定义为常规的用工模式,其他用工模式则统称为特殊用工模式。全日制用工模式下的用工合规是本书的主要内容,笔者分不同阶段对用工合规展开详细论述,故将特殊用工模式下的用工合规放在全日制用工模式下的用工合规之前,作为本书的第三篇。

全日制用工模式下的用工合规以劳动合同为线索,涵盖了劳动合同的订立、履行、变更以及解除或终止四个阶段的内容。劳动合同订立篇的内容包括劳动合同的成立、劳动合同的内容、就业歧视等。劳动合同履行包括正常情况下劳动合同的履行和特殊情况下劳动合同的履行,劳动合同履行篇的内容包括规章制度、试用期、工作时间、休息休假、劳动报酬、社会保险费、住房公积金、劳动者患病或非因工负伤、劳动者患职业病或因工负伤、三期女职工、停工停产、长期两不找、服务期、保密与竞业限制、劳动者给用人单位造成损失、劳动者涉嫌犯罪被采取刑事强制措施等。劳动合同变更篇的内容主要是劳动合同变更的方式、形式以及用人单位单方变更劳动合同内容的规范。劳动合同解除与终止篇的内容分为解除或终止劳动合同的一般规定和具体情形分析两部分。一般规定主要是对解除权、解除权的形式以及解除劳动合同的后果进行介绍;具体情形分析则具体到解除或终止劳动合同的每一种情形,对劳动合同解除或终止的合法性进行详细说明。

  本书仲裁时效(专题一和专题二)、试用期(专题十五)、工作时间(专题十六)、休息休假(专题十七)、劳动报酬(专题十八)、社会保险(专题十九)、住房公积金(专题二十)、劳动者患病或非因工负伤(专题二十一)、劳动者患职业病或因工负伤(专题二十二)、三期女职工(专题二十三)等内容由主编杨京主笔,其余内容由其他编委会成员共同完成,本书难免有遗漏或不足之处。遗漏或不足之处,望大家多多包涵和指正,我们诚挚地希望能够与大家一起继续完善相关的内容。

目 录

仲裁时效篇

专题一　仲裁时效期间 ……………………………………… 3
　　一、仲裁时效期间的概念 ………………………………… 3
　　二、仲裁时效期间经过的法律效果 ……………………… 4
　　三、仲裁时效期间的计算 ………………………………… 4

专题二　关于仲裁时效期间计算的不同观点 …………… 7
　　一、劳动者主张用人单位支付二倍工资差额的仲裁时效期间 ………… 7
　　二、劳动者主张用人单位支付年休假工资报酬的仲裁时效期间 ……… 8

劳动关系的认定篇

专题三　认定存在劳动关系的条件 ……………………… 11
　　一、主体资格 …………………………………………… 11
　　二、满足从属性要件 …………………………………… 12
　　三、具有建立劳动关系的合意 ………………………… 12

1

特殊用工模式篇

专题四　非全日制用工 ·· 15
　　一、非全日制用工规范 ·· 15
　　二、违反非全日制用工规范的法律责任 ································· 19
　　三、合规管理 ··· 20

专题五　劳务派遣用工 ·· 25
　　一、劳务派遣用工规范 ·· 25
　　二、违反劳务派遣用工规范的法律责任 ································· 28
　　三、合规管理 ··· 31

专题六　劳务外包 ··· 38
　　一、劳务外包规范 ·· 38
　　二、违反劳务外包规范的法律责任 ·· 39
　　三、合规管理 ··· 40

专题七　聘用达到法定退休年龄的劳动者 ································ 44
　　一、聘用达到法定退休年龄的劳动者的用工规范 ··················· 44
　　二、违反用工规范的法律责任 ··· 46
　　三、合规管理 ··· 46

专题八　在校学生参加实习 ·· 50
　　一、在校学生参加实习的用工规范 ·· 50
　　二、违反用工规范的法律责任 ··· 51
　　三、合规管理 ··· 51

劳动合同订立篇——招聘与录用

专题九　订立劳动合同的形式 ··· 59
　　一、订立劳动合同应当采取书面形式 ···································· 59

二、未订立书面劳动合同的法律责任 …………………………… 59
　　三、合规管理 ………………………………………………………… 60

专题十　劳动合同的内容 ……………………………………………… 64
　　一、劳动合同的内容 ………………………………………………… 64
　　二、合规管理 ………………………………………………………… 64

专题十一　劳动合同的效力 …………………………………………… 80
　　一、普通民事合同的效力 …………………………………………… 80
　　二、劳动合同的效力 ………………………………………………… 82
　　三、其他协议的效力 ………………………………………………… 83

专题十二　劳动合同的成立 …………………………………………… 84
　　一、劳动合同成立概述 ……………………………………………… 84
　　二、劳动合同成立过程中的法律责任 ……………………………… 87
　　三、合规管理 ………………………………………………………… 88

专题十三　就业歧视 …………………………………………………… 95
　　一、什么是就业歧视 ………………………………………………… 95
　　二、就业歧视的法律责任 …………………………………………… 96
　　三、合规管理 ………………………………………………………… 97

劳动合同履行篇——在职管理

专题十四　规章制度 …………………………………………………… 103
　　一、规章制度的意义 ………………………………………………… 103
　　二、规章制度可以适用的条件 ……………………………………… 103
　　三、合规管理 ………………………………………………………… 104

专题十五　试用期间劳动合同的履行 ………………………………… 112
　　一、试用期规范 ……………………………………………………… 112

二、违反试用期规范的法律责任 ·············· 113
　　三、合规管理 ······························· 113

专题十六　工作时间 ························ 116
　　一、工作时间规范 ··························· 116
　　二、违反工作时间规范的法律责任 ············ 119
　　三、合规管理 ······························· 119

专题十七　休息、休假 ······················ 124
　　一、休息、休假规范 ························· 124
　　二、违反休息、休假规范的法律责任 ·········· 130
　　三、合规管理 ······························· 131

专题十八　支付劳动报酬 ···················· 137
　　一、劳动报酬支付规范 ······················· 137
　　二、违反劳动报酬支付规范的法律责任 ········ 138
　　三、合规管理 ······························· 139

专题十九　缴纳社会保险费 ·················· 150
　　一、社会保险费征缴规范 ····················· 150
　　二、违反社会保险费征缴规范的法律责任 ······ 151
　　三、合规管理 ······························· 153

专题二十　缴纳住房公积金 ·················· 156
　　一、住房公积金缴存规范 ····················· 156
　　二、违反住房公积金缴存规范的法律责任 ······ 157
　　三、合规管理 ······························· 158

专题二十一　劳动者患病或非因工负伤 ········ 161
　　一、劳动合同履行规范 ······················· 161
　　二、违反劳动合同履行规范的法律责任 ········ 168

三、合规管理 ························· 169

专题二十二　劳动者患职业病或因工负伤 177
　　一、工伤保险规范 ····················· 177
　　二、违反工伤保险规范的法律责任 ········ 189
　　三、合规管理 ························· 191

专题二十三　三期女职工 197
　　一、三期女职工的用工规范 ············· 197
　　二、违反用工规范的法律责任 ··········· 200
　　三、合规管理 ························· 202

专题二十四　停工停产 210
　　一、停工停产规范 ····················· 210
　　二、违反停工停产规范的法律责任 ······· 212
　　三、合规管理 ························· 213

专题二十五　长期两不找 220
　　一、长期两不找的法律后果 ············· 220
　　二、合规管理 ························· 221

专题二十六　服务期 227
　　一、服务期约定有效的条件 ············· 227
　　二、违反服务期约定的法律责任 ········· 228
　　三、合规管理 ························· 230

专题二十七　保密与竞业限制 239
　　一、保密与竞业限制规范 ··············· 239
　　二、违反保密与竞业限制规范的法律责任 · 242
　　三、合规管理 ························· 243

5

专题二十八　劳动者给用人单位造成损失······249
  一、劳动者给用人单位造成损失的处理规范······249
  二、违反处理规范的法律责任······250
  三、合规管理······250

专题二十九　劳动者涉嫌违法犯罪被采取刑事强制措施······254
  一、劳动者被采取刑事强制措施的劳动合同履行规范······254
  二、违反暂时停止履行劳动合同规范的法律责任······256
  三、合规管理······256

劳动合同变更篇——在职管理

专题三十　变更劳动合同内容······263
  一、劳动合同变更规范······263
  二、违反劳动合同变更规范的法律责任······265
  三、合规管理······266

劳动合同的解除与终止篇——离职管理

专题三十一　劳动合同解除与终止的一般规定······273
  一、解除或终止劳动合同的规范······273
  二、违反解除或终止劳动合同规范的法律责任······281
  三、合规管理······284

专题三十二　预告解除劳动合同······297
  一、预告解除劳动合同规范······297
  二、违反预告解除劳动合同规范的法律责任······298
  三、合规管理······299

专题三十三　被迫解除劳动合同······303
  一、被迫解除劳动合同规范······303

二、违反被迫解除劳动合同规范的法律责任 ……………………… 305
三、合规管理 …………………………………………………… 306

专题三十四　过错性解除 ……………………………………… 309
一、过错性解除规范 …………………………………………… 309
二、违反过错性解除规范的法律责任 …………………………… 313
三、合规管理 …………………………………………………… 314

专题三十五　无过错性解除 ……………………………………… 327
一、用人单位的解除权 ………………………………………… 327
二、违反无过错性解除规范的法律责任 ………………………… 329
三、合规管理 …………………………………………………… 330

专题三十六　经济性裁员 ………………………………………… 338
一、经济性裁员规范 …………………………………………… 338
二、违反经济性裁员规范的法律责任 …………………………… 340
三、合规管理 …………………………………………………… 340

专题三十七　劳动合同期满终止 ………………………………… 344
一、劳动合同期满终止规范 …………………………………… 344
二、违反劳动合同期满终止规范的法律责任 …………………… 347
三、合规管理 …………………………………………………… 348

本书编委会简介 …………………………………………………… 353

仲裁时效篇

专题一 仲裁时效期间

劳动仲裁时效期间是否已经经过是用人单位进行用工风险管理时必须考虑的一个因素。

一、仲裁时效期间的概念

仲裁时效期间是指申请劳动仲裁的时效期间,仲裁时效期间经过以后,权利人才申请劳动仲裁的,负有义务一方可主张仲裁时效期间经过的抗辩,抗辩成立的,可不履行相应的义务。

《劳动争议调解仲裁法》第五条规定,发生劳动争议,当事人不愿协商、协商不成或者达成和解协议后不履行的,可以向调解组织申请调解;不愿调解、调解不成或者达成调解协议后不履行的,可以向劳动争议仲裁委员会申请仲裁;对仲裁裁决不服的,除本法另有规定的外,可以向人民法院提起诉讼。《最高人民法院关于审理劳动争议案件适用法律问题的解释(一)》(法释〔2020〕26号)第十五条规定,劳动者以用人单位的工资欠条为证据直接提起诉讼,诉讼请求不涉及劳动关系其他争议的,视为拖欠劳动报酬争议,人民法院按照普通民事纠纷受理。根据上述规定,除劳动者以用人单位的工资欠条为证据直接提起诉讼,诉讼请求不涉及劳动关系其他争议的情形外,劳动争议应当先向劳动争议仲裁委员会申请仲裁,经过仲裁程序后,才能向人民法院提起诉讼。故劳动争议案件一般不适用诉讼时效的规定,而是适用仲裁时效的规定。

《民法典》第一百九十八条规定,法律对仲裁时效有规定的,依照其规定;没有规定的,适用诉讼时效的规定。关于仲裁时效,《劳动争议调解仲裁法》第二十七条作了相关规定。《劳动争议调解仲裁法》第二十七条第一款规定,劳动争议申请仲裁的时效期间为1年。仲裁时效期间从当事人知道或者应当知道其权利被侵害之日起计算。第二款规定,前款规定的仲裁时效,因当事人一方向对方当事人主张权利,或者向有关部门请求权利救济,或者对方当事人同意履行义务而中断。从中断时起,仲裁时效期间重新计算。第三款规定,因不可抗力或者有其他正当理由,当事人不能在本条第一款规定的仲裁时效期间申请仲裁的,仲裁时效中止。从中止时效的原因消除之日起,仲裁时效期间继续计算。第四款规定,劳动关系存续期间因拖欠劳动报酬发生争议的,劳动者申请仲裁不受本条第一款规定的仲裁时效期间的限制;但是,劳动关系终止的,应当自劳动关系终止之日起1年内提出。根据上述规定,仲裁时效与诉讼时效除适用范围不一样外,时效期间也不一样。

二、仲裁时效期间经过的法律效果

《民法典》第一百九十二条第一款规定,诉讼时效期间届满的,义务人可以提出不履行义务的抗辩。第一百九十三条规定,人民法院不得主动适用诉讼时效的规定。《最高人民法院关于审理民事案件适用诉讼时效制度若干问题的规定》(法释〔2020〕17号)第二条规定,当事人未提出诉讼时效抗辩,人民法院不应对诉讼时效问题进行释明。根据上述规定,仲裁时效期间经过以后,权利人的实体权利并未消灭,而义务人仅享有对抗权利人请求的抗辩权,即权利人主张权利时,义务人可以以权利人的仲裁时效期间已经届满为由进行抗辩,不履行该义务。需要注意的是,抗辩权是需要行使的,如义务人在权利人主张权利时不提出仲裁时效期间已经经过,其可不履行义务的抗辩主张,则不产生义务人无须履行相应义务的法律效果。

劳动者主张用人单位支付未订立书面劳动合同的二倍工资差额,如该项主张的仲裁时效期间已经经过,用人单位可抗辩该项主张的仲裁时效期间已经经过,本单位无须支付未订立书面劳动合同的二倍工资差额;如用人单位未提出该抗辩主张,且符合未订立书面劳动合同应支付二倍工资差额的构成要件,用人单位应当支付劳动者二倍工资差额。

三、仲裁时效期间的计算

(一)仲裁时效期间的期限

仲裁时效期间的计算与仲裁时效期间的期限及仲裁时效期间的起算时间有关。根据《劳动争议调解仲裁法》第二十七条第一款的规定,劳动争议申请仲裁的时效期间为1年,即仲裁时效期间的期限为1年。

(二)仲裁时效期间的起算时间

关于仲裁时效期间的起算时间,结合《劳动争议调解仲裁法》第二十七条第一款及第四款的规定,可以先将争议分为两个部分。一部分是因拖欠劳动报酬发生的争议;另一部分是其他争议。

1. 因拖欠劳动报酬发生的争议不受1年仲裁时效期间的限制,但是,劳动关系终止的,应当自劳动关系终止之日起1年内提出。实际上,可以理解为因拖欠劳动报酬发生争议仍受仲裁时效期间的限制,但仲裁时效期间自劳动关系终止之日开始计算。

2. 非因拖欠劳动报酬发生的争议,仲裁时效期间从当事人知道或者应当知道其权利被侵害之日起计算。根据《民法典》第一百八十九条的规定,当事人约定同一债务分期履行的,诉讼时效期间自最后一期履行期限届满之日起计算。例如,竞业限制经济补偿系按月支付,劳动者主张用人单位支付竞业限制经济补偿的仲裁时效期间应当从最后一期履行期限届满之日起计算。需要注意的是,因一方的违法行为发生争议,违法行为处于持续状态的,司法实务中一般认为,仲裁时效期间应当自违法行为终了之日开始计算。

另外,根据《民法典》第二百零一条第一款的规定,计算仲裁时效期间时,开始的当日不计入,自下一日开始计算。

(三) 仲裁时效期间的中断

《劳动争议调解仲裁法》第二十七条第二款规定,前款规定的仲裁时效,因当事人一方向对方当事人主张权利,或者向有关部门请求权利救济,或者对方当事人同意履行义务而中断。从中断时起,仲裁时效期间重新计算。《民法典》第一百九十五条规定,有下列情形之一的,诉讼时效中断,从中断、有关程序终结时起,诉讼时效期间重新计算:(1)权利人向义务人提出履行请求;(2)义务人同意履行义务;(3)权利人提起诉讼或者申请仲裁;(4)与提起诉讼或者申请仲裁具有同等效力的其他情形。《最高人民法院关于审理民事案件适用诉讼时效制度若干问题的规定》第八条第一款规定,具有下列情形之一的,应当认定为《民法典》第一百九十五条规定的"权利人向义务人提出履行请求",产生诉讼时效中断的效力:(1)当事人一方直接向对方当事人送交主张权利文书,对方当事人在文书上签名、盖章、按指印或者虽未签名、盖章、按指印但能够以其他方式证明该文书到达对方当事人的;(2)当事人一方以发送信件或者数据电文方式主张权利,信件或者数据电文到达或者应当到达对方当事人的;(3)当事人一方为金融机构,依照法律规定或者当事人约定从对方当事人账户中扣收欠款本息的;(4)当事人一方下落不明,对方当事人在国家级或者下落不明的当事人一方住所地的省级有影响的媒体上刊登具有主张权利内容的公告的,但法律和司法解释另有特别规定的,适用其规定。第二款规定,前款第一项情形中,对方当事人为法人或者其他组织的,签收人可以是其法定代表人、主要负责人、负责收发信件的部门或者被授权主体;对方当事人为自然人的,签收人可以是自然人本人、同住的具有完全行为能力的亲属或者被授权主体。根据上述规定,仲裁时效期间可以中断,发生仲裁时效期间中断的事由后,仲裁时效期间中断,中断事由终结时起,仲裁时效期间重新计算。

(四)仲裁时效期间的中止

《民法典》第一百九十四条第一款规定,在诉讼时效期间的最后6个月内,因下列障碍,不能行使请求权的,诉讼时效中止:(1)不可抗力;(2)无民事行为能力人或者限制民事行为能力人没有法定代理人,或者法定代理人死亡、丧失民事行为能力、丧失代理权;(3)继承开始后未确定继承人或者遗产管理人;(4)权利人被义务人或者其他人控制;(5)其他导致权利人不能行使请求权的障碍。第二款规定,自中止时效的原因消除之日起满6个月,诉讼时效期间届满。结合《劳动争议调解仲裁法》第二十七条第三款的规定,仲裁时效期间的中止可以理解为:

(1)仲裁时效期间可以中止,中止事由发生后,仲裁时效期间暂停计算,中止事由包括《民法典》第一百九十四条第一款规定的情形;

(2)自中止时效的原因消除之日起,仲裁时效期间继续计算;

(3)因《劳动争议调解仲裁法》并未规定中止时效应当在时效期间的最后6个月内,故仲裁时效期间的中止不受在时效期间的最后6个月内的限制。

专题二 关于仲裁时效期间计算的不同观点

适用法律是价值判断,尽管《劳动争议调解仲裁法》《民法典》及最高人民法院出台的相关司法解释已经对仲裁时效期间作了详尽的规定,但司法实务中在确定一些请求对应的仲裁时效期间时,仍存在不同的观点。这些不同观点形成的原因主要是对一些请求的性质是否属于支付劳动报酬,以及仲裁时效期间的起算时间存在不同的观点。

一、劳动者主张用人单位支付二倍工资差额的仲裁时效期间

二倍工资差额包含因未订立书面劳动合同的二倍工资差额和因未订立无固定期限劳动合同的二倍工资差额。二者的支付条件虽不一样,但性质相同。司法实务中,除极少数判决中将二倍工资差额认定为劳动报酬外,绝大部分的判决认定二倍工资差额不属于劳动报酬。因此,劳动者主张用人单位支付二倍工资差额的仲裁时效期间是从劳动者知道或应当知道其权利受到侵害之日起开始计算。尽管如此,司法实务中就仲裁时效期间的起算时间仍存在不同的观点。

一种观点认为,用人单位与劳动者订立书面劳动合同的宽限期的最后一日届满以后,用人单位未与劳动者订立书面劳动合同的,宽限期届满之日的次日为劳动者知道或者应当知道其权利被侵害之日,仲裁时效期间开始计算。因此,劳动者请求用人单位支付因未订立书面劳动合同的二倍工资差额时,按照提出请求之日往历史的方向推1年,超过1年的部分,仲裁时效期间经过,未超过1年的部分,仲裁时效期间未经过。

另一种观点认为,因劳动者的工资按一定的周期支付,用人单位未与劳动者订立书面劳动合同的,下一个工资支付日用人单位未支付二倍工资的,劳动者应当知道其权利被侵害,该部分二倍工资差额的仲裁时效期间开始计算。

还有一种观点认为,因未订立书面劳动合同的违法行为处于持续状态,仲裁时

效期间应当自违法行为终了之日开始计算,即用人单位自用工之日起,或劳动合同期限届满之日起1年内订立了书面劳动合同的,签订劳动合同之日为违法行为终了之日,如超过1年未订立书面劳动合同,则满1年之日为违法行为终了之日。

用人单位在进行法律风险评估时,建议按照最后一种观点掌握。其原因是目前的司法实务中,这种观点被更多的人接受,且这种观点对用人单位最不利。

二、劳动者主张用人单位支付年休假工资报酬的仲裁时效期间

年休假工资报酬是否属于劳动报酬在司法实务中存在较大的争议。如认为年休假工资报酬属于劳动报酬,则劳动者主张用人单位支付年休假工资报酬的仲裁时效期间应当自劳动关系终止之日起开始计算;如认为年休假工资报酬不属于劳动报酬,则劳动者主张用人单位支付年休假工资报酬的仲裁时效期间应当自劳动者知道或应当知道其权利受到侵害之日起开始计算。

在认定年休假工资报酬不属于劳动报酬的情况下,如何确定劳动者知道或应当知道其权利受到侵害之日在司法实务中也存在争议。

一种观点认为,《职工带薪年休假条例》第五条第二款规定,年休假在1个年度内可以集中安排,也可以分段安排,一般不跨年度安排。单位因生产、工作特点确有必要跨年度安排职工年休假的,可以跨1个年度安排。可见,年休假是可以跨1个年度安排的。因此,用人单位当年度未安排劳动者休完年休假的,不能当然认为用人单位侵害了劳动者的权利,用人单位在下一个年度结束时仍未安排劳动者休完上年度应休年休假的,才能认定用人单位侵害了劳动者的权利,也才能认定劳动者知道或应当知道其权利受到侵害。故劳动者主张用人单位支付n年度的年休假工资报酬的仲裁时效期间应当自"n+1"年的12月31日起开始计算。

另一种观点认为,《企业职工带薪年休假实施办法》第九条规定,用人单位根据生产、工作的具体情况,并考虑职工本人意愿,统筹安排年休假。用人单位确因工作需要不能安排职工年休假或者跨1个年度安排年休假的,应征得职工本人同意。根据该规定,用人单位跨1个年度安排劳动者休年休假的,应经劳动者同意。故用人单位当年度未安排劳动者休完年休假,也未经得劳动者同意跨1个年度安排年休假的,应当认定用人单位侵害了劳动者的权利,劳动者知道或应当知道其权利受到侵害,仲裁时效期间开始计算。故劳动者主张用人单位支付n年度的年休假工资报酬的仲裁时效期间应当自n年的12月31日起开始计算。

劳动关系的认定篇

专题三　认定存在劳动关系的条件

劳动和社会保障部[①]发布的《关于确立劳动关系有关事项的通知》第一条规定,用人单位招用劳动者未订立书面劳动合同,但同时具备下列情形的,劳动关系成立:(1)用人单位和劳动者符合法律、法规规定的主体资格;(2)用人单位依法制定的各项劳动规章制度适用于劳动者,劳动者受用人单位的劳动管理,从事用人单位安排的有报酬的劳动;(3)劳动者提供的劳动是用人单位业务的组成部分。司法实务中,一般认为认定存在劳动关系的条件包括:(1)当事人一方具备用人单位主体资格,另一方具备劳动者主体资格;(2)满足从属性要件;(3)具有建立劳动关系的合意。

一、主体资格

(一)用人单位主体资格

关于用人单位主体资格,首先可以肯定的是,自然人一定不具备用人单位主体资格;其次,领取营业执照的组织一定具备用人单位主体资格。根据《劳动合同法》第二条第二款的规定,国家机关、事业单位、社会团体具备用人单位主体资格。另外需要注意的是,未办理营业执照、营业执照被吊销、营业期限届满的组织,是否具有用人单位主体资格在司法实务中是存在争议的,但即便认定其不具备用人单位主体资格,根据《劳动合同法》第九十三条、《劳动人事争议仲裁办案规则》第六条的规定,与劳动者发生争议的,按照劳动争议案件处理,将用人单位和其出资人、开办单位或者主管部门作为共同当事人。

综上,除自然人外,其他用工主体都可能具备用人单位主体资格。

---

① 现已更名为人力资源和社会保障部,后文不再赘述。

(二)劳动者主体资格

关于劳动者的主体资格,主要是对年龄方面的限制。根据《劳动法》的规定,禁止用人单位招用未满16周岁的未成年人。文艺、体育和特种工艺单位招用未满16周岁的未成年人,必须依照国家有关规定,履行审批手续,并保障其接受义务教育的权利。换言之,除一些特殊行业的需要外,未满16周岁的未成年人不能成为劳动关系的主体,双方之间形成用工关系的不属于劳动关系。

二、满足从属性要件

根据劳动和社会保障部发布的《关于确立劳动关系有关事项的通知》,从属性要件包含以下两点内容:(1)劳动者向用人单位提供有报酬的劳动,用人单位支付劳动报酬;(2)用人单位对劳动者进行劳动管理。"劳动管理"一词比较抽象,可以归纳为以下两点:(1)用人单位的规章制度适用于劳动者,劳动者不只是受双方协议的约束;(2)用人单位除要求劳动者提供劳务外,还约束劳动者的其他方面,如对劳动者进行考勤、培训等,而劳务关系、挂靠关系中就不存在劳动管理关系。

三、具有建立劳动关系的合意

建立劳动关系的合意是指双方都存在建立劳动关系的意思,建立劳动关系的意思包含从属性要件的内容,即劳动者提供劳动,用人单位支付劳动报酬,用人单位有权对劳动者进行劳动管理,劳动者接受用人单位的劳动管理。如挂靠关系中,挂靠人与被挂靠单位之间存在建立挂靠关系的合意,不存在建立劳动关系的合意,即不存在挂靠人向被挂靠单位提供劳动,被挂靠单位支付挂靠人劳动报酬,被挂靠单位对挂靠人进行劳动管理的合意。在没有签订书面协议的情况下,是否存在建立劳动关系的合意一般难以证明,只能通过实际履行情况来判断,比如用人单位对劳动者进行管理,劳动者认可用人单位的管理权利的,即便不认可用人单位作出的管理决定,但未提出用人单位没有对其享有管理权的,可以认定双方之间存在用人单位对劳动者进行管理的合意。

合意要件的重要性在涉及三方主体用工关系的认定时尤其重要,如建筑行业中,实际施工人招用的劳动者因与承包人之间不存在建立劳动关系的合意;劳务外包中承包人招用的员工与发包人之间不存在建立劳动关系的合意;劳务派遣用工中被派遣劳动者与用工单位之间不存在建立劳动关系的合意;挂靠人招用的劳动者与被挂靠单位之间不存在建立劳动关系的合意。因此,应认定上述当事人之间不存在劳动关系。

特殊用工
模式篇

专题四　非全日制用工

一、非全日制用工规范

非全日制用工是一种特殊的用工方式,相较于全日制用工,其用工成本低,风险小,且用工形式灵活,正确使用非全日制用工可以为企业节省很多不必要的用工成本。但非全日制用工的使用具有局限性,不是所有岗位都可以使用非全日制用工。

(一)非全日制用工的适用范围

无论是全日制用工还是非全日制用工,用人单位与劳动者之间均存在劳动关系,双方权利义务关系受劳动合同法的调整。《劳动合同法》第六十八条规定,非全日制用工是指以小时计酬为主,劳动者在同一用人单位一般平均每日工作时间不超过4小时,每周工作时间累计不超过24小时的用工形式。根据该规定,区分用人单位与劳动者之间是全日制用工关系还是非全日制用工关系主要看劳动者的工作时间。在双方存在劳动关系的前提下,如劳动者平均每日工作时间不超过4小时,每周工作时间累计不超过24小时,则双方之间系非全日制用工关系;如劳动者平均每日工作时间超过4小时,或每周工作时间累计超过24小时,则双方之间系全日制用工关系。

司法实务中,在工作时间难以查明的情况下,可能会结合计薪方式、工资支付周期等来确定用人单位与劳动者的用工关系。主要是在用人单位主张与劳动者之间系非全日制用工关系,工作时间难以查明时,如用人单位支付劳动者的劳动报酬不是以小时计薪为主,劳动报酬的支付周期超过15日的,司法机关可能会因此不采信用人单位的主张。

(二)非全日制用工关系中的权利义务

非全日制用工关系虽然属于劳动关系,但其用工形式特别灵活,用人单位与劳动者之间的权利义务关系更加简单。

1. 工作时间

劳动关系中,劳动者工作时间要结合法律规定和劳动合同的约定来确定。如劳动合同约定的工作时间不违反法律的强制性规定,则以劳动合同的约定来确定劳动者的工作时间;如劳动合同约定的工作时间违反法律的强制性规定,则超出法律规定的部分无效,劳动者的工作时间按照法律规定的劳动者工作时间上限为准。具体到全日制用工关系与非全日制用工关系中,因劳动者的工作时间决定了双方之间的用工关系。因此,在确定劳动者的工作时间时,要先根据双方关于工作时间的约定来确定双方的用工关系。如双方约定劳动者的工作时间平均每日超过4小时,或每周累计超过24小时,则认定双方之间系全日制用工关系,需要结合法律对全日制用工关系中工作时间的规定来确定劳动者的工作时间。如双方约定劳动者的工作时间平均每日不超过4小时,且每周累计不超过24小时,则认定双方之间系非全日制用工关系,同时,因上述规定不违反法律的强制性规定,故双方的权利义务关系以约定为准。

2. 休息、休假

(1)周休息日与法定休假日。《国务院关于职工工作时间的规定》第七条规定,国家机关、事业单位实行统一的工作时间,星期六和星期日为周休息日。企业和不能实行前款规定的统一工作时间的事业单位,可以根据实际情况灵活安排周休息日。根据上述规定,国家机关、事业单位的周休息日原则上是星期六和星期日,企业和部分事业单位可以灵活安排周休息日,休息日不一定是星期六和星期日。另外,根据劳动部[①]印发《〈国务院关于职工工作时间的规定〉问题解答》中的规定,有困难的企业,周休息日可以只安排1天。非全日制用工劳动者当然也享有在周休息日休息的权利。法定休假日是指《全国年节及纪念日放假办法》第二条规定的全体公民放假的节日,全体公民应当包括非全日制用工劳动者。但实践中,如单位未保证非全日制用工劳动者每周休息1天或安排劳动者在法定休假日工作,一般也不适用加班费的规定。

(2)婚假、产假。非全日制用工劳动者当然也享有休婚假、产假的权利,尽管如此,但非全日制用工关系中,单位与员工均享有任意解除劳动合同的权利,非全日制用工劳动者是否享有休婚假、产假的权利,就笔者来看,讨论的意义并不大。

(3)年休假。《企业职工带薪年休假实施办法》第三条规定,职工连续工作满

[①] 现更名为人力资源和社会保障部,后文不再赘述。

12个月以上的,享受带薪年休假。但并未明确规定连续工作是否包含非全日制用工的情形。《人力资源和社会保障部办公厅关于〈企业职工带薪年休假实施办法〉有关问题的复函》中指出,《企业职工带薪年休假实施办法》第四条中的"累计工作时间",包括职工在机关、团体、企业、事业单位、民办非企业单位、有雇工的个体工商户等单位从事全日制工作期间,以及依法服兵役和其他按照国家法律、行政法规和国务院规定可以计算为工龄的期间(视同工作期间)。根据该规定,在计算劳动者的应休年休假天数时,非全日制用工期间的工作时间不计算在内。按此观点,非全日制用工劳动者不享受年休假。

3. 试用期

根据《劳动合同法》第七十条的规定,非全日制用工双方当事人不得约定试用期。非全日制用工关系中,用人单位不得与劳动者约定试用期,否则应承担违法约定试用期的法律责任。根据《劳动合同法》第八十三条的规定,用人单位违反本法规定与劳动者约定试用期的,由劳动行政部门责令改正;违法约定的试用期已经履行的,由用人单位以劳动者试用期满月工资为标准,按已经履行的超过法定试用期的期间向劳动者支付赔偿金。

4. 劳动报酬

(1) 计薪方式及支付周期。劳动合同法虽规定非全日制用工是指以小时计酬为主,但并不禁止双方约定在固定工资支付周期内支付固定工资。因此,用人单位与劳动者约定不是以小时计酬也是有效的。《劳动合同法》第七十二条规定,非全日制用工小时计酬标准不得低于用人单位所在地人民政府规定的最低小时工资标准。非全日制用工劳动报酬结算支付周期最长不得超过15日。根据上述规定,用人单位与劳动者约定工资标准低于当地最低小时工资标准的,约定无效,应当按照当地最低小时工资标准确定劳动者的劳动报酬。用人单位与劳动者约定工资标准不低于当地最低小时工资标准的,约定有效。约定劳动报酬的支付周期超过15日,则劳动报酬的支付周期为15日;约定劳动报酬的支付周期不超过15日,以约定为准。

(2) 加班费。实践中普遍认为,工作时间是判断是否属于非全日制用工的关键因素,如劳动者的工作时间超过非全日制用工的法定工作时间,一般不适用关于加班的规定。江苏省高级人民法院认为,《劳动合同法》第六十八条规定,非全日制用工,是指以小时计酬为主,劳动者在同一用人单位一般平均每日工作时间不超过四小时,每周工作时间累计不超过二十四小时的用工形式。据此规定,非全日制不能简单以工作时间来判断是否属于加班,而是应当将工作时间看作是否属于非全日制的重要判断标准。因此,经协商一致,劳动者从事非全日制工作的,无论是法定休息日,还是法定休假日工作的,均不认定是加班。对于每周超过24小时的非全日制用工,不是支付加班费的问题,而是认定为非全日制用工不成立,认定为全日制用工,按全日制用工适用《劳动法》《劳动合同法》的有关权利和义务。《北京市工资支付规定》第十八条第二款规定,"用人单位招用非全日制工作的劳动者,可以不执行本规定第十四条的规定,但用人单位安排其在法定休假日工作的,其小时工资不得低于本市规定的非全日制从业人员法定休假日小时最低工资标准"。

5. 社会保险

《社会保险法》第五十八条规定,自愿参加社会保险的无雇工的个体工商户、未在用人单位参加社会保险的非全日制从业人员以及其他灵活就业人员,应当向社会保险经办机构申请办理社会保险登记。《劳动和社会保障部关于非全日制用工若干问题的意见》第十条规定,从事非全日制工作的劳动者应当参加基本养老保险,原则上参照个体工商户的参保办法执行。第十二条规定,用人单位应当按照国家有关规定为建立劳动关系的非全日制劳动者缴纳工伤保险费。根据上述规定,非全日制用工关系中,用人单位应当为劳动者缴纳工伤保险费,但缴纳养老保险费、生育保险费、失业保险费以及医疗保险费不是用人单位的法定义务。相应地,发生工伤保险事故以后,劳动者有享受工伤保险待遇的权利,用人单位负有支付工伤保险待遇的义务。

(三) 订立劳动合同的形式

根据《劳动合同法》第六十九条的规定,非全日制用工双方当事人可以订立口头协议。该条规定相较于《劳动合同法》第十条是特殊条款,故非全日制用工关系中,订立书面劳动合同并不是用人单位与劳动者的法定义务,《劳动合同法》第八十二条的规定也不适用于非全日制用工关系。

(四) 劳动合同的解除与终止

为什么说非全日制用工是一种非常灵活的用工方式呢?

《劳动合同法》第七十一条规定,非全日制用工双方当事人任何一方都可以随时通知对方终止用工。终止用工,用人单位不向劳动者支付经济补偿。根据上述规定,非全日制用工关系中,用人单位与劳动者均享有单方解除劳动合同的权利,劳动合同解除或终止后,用人单位无支付经济补偿或赔偿金的义务。另外,关于解除权的行使,没有通知时间及通知形式方面的要求。基于此,司法实务中一般认为,非全日制用工不适用《劳动合同法》第十四条的规定。

二、违反非全日制用工规范的法律责任

违反非全日制用工规范的情形主要包括:(1)违法使用非全日制用工;(2)约定试用期;(3)未及时足额支付劳动报酬。

(一)违法使用非全日制用工的法律责任

用人单位在不符合使用非全日制用工的岗位使用非全日制用工,将被认定与劳动者之间系全日制用工关系,因此产生基于全日制用工关系的法律责任。如支付因未订立书面劳动合同的二倍工资差额,支付因解除劳动合同的经济补偿或赔偿金,补缴社会保险费或赔偿社会保险待遇损失等。

(二)违法约定试用期的法律责任

用人单位与非全日制用工劳动者约定试用期的,约定的试用期无效,用人单位应承担违法约定试用期的法律责任。详见试用期章节的内容。

(三)未及时足额支付劳动报酬的法律责任

《劳动合同法》第三十条第二款规定,用人单位拖欠或者未足额支付劳动报酬的,劳动者可以依法向当地人民法院申请支付令,人民法院应当依法发出支付令。第八十五条规定,用人单位有下列情形之一的,由劳动行政部门责令限期支付劳动报酬、加班费或者经济补偿;劳动报酬低于当地最低工资标准的,应当支付其差额部分;逾期不支付的,责令用人单位按应付金额50%以上100%以下的标准向劳动者加付赔偿金:(1)未按照劳动合同的约定或者国家规定及时足额支付劳动者劳动报酬的;(2)低于当地最低工资标准支付劳动者工资的;(3)安排加班不支付加班费的;(4)解除或者终止劳动合同,未依照本法规定向劳动者支付经济补偿的。根据上述规定,用人单位未及时足额支付劳动报酬的,人民法院可以根据劳动者的申请依法发出支付令,劳动行政部门可责令用人单位限期支付劳动报酬,逾期不支付的,还可以要求用人单位加付赔偿金。司法实务中,有观点认为,即便不满足劳动行政部门责令用人单位限期支付劳动报酬,用人单位逾期不支付这一条件,也应支持劳动者关于加付赔偿金的请求。

三、合规管理

非全日制用工最大的法律风险是认定用人单位与劳动者系全日制用工关系，因此产生基于全日制用工关系的法律责任。因此，使用非全日制用工时，要注意防止被认定与劳动者系全日制用工关系。

（一）根据用工时间决定是否适用非全日制用工

非全日制用工仅限于平均每日工作时间不超过4小时，每周工作时间累计不超过24小时的劳动者。如使用非全日制用工，应当将劳动者的工作时间限定在上述标准内。否则，建议选择其他合适的用工模式。

（二）订立书面劳动合同

尽管订立书面劳动合同不是用人单位的法定义务，但书面劳动合同是证明双方用工关系的直接证据。未订立书面劳动合同，可能会因此难以证明双方系非全日制用工关系。当然，要特别注意书面劳动合同的内容，尤其是关于工作时间、计薪方式、工资支付周期以及解除与终止的内容。工作时间要满足平均每日工作时间不超过4小时，每周工作时间累计不超过24小时；计薪方式最好以小时计薪；工资支付周期不超过15日；不要限定用人单位的解除权。

（三）有效考勤

考勤是单位实现劳动管理的重要手段，考勤记录更是证明工作时间的关键证据，更好地证明双方之间系非全日制用工关系。

（四）保留工资支付凭证

《工资支付暂行规定》第六条规定，用人单位必须书面记录支付劳动者工资的数额、时间、领取者的姓名以及签字，并保存2年以上备查。保留工资支付凭证不仅是单位的法定义务，同时，支付工资是单位的义务，双方就是否已经支付工资产生纠纷的，由单位承担举证责任。

（五）依法缴纳工伤保险费，可选择商业保险作为补充

非全日制用工关系中，用人单位有为劳动者缴纳工伤保险费，承担工伤保险责任的义务。根据《工伤保险条例》第六十二条第二款的规定，依照本条例规定应当

参加工伤保险而未参加工伤保险的用人单位职工发生工伤的，由该用人单位按照本条例规定的工伤保险待遇项目和标准支付费用。如单位未为劳动者缴纳工伤保险费，发生工伤保险事故后，全部工伤保险待遇由单位支付。

此外，即便单位为劳动者缴纳了工伤保险费，发生工伤保险事故后，单位一般也要支付一部分工伤保险待遇。对于事故发生率较高的行业或岗位，可以考虑通过购买商业保险转嫁单位的用工风险。购买商业保险时要注意以下问题：

1. 险种的选择。如购买雇主责任险，保险赔偿金支付给单位；如购买意外险，保险赔偿金则支付给受益人，而受益人不能是单位。

2. 如已经购买意外险，应与劳动者约定购买意外险的目的是转嫁单位的用工风险。单位为员工购买意外险的目的可能是转嫁单位的用工风险，也可能是给予员工的福利，在没有明确约定的情况下，单位主张在受益人获得的赔偿金范围内免除责任的，该请求难以得到支持。就单位承担保险费后是否可以主张在受益人获得的赔偿金范围内免除责任这一问题，司法实务中存在不同的观点。一种观点认为，只要保险费是由用人单位支付的，用人单位就可以主张在受益人获得的赔偿金范围内免除责任。另一种观点认为，应当以约定为准，有约定的按照约定执行，没有约定的，用人单位不能主张在受益人获得的赔偿金范围内免除责任。还有一种观点认为，用人单位给员工购买商业保险应当认定为单位给予员工的福利，用人单位不得主张抵扣其应当承担的赔偿责任。

案例 李某与云南艺术学院劳动争议纠纷案[（2014）昆民二终字第1392号]

2004年7月到2013年5月，李某在云南艺术学院做模特。各班根据课程安排，由班长与模特联系到学校上课；模特的报酬按提供的课时支付。1996年肖像模特每课时2元，人体模特每课时4元，后报酬标准逐年有所提高，2011年以后着衣模特每小时10元，人体模特每小时15元；报酬支付形式为：课程结束后，由班长负责统计，并支付报酬给模特，然后按规定向学院报销。2010年3月，云南艺术学院制定了《美术学院固定模特管理规定》，对每月至少完成3周以上课程（不少于48课时）工作量的模特，除按课时支付报酬外，每月给予一定的生活保障。另查明，李某在云南艺术学院做模特期间，亦在其他需要模特的学校提供模特服务。李某以云南艺术学院为被告提起诉讼，请求判令云南艺术学院与其签订无固定期限劳动合同，为其补缴自2004年7月至今的各项社会保险（养老、医疗、失业、生育、工伤、大病），如不能补缴，应将各项保险汇算后一次性补偿给李某，金额为人民币74,910元。

昆明市呈贡区人民法院认为,《劳动合同法》第六十八条规定,非全日制用工是指以小时计酬为主,劳动者在同一用人单位一般平均每日工作时间不超过4小时,每周工作时间累计不超过24小时的用工形式。该法第六十九条、第七十条、第七十一条、第七十二条对非全日制用工进行了具体规定。根据上述法律规定,全日制用工关系与非全日制用工关系主要存在以下区别:(1)劳动合同的形式不同。全日制职工应以书面劳动合同建立劳动关系;非全日制职工除可以书面合同建立劳动关系外,还可用口头合同建立劳动关系。(2)劳动者的工作时间不同。全日制职工在同一用人单位每日工作时间在5小时以上,8小时以下,每周工作时间不超过40小时;非全日制用工在同一用人单位一般平均每日工作时间不超过4小时,每周工作时间累计不超过24小时。(3)劳动报酬的计酬方式不同。全日制劳动关系的劳动报酬一般按月计酬为主;非全日制用工的劳动报酬一般以小时计酬为主。(4)劳动关系的终止和解除不同。全日制劳动关系的解除和终止要符合法定的情形,一些情况下需要提前1个月通知并支付经济补偿金;非全日制用工双方当事人任何一方都可以随时终止用工且用工一方无须支付经济补偿金。就本案而言,第一,李某的计酬方式以小时为主。根据李某、云南艺术学院双方提交的《美术学院固定模特管理规定》,模特在完成每月3周以上课程(不少于48课时),可享受基本工资保障等待遇,若没有完成所要求的工作量,基本工资保障这一待遇将自动取消,只领取与工作量相应的报酬。结合李某、云南艺术学院双方提交的领款条、模特工作量统计表可以看出,模特的报酬是按工作量以小时(课时)计酬为主,对达到一定要求的模特,给予基本工资保障,该基本工资是对小时计酬方式的补充。第二,李某每周工作时间累计未超过24小时。李某向法院提交的美术学院模特工作量统计表(2012年上学期)载明李某的工作时间为:总学时32(节)。按照每学期平均周数(4个月共16周)计算,李某每周的工作时间明显未超过24小时。第三,李某在云南艺术学院做模特期间,亦为其他需要模特的学校提供模特服务。综上,李某、云南艺术学院之间的用工形式符合非全日制用工的相关法律规定,二者之间存在非全日制用工关系。故判决驳回李某的诉讼请求。

昆明市中级人民法院认为,我国《劳动合同法》第六十八条规定:"非全日制用工,是指以小时计酬为主,劳动者在同一用人单位一般平均每日工作时间不超过四小时,每周工作时间累计不超过二十四小时的用工形式。"第七十二条第二款规定:"非全日制用工劳动报酬结算支付周期最长不得超过十五日。"由此可见,非全日制用工存在三个基本特点:一是劳动时间应法律规定平均每日工作时间不超过4小时,每周工作时间累计不超过24小时。二是计酬方式以小时计酬。三是法定结算时间最长不得超过15日。本案中,就认定双方之间是否存在非全日制用工关系,可针对以上三个方面逐一进行论述。首先,对于李某的劳动时间问题,李某主张其每周工作时间不等,但一开始因为模特较少,故工作时间都比较长,远远超过每天8小时,后期也是连续上课,每天工作时间都在8小时以上,故每周工作时间远超24小时。对此,李某没有提交证据加以证明。云南艺术学院则主张学校一直严格按照规定管理模特,其每周工作时间不超过24小时。昆明市中级人民法院认为,对于劳动者工作时间的证据如考勤记录等均由单位掌握,故举证责任应由单位承担,通过云南艺术学院所提交的证据中并没有明确的考勤情况,亦无法明确李某的工作时间,对此应由单位承担不利后果,故昆明市中级人民法院采信李某的陈述,即每周工作时间超过24小时。其次,对于计酬方式的问题,因双方当事人对于小时计酬为主,按月领取固定补贴为辅的计酬方式均无异议,昆明市中级人民法院对此予以确认。最后,对于法定结算时间是否超过15日的问题,因工资发放的证据由用人单位掌握,对此举证责任亦应由用人单位承担。现云南艺术学院提交了2009年以来的领款单及统计表对此加以证明,但从这些证据上均无法反映出李某领取工资的具体时间,更不能证明云南艺术学院是严格按照不超过15日的规定发放工资,故昆明市中级人民法院采信李某的陈述确认李某领取工资是按月领取。因此,一审认定云南艺术学院主张其与李某之间是非全日制用工关系缺乏事实依照。判决云南艺术学院与李某订立无固定期限劳动合同。

案例分析

本案虽不涉及具体金额的给付,但认定双方之间系何种用工关系对双方权利义务关系有很大影响。如双方系建立非全日制用工关系,则不适用《劳动合同法》第十四条的规定,云南艺术学院无须与李某订立无固定期限劳动合同,云南艺术学院也没有义务为李某缴纳养老、生育、失业以及医疗保险费。如双方系建立全日制用工关系,则适用《劳动合同法》第十四条的规定,云南艺术学院满足特定条件时应当与李某订立无固定期限劳动合同,应当订立而未订立的,应当支付李某二倍工资;另外,云南艺术学院有义务为李某缴纳养老、生育、失业、医疗以及工伤保险费,未缴纳的,应当补缴,不能补缴导致李某不能享受社会保险待遇的,应当赔偿李某的社会保险待遇损失。

根据《劳动合同法》第六十八条的规定,认定云南艺术学院与李某建立的系何种用工关系应当看李某的工作时间。如李某平均每日工作时间不超过4小时,每周工作时间累计不超过24小时,则应当认定双方系非全日制用工关系。本案中,首先,云南艺术学院主张与李某之间建立的系非全日制用工关系,应当提供证据证明李某平均每日工作时间不超过4小时,每周工作时间累计不超过24小时,但云南艺术学院并未提供证据予以证明,应当承担不利后果。其次,云南艺术学院也不能提供证据证明李某的工资支付周期不超过15日。故昆明市中级人民法院认定云南艺术学院与李某之间系全日制用工关系,符合法律规定。

  本案中,李某所在的岗位实际是具备使用非全日制用工的条件的,只要将其工作时间限定在平均每日不超过4小时,每周累计不超过24小时,同时,单位只要能够提供非全日制用工劳动合同、考勤记录等予以证明的,即可认定双方之间系非全日制用工关系。

专题五　劳务派遣用工

一、劳务派遣用工规范

劳务派遣用工是指劳务派遣单位与劳动者建立劳动关系,将劳动者派遣至用工单位提供劳动,同时接受用工单位管理的用工模式。

(一)经营劳务派遣的资质

根据《劳动合同法》第五十七条的规定,经营劳务派遣业务应当具备下列条件:(1)注册资本不得少于人民币200万元;(2)有与开展业务相适应的固定的经营场所和设施;(3)有符合法律、行政法规规定的劳务派遣管理制度;(4)法律、行政法规规定的其他条件。经营劳务派遣业务,应当向劳动行政部门依法申请行政许可;经许可的,依法办理相应的公司登记。未经许可,任何单位和个人不得经营劳务派遣业务。

(二)劳务派遣用工的用工范围和用工数量

1. 用工范围

根据《劳动合同法》第六十六条的规定,劳动合同用工是我国的企业基本用工形式。劳务派遣用工是补充形式,只能在临时性、辅助性或者替代性的工作岗位上实施。临时性工作岗位是指存续时间不超过6个月的岗位;辅助性工作岗位是指为主营业务岗位提供服务的非主营业务岗位;替代性工作岗位是指用工单位的劳动者因脱产学习、休假等原因无法工作的一定期间内,可以由其他劳动者替代工作的岗位。

2. 用工数量

根据《劳动合同法》第六十六条第三款的规定,用工单位应当严格控制劳务派遣用工数量,不得超过其用工总量的一定比例,具体比例由国务院劳动行政部门规定。《劳务派遣暂行规定》第四条第一款、第二款规定,用工单位应当严格控制劳务派遣用工数量,使用的被派遣劳动者数量不得超过其用工总量的10%。用工总量是指用工单位订立劳动合同人数与使用的被派遣劳动者人数之和。

(三)劳务派遣用工中的禁止性规定

为防止用人单位恶意使用劳务派遣用工,逃避用人单位责任,损害劳动者的合法权益,《劳动合同法》对劳务派遣用工作了一些禁止性规定,主要如下:

1. 根据《劳动合同法》第六十条的规定,劳务派遣单位和用工单位不得向被派遣劳动者收取费用。

2. 根据《劳动合同法》第六十二条第二款的规定,用工单位不得将被派遣劳动者再派遣到其他用人单位。

3. 根据《劳动合同法》第六十六条第一款的规定,用工单位只能在临时性、辅助性或者替代性的工作岗位上实施劳务派遣用工,即不得在临时性、辅助性或者替代性的工作岗位外实施劳务派遣用工。

4. 根据《劳务派遣暂行规定》第四条的规定,用工单位应当严格控制劳务派遣用工数量,使用的被派遣劳动者数量不得超过其用工总量的10%。

5. 根据《劳动合同法》第六十七条的规定,用人单位不得设立劳务派遣单位向本单位或者所属单位派遣劳动者。另外,《劳动合同法实施条例》第二十八条规定,用人单位或者其所属单位出资或者合伙设立的劳务派遣单位,向本单位或者所属单位派遣劳动者的,属于《劳动合同法》第六十七条规定的不得设立的劳务派遣单位。

(四)劳务派遣用工中的权利义务关系

劳务派遣用工中存在三方主体,分别是劳务派遣单位、用工单位以及被派遣劳动者。

1. 劳务派遣单位与用工单位之间系合同关系,各方按照劳务派遣协议的约定享有权利,履行义务。根据《劳动合同法》第五十九条的规定,劳务派遣单位派遣劳动者应当与接受以劳务派遣形式用工的单位订立劳务派遣协议。劳务派遣协议应当约定派遣岗位和人员数量、派遣期限、劳动报酬和社会保险费的数额与支付方式以及违反协议的责任。用工单位应当根据工作岗位的实际需要与劳务派遣单位确定派遣期限,不得将连续用工期限分割订立数个短期劳务派遣协议。

2. 劳务派遣单位与被派遣劳动者之间系劳动关系,劳务派遣单位作为用人单位,享有劳动关系中的用人单位权利,承担劳动关系中的用人单位义务。另外,相较于一般的劳动用工,法律对劳务派遣用工作了如下的特殊规定。

(1)根据《劳动合同法》第五十八条的规定,劳务派遣单位应当与被派遣劳动者订立2年以上的固定期限劳动合同。

(2)根据《劳动合同法》第六十条的规定,劳务派遣单位应当将劳务派遣协议的内容告知被派遣劳动者。

(3)根据《劳动合同法》第五十八条第二款、《劳务派遣暂行规定》第十二条第二款的规定,被派遣劳动者退回后在无工作期间,劳务派遣单位应当按照不低于所在地人民政府规定的最低工资标准,向其按月支付报酬。

(4)根据《劳动合同法实施条例》第三十条的规定,劳务派遣单位不得以非全日制用工形式招用被派遣劳动者。

(5)根据《劳务派遣暂行规定》第八条的规定,劳务派遣单位应当督促用工单位依法为被派遣劳动者提供劳动保护和劳动安全卫生条件。

3.用工单位与被派遣劳动者既不存在劳动关系,也不存在合同关系,双方系依照《劳动合同法》《劳动合同法实施条例》《劳务派遣暂行规定》的规定享有权利,履行义务。用工单位的义务具体如下:

(1)执行国家劳动标准,提供相应的劳动条件和劳动保护;

(2)告知被派遣劳动者工作要求和劳动报酬;

(3)支付加班费、绩效奖金,提供与工作岗位相关的福利待遇;

(4)对在岗被派遣劳动者进行工作岗位所必需的培训;

(5)连续用工的,实行正常的工资调整机制;

(6)用工单位不得将被派遣劳动者再派遣到其他用人单位;

(7)用工单位应当按照同工同酬原则,对被派遣劳动者与本单位同类岗位的劳动者实行相同的劳动报酬分配办法。用工单位无同类岗位劳动者的,参照用工单位所在地相同或者相近岗位劳动者的劳动报酬确定。

另外,根据《民法典》第一千一百九十一条的规定,劳务派遣期间,被派遣的工作人员因执行工作任务造成他人损害的,由接受劳务派遣的用工单位承担侵权责任;劳务派遣单位有过错的,承担相应的责任。

而劳动者的义务主要是按照约定提供劳动,遵守用工单位的规章制度,服从用工单位的管理等。

(五)被派遣劳动者的退回及劳动合同的解除

1. 用工单位可以退回劳动者的情形

(1)被派遣劳动者有《劳动合同法》第三十九条规定情形的;

(2)被派遣劳动者有《劳动合同法》第四十条第一项、第二项规定情形,且不存在《劳动合同法》第四十二条规定情形的;

(3)用工单位有《劳动合同法》第四十条第三项规定情形的;

(4)用工单位有《劳动合同法》第四十一条规定情形的;

(5)用工单位被依法宣告破产、吊销营业执照、责令关闭、撤销、决定提前解散或者经营期限届满不再继续经营的;

(6)劳务派遣协议期满终止,且劳动者不存在《劳动合同法》第四十二条规定情形的。

2. 被派遣劳动者被退回的处理

(1)根据《劳务派遣暂行规定》第十二条第二款的规定,被派遣劳动者退回后在无工作期间,劳务派遣单位应当按照不低于所在地人民政府规定的最低工资标准,向其按月支付报酬。

(2)根据《劳务派遣暂行规定》第十五条的规定,被派遣劳动者非因本人原因被退回的,劳务派遣单位可以重新派遣。劳务派遣单位重新派遣时维持或者提高劳动合同约定条件,被派遣劳动者不同意的,劳务派遣单位可以解除劳动合同;劳务派遣单位重新派遣时降低劳动合同约定条件,被派遣劳动者不同意的,劳务派遣单位不得解除劳动合同。

(3)被派遣劳动者因本人原因被退回的,劳务派遣单位可以依照《劳动合同法》的规定解除劳动合同。

3. 劳动者的解除与终止

劳务派遣用工中,关于劳动者的解除与终止除上述特殊的规定外,与一般全日制用工关系相同。

二、违反劳务派遣用工规范的法律责任

(一)擅自经营劳务派遣业务的法律责任

根据《劳动合同法》第九十二条第一款的规定,未经许可,擅自经营劳务派遣业务的,由劳动行政部门责令停止违法行为,没收违法所得,并处违法所得1倍以上5

倍以下的罚款;没有违法所得的,可以处5万元以下的罚款。

另外,用工单位与无劳务派遣资质的单位签订劳务派遣协议,使用劳务派遣用工的,可能因此被认定与被派遣劳动者之间存在劳动关系。

(二)违反禁止性规定的法律责任

1. 行政责任

《劳动合同法》第九十二条第二款规定,劳务派遣单位、用工单位违反本法有关劳务派遣规定的,由劳动行政部门责令限期改正;逾期不改正的,以每人5000~10,000元的标准处以罚款,对劳务派遣单位,吊销其劳务派遣业务经营许可证。另外,《劳动合同法实施条例》第三十五条规定,用工单位违反劳动合同法和本条例有关劳务派遣规定的,由劳动行政部门和其他有关主管部门责令改正;情节严重的,以每位被派遣劳动者1000~5000元的标准处以罚款;给被派遣劳动者造成损害的,劳务派遣单位和用工单位承担连带赔偿责任。根据上述规定,劳务派遣单位、用工单位违反有关劳务派遣规定的,由劳动行政部门责令限期改正,情节严重的,以每位被派遣劳动者1000~5000元的标准处以罚款;逾期不改正的,以每人5000~10,000元的标准处以罚款,对劳务派遣单位,吊销其劳务派遣业务经营许可证。劳务派遣单位、用工单位违反有关劳务派遣规定的情形包括:

(1)向被派遣劳动者收取费用。

(2)用工单位将被派遣劳动者再派遣到其他用人单位。

(3)用工单位在临时性、辅助性或者替代性以外的工作岗位实施劳务派遣用工。

(4)用工单位使用的被派遣劳动者数量超过其用工总量的10%。

(5)用人单位设立劳务派遣单位向本单位或者所属单位派遣劳动者。

2. 民事责任

用工单位违反劳务派遣用工禁止性规定的民事责任主要是针对在临时性、辅助性或者替代性以外的工作岗位实施劳务派遣用工的情形,以及设立劳务派遣单位向本单位或者所属单位派遣劳动者的情形。对上述情形的处理,司法实务中存在不同的观点。

一种观点认为,《劳动合同法》第六十六条、第六十七条的规定属于管理性规范,用工单位违反该规定,在临时性、辅助性或者替代性以外的工作岗位实施劳务派遣用工的,应承担相应的行政责任,但不影响劳务派遣协议的效力,仍应按照劳务派遣用工认定劳务派遣单位、用工单位以及被派遣劳动者之间的权利义务。如《上海市人力资源和社会保障局、上海市高级人民法院关于劳务派遣适用法律若干问题的会议纪要》第四条就规定,《关于修改〈中华人民共和国劳动合同法〉的决定》《劳务派遣暂行规定》关于"三性"岗位、派遣用工比例的规定均是以派遣单位或用工单位为义务主体的管理性规定,仅违反上述管理性规定的,不影响派遣协议和劳动合同的效力。派遣单位、用工单位违反上述管理性规定的,由人力资源和社会保障行政部门责令其限期整改。当事人以确认某具体岗位是否属于"三性"岗位或者用工单位是否超出法定比例用工而发生的争议,不属于《劳动争议调解仲裁法》规定的劳动争议案件受理范围,劳动争议处理机构不予受理。当事人要求确认劳动合同或派遣协议无效或者劳动者要求确认与用工单位存在劳动关系的,缺乏法律依据,不予支持。《广东省高级人民法院、广东省劳动人事争议仲裁委员会关于劳动人事争议仲裁与诉讼衔接若干意见》第十八条规定,用工单位违反《劳务派遣暂行规定》第三条、第四条规定的劳务派遣用工范围和用工比例的,由人力资源和社会保障行政部门依法处理,不影响劳务派遣合同的效力。

另一种观点认为,《劳动合同法》第六十六条、第六十七条的规定属于效力性规范,用工单位违反该规定,在临时性、辅助性或者替代性以外的工作岗位实施劳务派遣用工的,劳务派遣协议无效。用工单位与被派遣劳动者符合认定存在劳动关系的条件,故应当认定用工单位与被派遣劳动者之间存在劳动关系。如《重庆市职工权益保障条例》第三十条就规定,有下列情形之一的,视为用工单位与被派遣职工直接建立劳动关系:(1)在非临时性、辅助性、替代性岗位使用被派遣职工的;(2)使用未与劳务派遣单位签订劳动合同的被派遣职工的;(3)临时性岗位使用的被派遣职工存续时间超过2年以上的;(4)使用合同期满的被派遣职工逾期未续签劳动合同的;(5)用人单位或者其所属单位出资或者合伙设立的劳务派遣单位,向本单位或者所属单位派遣职工的;(6)其他违反法律法规有关劳务派遣的禁止性规定行为的。

(三)劳务派遣单位未履行劳动合同义务的法律责任

劳务派遣单位作为用人单位,未按照劳动合同的约定履行义务的,应承担相应的法律责任。

需要注意的是,劳务派遣单位未督促用工单位依法为被派遣劳动者提供劳动保护和劳动安全卫生条件的,劳动者可以解除劳动合同,并要求劳务派遣单位支付经济补偿。根据《劳动合同法》第九十二条第二款的规定,用工单位给被派遣劳动者造成损害的,劳务派遣单位与用工单位承担连带赔偿责任。

专题五　劳务派遣用工

(四) 用工单位未履行用工义务的法律责任

1. 用工单位未执行国家劳动标准,提供相应的劳动条件和劳动保护的,劳动者可以依照《劳动合同法》第三十八条的规定解除劳动合同;根据《劳动合同法》第九十二条第二款的规定,此种情形下,用工单位与劳务派遣单位应当就支付经济补偿承担连带责任。

2. 用工单位未及时足额支付加班费、绩效奖金的,属于未及时足额支付劳动报酬,应当承担未及时足额支付劳动报酬的法律责任;同样,劳动者依照《劳动合同法》第三十八条的规定解除劳动合同的,用工单位与劳务派遣单位应当就支付经济补偿承担连带责任。

3. 用工单位未履行用工义务的,还可能对劳务派遣单位构成违约,劳务派遣单位可依照劳务派遣协议的约定要求用工单位承担违约责任。

(五) 用工单位违法退回被派遣劳动者的法律责任

《劳务派遣暂行规定》第二十四条规定,用工单位违反本规定退回被派遣劳动者的,按照《劳动合同法》第九十二条第二款规定执行,即给被派遣劳动者造成损害的,劳务派遣单位与用工单位承担连带赔偿责任。常见的是因劳动合同解除需支付经济补偿或赔偿金的,用工单位应当与劳务派遣单位承担连带责任。

同时,用工单位违法退回被派遣劳动者构成违约的,劳务派遣单位可以要求用工单位依照劳务派遣协议的约定承担违约责任。

三、合规管理

(一) 用工范围及数量

1. 用工单位欲在特定岗位实施劳务派遣用工的,应先分析该岗位是否具有临时性、辅助性或者替代性,如不属于临时性、辅助性或者替代性岗位的,优先选择其他合适的用工模式。

2. 实施劳务派遣用工前,结合与本单位订立劳动合同的人数以及劳务派遣用工人数,保证劳务派遣用工数量不超过用工总量的10%。如劳务派遣用工数量超过用工总量的10%,可通过变更用工模式的方式降低劳务派遣用工数量。

(二) 劳务派遣单位的选择

用工单位欲使用劳务派遣用工的,在选择合作的劳务派遣单位时,应注意审查劳务派遣单位是否符合经营劳务派遣业务的条件。与没有经营资格的单位合作可能会导致劳务派遣协议无法正常履行，因此产生一系列的用工问题。

另外，用工单位应注意不得设立劳务派遣单位向本单位或者所属单位派遣劳动者，用工单位或者其所属单位出资或者合伙设立的劳务派遣单位，属于前述不得设立的劳务派遣单位。

(三) 订立劳务派遣协议

用工单位使用劳务派遣用工的，应当与劳务派遣单位签订劳务派遣协议，明确双方的权利义务，尤其是明确双方的责任承担方式。在法律没有明确规定由用工单位对被派遣劳动者承担责任的，应由劳务派遣单位承担应由用工单位承担的责任，但劳务派遣单位可以与用工单位在劳务派遣协议中约定，最终的责任承担方式。

(四) 遵守劳务派遣用工的禁止性规定，依法履行用工单位义务

违反劳务派遣用工的禁止性规定的，不仅会因此产生民事赔偿责任，而且还可能受到行政处罚。在使用劳务派遣用工期间，应注意以下情形：

(1) 不得向被派遣劳动者收取费用。

(2) 用工单位不得将被派遣劳动者再派遣到其他用人单位。

(3) 执行国家劳动标准，提供相应的劳动条件和劳动保护。

(4) 告知被派遣劳动者的工作要求和劳动报酬。

(5) 及时足额支付加班费、绩效奖金，提供与工作岗位相关的福利待遇。

(6) 连续用工的，实行正常的工资调整机制。

(7) 按照同工同酬原则，对被派遣劳动者与用工单位同类岗位的劳动者实行相同的劳动报酬分配办法。无同类岗位劳动者的，参照用工单位所在地相同或者相近岗位劳动者的劳动报酬确定。

(8) 被派遣劳动者因工负伤或患职业病的，配合劳务派遣单位申请工伤认定，协助工伤认定的调查核实工作。

(9) 退回劳动者的，应当具有事实及法律依据。

(10) 涉及跨地区派遣劳动者，劳务派遣单位未在用工单位所在地设立分支机构的，由用工单位代劳务派遣单位为被派遣劳动者办理参保手续，缴纳社会保险费。

(五)监督劳务派遣单位履行义务

劳务派遣单位未依法履行用人单位义务的,可能因此造成用工纠纷,甚至认定被派遣劳动者与用工单位之间存在劳动关系。因此,用工单位应与劳务派遣单位约定,劳务派遣单位应当依法履行劳务派遣单位义务,主要内容如下:

(1)与被派遣劳动者订立2年以上的固定期限劳动合同,劳动合同期满的,及时续订劳动合同。

(2)将劳务派遣协议的内容告知被派遣劳动者。

案例 徐州矿务集团有限公司夹河煤矿、铜山县①彭源劳务派遣有限公司与蔺某劳动争议纠纷案[(2017)苏03民终1403号]

徐州矿务集团有限公司夹河煤矿(以下简称夹河煤矿)是经核准注册成立的企业,其经营范围是原煤开采、洗煤、筛选混煤、选煤、耐火土开采、普通货运、经营本企业自产的非金属产品、经营本企业的进料加工和"三来一补"业务、土木工程建筑、物业管理、采矿技术服务、劳务服务(包括采掘工程承包、煤炭合作开采、项目合作开发)。铜山县彭源劳务派遣有限公司(以下简称彭源公司)成立于2007年11月30日,注册资本300万元,经营范围为劳务派遣、劳务输出、劳务外包、职业指导、职业介绍、职业培训。铜山劳动保障服务代理所成立于2003年6月12日,注册资本50万元,经营范围为劳动保障事业服务代理、境内劳务派遣服务。

蔺某于2000年4月到夹河煤矿处从事采煤、掘进工作,夹河煤矿未与其签订书面劳动合同。2004年12月1日,铜山县劳动保障代理服务所(甲方)与夹河煤矿(乙方)签订劳务派遣协议,约定由甲方招用采掘工人劳务派遣至夹河煤矿从事井下采掘工作,甲方与招用的采掘工人签订劳动合同,派遣工的劳务报酬由夹河煤矿按月支付给本人,养老、失业、工伤和医疗保险由甲方负责办理,乙方按照协商的比例和人数向甲方支付相关费用,协议期限为2004年12月1日至2005年11月30日。蔺某为甲方招用的采掘工人之一被派遣至夹河煤矿从事采掘工作。此后,铜山县劳动保障代理服务所(甲方)与夹河煤矿(乙方)又分别于2005年12月1日、2006年12月10日续签两份劳务派遣协议,在内容上与2004年12月1日签订的劳务派遣协议基本一致,协议期限为2005年12月1日至2006年11月30日、2006年12月1日至2007年11月30日。2005年12月1日,蔺某与铜山县劳动保障代理服

---

① 现为铜山区,后文不再赘述。

务所签订了劳动合同,期限为2005年12月1日至2006年11月30日。蔺某同意甲方要求劳务派遣至煤矿从事井下采掘工作,其每月缴纳的社会保险统筹费用由夹河煤矿代发工资时扣除,合同期满,按照工作年限每满1年发给养老统筹金1000元。该合同期满后,双方又续签至2007年11月30日。

2007年12月1日,夹河煤矿(乙方)又与彭源公司(甲方)签订劳务派遣协议,约定由甲方招用劳动者派遣至乙方从事井下采掘工作,劳务派遣协议期限为2007年12月1日至2009年11月30日,甲方必须与被派遣劳动者签订2年的固定期限劳动合同,派遣工的劳务报酬由夹河煤矿按月支付给本人,养老、失业、工伤和医疗保险由甲方负责办理,乙方按照协商的比例和人数向甲方支付相关费用,并按照50元/人/月的标准向甲方支付派遣服务费。蔺某是彭源公司招用的采掘工人之一被派遣至夹河煤矿从事采煤工作。该劳务派遣协议期限届满后,双方又于2009年12月1日、2011年12月1日、2013年12月1日三次续签劳务派遣协议,每份劳务派遣协议期限均为2年,至2015年11月30日终止。与此同时,彭源公司(甲方)与蔺某(乙方)于2007年11月28日签订劳动合同,约定乙方同意按甲方要求,劳务派遣至夹河煤矿从事采掘工作,劳务派遣期限自2007年12月1日起至2009年11月30日止。该劳动合同期限届满后,双方又分别于2009年12月1日、2011年12月1日、2013年12月1日三次续签劳动合同,每次劳动合同期限均为2年。截至2015年11月30日,双方的劳动合同期限届满未再续签。夹河煤矿于2015年12月安排包括蔺某在内的职工进行离岗检查,该职业健康检查表载明的信息显示蔺某的工龄为15年8个月,起始时间为2000年4月至2015年12月,工种为采掘。蔺某于2016年1月11日向徐州市铜山区劳动人事争议仲裁委员会提起仲裁申请,该仲裁委以不符合受理条件为由,决定不予受理。蔺某不服,向法院提起诉讼。

原审法院认为,蔺某主张夹河煤矿与彭源公司签订的劳务派遣协议以及彭源公司与蔺某签订的劳动合同因违反《劳动合同法》的规定而无效,夹河煤矿与彭源公司则主张上述合同符合法律规定,应为合法有效的合同。法院认为,夹河煤矿与彭源公司签订的劳务派遣协议应为无效合同,其理由如下:第一,《劳动合同法》第六十六条第一款、第二款规定:"劳动合同用工是我国的企业基本用工形式。劳务派遣用工是补充形式,只能在临时性、辅助性或者替代性的工作岗位上实施。前款规定的临时性工作岗位是指存续时间不超过六个月的岗位;辅助性工作岗位是指为主营业务岗位提供服务的非主营业务岗位;替代性工作岗位是指用工单位的劳动者因脱产学习、休假等原因无法工作的一定期间内,可以由其他劳动者替代工作的岗位。"蔺某陈述其工作岗位是采煤、掘进,提供的健康检查表上记载蔺某工种为采掘,且多份劳动合同亦显示蔺某从事采掘工作。从夹河煤矿的经营范围看,无论是采煤还是掘进岗位,都属于夹河煤矿的主营业务,结合蔺某在夹河煤矿的工作时间(2000年4月至2015年12月),可以认定蔺某所在的工作岗位不符合临时性、辅助性、替代性的性质,不应采用劳务派遣的用工形式。夹河煤矿与彭源公司签订的劳务派遣协议违反了法律的强制性规定,应当无效。第二,根据离岗时职业健康检查表,可以证实蔺某于2000年4月到夹河煤矿从事采掘工作,双方形成事实劳动关系。夹河煤矿在未与原告解除事实劳动合同,亦未改变原告工作岗位的前提下,先后与铜山县劳动保障代理服务所、彭源公司签订劳务派遣协议,接受蔺某以劳务派遣工的身份在原工作岗位上工作直到2015年12月。上述事实足以证明蔺某原本是夹河煤矿招用的劳动者,其之所以在2007年12月成为劳务派遣工系夹河煤矿为逃避用工主体责任而采用劳务派遣用工形式,该劳务派遣用工形式属于以合法形式掩盖非法目的,应认定为无效。第三,夹河煤矿与彭源公司的劳务派遣关系自2007年12月1日开始,此时《劳动合同法》已经颁布,此后《劳动合同法》经历了施行及修改,夹河煤矿应当知道其采用的劳务派遣用工形式违反了法律的规定,但依然与彭源公司签订劳务派遣协议,而未按照劳务派遣的硬性规定纠正自身违法劳务派遣协议,其主观上存在明显过错。第四,基于以上理由,夹河煤矿与彭源公司的劳务派遣协议无效,蔺某与彭源公司的劳动合同亦为无效,劳动关系应存在于原用工单位与劳动者之间,即蔺某与夹河煤矿存在劳动关系。

综上所述,夹河煤矿以合法的劳务派遣用工形式掩盖逃避用工主体责任的非法目的,且违反了法律的强制性规定,其与彭源公司签订的劳务派遣协议应当无效,由此导致与彭源公司所签订的劳动合同无效,蔺某与夹河煤矿自2007年12月1日起存在劳动关系。关于夹河煤矿提出其仅是分支机构,不能独立承担民事责任的抗辩理由,《劳动合同法实施条例》第四条规定:"劳动合同法规定的用人单位设立的分支机构,依法取得营业执照或者登记证书的,可以作为用人单位与劳动者订立劳动合同;未依法取得营业执照或者登记证书的,受用人单位委托可以与劳动者订立劳动合同。"夹河煤矿已经依法取得了营业执照,具备用工主体资格,且蔺某的诉讼请求在性质上仅为确认之诉,故夹河煤矿的该抗辩理由不能成立,法院不予采纳。

二审认为,关于夹河煤矿与彭源公司的劳务派遣协议是否有效及夹河煤矿是否与蔺某直接成立事实劳动关系的问题。首先,蔺某自2000年4月至夹河煤矿处工作时,双方即建立事实劳动关系。其次,在蔺某工作岗位未发生变化且夹河煤矿未履行解除与蔺某劳动关系及支付经济补偿金义务的情况下,夹河煤矿又通过与铜山县劳动保障代理服务所及彭源公司等劳务派遣机构签订劳务派遣协议的方式继续使用蔺某。最后,蔺某从事的工作内容为采掘,该岗位属于夹河煤矿主营业务的工作岗位,同时结合蔺某在夹河煤矿的工作时间,可以认定蔺某所在的工作岗位不符合法律规定的临时性、辅助性及替代性的工作性质。综合上述因素,夹河煤矿通过劳务派遣的方式使用蔺某,在程序上及实体上均违反法律规定,应认定夹河煤矿与彭源公司的劳务派遣协议无效,夹河煤矿与蔺某之间成立事实劳动关系。

江苏省高级人民法院认为,《劳动合同法》第六十六条明确规定:劳动合同用工是我国的企业基本用工形式。劳务派遣用工是补充形式,只能在临时性、辅助性或者替代性的工作岗位上实施。前款规定的临时性工作岗位是指存续时间不超过6个月的岗位;辅助性工作岗位是指为主营业务岗位提供服务的非主营业务岗位;替代性工作岗位是指用工单位的劳动者因脱产学习、休假等原因无法工作的一定期间内,可以由其他劳动者替代工作的岗位。本案中,蔺某在夹河煤矿从事的是采掘工作,该岗位属于夹河煤矿的主营业务岗位,不属于法律规定的可以适用劳务派遣用工的岗位。夹河煤矿先后与铜山县劳动保障代理服务所、彭源公司签订劳务派遣协议,接受蔺某以劳务派遣工的身份在采掘工作岗位上持续工作长达10余年之久。案涉劳务派遣协议违反了《劳动合同法》的规定,严重损害了劳动者的合法权益,属于以合法形式掩盖非法目的行为,应认定为无效。因案涉劳务派遣协议无效,故蔺某与彭源公司所签订的案涉劳动合同无效,案涉期间蔺某与夹河煤矿之间存在劳动关系。

案例分析

《劳动合同法》第六十六条第一款规定,劳动合同用工是我国的企业基本用工形式。劳务派遣用工是补充形式,只能在临时性、辅助性或者替代性的工作岗位上实施。本案法院的观点是,《劳动合同法》第六十六条第一款的规定属于效力性规范,合同违反上述规定的,应属无效。

夹河煤矿与彭源公司签订劳务派遣协议,彭源公司与蔺某签订劳动合同,将蔺某派遣至夹河煤矿从事采煤、掘进工作。如蔺某从事的工作岗位不属于夹河煤矿的临时性、辅助性或者替代性的工作岗位,则违反《劳动合同法》第六十六条第一款的规定,劳务派遣协议无效。

《劳动合同法》第六十六条第二款规定,临时性工作岗位是指存续时间不超过6个月的岗位;辅助性工作岗位是指为主营业务岗位提供服务的非主营业务岗位;替代性工作岗位是指用工单位的劳动者因脱产学习、休假等原因无法工作的一定期间内,可以由其他劳动者替代工作的岗位。本案中:

(1)夹河煤矿的经营范围包括,原煤开采、洗煤、筛选混煤、选煤、耐火土开采、普通货运、经营本企业自产的非金属产品、经营本企业的进料加工和"三来一补"业务、土木工程建筑、物业管理、采矿技术服务、劳务服务(包括采掘工程承包、煤炭合作开采、项目合作开发)。蔺某系从事采煤、掘进工作,是夹河煤矿的主营业务,不属于辅助性工作。

(2)蔺某在夹河煤矿从事采煤、掘进工作长达10余年,不属于临时性工作,更不属于替代性工作。

综上,夹河煤矿系在非临时性、辅助性或者替代性的工作岗位上实施劳务派遣用工,违反《劳动合同法》第六十六条第一款的规定,劳务派遣协议无效。而蔺某与夹河煤矿符合认定存在劳动关系的条件,故应认定蔺某与夹河煤矿存在劳动关系。

专题六 劳务外包

一、劳务外包规范

劳务外包是指发包方将其部分业务或工作内容外包给承包方完成，发包方按照约定向承包方支付费用的一种经营模式。劳务外包是平等主体之间的合作关系，不是一种用工模式，但因与劳务派遣有很多的相似之处，实践中常将劳务外包当作一种特殊的用工模式看待。

（一）劳务外包中的权利义务关系

劳务外包通常也存在三方主体，一方是发包方，另一方是承包方，还有一方是承包方的工作人员。

1. 发包方与承包方之间系合同关系，权利义务关系按照双方订立的外包合同的约定确定。

2. 承包方与其工作人员之间系用工关系，可能是劳动关系、劳务派遣用工关系，甚至是劳务关系，承包方对其工作人员承担用工主体责任。

3. 发包方与承包方的工作人员之间不存在用工关系，也不存在合同关系，发包方不承担用工主体责任。

（二）劳务外包与劳务派遣

劳务外包与劳务派遣的相似之处是均存在三方主体，且劳动者一方提供的劳动均属于发包方（用工单位）的业务组成部分。但二者在合同标的、用工权限及用工主体责任方面存在本质的区别。

1. 合同标的

劳务外包合同的内容是承包方自行组织劳动者按照劳务外包合同的约定向发包方提供劳务，劳务外包的标的着重于劳动成本，即承包方应当向发包方交付劳动成果。而劳务派遣协议的内容是劳务派遣单位按照劳务派遣协议的约定向用工单位派遣劳动者,供用工单位使用,劳务派遣的标的是劳动力,不是劳动成果。

2. 用工权限

发包方(用工单位)是否有权对劳动者进行劳动管理是区分劳务外包与劳务派遣用工的关键。劳务外包中,发包方对承包方的工作人员是不存在任何用工权限的,而劳务派遣用工中,用工单位有权对被派遣劳动者进行管理,被派遣劳动者应当遵守用工单位的规章制度。

3. 用工主体责任

劳务外包中,因发包方与承包方的工作人员之间不存在用工关系,也没有法律规定发包方应当承担用工主体责任,因此,发包方不承担用工主体责任。而劳务派遣用工中,《劳动合同法》《劳务派遣暂行规定》等均明确规定了用工单位应当承担部分用工主体责任,如提供劳动条件,支付加班费、绩效奖金等。

二、违反劳务外包规范的法律责任

(一)以劳务外包的名义实施劳务派遣用工的法律责任

由于劳务外包与劳务派遣相似,且相较于劳务派遣,用人单位采用劳务外包的模式用工风险更小,很多用人单位以劳务外包的名义按劳务派遣用工形式使用劳动者。实践中,违反劳务外包规范的情形主要是以劳务外包的名义实施劳务派遣用工。

《劳务派遣暂行规定》第二十七条特别规定,用人单位以承揽、外包等名义,按劳务派遣用工形式使用劳动者的,按照本规定处理。根据该规定,用人单位以承揽、外包等名义,按劳务派遣用工形式使用劳动者的,按照劳务派遣用工处理,用人单位将承担劳务派遣用工中的用工主体责任,相关内容详见劳务派遣用工章节的内容。

(二)个人承包经营违法招用劳动者的法律责任

法律并不禁止用人单位将劳务外包给自然人,根据《劳动合同法》第九十四条的规定,个人承包经营违反本法规定招用劳动者,给劳动者造成损害的,发包的组织与个人承包经营者承担连带赔偿责任。用人单位将劳务外包给自然人的,如劳动者不知晓劳务外包关系,承包人以用人单位名义招用劳动者,给劳动者造成损害的,用人单位与承包人应承担连带赔偿责任。

三、合规管理

用人单位拟采用劳务外包模式的,要注意以下几点。

(一)承包方的选择

选择承包方时,应优先选择具有相关经营资质的,具有用人单位主体资格的企业。如承包方为自然人,存在被认定用人单位与承包方的工作人员之间存在劳动关系的法律风险;如承包方不具备相应经营资质,承包方因此受到行政处罚,会影响劳务外包合同的履行。

(二)签订劳务外包合同

在一方提出"假外包、真派遣"的主张时,劳务外包合同的内容对用工模式的认定至关重要。采用劳务外包模式的,应当与承包方签订劳务外包合同,尤其在合同中约定:

(1)明确合作模式,即承包方系自行组织工作人员按照劳务外包合同的约定完成相关的工作,发包方以承包方完成工作的情况为依据,向承包方支付费用。

(2)明确双方的权利义务,尤其要明确承包方应自行对其工作人员进行劳动管理,对其工作人员负责,并将劳务外包关系告知劳动者;发包方不对承包方的工作人员进行劳动管理,发包方的规章制度不适用于承包方的工作人员。

(3)承包方为自然人时,应特别要求承包方不得以发包方名义招用劳动者。

(三)遵守用工规范

在劳务外包期间,发包方应注意:

(1)如承包方系自然人,应要求承包方提供其已经将劳务外包关系告知劳动者的证明材料,监督其不得以发包方名义招用劳动者。

(2)不得对承包方的工作人员进行劳动管理,不直接支付承包方工作人员报酬。

案例 刘某与株洲市长青工贸有限公司劳动争议纠纷案[(2015)株中法民四终字第260号]

刘某于2008年8月起在株洲湘火炬火花塞有限责任公司(以下简称湘火炬公司)的瓷件厂从事搬运、烧窑等工作。2008年3月21日,湘火炬公司作为甲方将隧

专题六 劳务外包

道窑码钵、卸钵、匣钵装载相关的工作外包给乙方株洲市明亮工贸有限公司(以下简称明亮公司),工序外包协议约定:"第三条2.乙方必须根据甲方工作要求对劳动力进行相关操作技能培训,使各项工作符合甲方要求。如有不能达到甲方要求的或违反甲方工艺纪律等行为,按甲方考核条款执行……第五条乙方的权利和义务1.在甲方按期足额支付乙方有关费用后3个工作日内,乙方应依据甲方提供的工资数额和考核情况足额发放,乙方不得拖延或挪用相关资金……第六条支付有关款项事宜。1.乙方根据计算结果开具合法票据。2.甲方收到乙方发票后一周内支付资金到位。"刘某自2008年3月21日起,工资由明亮公司按照外包协议约定的方式代发。2010年8月1日,明亮公司更名为株洲长青工贸有限公司(以下简称长青公司)。湘火炬公司与长青公司继续签订工序外包协议,协议内容沿用之前的外包协议内容。工资由湘火炬公司的瓷件厂厂长杨某签字审批后,长青公司根据湘火炬公司提供的考核情况,按照外包协议约定的方式代发,2014年4月,湘火炬公司告知刘某回去休假2个月,2014年6月,刘某到湘火炬公司上班,湘火炬公司在结算完2014年4月工资后,刘某就未再提供劳动,长青公司、湘火炬公司亦未支付2014年5月、6月的停工津贴。

一审法院认为,该案系劳动争议纠纷。刘某与长青公司、湘火炬公司的劳动关系如何认定?2008年3月21日,湘火炬公司的瓷件厂的隧道窑码钵、卸钵、匣钵装载相关的工作外包给明亮公司,刘某在瓷件厂中工作。2010年8月1日,明亮公司更名为长青公司。湘火炬公司沿用之前外包协议的内容又与长青公司继续签订工序外包协议,刘某继续在湘火炬公司的瓷件厂隧道窑中工作。刘某一直在湘火炬公司的同一岗位上工作,受湘火炬公司管理,湘火炬公司对工资进行核算后,由长青公司按规定时间向刘某发放工资,故刘某符合劳务派遣的用工形式。人力资源和社会保障部《劳务派遣暂行规定》第二十七条规定"用人单位以承揽、外包等名义,按劳务派遣用工形式使用劳动者的,按照本规定处理"及第二十条规定"劳务派遣单位、用工单位违反劳动合同法和劳动合同法实施条例有关劳务派遣规定的,按照劳动合同法第九十二条规定执行"。《劳动合同法》第九十二条第二款规定,"劳务派遣单位、用工单位违反本法有关劳务派遣规定的……给被派遣劳动者造成损害的,劳务派遣单位与用工单位承担连带赔偿责任"。刘某自2008年8月至2014年6月,与用工单位湘火炬公司存在劳动关系,长青公司系劳务派遣单位。对刘某造成的损失,应由湘火炬公司与长青公司承担连带责任。

二审法院认为,在本案劳动仲裁阶段,刘某已经提交陈某、张某等证人证言证实其自2008年8月起就在湘火炬公司处从事搬运、烧窑工作,长青公司仲裁时提交的 2008 年工资表亦含有刘某的工资。虽然湘火炬公司原审时也提交了陈某、张某等证人证言以及证人作证的录像光盘,用以证实此前证人在仲裁阶段为刘某所作证言不是真实的,但是由于这些证人在劳动仲裁阶段是出庭接受质证的,其之后作出与仲裁时相反的证言,却没有在原审时出庭接受质证,根据"禁止反言"原则,本院认为一审法院采纳证人在仲裁时已接受质证的证言合法合理,即对证人所述刘某 2008 年 8 月起在湘火炬公司工作的事实,本院予以确认。由于 2008 年 3 月以后湘火炬公司与明亮公司、长青公司签订《工序外包协议》,约定湘火炬公司将从事隧道窑码钵、卸钵、匣钵装载等工作的劳务外包给明亮公司、长青公司;由明亮公司、长青公司按照湘火炬公司要求提供相关劳动力,即安排员工从事约定的外包工作;明亮公司、长青公司必须按湘火炬公司要求对员工进行操作技能培训,员工必须接受湘火炬公司的考核,同时湘火炬公司有权对不符合条件的员工调离其工作场地;协议还特别约定湘火炬公司在支付明亮公司、长青公司有关费用后,明亮公司、长青公司必须按照甲方提供的工资数额和考核情况发放工人工资。从以上外包协议约定的内容来看,湘火炬公司实际是以外包名义,按劳务派遣用工形式使用从事其外包工作的劳动者。虽然明亮公司、长青公司不具有劳务派遣资格和劳务派遣经营许可,但本案中明亮公司、长青公司以承包劳务的名义,实施了类似劳务派遣单位派遣劳动者的行为,从而为湘火炬公司提供劳动者;虽然从 2008 年 8 月开始刘某的工资是由明亮公司、长青公司发放,但是从外包协议约定内容来看,其工资源于湘火炬公司支付给明亮公司、长青公司类似劳务派遣费的外包费用。根据人力资源和社会保障部《劳务派遣暂行规定》第二十七条的规定,湘火炬公司这种以外包名义,按劳务派遣用工形式使用劳动者,要按照该规定进行处理。因此本院认为 2008 年 8 月以后,湘火炬公司系刘某的用工单位,明亮公司、长青公司与刘某之间系类似于劳务派遣单位和被派遣劳动者的用工关系。

  关于用工责任承担的问题?对于 2008 年 8 月至 2014 年 6 月用工责任承担的问题。由于湘火炬公司以外包名义,按劳务派遣用工形式使用劳动者刘某,依法应按照《劳务派遣暂行规定》认定用工责任。又因依照《劳务派遣暂行规定》第二十条的规定"劳务派遣单位、用工单位违反劳动合同法和劳动合同法实施条例有关劳务派遣规定的,按照劳动合同法第九十二条规定执行"和《劳动合同法》第九十二条第二款的规定"劳务派遣单位、用工单位违反本法有关劳务派遣规定的……给被派遣劳动者造成损害的,劳务派遣单位与用工单位承担连带赔偿责任"。因此对刘某 2008 年 8 月至 2014 年 6 月的劳动损害,湘火炬公司应承担用工单位责任,明亮公司和长青公司作为类似劳务派遣单位的用工主体应承担连带责任。

案例分析

湘火炬公司作为发包方与长青公司(明亮公司)签订《工序外包协议》,将隧道窑码钵、卸钵、匣钵装载相关的工作外包给长青公司。从双方签订的协议名称来看,湘火炬公司与长青公司之间为劳务外包关系。但根据《工序外包协议》的约定:

(1)长青公司工作人员如有不能达到湘火炬公司的要求或违反湘火炬公司工艺纪律等行为,按湘火炬公司考核条款执行。可见,湘火炬公司实际对长青公司工作人员进行劳动管理。

(2)在湘火炬公司按期足额支付长青公司有关费用后3个工作日内,长青公司应依据湘火炬公司提供的工资数额和考核情况足额发放,长青公司不得拖延或挪用相关资金。可见,长青公司工作人员的工资虽由长青公司直接支付,但实际是由湘火炬公司考核并计发的,即湘火炬公司支付长青公司的费用中包含了长青公司工作人员的工资。长青公司实际并不是向湘火炬公司交付劳动成果,而是向湘火炬公司派遣工作人员。

综上,湘火炬公司与长青公司之间签订的《工序外包协议》,内容实际为劳务派遣协议,且湘火炬公司实际按照劳务派遣用工使用劳动者。《劳务派遣暂行规定》第二十七条规定,用人单位以承揽、外包等名义,按劳务派遣用工形式使用劳动者的,按照本规定处理。根据该规定,湘火炬公司、长青公司及相关工作人员之间,应当按照劳务派遣用工的有关规定确定各方权利义务。

需要注意的是,如认为用工单位在临时性、辅助性或者替代性以外的工作岗位使用劳务派遣用工系违反效力性规范,劳务派遣协议无效。还应审查刘某从事的工作岗位是否为湘火炬公司临时性、辅助性或者替代性的工作岗位。如不是,可能会认定刘某与湘火炬公司建立了劳动关系。

专题七　聘用达到法定退休年龄的劳动者

一、聘用达到法定退休年龄的劳动者的用工规范

实践中,用人单位聘用达到法定退休年龄的劳动者的情形不在少数,聘用此类人员应当根据实际情况遵守应当遵守的用工规范。

(一)用工关系的认定

《劳动合同法实施条例》第二十一条规定,劳动者达到法定退休年龄的,劳动合同终止。劳动者达到法定退休年龄以后,根据其养老保险费的缴费年限,未必可以正常办理退休,领取退休金或依法享受养老保险待遇。

1. 劳动者已经领取退休金或依法享受养老保险待遇的情形

根据《最高人民法院关于审理劳动争议案件适用法律问题的解释(一)》第三十二条的规定,用人单位与其招用的已经依法享受养老保险待遇或者领取退休金的人员发生用工争议而提起诉讼的,人民法院应当按劳务关系处理。

司法实务中,有观点认为,劳动者领取新型农村社会养老保险待遇的,也属于依法享受养老保险待遇;也有观点认为,劳动者领取新型农村社会养老保险待遇不属于依法享受养老保险待遇的情形。

2. 未领取退休金或依法享受养老保险待遇的情形

劳动者达到法定退休年龄后,未领取退休金或依法享受养老保险待遇的,其与用人单位之间建立用工关系,满足认定存在劳动关系的从属性要件的,是否应当按照劳动关系处理在司法实务中存在不同的观点。

一种观点认为,根据《劳动合同法实施条例》第二十一条的规定,劳动者达到法定退休年龄以后,无论其是否已经领取退休金或依法享受养老保险待遇,均不具备建立劳动关系的劳动者主体资格,不应认定其与用人单位之间存在劳动关系。

另一种观点认为,根据《最高人民法院关于审理劳动争议案件适用法律问题的解释(一)》第三十二条的规定,用人单位与其招用的已经依法享受养老保险待遇或者领取退休金的人员发生用工争议而提起诉讼的,人民法院应当按劳务关系处理。因此,已经依法享养老保险待遇或领取退休金才能按照劳务关系处理,反之,则应当按照劳动关系处理。

需要注意的是,《最高人民法院新劳动争议司法解释(一)理解与适用》一书指出,上述两种观点都过于绝对化。《劳动合同法实施条例》第二十一条是对于《劳动合同法》立法不足的补充规定,该条与《劳动合同法》第四十四条第(二)项的规定是补充与完善的关系,并不是替代关系,不存在优先适用的问题。实务中应当根据每一个劳动者的情况,择一适用,具体应适用哪一个规定,则与劳动者能否享受基本养老保险待遇的原因有关。劳动者在用人单位工作期间达到法定退休年龄,非因用人单位原因不能享受基本养老保险待遇的,应当适用《劳动合同法实施条例》第二十一条的规定;劳动者在用人单位工作期间达到法定退休年龄,因用人单位原因不能享受基本养老保险待遇的,如允许用人单位随意终止劳动关系对劳动者明显不公平,人民法院可以认定用人单位因自身原因让劳动者不能享受基本养老保险待遇,从而丧失了在劳动者达到法定退休年龄时享有的劳动关系终止权,此时应适用《劳动合同法》第四十四条第(二)项的规定。

关于用人单位原因的认定,该书进一步指出,"用人单位原因"应作从宽理解,无须审查用人单位是否存在主观过错。不仅包括用人单位未依法为劳动者参加养老保险的情形,还包括因用人单位原因导致员工档案丢失,无法办理社会保险关系移转手续,不为劳动者办理退休及养老待遇申领手续等。劳动者本人拒绝参加职工基本养老保险的,一般也认定为因用人单位原因。

另外,根据该书的观点,还应尊重当事人意思自治。劳动者达到法定退休年龄后,双方重新签订劳务合同的,应尊重双方当事人的意思自治,认定双方是劳务关系。劳动者系在达到法定退休年龄后与用人单位建立用工关系且非因用人单位原因不能享受基本养老保险待遇,一般应认定为劳务关系,但双方订立劳动合同的,应当尊重当事人意思自治,可以认定双方系劳动关系。

(二)用工主体责任

1. 按劳务关系处理

如按照劳务关系处理,用人单位的义务主要包括:

(1)按照双方的约定支付劳动者报酬;

(2)劳动者因工负伤的,根据过错程度承担用工主体责任。

2. 按劳动关系处理

按劳动关系处理的,用人单位应当按照《劳动合同法》等劳动法律、法规的规定履行用人单位义务,承担用工主体责任。

二、违反用工规范的法律责任

违反用工规范的法律责任关键在于如何认定用人单位与劳动者之间的法律关系。如认定存在劳动关系,用人单位违反劳动关系的用工规范应承担的法律责任已经在其他章节进行了详细说明,在此不做赘述。

如认定不存在劳动关系,按照劳务关系处理,用人单位未履行劳务合同约定的义务,承担用工主体责任的,劳动者可向人民法院提起诉讼,要求用人单位承担违约责任,承担用工主体责任。

三、合规管理

(一)审查劳动者是否已经依法享受养老保险待遇或者领取退休金

聘用达到法定退休年龄的劳动者应结合用人单位的实际需求,如用人单位系基于用工成本、用工风险等方面的考虑才聘用达到法定退休年龄的劳动者,可聘用已经达到法定退休年龄且已经依法享受养老保险待遇或者领取退休金的人员。劳动者系领取新型农村社会养老保险待遇的,应当结合当地的司法实务判断,如按照劳务关系处理,可以聘用;如按照劳动关系处理,不建议聘用。

(二)签订用工协议

聘用达到法定退休年龄的劳动者的,应当与劳动者签订用工协议。拟建立劳动关系的,签订劳动合同;拟建立劳务关系的,签订劳务合同。

(三)依法履行用人单位义务

结合当地司法实务判断是按照劳务关系处理,还是劳动关系处理,再根据不同的用工规范履行用人单位义务。如按照劳务关系处理,可通过购买雇主责任险的方式转嫁部分用工风险。

案例 云南蓝轩清洁服务有限公司与李某劳动争议纠纷案[(2019)云01民终6418号]

云南蓝轩清洁服务有限公司(以下简称蓝轩公司)与李某认可双方在2018年6

月28日至2018年11月11日存在用工关系,双方认可8月发放2250元、9月发放2250元、10月发放2100元、11月发放740元。李某入职体检支出140元。李某于2018年11月11日申请辞职。2019年1月22日,西山区社会保险局出具无领取养老金记录证明,证实李某未在西山区社保局领取养老金。2018年11月30日,昆明市呈贡区劳动人事争议仲裁院在李某提出申请后,作出呈劳人仲不字〔2018〕16号不予受理案件通知书,认为申请人已超过法定退休年龄,申请人申请劳动仲裁的主体不适格,不符合受理条件,决定不予受理。

一审法院认为,本案中李某在诉争用工期间已年满66周岁,根据《国务院关于工人退休、退职的暂行办法》第一条的规定:"全民所有制企业、事业单位和党政机关、群众团体的工人,符合下列条件之一的,应该退休。(一)男年满六十周岁,女年满五十周岁,连续工龄满十年的。(二)从事井下、高空、高温、特别繁重体力劳动或者其他有害身体健康的工作,男年满五十五周岁、女年满四十五周岁,连续工龄满十年的。本项规定也适用于工作条件与工人相同的基层干部。(三)男年满五十周岁,女年满四十五周岁,连续工龄满十年,由医院证明,并经劳动鉴定委员会确认,完全丧失劳动能力的。(四)因工致残,由医院证明,并经劳动鉴定委员会确定,完全丧失劳动能力的。"李某初次于2018年6月28日为蓝轩公司提供从事工作时,已年满65周岁,超过法定退休年龄不能认定是劳动关系,应当认定是劳务关系。李某起诉是依据《最高人民法院关于审理劳动争议案件适用法律若干问题的解释(三)》(已失效)第七条"用人单位与其招用的已经依法享受养老保险待遇或领取退休金的人员发生用工争议,向人民法院提起诉讼的,人民法院应当按劳务关系处理"的规定,认为其未享受养老保险待遇或领取退休金,应当认定为劳动关系,但该条款仅明确了不应当认定为劳动关系的处理,并未规定未享受养老保险待遇或领取退休金的用工争议应当认定为劳动关系的表述,因此本院对其主张不予支持。据此本院认为原告主张要求确认双方存在劳动关系,并要求蓝轩公司支付其未签订劳动合同的双倍工资差额、法定休假日补偿及体检费用,没有事实及法律依据,一审法院依法不予支持。据此,一审法院依照《劳动合同法》第二条、《最高人民法院关于审理劳动争议案件适用法律若干问题的解释(三)》(已失效)第七条、2012年《民事诉讼法》(已修正)第六十四条第一款的规定,判决:驳回李某的诉讼请求。案件受理费减半收取10元,由李某承担。

二审法院认为,李某主张双方建立劳动关系,现解除后应当由蓝轩公司支付各项费用。蓝轩公司则主张,用工时李某已经达到了退休年龄,双方之间系劳务关系。本院认为,2019年1月22日,西山区社会保险局出具无领取养老金记录证明,证实李某未在西山区社保局领取养老金。蓝轩公司主张双方应当按照劳务关系处理，但是并未举证证实李某系已经依法享受养老保险待遇或领取退休金的人员，故蓝轩公司的主张不能成立。李某主张双方之间自2018年6月28日至11月11日存在劳动关系有事实和法律依据，本院予以确认。一审法院对此认定和处理有误，本院予以纠正。

云南省高级人民法院认为，由于本案双方均认可李某与蓝轩公司之间于2018年6月28日至11月11日存在用工关系，李某在本案用工日之前已经达到法定退休年龄。关于双方是否形成劳动关系的争议问题，其一，依据《劳动法》第十五条第一款的规定，禁止用人单位招用未满16周岁的未成年人。该条规定对劳动者的年龄上限并未作强制性规定，即只要不违反法律、法规的禁止性规定的有劳动能力的人员，均可成为劳动关系中的劳动者。其二，依据《劳动合同法》第四十四条的规定，劳动者开始依法享受基本养老保险待遇的，劳动合同终止；《劳动法》第七十三条规定：劳动者在退休的情形下，依法享受社会保险待遇。以上法律均未规定劳动者达到法定退休年龄，劳动合同终止。其三，《最高人民法院关于审理劳动争议案件适用法律若干问题的解释（三）》（已失效）第七条规定：用人单位与其招用的已经依法享受养老保险待遇或者领取退休金的人员发生用工争议，向人民法院提起诉讼的，人民法院应当按劳务关系处理。上述司法解释也未将劳动者达到法定退休年龄作为认定用人单位与劳动者存在劳动关系或者劳务关系的条件。根据该司法解释的精神，对于已达到法定退休年龄，但未开始依法享受基本养老保险待遇的人员，与用人单位的用人关系仍应认定为劳动关系。综上所述，本案中，李某虽达到法定退休年龄，但因没有享受过基本养老保险待遇，其与蓝轩公司之间发生的用工争议，仍应当按照劳动关系处理。因此，二审法院认定李某与蓝轩公司存在劳动关系，判决适用法律并无不当。至于蓝轩公司主张李某已经享受新型农村社会养老保险待遇的主张，因未能提交证据证明，原审法院不予采信并无不当。

案例分析

本案法院的观点是，根据《最高人民法院关于审理劳动争议案件适用法律问题的解释（一）》第三十二条的规定，用人单位与其招用的已经依法享受养老保险待遇或者领取退休金的人员发生用工争议而提起诉讼的，人民法院应当按劳务关系处理，即已经依法享受养老保险待遇或领取退休金才能按照劳务关系处理，反之，则应当按照劳动关系处理。

本案中，蓝轩公司与李某认可双方在2018年6月28日至11月11日存在用工关系,李某在用工日之前已经达到法定退休年龄,但未依法享受养老保险待遇或者领取退休金。蓝轩公司主张依照《最高人民法院关于审理劳动争议案件适用法律问题的解释(三)》第七条的规定,按劳务关系处理双方的用工关系,但蓝轩公司并未提供证据证明,李某已经依法享受养老保险待遇或者领取退休金,故法院认为不符合《最高人民法院关于审理劳动争议案件适用法律问题的解释(三)》第七条规定,蓝轩公司的主张不能成立。

需要注意的是,按照《最高人民法院新劳动争议司法解释(一)理解与适用》一书中的观点,李某系达到法定退休年龄后与蓝轩公司建立用工关系,且非因蓝轩公司原因导致不能享受养老保险待遇,应适用《劳动合同法实施条例》第二十一条的规定,认定双方不存在劳动关系。

专题八 在校学生参加实习

一、在校学生参加实习的用工规范

实习制是国家对技工学校、中等专业学校、职业高中等学员实行的一种培训教育制度。实习生主要是指由大中专院校、职业教育机构、职业培训机构组织到用人单位实习的在校学生。根据实习的目的不同，可以分为就业型实习、培训型实习和勤工俭学型实习。在校学生到用人单位参加实习的，用人单位应当履行相应的用工规范。

(一)用工关系的认定

司法实务中，一般认定实习生与实习单位之间未建立劳动关系。原因主要包括以下三方面：

(1)在校生到实习单位参加实习是教育计划的要求，实际上是学校教学活动的延伸，甚至是教学活动的重要组成部分，目的是通过实习积累经验，提升在校生的实践能力。

(2)在校生实习期间实际仍是接受学校的教育管理，不能与实习单位之间形成身份隶属关系。

(3)从认定劳动关系的构成要件来说，在校生与实习单位之间尽管具有建立劳动关系的主体资格，且在一定程度上满足劳动关系中的从属性要件，在校生向实习单位提供劳动，实习单位也发放一定的报酬，但在校生提供劳动的目的在于实习，而不在于工作，而且实习单位发给的报酬也不是在校生提供劳动的对价，双方也没有建立劳动关系的合意。

根据《关于贯彻执行〈中华人民共和国劳动法〉若干问题的意见》第十二条的规定，在校生利用业余时间勤工助学，不视为就业，未建立劳动关系，可以不签订劳动合同。但在校学生年满16周岁的，也具备建立劳动关系的劳动者主体资格，可以与用人单位建立劳动关系。因此，认定在校学生与用人单位的法律关系应结合实际情况认定,不因在校学生的身份否定劳动关系的建立。

(二) 权利义务关系

在校学生参加实习的,与用人单位之间不存在劳动关系。双方签订实习协议的,各方按照实习协议的约定享有权利,履行义务。但需要注意的是,学生基于学校的安排到用人单位实习是学校教学内容的延伸和扩展,学校和用人单位都负有一定的安全教育和管理义务。

二、违反用工规范的法律责任

(一) 以实习的名义招用在校学生

在校学生年满16周岁后,具备建立劳动关系的劳动者主体资格,用人单位招用年满16周岁的在校学生,双方符合认定存在劳动关系的条件的,应认定双方存在劳动关系。如用人单位未按照《劳动合同法》等劳动法律、法规的规定履行用人单位义务,应承担相应的责任。用人单位违反劳动关系的用工规范应承担的法律责任已经在其他章节进行了详细说明,在此不做赘述。

(二) 违反安全教育和管理义务的法律责任

最高人民法院公报案例中,法院观点为,在校学生在实习过程中受到伤害的,应按一般民事侵权纠纷处理。根据有关侵权的法律规定,由学生、学校、企业按过错程度承担相应的责任。

三、合规管理

在校学生到用人单位参加实习的,用人单位应注意以下四点:
(1) 应审查在校学生身份,防止非在校学生冒充在校学生参加实习。
(2) 签订实习协议,明确双方不存在建立劳动关系合意,在校学生系在用人单位参加实习,同时约定实习期间各方的权利义务。
(3) 履行安全教育和管理义务,防止在校学生实习期间发生安全事故。
(4) 招用在校学生的,按照劳动关系的用工规范履行用人单位义务。

案例1 北京亲子阳光网络科技发展有限公司与肖某劳动争议纠纷案[(2016)京01民终7344号]

肖某主张其系在校大学生,于2016年7月毕业,2015年8月15日通过招聘入职北京亲子阳光网络科技发展有限公司(以下简称亲子阳光公司),从事光盘制作的后期处理工作,双方未签订劳动合同;亲子阳光公司按月向其发放工资至2016年3月31日;2016年4月5日上午其请事假半天,并于当月正常出勤至2016年4月18日,当日亲子阳光公司以不再需要其岗位为由口头提出解除劳动关系。

亲子阳光公司认可肖某前述的入职时间、出勤情况、劳动报酬发放情况及解除理由,但主张因肖某彼时系在校大学生,在公司期间属于实习,双方之间不存在劳动关系,该公司系按照每周6天的标准向肖某支付实习报酬。

肖某就双方之间系劳动关系的主张提交以下证据:(1)员工登记表。其上显示部门为栏目组,职务为栏目包装,姓名为肖某。(2)员工入职流程表。其上显示肖某入职部门为栏目组,入职岗位栏目包装,报到时间2015年8月15日,入职事项显示在提交个人资料、提交上家公司离职证明、建立员工档案、发放工牌、公司概括及制度培训、开通公司邮箱/QQ群、介绍新员工岗位的工作考核要求等选项中进行勾选。(3)社会保险缴费记录查询。其上显示亲子阳光公司为肖某缴纳了2015年11月至2016年2月的社会保险。(4)解雇通知书。其上载明:肖某,您于2015年8月15日在我公司担任节目后期制作职务,根据公司发展需要不再需要该岗位,故决定自2016年4月18日起,本公司决定解除与您的聘雇劳动关系,请收到通知书于2日内在公司办公室办理相关离职手续……解雇通知书尾部加盖亲子阳光公司印章,落款时间为2016年4月19日。(5)考勤表。其上显示了肖某的出勤情况。(6)工资收入证明。其上载明:兹证明肖某是新阳光公司的员工,在该公司工作8个月,岗位为节目后期制作,2015年8月、9月,月基本工资3500元;2015年10月、11月、12月,月基本工资4500元;2016年1月、2月、3月,月基本工资5000元。该证明尾部加盖亲子阳光公司印章,落款时间为2016年4月19日。另上述证据(1)、(2)、(5)中亦加盖亲子阳光公司印章。亲子阳光公司对证据(1)、(2)、(4)、(5)、(6)中该公司印章的真实性不持异议,但称系肖某利用职务便利私自加盖,故对上述证据的真实性不予认可;该公司对社会保险缴费记录查询的真实性不持异议,但称起初肖某表示毕业后想留在北京,故该公司出于社会保险对个人在北京生活的重要性考虑,为其缴纳了社会保险,所有社会保险费用均由该公司负担,并未在肖某的劳动报酬中扣除,但这并不意味着双方建立劳动关系。亲子阳光公司在本案中未提交任何证据。

一审法院认为:本案争议焦点在于肖某作为在校大学生能否与亲子阳光公司之间建立劳动关系。在校学生在用人单位进行实习,应当根据具体事实进行判断,对完成学校的社会实习安排或自行从事社会实践活动的实习,不认定劳动关系。但用人单位与在校学生之间名为实习,实为劳动关系的应当认定为劳动关系。具体到本案中,肖某入职亲子阳光公司之时,该公司要求其提交个人资料、填写入职登记表,为其建立员工档案、发放工牌、开通公司邮箱/QQ群等行为显示该公司具有与肖某长期建立劳动关系的意愿;该公司按月对肖某进行考勤管理、按固定周期及固定数额向肖某支付劳动报酬并且为其缴纳社会保险的行为均显示双方之间具有密切的人身隶属关系,符合劳动关系的基本要素和特征。另外,该公司为肖某出具的工资收入证明及解雇通知书中亦明确载明肖某系该公司员工,亲子阳光公司解除双方劳动关系。综上,法院依法确认双方之间系劳动关系而非单纯实习关系,并综合双方陈述及证据提交情况确认双方于2015年8月15日至2016年4月18日存在劳动关系。

二审法院认为,根据肖某提交的证据,肖某入职亲子阳光公司之时,该公司要求其提交个人资料、填写入职登记表,为其建立员工档案、发放工牌、开通公司邮箱/QQ群,可以证明肖某入职亲子阳光公司办理了正式的入职手续;亲子阳光公司按月对肖某进行考勤管理、按固定周期及固定数额向肖某支付劳动报酬并且为其缴纳社会保险的行为均显示双方具有密切的人身隶属关系。此外,该公司为肖某出具的工资收入证明及解雇通知书中亦明确载明肖某系该公司员工。因此,依法确认双方之间系劳动关系而非单纯实习关系,并综合双方陈述及证据提交情况确认双方于2015年8月15日至2016年4月18日存在劳动关系。

案例分析

在校学生也具备建立劳动关系的劳动者主体资格,其与用人单位可建立用工关系。认定双方是否存在劳动关系主要看双方是否符合认定存在劳动关系的条件。本案中:

(1)亲子阳光公司具备用人单位主体资格,肖某虽然系在校学生,但也具备建立劳动关系的劳动者主体资格。

(2)肖某向亲子阳光公司提供劳动,亲子阳光公司向肖某支付劳动报酬,满足认定劳动关系的从属性要件。

(3)亲子阳光公司为肖某出具的工资收入证明及解雇通知书中亦明确载明肖某系该公司员工,双方之间具有建立劳动关系的合意。

综上,双方符合认定存在劳动关系的条件,应认定双方之间存在劳动关系。

案例2 李某与上海通用富士冷机有限公司、上海工商信息学校提供劳务者受害责任纠纷案[(2015)沪二中民一(民)终字第1807号]

李某系上海工商信息学校(以下简称工商学校)2011级模具专业学生。2013

年7月8日，李某、工商学校、上海通用富士冷机有限公司(以下简称富士公司)三方签订《学生实习协议书》1份，约定经李某与富士公司双向选择，李某自愿到富士公司实习，期限自2013年7月8日起至2014年6月25日止；实习期间，富士公司支付李某的实习津贴按国家规定的每周不超过40小时计每月人民币(以下币种均为人民币)1800元至2000元，超过规定时间的加班及因工作需要安排的中班、夜班和特殊岗位的与富士公司职工同等待遇；富士公司在安排实习生上岗前应先对实习生进行企业文化、岗位要求、专业技能、操作规范、安全生产、劳动纪律等方面的培训教育，安排到相应的部门和岗位从事与国家劳动保护法规相符合的对人身无危害、对青少年身心健康无影响的工作，并指派带教师傅对实习进行指导评价；对易发生意外工伤的实习岗位，富士公司在实习生上岗前除了加强安全生产教育外，还应提供应有的劳动保护措施，学校为实习生购买"学生实习责任保险"。协议另约定了其他内容。

2013年11月2日上午11时许，李某在富士公司处加班操作数控折边机，在更换模具时不慎踩到开关，致使机器截断其右手第2至5指。李某随即被送至上海市第六人民医院急诊治疗，后于次日住院行植指术，于2013年11月14日转入上海市松江区九亭医院，行清创及环小指残修术，于2014年1月10日出院。后李某多次到门诊进行治疗。就赔偿事宜各方无法达成一致意见，李某遂诉至法院。

一审审理中，李某称，实习前工商学校对李某进行过安全教育培训，上岗前富士公司也对李某进行过岗前培训，工作时发放了劳动保护手套。自2013年8月起开始操作折边机。事发前一晚是周五，李某上晚班，因富士公司规定周六需要加班，李某选择连着上周六的早班，但原先带教李某的师傅不加班，于是李某自己操作折边机，富士公司有其他班长在，可以指导原告，模具本来应该由班长来换，因李某上卫生间后着急回来换模具继续工作，就想自己换模具再找其他班长帮忙换模式，结果在更换模具的过程中误踩了开关，模具上抬将李某的手指夹断。平时师傅要换工作模式的话会切断电源调整模式再换模具。李某认为自己尚不能独立操作机器。富士公司称李某受伤时可以独自操作简单的工序，且其他班长在场也与师傅在场一样指导；工商学校对李某也负有安全保障义务。工商学校称不清楚李某能否独立操作，工商学校确实对李某负有安全保障义务。

一审法院认为，富士公司为实习单位，是实习生劳动工具的提供者和工作内容的指挥者，对实习生负有日常管理、保护之责，亦应尽到必要的安全保障义务。由于富士公司提供的工作设备有一定危险性，要求李某在实习期操作机器却未安排带教师傅在旁指导，对李某受伤存在过错。李某作为具有完全民事行为能力的成年人,又经过相关专业知识的学习及实习培训,对操作设备的危险性应具有一定的认知,李某作为实习生在从事实习劳动时亦应保持必要的谨慎,但李某在无带教人员陪同指导的情况下自行更换模具,又未遵循正确操作规程,未尽审慎注意义务,对损害后果的发生也负有一定的过错。现有证据不足以证明工商学校在本起事故中有过错,故对于李某要求工商学校承担损害赔偿责任的诉讼请求,难以支持。结合本案实际情况,确认富士公司对李某本次受伤造成的经济损失承担80%的责任,李某自负20%的责任。

二审法院认为,本案中李某作为中等职业学校在校学生,其通过与工商学校、富士公司签订《学生实习协议书》后到富士公司实习,该法律关系的三方当事人除受该协议约定约束外,还应受到中等职业学校学生实习相关法律法规的约束。依据《中等职业学校学生实习管理办法》(已失效)及《教育部办公厅关于应对企业技工荒进一步做好中等职业学校学生实习工作的通知》的规定,学校及相关企业"不得安排学生每天顶岗实习超过8小时;不得安排学生加班"。然而,本案中,依据三方当事人庭审中的一致确认,事发当日李某确实系周六加班,且带教老师未陪同加班。对于李某在此次加班过程中因操作危险工作设备所受之伤害,各方承担责任如下:首先,富士公司系李某实习期间的直接管理人,对李某如何从事实习工作能够支配和安排,并能够对工作过程实施监督和管理,李某虽为实习生但其所从事的劳动客观上系为富士公司创造经济利益,李某仍然享有劳动保护的权利,而李某此次受伤的危险来源仍属于其所从事之劳动的正常风险范围。因此,综合考量富士公司与李某之间支配与被支配的地位、劳动所创造经济利益的归属,富士公司应当承担的劳动保护以及劳动风险控制与防范的职责和义务,富士公司应当对本案李某所受之损害承担主要赔偿责任。其次,工商学校作为李某实习期间的间接管理人,虽无法直接支配李某的工作,但其作为职业教育机构应当清楚学生参与实习工作的危险性,可以通过对学生的安全教育以及与企业的沟通协商,控制和防范风险,然而,工商学校在清楚实习单位不得安排实习生加班规定的情况下,本可以通过加强对学生的安全教育以及与企业明确约定等方式予以防范,实际上却放任实习生加班情形的存在,因此,工商学校未尽到其职责,考虑到工商学校无法直接支配李某在富士公司的具体工作,故工商学校应当对李某所受损害承担次要责任。最后,李某作为实习生,技能尚处于学习阶段,劳动报酬也区别于富士公司正常员工,因此,李某在劳动过程中所应尽到的谨慎注意义务不能以富士公司正常员工为标准。李某事发当日在没有带教老师陪同加班的情况下所出现的操作不当尚不足以构成重大过失,相较于富士公司、工商学校对风险防范所应承担的义务,李某的一般过失不能减轻富士公司及工商学校所应承担的赔偿责任。故原审法院判令富士公司对李某的人身损害后果承担80%的赔偿责任,并无不当;但剩余20%的赔偿责任应由工商学校承担,原审法院判令李某自负一定责任存有不当,本院予以改判。

案例分析

第一,法律关系的认定。

李某系在校学生,经工商学校安排至富士公司参加实习,李某与富士公司双方没有建立劳动关系的合意,故双方不存在劳动关系。因此,李某受伤不应适用《工伤保险条例》的规定。

第二,责任承担。

1. 富士公司作为实习单位,是李某实习期间的直接管理人,有提供劳动保护以及对李某在实习时可能存在的安全隐患负有提醒和注意义务。富士公司未尽到前述义务,给李某造成损害的,应当根据其过错程度承担主要赔偿责任。

2. 工商学校作为职业教育机构,是李某实习期间的间接管理人,应当对李某进行安全教育,并监督富士公司遵守实习期间的相关规范,包括为李某提供劳动保护等。工商学校未尽到前述义务,应当对李某的损害承担次要赔偿责任。

劳动合同订立篇——招聘与录用

专题九　订立劳动合同的形式

一、订立劳动合同应当采取书面形式

《劳动合同法》第十条规定,建立劳动关系,应当订立书面劳动合同。第六十九条规定,非全日制用工双方当事人可以订立口头协议。劳动关系分为全日制用工关系与非全日制用工关系,根据上述规定,建立全日制用工关系,应当订立书面劳动合同。

书面劳动合同不仅是纸质的劳动合同书,根据《民法典》第四百六十九条的规定,书面形式是合同书、信件、电报、电传、传真等可以有形地表现所载内容的形式。以电子数据交换、电子邮件等方式能够有形地表现所载内容,并可以随时调取查用的数据电文,视为书面形式。《人力资源和社会保障部办公厅关于订立电子劳动合同有关问题的函》(人社厅函〔2020〕33号)中也明确规定,用人单位与劳动者协商一致,可以采用电子形式订立书面劳动合同。

二、未订立书面劳动合同的法律责任

《劳动合同法》规定了用人单位未与劳动者订立书面劳动合同的法律责任,并未规定劳动者不与用人单位订立书面劳动合同的法律责任,似乎订立书面劳动合同仅是用人单位的法定义务。其实不然,结合《劳动合同法实施条例》的相关规定,订立书面劳动合同是用人单位和劳动者共同的法定义务,任何一方不履行该义务的,均应承担相应的法律责任。

(一) 用人单位的法律责任

《劳动合同法》第八十二条第一款规定,用人单位自用工之日起超过1个月不满1年未与劳动者订立书面劳动合同的,应当向劳动者每月支付二倍的工资。根据该规定,建立全日制用工关系后,用人单位未与劳动者订立书面劳动合同的,应当向劳动者支付二倍工资,支付二倍工资的期间为自用工之日起超过1个月之日至满1年之日,如双方在自用工之日起1年内订立了书面劳动合同,二倍工资支付至订立书面劳动合同之日。

需要注意的是,劳动合同期满后,劳动者仍在原用人单位工作,用人单位未与劳动者续订书面劳动合同的,仍要适用《劳动合同法》第八十二条第一款的规定,即用人单位仍应支付劳动者二倍工资。

(二)劳动者的法律责任

《劳动合同法实施条例》第五条规定,自用工之日起1个月内,经用人单位书面通知后,劳动者不与用人单位订立书面劳动合同的,用人单位应当书面通知劳动者终止劳动关系,无须向劳动者支付经济补偿,但是应当依法向劳动者支付其实际工作时间的劳动报酬。第六条规定,用人单位自用工之日起超过1个月不满1年未与劳动者订立书面劳动合同的,应当依照《劳动合同法》第八十二条的规定向劳动者每月支付二倍的工资,并与劳动者补订书面劳动合同;劳动者不与用人单位订立书面劳动合同的,用人单位应当书面通知劳动者终止劳动关系,并依照《劳动合同法》第四十七条的规定支付经济补偿。前款规定的用人单位向劳动者每月支付二倍工资的起算时间为用工之日起满1个月的次日,截止时间为补订书面劳动合同的前1日。第七条规定,用人单位自用工之日起满1年未与劳动者订立书面劳动合同的,自用工之日起满1个月的次日至满1年的前1日应当依照《劳动合同法》第八十二条的规定向劳动者每月支付二倍的工资,并视为自用工之日起满1年的当日已经与劳动者订立无固定期限劳动合同,应当立即与劳动者补订书面劳动合同。

根据上述规定,自用工之日起1个月内,劳动者不与用人单位订立书面劳动合同的,用人单位可以单方终止劳动关系。如用人单位自用工之日起1个月内通知劳动者终止劳动关系,无须支付经济补偿;如用人单位自用工之日起超过1个月不满1年通知劳动者终止劳动关系,需要支付经济补偿。

三、合规管理

(一)及时订立书面劳动合同

用人单位规避支付因未订立书面劳动合同的二倍工资的法律风险直接的方式就是按照《劳动合同法》的规定,自用工之日起1个月内与劳动者订立书面劳动合同。劳动合同到期后继续用工的,1个月内续订书面劳动合同。

(二)签署注意事项

1. 签订纸质劳动合同时,要确保在劳动合同上的落款系劳动者本人的签字或是由劳动者本人按捺的手印。用人单位与劳动者就是否已经订立书面劳动产生争议时,用人单位不能证明劳动合同上的落款系劳动者本人的签字或是由劳动者本人按捺的手印的,用人单位将因不能证明劳动者签字或捺印的真实性而承担举证不能的法律后果,即认定双方未订立书面劳动合同。

实践中,有的劳动者知晓用人单位未与其订立书面劳动合同时,可以要求用人单位支付二倍工资。为了向用人单位主张二倍工资,故意拒绝与用人单位订立书面劳动合同,甚至是恶意找人代签劳动合同,之后再主张用人单位未与其订立书面劳动合同,要求用人单位支付因未订立书面劳动合同的二倍工资差额。所以,在签订劳动合同时,一定要注意防范员工的道德风险,确保劳动合同上的落款系劳动者本人的签字或是由劳动者本人按捺的手印。建议现场监督劳动者签字或按手印,未现场看见劳动者签字或按捺手印的,要求其现场重新签字或按捺手印。

2. 采用电子形式订立书面劳动合同的,要严格按照《电子劳动合同订立指引》的规定执行。

首先,要通过电子劳动合同订立平台订立。电子劳动合同订立平台通过有效的现代信息技术手段提供劳动合同订立、调取、储存、应用等服务,具备身份认证、电子签名、意愿确认、数据安全防护等能力,确保电子劳动合同信息的订立、生成、传递、储存等符合法律、法规规定,满足真实、完整、准确、不可篡改和可追溯等要求。

其次,用人单位和劳动者要确保向电子劳动合同订立平台提交的身份信息真实、完整、准确。电子劳动合同订立平台通过数字证书、联网信息核验、生物特征识别验证、手机短信息验证码等技术手段,真实反映订立人身份和签署意愿,并记录和保存验证确认过程。具备条件的,可使用电子社保卡开展实人实名认证。

最后,用人单位和劳动者要使用符合《电子签名法》要求、依法设立的电子认证服务机构颁发的数字证书和密钥,进行电子签名。电子劳动合同经用人单位和劳动者签署可靠的电子签名后生效。

(三)未及时订立书面劳动合同的处理

最高人民法院的观点为,补签劳动合同是在平等自愿、协商一致的基础上达成的共识,只要不违反法律法规规定的,符合民法关于当事人意思自治原则就是有效的,应当认定为劳动者放弃向用人单位主张二倍工资的权利,用人单位不应支付二倍工资。而倒签劳动合同与《劳动合同法》立法本意相悖,不利于保护劳动者权益,是用人单位规避二倍工资的借口,因此用人单位应支付双倍工资。[①] 根据上述观点,补签劳动合同可以起到规避支付因未订立书面劳动合同的二倍工资差额的法律风险的作用,倒签劳动合同则不能起到同样的作用。

自用工之日起1个月内,用人单位未与劳动者订立书面劳动合同,或劳动合同到期后继续用工,未在1个月内与劳动者续订书面劳动合同的,要根据实际情况与劳动者补签劳动合同。劳动者主张用人单位支付因未订立书面劳动合同的二倍工资差额的仲裁时效期间已经经过的,可不再订立书面劳动合同;劳动者主张用人单位支付因未订立书面劳动合同的二倍工资差额的仲裁时效期间尚未经过的,应当及时补签劳动合同,以规避支付二倍工资差额的法律风险。

补签劳动合同时要注意两个时间的填写。

1.劳动合同期限的起算时间至少往前填写1年。用人单位因未订立书面劳动合同支付二倍工资的期间为自用工之日起超过1个月之日至满1年之日,如补签的劳动合同的期限不能涵盖上述期间,未涵盖的部分,不能认定为劳动者放弃向用人单位主张二倍工资的权利,劳动者仍可以要求用人单位支付因未订立书面劳动合同的二倍工资差额。而劳动合同期限的起算时间往前填写1年后,即便劳动合同的期限不能涵盖用人单位因未订立书面劳动合同支付二倍工资的期间,劳动者主张用人单位支付因未订立书面劳动合同的二倍工资差额的仲裁时效期间也已经经过。

2.落款时间往前填写为倒签劳动合同。补签劳动合同与倒签劳动合同的区别在于签订劳动合同时是否将落款时间往前填写,未往前填写则为补签劳动合同,往前填写则为倒签劳动合同。倒签劳动合同不能起到规避支付因未订立书面劳动合同的二倍工资差额的法律风险的作用。

(四)劳动者恶意拒签的处理

1.用人单位自用工之日起1年内提出与劳动者订立书面劳动合同,劳动者无正当理由拒绝订立书面劳动合同的,可以通知劳动者终止劳动关系。根据《劳动合同法实施条例》的规定,自用工之日起1年内,劳动者不与用人单位订立书面劳动合同的,用人单位可以单方终止劳动关系。越早终止劳动关系,用人单位支付的二倍

---

① 最高人民法院民事审判第一庭编著:《民事审判前沿》第1辑,人民法院出版社2014年版,第291~294页。

工资、经济补偿的数额就越低。

　　需要注意的是,欲通知劳动者终止劳动关系的,要固定证据证明劳动者无正当理由拒绝订立书面劳动合同。

　　2.用人单位自用工之日起1年内提出与劳动者订立书面劳动合同,劳动者拒绝订立书面劳动合同且有正当理由的,不得以劳动者拒签为由通知劳动者终止劳动关系,否则属于违法解除(终止)劳动合同。正当理由是指劳动者拒绝订立书面劳动合同的理由可以排除系劳动者恶意拒绝签订劳动合同的情形。针对这种情况,建议用人单位要求劳动者签订承诺书,注明劳动者拒绝订立书面劳动合同的理由,且劳动者放弃主张用人单位支付因未订立书面劳动合同的二倍工资差额的权利。

　　3.用人单位自用工之日起超过1年提出与劳动者订立书面劳动合同遭拒的,不得以劳动者拒签为由通知劳动者终止劳动关系,否则属于违法解除(终止)劳动合同。

专题十　劳动合同的内容

一、劳动合同的内容

劳动合同是一种特殊的合同,主要内容为劳动者为用人单位提供劳动,接受用人单位的劳动管理,用人单位支付劳动者劳动报酬。根据《劳动合同法》的规定,劳动合同的内容应当包含:(1)用人单位的名称、住所和法定代表人或者主要负责人;(2)劳动者的姓名、住址和居民身份证或者其他有效身份证件号码;(3)劳动合同期限;(4)工作内容和工作地点;(5)工作时间和休息休假;(6)劳动报酬;(7)社会保险;(8)劳动保护、劳动条件和职业危害防护;(9)法律、法规规定应当纳入劳动合同的其他事项。除以上必备条款外,用人单位与劳动者还可以约定试用期、培训、保守秘密、补充保险和福利待遇等其他事项。

因劳动合同具有一定的人身属性和社会属性,法律对劳动合同的内容作了较多的强制性规定,即劳动合同的内容仅部分可以由当事人约定。根据当事人可以约定的不同程度,可以将劳动合同的内容分为禁止约定的内容、限制约定的内容和自由约定的内容。

禁止约定的内容主要是社会保险,缴纳社会保险费是用人单位与劳动者的法定义务,缴费时间、金额由法律规定,不能通过双方当事人的约定变更;限制约定的内容主要包括劳动合同期限、试用期、工作时间、休息、休假、劳动报酬等,双方可以在法律规定的范围内自由约定,约定超出法律规定的,超出部分无效;自由约定的内容包括工作内容、工作地点、保守秘密、补充保险和福利待遇等。

二、合规管理

在约定劳动合同的内容时要注意:(1)应便于履行和管理;(2)无效的约定也可以约定;(3)尽可能使约定有效。

（一）劳动合同期限

1. 劳动合同的类型

《劳动合同法》第十二条、第十三条、第十四条、第十五条规定，劳动合同分为固定期限劳动合同、无固定期限劳动合同和以完成一定工作任务为期限的劳动合同。固定期限劳动合同是指用人单位与劳动者约定合同终止时间的劳动合同。无固定期限劳动合同是指用人单位与劳动者约定无确定终止时间的劳动合同。以完成一定工作任务为期限的劳动合同是指用人单位与劳动者约定以某项工作的完成为合同期限的劳动合同。

2. 劳动合同期限的约定

《劳动合同法》第十四条第二款、第三款规定，用人单位与劳动者协商一致，可以订立无固定期限劳动合同。有下列情形之一，劳动者提出或者同意续订、订立劳动合同的，除劳动者提出订立固定期限劳动合同外，应当订立无固定期限劳动合同：（1）劳动者在该用人单位连续工作满10年的；（2）用人单位初次实行劳动合同制度或者国有企业改制重新订立劳动合同时，劳动者在该用人单位连续工作满10年且距法定退休年龄不足10年的；（3）连续订立二次固定期限劳动合同，且劳动者没有本法第三十九条和第四十条第一项、第二项规定的情形，续订劳动合同的。用人单位自用工之日起满1年不与劳动者订立书面劳动合同的，视为用人单位与劳动者已订立无固定期限劳动合同。根据上述规定，用人单位可以根据实际情况与劳动者约定劳动合同期限，但满足应当与劳动者订立无固定期限劳动合同的条件时，应当与劳动者订立无固定期限劳动合同。从法条的表述来看，订立无固定期限劳动合同的条件包括三种情况：劳动者提出订立、劳动者同意续订、劳动者同意订立劳动合同，而劳动者同意订立劳动合同主要是针对用人单位初次实行劳动合同制度或者国有企业改制重新订立劳动合同的情形。需要注意的是，根据《劳动合同法》第九十七条的规定，连续订立固定期限劳动合同的次数应当从《劳动合同法》实施以后开始计算，即从2008年1月1日开始计算。

综上，以下情形，除劳动者提出订立固定期限劳动合同外，用人单位应当与劳动者订立无固定期限劳动合同：

（1）劳动者在用人单位连续工作满10年以上的；

（2）用人单位初次实行劳动合同制度或者国有企业改制重新订立劳动合同时，劳动者在用人单位连续工作满10年以上且距法定退休年龄不足10年的；

（3）自《劳动合同法》实施以后，用人单位与劳动者连续订立二次固定期限劳动合同,且劳动者没有《劳动合同法》第三十九条和第四十条第一项、第二项规定的情形,续订劳动合同的。

3.未依法订立无固定期限劳动合同的法律责任

《劳动合同法》第八十二条第二款规定,用人单位违反本法规定不与劳动者订立无固定期限劳动合同的,自应当订立无固定期限劳动合同之日起向劳动者每月支付二倍的工资。用人单位未按照法律规定与劳动者订立无固定期限劳动合同的,存在向劳动者支付二倍工资的法律风险。

4.合规管理

为规避上述法律风险,在与劳动者订立、续订劳动合同时,满足应当与劳动者订立无固定期限劳动合同的条件时,应当与劳动者订立无固定期限劳动合同。不愿与用人单位订立无固定期限劳动合同的,应当在订立固定期限劳动合同的同时,固定证据证明系劳动者提出订立固定期限劳动合同。

(二)试用期

1.试用期约定的限制

试用期是用人单位对劳动者的工作态度、工作能力等各方面进行考察,决定是否正式录用劳动者的一个期间。《劳动合同法》第三十九条规定,劳动者在试用期间被证明不符合录用条件的,用人单位可以单方解除劳动合同。很多人想当然地认为,用人单位可以随意辞退试用期员工,而且试用期的期限可以随便约定。其实不然,《劳动合同法》第八十三条规定,用人单位违反本法规定与劳动者约定试用期的,由劳动行政部门责令改正;违法约定的试用期已经履行的,由用人单位以劳动者试用期满月工资为标准,按已经履行的超过法定试用期的期间向劳动者支付赔偿金。对用人单位而言,不适当地约定试用期存在较大的法律风险。

《劳动合同法》对约定试用期的次数、试用期的期限等都作了限制性的规定,具体如下:

(1)同一用人单位与同一劳动者只能约定一次试用期。

《劳动合同法》第十九条第二款规定,同一用人单位与同一劳动者只能约定一次试用期。一般认为,用人单位与劳动者约定过一次试用期后,已经对劳动者的工作态度、工作能力等各方面进行了考察且确定劳动者符合录用条件,用人单位连续用工的,不得再与劳动者约定试用期。针对非连续用工的情形,最高人民法院法官的观点是,用人单位连续使用同一劳动者在同一岗位或者可替代性的岗位工作,无论是延长劳动合同期限还是劳动合同终止后用人单位再次招用的,均不得另行约定试用期。① 可见,非连续用工的情形需要区分处理。用人单位在劳动合同终止后再次招用之前的员工的,如果岗位与之前相同,不得再约定试用期;如岗位不同,且新岗位具有不可替代性,用人单位可以再次与劳动者约定试用期。

(2)试用期期限受用工形式、劳动合同期限的限制。

从《劳动合同法》的规定来看,用人单位与劳动者可约定的试用期期限受到用工形式、劳动合同期限两个方面的限制。根据《劳动合同法》第七十条的规定,非全日制用工双方当事人不得约定试用期。又根据《劳动合同法》第十九条的规定,用人单位与劳动者可约定的试用期的最长期限与劳动合同期限有关,即以完成一定工作任务为期限的劳动合同或者劳动合同期限不满3个月的,不得约定试用期;劳动合同期限在3个月以上不满1年的,试用期不得超过1个月;劳动合同期限在1年以上不满3年的,试用期不得超过2个月;3年以上固定期限以及无固定期限的劳动合同,试用期不得超过6个月(见表1)。

表1 劳动合同期限与试用期限的对应

劳动合同期限(a)	法定最长试用期限
非全日制用工	0
以完成一定工作任务为期限的劳动合同	0
a<3个月	0
3个月≤a<1年	1个月
1年≤a<3年	2个月
a≥3年	6个月
无固定期限劳动合同	6个月

(3)试用期包含在劳动合同期限内。

《劳动合同法》第十九条第四款规定,试用期包含在劳动合同期限内。劳动合同仅约定试用期的,试用期不成立,该期限为劳动合同期限。根据该规定,如不能确定劳动合同期限,则约定的试用期不成立,约定的试用期限为劳动合同期限。

2.违法约定试用期的法律责任

根据《劳动合同法》第八十三条的规定,用人单位违反本法规定与劳动者约定试用期的,由劳动行政部门责令改正;违法约定的试用期已经履行的,由用人单位

---

① 参见最高人民法院民事审判第一庭编:《民事审判实务问答》,法律出版社2021年版。

以劳动者试用期满月工资为标准,按已经履行的超过法定试用期的期间向劳动者支付赔偿金。

假设,用人单位与劳动者订立1年期限的劳动合同,约定试用期为3个月,试用期工资为4000元/月,试用期满后工资为5000元/月。现劳动合同已经履行6个月。

根据《劳动合同法》的规定,劳动合同期限为1年以上不满3年的,试用期最长不超过2个月,用人单位与劳动者约定的试用期超过法定标准1个月且已经履行,用人单位应当支付劳动者的赔偿金为:1个月×5000元/月=5000元。

3.试用期的合规管理

约定试用期时,要保证约定的试用期不违反法律规定。

首先,结合用工模式、约定试用期的次数以及劳动合同期限等确定是否可以与劳动者约定试用期。如因用工模式、约定试用期的次数导致不能与劳动者约定试用期,不得与劳动者约定试用期;如因劳动合同期限导致不能与劳动者约定试用期,可以选择不与劳动者约定试用期,或根据已约定的试用期期限调整劳动合同的期限。

其次,约定试用期的同时必须约定劳动合同期限。

再次,试用期期限不超过法定标准,即劳动合同期限在3个月以上不满1年的,试用期不得超过1个月;劳动合同期限在1年以上不满3年的,试用期不得超过2个月;3年以上固定期限和无固定期限的劳动合同,试用期不得超过6个月。

最后,约定试用期的同时,应当明确录用条件,防止因无法证明试用岗位的录用条件,导致不能证明劳动者在试用期间不符合录用条件,难以辞退不符合录用条件的劳动者。

(三)工作岗位及工作内容

工作岗位与工作内容是劳动合同的主要内容之一,变更劳动者的工作岗位与工作内容原则上需要用人单位与劳动者协商一致,在约定劳动者的工作岗位与工作内容时,应考虑用人单位用工自主权的实现,方便用人单位进行工作岗位与工作内容的调整。

1.工作岗位笼统些,工作内容宽泛些

劳动合同中约定的工作岗位与工作内容过于具体明确将难以进行调整,如约定的工作岗位笼统,工作内容宽泛,在相近的岗位之间调整可能不会被认定为变更了劳动合同。

2.约定用人单位有权单方调整劳动者的工作岗位与工作内容

实践中,有的用人单位会在劳动合同或其他协议中与劳动者约定,在特定条件下,用人单位可以单方变更劳动者的工作岗位和工作内容,这种约定是否有效在司法实务中存在争议。一种观点认为,这种约定属于用人单位免除自己的法定责任、排除劳动者权利的情形,该约定应属无效。另一种观点认为,如用人单位确因生产经营需要变更劳动者的工作岗位与工作内容,可以排除用人单位恶意调整劳动者的工作岗位与工作内容的可能性,该约定有效。

尽管约定用人单位有权单方变更劳动者的工作岗位与工作内容的效力存在争议,但该争议有利于用人单位,且约定本身并不会直接产生用人单位的法律责任,故用人单位在与劳动者约定工作岗位与工作内容时,可以约定用人单位有权单方调整劳动者的工作岗位与工作内容。为尽可能使该约定被认定为有效,要明确用人单位单方调整劳动者的工作岗位与工作内容的条件,且该条件应是基于用人单位生产经营的客观需要。

(四)工作地点

工作地点是指劳动者提供劳动的地点,为方便用人单位调整劳动者的工作地点,在约定工作地点时应注意以下内容:

1.根据劳动者的工作性质确定工作地点,将可能的工作地点均约定在劳动合同中。劳动者的工作地点可能在省内的不同地级市的,可约定工作地点为具体的省份;劳动者的工作地点可能在市内的不同区的,可约定工作地点为具体的市。

2.明确劳动者接受在约定的工作地点范围内,用人单位基于生产经营的客观需要随时变更具体的工作地点。

(五)工作时间

工作时间的约定包括工时制度以及工作时间。

工时制度是指工作时间制度,包括标准工时工作制和特殊工时制度,特殊工时制度包括综合计算工时工作制和不定时工作制。工作时间是指劳动者提供劳动的时间。法律对工作时间的约定是有强制性规定的,即约定的工作时间不得超出法律规定。

实行标准工时工作制的劳动者,每天工作时间不超过 8 小时,每周工作时间不超过 40 小时。另外,在《〈国务院关于职工工作时间的规定〉问题解答》中又对每周休息日进行了说明,即并不是必须保证劳动者每周休息两天,在每周工作时间不超过40小时的前提下,可以每周工作6天。所以,在计算劳动者的工作时间时,工作日、休息日、法定休假日的工作时间应分别计算。

实行综合计算工时工作制的劳动者的工作时间在一个周期内累计计算,在计算劳动者的加班时间时应在一个周期结束之后统一计算。计算工作时间时不区分工作日和休息日,法定休假日的工作时间累计计算。

实行不定时工作制的劳动者的工作时间难以计算,也无须计算。

司法实务中,实行特殊工时制度的劳动者主张用人单位支付加班费的,因工作时间难以计算,加班费的请求一般难以得到支持。但实行特殊工时制度需要办理行政审批手续,需满足条件的岗位方可获得批准。

因此,在约定工作时间时,应注意以下内容:

1. 先根据实际情况约定实行的工时制度,特殊工时制度优先。

2. 确定实行的工时制度后,约定工作时间时,即便实际需要劳动者工作的时间低于每周40小时,也按照每周工作40小时进行约定。实际工作时间可以低于约定的工作时间,但高于约定的工作时间则需要与劳动者协商一致,且向劳动者支付加班费。

3. 工作时间的约定无须具体,实行标准工时工作制的劳动者,可约定为每天工作时间不超过8小时,每周工作时间不超过40小时。

4. 约定加班审批条款。约定延长工作时间需要经用人单位批准,否则不属于加班,可以督促劳动者在正常工作时间内完成工作,提高工作效率,防止劳动者恶意延长工作时间主张用人单位支付加班费。

(六)劳动报酬

劳动报酬包括计时工资、计件工资、津贴、补贴、奖金以及加班费等,约定劳动报酬时,应注意以下几点:

1. 约定劳动报酬标准时,可以仅约定基本工资部分,基本工资部分不得低于当地最低工资标准,该工资数额可能作为计算加班费的工资基数。

2. 约定特殊条件下支付的劳动报酬,主要包括非因劳动者个人原因造成的停工停产期间生活费的支付标准,病假期间工资标准等。

3. 附条件、附期限的工资构成,应当明确支付条件、时间。

4. 约定的劳动报酬应不包含加班费。用人单位与劳动者约定每个月的工资中已经包含加班费,该约定是否有效存在不同的观点。一种观点认为,加班费的数额应当根据劳动者的实际工作时间,按照法律的规定计算,在劳动者的实际工作时间都还不能确定的情况下,用人单位与劳动者约定支付的工资中已经包含了加班费,显然系用人单位规避了支付加班费的法律责任,利用其强势地位侵害劳动者的合法权益,该约定应属无效。另一种观点认为,如不能证明用人单位与劳动者的约定存在法定的无效情形,应当认定该约定系双方的真实意思表示,并不当然无效。应当根据劳动者的实际工作时间以当地的最低工资标准为加班费计算基数计算加班费的数额,如经计算,用人单位应当支付的加班费更高,该约定无效,用人单位应当补齐差额。如用人单位欲固定证据证明支付给劳动者的工资中已经包含加班费,应在劳动者的工资条中体现加班费的数额。

(七) 保险

保险包括社会保险和商业保险。

1. 社会保险

缴纳社会保险费是用人单位与劳动者的法定义务,缴费期间、金额等由法律规定,不能通过双方当事人的约定变更。但劳动者不在该单位参加社会保险的,用人单位应与劳动者明确约定,不参加社会保险系劳动者本人意愿,且劳动者自愿承担因此产生的社会保险待遇损失,放弃以用人单位未为其缴纳社会保险费为由解除劳动合同的权利。尽管该约定一般会被认定为无效,但可以证明未缴纳社会保险费系劳动者的原因,且劳动者自愿放弃以用人单位未为其缴纳社会保险费为由解除劳动合同的权利。由此,劳动者主张用人单位支付经济补偿的,可能会被司法机关认定为违背诚实信用原则,不支持其关于经济补偿的请求。

2. 商业保险

用人单位为劳动者购买人身保险的,因用人单位不是人身保险的受益人,发生保险事故后,保险赔偿金应由劳动者或其近亲属享有。用人单位为劳动者购买人身保险以转嫁用人单位的用工风险的,应与劳动者事先约定,用人单位可以在劳动者或其近亲属获得的保险赔偿金范围内免除责任。用人单位为劳动者投保人身保险的,用人单位能否在劳动者或其近亲属获得的保险赔偿金范围内免除责任在司法实务中存在三种不同的观点。

第一,用人单位为劳动者投保意外险的,劳动者可以获得双重赔偿,不能免除用人单位支付工伤保险待遇的责任。

这种观点认为,商业保险与社会保险并不冲突,用人单位将劳动者作为被保险人为其投保商业保险,应认定为是用人单位给劳动者的一种福利,且该种福利与工伤保险待遇并不冲突,劳动者可以兼得,用人单位主张在劳动者获得的赔偿金范围内免除责任没有法律依据。如《江苏省高级人民法院劳动争议案件审理指南(2010年)》规定,劳动者因受到工伤依人身意外保险或其他商业保险合同获得赔偿的,还可以享受工伤保险赔偿,二者不能互相替代,因此,用人单位不得主张从其应承担的工伤保险赔偿中扣除劳动者依人身意外保险或其他商业保险获得的赔偿金。四川省高级人民法院、四川省劳动人事争议仲裁委员会印发的《关于审理劳动争议案件有关问题的会议纪要》中也明确规定,用人单位为劳动者购买了商业保险补充工伤保险或人身意外保险等商业人身保险,劳动者发生工伤后,用人单位请求以商业保险折抵工伤保险待遇的,不予支持。

第二,用人单位与劳动者有约定的,按照约定执行,没有约定的,用人单位不得主张在劳动者获得的赔偿金范围内免除责任。

这种观点认为,法律并不禁止用人单位通过投保商业保险的方式降低用工风险,但也不禁止用人单位将商业保险作为一种单位福利,故应当先确定用人单位为劳动者投保商业保险的目的。用人单位将劳动者作为被保险人为其投保商业保险,理应认定为是用人单位给劳动者的一种福利,如用人单位不能证明其为劳动者投保商业保险的目的是转嫁用工风险,则不得主张在劳动者获得的赔偿金范围内免除责任。

第三,商业保险费用由用人单位支付的,用人单位可以在劳动者获得的赔偿金范围内免除责任。

这种观点认为,商业保险的费用由用人单位支付,用人单位在劳动者获得的赔偿金范围内免除责任后,劳动者仍可享受其他工伤保险待遇,劳动者并未在未投保商业保险的基础上遭受损失。根据公平原则,应当支持用人单位在劳动者获得的赔偿金范围内免除责任的请求。如《云南省高级人民法院、云南省人力资源和社会保障厅关于审理劳动人事争议案件若干问题的座谈会纪要》第十六条规定,用人单位主张从其应承担的工伤保险赔偿金额中扣除劳动者依据人身保险或其他商业保险合同已获得的赔偿金的,不予支持;但商业保险费由用人单位支付的除外。《江西省高级人民法院2013年全省劳动人事争议裁审衔接工作座谈会纪要》第十八条规定,用人单位主张从其应承担的工伤保险赔偿中扣除劳动者依据人身保险或者其他商业保险已获得的赔偿金的,不予支持;但保险费系用人单位支付的除外。

案例1 松日高科电子(深圳)有限公司与唐某劳动争议纠纷案[(2014)深中法劳终字第224号]

唐某于2013年1月4日入职松日高科电子(深圳)有限公司(以下简称松日高

科公司),签订合同期限为1年的劳动合同,约定试用期为6个月。经查,双方的劳动合同约定工资数额为待定,只约定了试用期工资为5900元(包含房补),双方的劳动合同并未约定正常工作时间工资。从唐某签名确定的工资表可以看出,双方约定的基本工资为3710元,另有考核工资、固定加班工资、技能工资、加班费、房补、餐补、交通补助等项目。

法院认为,从工资条可以看出,双方劳动合同约定的只是工资总额,包含了加班工资,并非正常工作时间工资。松日高科公司与唐某签订的劳动合同期限为1年,根据《劳动合同法》第十九条的规定,试用期最长为2个月,而双方约定的试用期为6个月,试用期超期4个月。根据《劳动合同法》第八十三条的规定,松日高科公司应当按照唐某试用期满月工资为标准,按已经履行的超过法定试用期的期间向唐某支付赔偿金。由于唐某于2013年1月4日入职,工作至2013年6月9日,故松日高科公司应支付唐某2013年3月4日至6月9日超期试用期的赔偿金20,244.85元(6000÷31×27天+6525.52+6525.52+1968元)。

案例分析

1. 松日高科公司与唐某约定的试用期部分违反法律规定,应属无效。

唐某于2013年1月4日入职松日高科公司,双方签订的劳动合同期限为1年,约定的试用期为6个月,即2013年1月4日至7月3日。根据《劳动合同法》第十九条的规定,劳动合同期限1年以上不满3年的,试用期不得超过2个月。因此,约定的试用期部分无效,即2013年1月4日至3月3日的约定不违反法律规定,应为有效,2013年3月4日之后的部分违反法律规定,应属无效。

2. 违法约定的试用期已经履行,松日高科公司应支付唐某赔偿金。

根据《劳动合同法》第八十三条的规定,用人单位违反本法规定与劳动者约定试用期的,由劳动行政部门责令改正;违法约定的试用期已经履行的,由用人单位以劳动者试用期满月工资为标准,按已经履行的超过法定试用期的期间向劳动者支付赔偿金。双方约定的2013年3月4日之后的试用期违反法律规定,且已经履行至2013年6月9日,故松日高科公司应当按照唐某试用期满后的工资标准支付唐某赔偿金,计算赔偿金的期间为2013年3月4日至6月9日。

案例2 无锡市兆顺不锈中板有限公司与王某劳动争议纠纷案[(2018)苏民申339号]

王某系无锡市兆顺不锈中板有限公司(以下简称兆顺公司)员工,兆顺公司未为王某缴纳社会保险。2014年1月8日,王某出具承诺书一份,上面载明"由于本人自身原因,不愿缴纳社会保险。本人承诺因此产生的经济损失与法律责任后果自负,并且不因此与兆顺公司发生任何劳动纠纷"。2014年9月28日,王某以兆顺公司"长期未及时足额支付本人工资、未及时缴纳社会保险"为由,书面提出与兆顺公司解除劳动关系。

一审法院认为,用人单位未依法为劳动者缴纳社会保险费的,劳动者可以解除劳动合同,但因劳动者自身不愿缴纳等不可归责于用人单位的原因导致社会保险未缴纳,劳动者请求解除劳动合同并支付经济补偿金的,不予支持。本案中王某承诺因个人自身原因不愿缴纳社会保险,已对自身权利进行了处分,现又以公司未为其缴纳社会保险为由主张经济补偿金,无事实和法律依据,不予采纳。

二审法院认为,王某出具承诺书,载明放弃缴纳社会保险,虽然其在二审中陈述当时签署承诺书是因事假结束回单位上班应单位要求而签订的,但作为完全民事行为能力人,王某应该意识到签署承诺书的后果。其未提供证据证明签署承诺书存在欺诈、胁迫、乘人之危等情形,该承诺书真实有效。王某已对自身权利进行了处分,现在又以公司未为其缴纳社会保险为由主张经济补偿金,于法无据。综上所述,王某的上诉请求不能成立,应予驳回。

江苏省高级人民法院再审认为,王某因自身原因不愿意交纳社会保险费,是对自身权利的合法处分并应承担相应的后果,现王某以兆顺公司未为其缴纳社会保险为由主张经济补偿金,违反诚实信用原则,原审法院未支持其诉讼请求,并无不当。

案例分析

1.民事权利是可以放弃的。

根据《劳动合同法》第三十八条的规定,用人单位未依法为劳动者缴纳社会保险费的,劳动者享有单方解除劳动合同的权利。但民事权利是可以放弃的,本案王某一开始虽享有单方解除劳动合同的权利,但其向兆顺公司出具承诺书,表明由于其本人自身原因,不愿缴纳社会保险,并承诺因此产生的经济损失与法律责任后果自负,并且不因此与兆顺公司发生任何劳动纠纷,实际就是向兆顺公司作出其放弃单方解除劳动合同的权利。

2.放弃权利后又主张权利违背诚实信用原则。

王某向兆顺公司出具承诺书,放弃单方解除劳动合同的权利后,又以兆顺公司未及时缴纳社会保险为由解除劳动合同,并要求兆顺公司支付经济补偿违背诚实信用原则,故其请求不应得到支持。

3.司法实务中观点。

司法实务中有观点认为,缴纳社会保险费是劳动者的法定义务,其没有权利放弃参加社会保险,因此其作出的承诺无效,用人单位因此未依法缴纳社会保险费的,劳动者可以单方解除劳动合同。如《新疆维吾尔自治区人力资源和社会保障厅关于进一步规范劳动合同管理有关问题的指导意见》第十一条就规定,用人单位应当按照法律规定为劳动者缴纳社会保险费,因用人单位原因导致未缴纳或未足额缴纳社会保险费的,劳动者可以依据《劳动合同法》第三十八条规定解除劳动合同,并要求用人单位支付经济补偿。用人单位与劳动者约定不缴纳或少缴纳社会保险费的,双方约定无效,应视为因用人单位原因导致未缴纳或未足额缴纳社会保险费。

案例3 范某1、俞某等与上海祥龙虞吉建设发展有限公司、黄某提供劳务者受害责任纠纷案[(2019)苏06民终3278号]

上海祥龙虞吉建设发展有限公司(以下简称祥龙公司)承建江苏沃地生物科技有限公司位于启东市高新技术产业开发区车间工程,并提供案涉工程用的脚手架、方料等材料。黄某自祥龙公司处承接木工劳务,但并无相应施工资质。2018年2月至10月,范某(范某1的儿子)受雇于黄某,工资为180元/天。2018年10月3日下午,范某在江苏沃地生物科技有限公司位于启东市高新技术产业开发区车间建设工程中工作时被坠落的方料砸到头部。2018年10月6日,范某骑电瓶车发生单车交通事故,后因抢救无效,于次日死亡。2018年10月9日,启东市公安局交通警察大队事故调处中队委托苏州同济司法鉴定所对范某死亡原因进行法医学鉴定,该所于2018年12月18日出具的鉴定意见载明:范某的死因是重型颅脑外伤及胸部外伤,颅脑外伤是导致死亡的主要原因,胸部外伤为死亡发生的次要原因;关于致伤方式及两次外伤在范某死亡发生中的作用,摔跌作用不能引起头颅崩裂、轻度变形,摔跌作用不足以解释全部的胸部外伤,即头颅损伤和右胸背部损伤考虑系第一次外伤砸击所致,但在头颅和胸部已有外伤的基础上,身体摔跌致使面部、胸部受力完全能够加剧前述头颅和胸部已有的外伤,这可能正是范某单车事故发生后深昏迷、自主呼吸弱等病理学基础。

祥龙公司为范某在中国人寿保险股份有限公司投保了团体意外伤害保险,事故发生后,范某1、俞某、高某已获赔保险金10万元。

一审法院认为,公民的生命健康权受法律保护。根据法律规定,个人之间形成劳务关系,提供劳务一方因劳务致自己受到损害的,根据双方各自的过错承担相应的责任,本案争议焦点为各方当事人在本次事故中的过错问题。根据《侵权责任法》(已失效)的相关规定,死者范某在提供劳务中受伤,应当由接受劳务方与提供劳务者根据双方各自过错承担责任。本案中,范某在工作时被坠落的方料砸中头部,造成头颅损伤和右胸背部损伤,单车事故中身体的再次摔跌加剧了之前的伤情,进而导致死亡,鉴定意见亦表明颅脑外伤是导致死亡的主要原因,胸部外伤为死亡的次要原因,故范某对本起事故的发生自身存在过错;黄某作为接受劳务的一方,对范某在提供劳务过程中所遭受的损害亦应当承担相应的赔偿责任。祥龙公司将案涉木工劳务发包给不具备相应施工资质的黄某,对现场疏于管理,未能提供安全的施工环境,对本起事故的发生存在过错,因此祥龙公司亦应承担相应的赔偿责任。一审法院综合各方过错程度,酌定由黄某负担损失中的50%、祥龙公司负担损失中的20%,其余损失由范某1、俞某、高某自行负担。

关于损失的认定。范某1、俞某、高某主张的医疗费16,443.7元,有相应的医疗费票据、用药明细等予以佐证,一审法院予以确认;范某1、俞某、高某主张的住院伙食补助费36元(18元/天×2天)、护理费396元(2天×99元/天×2人)、误工费360元(180元/天×2天)、被扶养人生活费46,210元(27,726元×5年÷3人),于法有据,一审法院照准;范某1、俞某、高某主张的丧葬费36,342元,符合法律规定,予以支持,范某1、俞某、高某主张的尸体保管费,因该项支出属丧葬费范畴,范某1、俞某、高某在其主张的丧葬费获得支持的情况下再行主张该项费用,系重复主张,故对范某1、俞某、高某主张的尸体保管费用,不予支持;范某1、俞某、高某主张的死亡赔偿金896,800元(47,200元/年×19年),因范某生前以非农收入为其生活主要来源,原告按照城镇标准计算死亡赔偿金,有相应的事实和法律依据,予以支持;范某1、俞某、高某主张受害人亲属为处理事故、办理丧葬事宜而支出的交通费、住宿费、误工损失等,酌定3000元。以上范某1、俞某、高某的各项损失合计为999,587.7元,扣除祥龙公司为范某投保团体意外伤害保险而获赔的保险金10万元,范某1、俞某、高某的实际损失为899,587.7元。由黄某负担其中的50%,即449,793.85元,祥龙公司负担其中的20%,即179,917.54元,其余损失由范某1、俞某、高某自行负担。关于范某1、俞某、高某主张的精神损害抚慰金,因范某的死亡给范某1、俞某、高某造成较为严重的精神损害,结合双方的过错程度,从彰显法律正义的本意和有利于公序良俗的形成角度,酌定范某1、俞某、高某的精神损害抚慰金为30,000元,由黄某赔偿20,000元,由祥龙公司赔偿10,000元。

二审法院认为,本案二审争议焦点为:(1)祥龙公司与黄某是否应当承担连带赔偿责任;(2)案涉10万元意外伤害保险金是否应当在祥龙公司、黄某的赔偿数额中予以扣除;(3)该案责任比例的认定是否正确;(4)尸体保管费、运输费是否属于丧葬费范畴。

关于争议焦点一,祥龙公司应当与黄某承担连带赔偿责任。

2003年《最高人民法院关于审理人身损害赔偿案件适用法律若干问题的解释》(已修正)第十一条第二款规定,雇员在从事雇佣活动中因安全生产事故遭受人身损害,发包人、分包人知道或者应当知道接受发包或者分包业务的雇主没有相应资质或者安全生产条件的,应当与雇主承担连带赔偿责任。祥龙公司将工程分包给不具备施工资质的黄某,受害人范某在施工过程中受伤后死亡,对该人身损害,祥龙公司应当与实际施工人黄某承担连带赔偿责任。

关于争议焦点二,祥龙公司、黄某无权主张在赔偿款中扣除10万元意外伤害保险金。

首先,《建筑法》第四十八条规定,建筑施工企业应当依法为职工参加工伤保险缴纳工伤保险费。鼓励企业为从事危险作业的职工办理意外伤害保险,支付保险费。因此,为职工缴纳工伤保险系建筑施工企业的法定义务,而为从事危险工作的职工办理意外伤害保险为倡导性规定,不具有强制性。法律鼓励施工企业为从事危险工作的职工办理意外伤害保险的目的在于为职工提供更多的保障,但并不免除施工企业为职工缴纳工伤保险的法定义务,如施工企业可以通过为职工办理意外伤害保险获赔的保险金抵销其对员工的赔偿责任,这相当于施工企业可以通过为职工办理意外伤害保险而免除缴纳工伤保险的法定义务,显然与该条的立法目的相违背。

其次,从意外伤害险的属性分析。团体意外伤害保险并非雇主责任险,该人身保险的受益人一般为被保险人或其指定的人。《保险法》第三十九条规定,人身保险的受益人由被保险人或者投保人指定。投保人指定受益人时须经被保险人同意。投保人为与其有劳动关系的劳动者投保人身保险,不得指定被保险人及其近亲属以外的人为受益人。该条的立法本意在于,雇主和劳动者通常处于不平等状态,雇主在为劳动者投保意外伤害险时,可能会利用自身的强势地位将受益人指定为雇主,该行为势必损害处于弱势地位的劳动者的合法权益,故该条明确雇主为劳动者投保人身保险时,受益人只能是被保险人及其近亲属。如施工单位或雇主为员工投保意外伤害险后可以直接在赔偿款中扣除该保险金,施工单位或雇主成为实质意义上的受益人,有违该条立法主旨。本案中,祥龙公司作为投保人为范某购买团体意外险,该人身保险的受益人为范某,范某死亡后,其继承人有权继承该意外伤害保险金。即便祥龙公司为范某投保意外伤害险的主观目的在于减轻自己的赔偿责任，但意外伤害险系人身险而非责任财产险，祥龙公司或黄某如要减轻用工风险，应当依法为范某缴纳工伤保险或购买雇主责任险，而非通过办理团体人身意外伤害险的方式替代强制性保险的投保义务。

最后，意外伤害保险的被保险人有权获得双重赔偿。《保险法》第四十六条规定，被保险人因第三者的行为而发生死亡、伤残或者疾病等保险事故的，保险人向被保险人或者受益人给付保险金后，不享有向第三者追偿的权利，但被保险人或者受益人仍有权向第三者请求赔偿。根据该条规定，由于被保险人的生命、健康遭到损害，其损失无法用金钱衡量或弥补，被保险人或受益人可获得双重赔偿，此时不适用财产保险中的损失填补原则。本案中，范某在为黄某提供劳务的过程中受伤后死亡，其继承人有权依据意外伤害保险向保险公司主张保险金，也有权请求范某的雇主黄某承担雇主赔偿责任。但保险公司给付保险金后，不享有向雇主黄某的追偿权。换言之，人身意外伤害保险金和人身损害死亡赔偿金均归属于范某的继承人所有，投保人祥龙公司不享有任何权益，雇主黄某更无权主张从赔偿款中扣除10万元的意外伤害保险金。

关于争议焦点三，本案中，司法鉴定意见书载明："综上分析，范某的死因是重型颅脑外伤及胸部外伤，颅脑外伤是导致死亡发生的主要原因，胸部外伤为死亡发生的次要原因。头颅损伤和右胸背部损伤考虑第一次外伤砸击所致，但在头颅和胸部已有外伤的基础上，身体摔跌致面部、胸部受力完全能够加剧前述头颅和胸部已有的外伤。"范某在提供劳务过程中受伤后并未第一时间到医院检查，而是第二天继续上班，最终因骑车摔倒后送医院无法医治身亡，其急于治疗并骑车摔倒对于死亡具有一定的原因力，一审法院据此酌定范某承担30%的责任比例，并无不当。

关于争议焦点四，丧葬费系定型化赔偿项目，即不考虑为处理丧葬事宜所花费的具体数额，依据当地统一标准认定赔偿数额。尸体保管费、运输费均为处理丧葬过程中发生的费用。且本案中，受害人范某于2018年10月7日死亡，同年10月9日启动鉴定程序，10月26日尸检后，于同年12月18日由苏州同济司法鉴定所出具鉴定意见书，死者家属直至2019年10月4日才予以处理，对于该部分费用系扩大的损失，即便超出丧葬费定型化赔偿的数额，也应由死者家属自行承担。

基于前述，范某1、俞某、高某因范某死亡产生总的损失为999,587.7元，黄某承担70%的赔偿责任，即699,711.39元，精神损害抚慰金30,000元，合计729,711.39元；祥龙公司对该部分损失承担连带赔偿责任。

案例分析

本案是最高人民法院2021年的公报案例,有重要的参考价值。

二审法院的观点为用人单位不能通过购买意外伤害险的方式转嫁用工风险,理由如下:

1. 法律鼓励施工企业为从事危险工作的职工办理意外伤害保险的目的在于为职工提供更多的保障,但并不免除施工企业为职工缴纳工伤保险的法定义务,如施工企业可以通过为职工办理意外伤害保险获赔的保险金抵销其对员工的赔偿责任,这相当于施工企业可以通过为职工办理意外伤害保险而免除缴纳工伤保险的法定义务。

2. 从意外伤害险的属性分析。团体意外伤害保险并非雇主责任险,该人身保险的受益人一般为被保险人或其指定的人。《保险法》第三十九条规定,人身保险的受益人由被保险人或者投保人指定。投保人指定受益人时须经被保险人同意。投保人为与其有劳动关系的劳动者投保人身保险,不得指定被保险人及其近亲属以外的人为受益人。该条的立法本意在于,雇主和劳动者通常处于不平等状态,雇主在为劳动者投保意外伤害险时,可能会利用自身的强势地位将受益人指定为雇主,该行为势必损害处于弱势地位的劳动者的合法权益,故该条明确雇主为劳动者投保人身保险时,受益人只能是被保险人及其近亲属。如施工单位或雇主为员工投保意外伤害险后可以直接在赔偿款中扣除该保险金,施工单位或雇主成为实质意义上的受益人,有违该条立法主旨。

3. 意外伤害保险的被保险人有权获得双重赔偿。《保险法》第四十六条规定,被保险人因第三者的行为而发生死亡、伤残或者疾病等保险事故的,保险人向被保险人或者受益人给付保险金后,不享有向第三者追偿的权利,但被保险人或者受益人仍有权向第三者请求赔偿。根据该条规定,由于被保险人的生命、健康遭到损害,其损失无法用金钱衡量或弥补,被保险人或受益人可获得双重赔偿,此时不适用财产保险中的损失填补原则。

专题十一　劳动合同的效力

劳动关系从建立到终止可能涉及的协议有很多,有的是劳动合同,有的是普通民事合同,有的兼具劳动合同和普通民事合同的属性。在认定相关协议的效力时,因不同协议的不同属性,效力的认定规则也有所不同。

一、普通民事合同的效力

与劳动合同相关的普通民事合同包括用人单位、学校以及在校学生签订的三方协议,用人单位与劳动者在建立劳动关系前订立的预约合同等双方非基于劳动关系而订立的协议。普通民事合同效力的认定适用《民法典》第一百四十三条至第一百五十七条的规定。

(一)有效

根据《民法典》第一百四十三条的规定,具备下列条件的民事法律行为有效:(1)行为人具有相应的民事行为能力;(2)意思表示真实;(3)不违反法律、行政法规的强制性规定,不违背公序良俗。

(二)无效

1. 无效的情形

根据《民法典》第一百四十四条、第一百四十六条、第一百五十三条、第一百五十四条的规定,以下合同无效:

(1)无民事行为能力人订立的合同;

(2)以虚假的意思表示订立的合同;

(3)违反法律、行政法规的效力性规范的合同;

(4)违背公序良俗的合同;

(5)当事人恶意串通,损害他人合法权益的合同。

2.无效的法律后果

根据《民法典》第一百五十五条、第一百五十六条、第一百五十七条的规定,无效的合同自始没有法律约束力,合同部分无效的,不影响其他部分的效力。当事人因无效合同取得的财产,应当予以返还;不能返还或者没有必要返还的,应当折价补偿。有过错的一方应当赔偿对方由此所受到的损失;各方都有过错的,应当各自承担相应的责任。法律另有规定的,依照其规定。

(三)效力待定

根据《民法典》第一百四十五条的规定,限制民事行为能力人订立的与其年龄、智力、精神健康状况不相适应的合同,经法定代理人同意或者追认后有效。相对人可以催告法定代理人自收到通知之日起30日内予以追认。法定代理人未作表示的,视为拒绝追认。被追认前,善意相对人有撤销的权利。

根据《民法典》第一百五十七条的规定,效力待定的合同确定不发生效力后,当事人因合同取得的财产,应当予以返还;不能返还或者没有必要返还的,应当折价补偿。有过错的一方应当赔偿对方由此所受到的损失;各方都有过错的,应当各自承担相应的责任。法律另有规定的,依照其规定。

(四)可撤销

1.可撤销的情形

根据《民法典》第一百四十七条、第一百四十八条、第一百四十九条、第一百五十条、第一百五十一条的规定,以下合同当事人有权请求人民法院或者仲裁机构予以撤销:

(1)基于重大误解订立的合同;

(2)一方以欺诈手段,使对方在违背真实意思的情况下订立的合同;

(3)第三人实施欺诈行为,使一方在违背真实意思的情况下订立的合同,对方知道或者应当知道该欺诈行为的;

(4)一方或者第三人以胁迫手段,使对方在违背真实意思的情况下订立的合同;

(5)一方利用对方处于危困状态、缺乏判断能力等情形,致使合同成立时显失公平的合同。

2.可撤销的法律后果

根据《民法典》第一百五十五条、第一百五十七条的规定,被撤销的合同自始没有法律约束力,当事人因合同取得的财产,应当予以返还;不能返还或者没有必要返还的,应当折价补偿。有过错的一方应当赔偿对方由此所受到的损失;各方都有过错的,应当各自承担相应的责任。法律另有规定的,依照其规定。

二、劳动合同的效力

此处所称的劳动合同包括用人单位与劳动者订立的劳动合同,也包括双方在劳动关系存续期间订立的,基于劳动合同内容的其他协议。

关于劳动合同的效力,《劳动合同法》并未规定效力待定和可撤销的情形,但要注意的是,书面形式是劳动合同的生效要件。除此之外,在认定劳动合同的效力时,仅需注意使劳动合同无效的情形即可。

(一)劳动合同无效的情形

根据《劳动合同法》第二十六条的规定,下列劳动合同无效或者部分无效:(1)以欺诈、胁迫的手段或者乘人之危,使对方在违背真实意思的情况下订立或者变更劳动合同的;(2)用人单位免除自己的法定责任、排除劳动者权利的;(3)违反法律、行政法规强制性规定的。

实践中,常见的无效约定如下:

(1)约定的工作时间超过法定标准;

(2)约定的劳动报酬低于当地最低工资标准;

(3)约定不缴纳社会保险费;

(4)约定劳动者向用人单位支付违约金,劳动者违反服务期约定、竞业限制约定的情形除外。

关于用人单位可以单方变更劳动合同内容的约定,是否属于用人单位免除自己的法定责任、排除劳动者权利的情形,应结合实际情况进行认定,司法实务中尺度不一。

(二)劳动合同无效的法律后果

根据《劳动合同法》第二十七条、第二十八条的规定,劳动合同部分无效,不影响其他部分效力的,其他部分仍然有效。劳动合同被确认无效,劳动者已付出劳动的,用人单位应当向劳动者支付劳动报酬。劳动报酬的数额,参照本单位相同或者相近岗位劳动者的劳动报酬确定。

三、其他协议的效力

用人单位与劳动者就解除或者终止劳动合同办理相关手续、支付工资报酬、加班费、经济补偿或者赔偿金等达成的协议,《最高人民法院新劳动争议司法解释(一)理解与适用》[①]一书中认为,此类协议属于劳动合同后合同权利义务协议,兼具社会法和私法属性,应按照劳动法律效力规则和民事法律效力规则建立折中、适度的效力规则,既突出劳动者劳动法基准权益保护,又依法认可双方就解除或终止劳动合同权利义务的意思安排,鼓励和促进劳资双方依法通过和解方式解决纠纷。

根据《最高人民法院关于审理劳动争议案件适用法律问题的解释(一)》第三十五条的规定,劳动者与用人单位就解除或者终止劳动合同办理相关手续、支付工资报酬、加班费、经济补偿或者赔偿金等达成的协议,不违反法律、行政法规的强制性规定,且不存在欺诈、胁迫或者乘人之危情形的,应当认定有效。前款协议存在重大误解或者显失公平情形,当事人请求撤销的,人民法院应予支持。与普通民事合同的效力认定不同之处主要在于:

(1)存在欺诈、胁迫或者乘人之危情形的,协议无效。

(2)协议内容显失公平的,当事人即可请求撤销。而普通民事合同内容显失公平的,还应满足当事人一方利用对方处于危困状态、缺乏判断能力等情形,致使合同成立时显失公平的才属于可撤销的合同。

[①] 参见最高人民法院民事审判第一庭编著:《最高人民法院新劳动争议司法解释(一)理解与适用》,人民法院出版社2021年版。

专题十二　劳动合同的成立

一、劳动合同成立概述

(一)劳动合同成立与生效的区别

《劳动合同法》第七条规定,用人单位自用工之日起即与劳动者建立劳动关系。第十条规定,建立劳动关系,应当订立书面劳动合同。已建立劳动关系,未同时订立书面劳动合同的,应当自用工之日起1个月内订立书面劳动合同。用人单位与劳动者在用工前订立劳动合同的,劳动关系自用工之日起建立。第十六条规定,劳动合同由用人单位与劳动者协商一致,并经用人单位与劳动者在劳动合同文本上签字或者盖章生效。根据上述规定,劳动合同成立与生效的含义如下:

(1)劳动合同属于要式合同,与一般要式合同不一样的是,书面形式不是劳动合同的成立要件,而是劳动合同的生效要件。

(2)建立劳动关系的标准是用工,订立劳动合同并不一定就建立了劳动关系。实际用工可以认为双方已经就订立劳动合同达成合意,劳动合同已经成立,但在订立书面劳动合同前,劳动合同尚未生效。

(二)劳动合同的成立条件

劳动合同是一种特殊的合同,相较于普通的民事合同,劳动合同具有一定的人身属性。实践中,一般认为劳动合同的成立也是采取要约、承诺方式,即一方向另一方发出要约,另一方承诺后,劳动合同成立。

1. 要约

《民法典》第四百七十二条规定,要约是希望与他人订立合同的意思表示,该意思表示应当符合下列条件:(1)内容具体确定;(2)表明经受要约人承诺,要约人即受该意思表示约束。与要约相近的概念是要约邀请,根据《民法典》第四百七十三条的规定,要约邀请是希望他人向自己发出要约的表示。拍卖公告、招标公告、招股说明书、债券募集办法、基金招募说明书、商业广告和宣传、寄送的价目表等为要约邀请。区分要约和要约邀请，主要看意思表示的内容是否具体确定。如招聘广告一般为要约邀请，录用通知书可能是要约，也可能是要约邀请，主要看录用通知书中劳动报酬、工作岗位、工作地点等是否具体确定。

2. 承诺

《民法典》第四百七十九条规定，承诺是受要约人同意要约的意思表示。根据《民法典》第四百八十八条、第四百八十九条的规定，承诺的内容应当与要约的内容一致。受要约人对要约的内容作出实质性变更的，为新要约。有关合同标的、数量、质量、价款或者报酬、履行期限、履行地点和方式、违约责任和解决争议方法等的变更，是对要约内容的实质性变更。承诺对要约的内容作出非实质性变更的，除要约人及时表示反对或者要约表明承诺不得对要约的内容作出任何变更外，该承诺有效，合同的内容以承诺的内容为准。

3. 要约、承诺的过程

(1) 要约生效

要约从发出到生效有一个过程。根据《民法典》第四百七十四条、第一百三十七条的规定，一般情况下，以对话方式作出的要约，相对人知道其内容时生效。以非对话方式作出的要约，到达相对人时生效。以非对话方式作出的采用数据电文形式的要约，相对人指定特定系统接收数据电文的，该数据电文进入该特定系统时生效；未指定特定系统的，相对人知道或者应当知道该数据电文进入其系统时生效。另外，要约可以撤回、撤销。

(2) 撤回要约

撤回要约是指在要约生效以前，发出要约的一方撤回要约，阻止要约生效。要约被撤回后，不发生法律效力。撤回要约的，撤回的通知应当在要约到达相对人前或者与要约同时到达相对人。也就是说，要约到达相对人后，不能撤回。

(3) 撤销要约

撤销要约是指要约生效以后，发出要约的一方撤销要约，使要约失去法律效力。因要约到达相对人处，相对人作出承诺后，合同就成立了。因此，撤销要约应当在相对人承诺之前，即撤销要约的意思表示以对话方式作出的，该意思表示的内容应当在受要约人作出承诺之前为受要约人所知道；撤销要约的意思表示以非对话方式作出的，应当在受要约人作出承诺之前到达受要约人。另外，并不是所有的要约都可以撤销。根据《民法典》第四百七十六条的规定，要约人以确定承诺期限或者其他形式明示要约不可撤销或是受要约人有理由认为要约是不可撤销的，并已经为履行合同做了合理准备工作,要约不可以撤销。

(4)要约失效

根据《民法典》第四百七十八条的规定,有下列情形之一的,要约失效:①要约被拒绝;②要约被依法撤销;③承诺期限届满,受要约人未作出承诺;④受要约人对要约的内容作出实质性变更。

(5)承诺的方式

根据《民法典》第四百八十条的规定,承诺应当以通知的方式作出,但是,根据交易习惯或者要约表明可以通过行为作出承诺的除外。如用人单位向应聘者发出录用通知,要求应聘者在确定的日期,前往确定地点办理入职手续,应聘者在规定时间前往办理入职手续的行为属于承诺。

(6)承诺的时间

承诺的时间在要约生效之后,失效之前,根据《民法典》第四百八十一条、第四百八十二条的规定,承诺应当在要约确定的期限内到达要约人。要约没有确定承诺期限的,承诺应当依照下列规定到达:①要约以对话方式作出的,应当即时作出承诺;②要约以非对话方式作出的,承诺应当在合理期限内到达。要约以信件或者电报作出的,承诺期限自信件载明的日期或者电报交发之日开始计算。信件未载明日期的,自投寄该信件的邮戳日期开始计算。要约以电话、传真、电子邮件等快速通信方式作出的,承诺期限自要约到达受要约人时开始计算。

需要注意的是,根据《民法典》第四百八十六条、第四百八十七条的规定,受要约人在承诺期限内发出承诺,按照通常情形能够及时到达要约人,但是因其他原因致使承诺到达要约人时超过承诺期限的,除要约人及时通知受要约人因承诺超过期限不接受该承诺外,该承诺有效。受要约人超过承诺期限发出承诺,或者在承诺期限内发出承诺,按照通常情形不能及时到达要约人的,为新要约,但是,要约人及时通知受要约人该承诺有效的,承诺有效。

(7)承诺的生效

《民法典》第四百八十三条规定,承诺生效时合同成立,但是法律另有规定或者当事人另有约定的除外。根据上述规定,受要约人在承诺的时间作出承诺后,承诺生效,合同成立。

(8)撤回承诺

与要约一样,承诺也可以撤回。受要约人作出承诺后,在承诺生效以前,可以撤回承诺。撤回承诺的,撤回的通知应当在承诺到达相对人前或者与承诺同时到达相对人。

综上所述,用人单位向劳动者发出录用通知,内容具体明确的,其性质为用人单位向劳动者发出订立劳动合同的要约。在劳动者收到录用通知前,用人单位可以撤回要约,要约撤回后,不发生法律效力。劳动者收到录用通知后,要约生效。录用通知未确定承诺期限,未明示要约不可撤销,且不存在受要约人有理由认为要约是不可撤销的,即使已经为履行合同做了合理准备工作的情形下,用人单位也可以在劳动者作出承诺前撤销录用通知,撤销录用通知后,录用通知失效。用人单位未撤销录用通知的,劳动者在规定期限内,或合理的期限内通知用人单位同意录用通知的内容或按照要求办理入职手续的,承诺生效,劳动合同成立。

二、劳动合同成立过程中的法律责任

《民法典》第五百条规定,当事人在订立合同过程中有下列情形之一,造成对方损失的,应当承担赔偿责任:(1)假借订立合同,恶意进行磋商;(2)故意隐瞒与订立合同有关的重要事实或者提供虚假情况;(3)有其他违背诚信原则的行为。第四百九十五条规定,当事人约定在将来一定期限内订立合同的认购书、订购书、预订书等,构成预约合同。当事人一方不履行预约合同约定的订立合同义务的,对方可以请求其承担预约合同的违约责任。第五百七十七条规定,当事人一方不履行合同义务或者履行合同义务不符合约定的,应当承担继续履行、采取补救措施或者赔偿损失等违约责任。承担何种与劳动合同成立相关的法律责任要看行为发生在合同成立之前还是合同成立之后。根据上述规定,行为发生在合同成立之前的,当事人应当承担缔约过失责任;行为发生在预约合同成立之后,合同成立之前的,当事人承担违反预约合同的法律责任;行为发生在合同成立之后的,当事人承担违反合同的法律责任。

(一)缔约过失责任

承担缔约过失责任的构成要件一般包括:(1)当事人存在违背诚实信用原则的行为;(2)违背诚实信用原则的行为发生在合同订立过程中;(3)给对方当事人造成损失。缔约过失责任主要是赔偿损失的责任。

(二)违约责任

承担违约责任的构成要件包括:(1)合同已经成立并生效;(2)当事人一方不履行合同义务或者履行合同义务不符合约定。违约责任包括继续履行、采取补救措施、赔偿损失以及支付违约金等。

(三) 招聘、录用过程中的法律责任

具体到招聘、录用过程中,实践中主要存在以下两种违约情形。

一种情形是,用人单位通知劳动者参加面试,又拒绝劳动者参加面试。

用人单位通知劳动者参加面试,又拒绝劳动者参加面试的,违背诚实信用原则,通知面试属于要约邀请,该行为发生在劳动合同订立过程中,用人单位应当承担缔约过失责任,赔偿劳动者的损失。如为准备参加面试的交通费等。

另一种情形是,用人单位向劳动者发出录用通知后,又撤销录用通知,拒绝录用劳动者。

首先要看录用通知是否为要约。如录用通知内容具体确定,且表明经劳动者承诺,用人单位即受该意思表示约束的,则录用通知为要约。要约到达劳动者后,发生效力。存在要约不可撤销的情形或劳动者已经作出承诺的,用人单位不得随意撤销要约。针对用人单位强制撤销录用通知,拒绝录用或拒绝履行合同如何处理的问题,司法实务中存在不同的观点:

第一种观点认为,劳动合同具有一定的人身属性,不能强制缔约,即便存在要约不可撤销的情形或劳动者已经作出承诺的,用人单位也可以撤销录用通知,但应当承担缔约过失责任。

第二种观点认为,存在要约不可撤销的情形或劳动者已经作出承诺的,用人单位不得撤销录用通知,劳动者承诺后,合同成立,但双方仅成立一个订立劳动合同的预约合同,因此,用人单位应当承担违反预约合同的违约责任。

第三种观点认为,存在要约不可撤销的情形或劳动者已经作出承诺的,用人单位不得撤销录用通知,劳动者承诺后,劳动合同成立,用人单位存在拒不配合劳动者办理入职等情形的,属于以其实际行为作出解除劳动合同的意思表示,应当承担违法解除劳动合同的法律责任。

第一种观点是司法实务中的主流观点。

三、合规管理

对劳动合同成立进行合规管理,实际就是要建立录用规范。

(一) 录用通知发出的时间

用人单位向劳动者发出录用通知,如录用通知的内容具体明确,并且有劳动者同意录用,用人单位即受录用通知内容约束的意思,则录用通知为要约,用人单位

应当受其发出要约的约束。因此,基于诚实信用原则的考虑,用人单位应当尽可能在确定录用劳动者后,再向劳动者发出录用通知。如先进行背景调查,再发出录用通知。否则,可能会因违背诚实信用原则而承担缔约过失责任。

(二)录用通知的内容

承担缔约过失责任的前提是用人单位违背诚实信用原则,如用人单位不存在违背诚实信用原则的情形,则无须承担缔约过失责任。录用阶段违背诚实信用原则,主要是指用人单位对录用通知内容的违背,因此,应当谨慎确定录用通知的内容。

1.可以在录用通知中明确录用通知的性质为要约邀请,并非要约

要约是希望与他人订立合同的意思表示,用人单位向劳动者发出要约后,劳动者具有经自己承诺后即可与用人单位订立劳动合同的合理信赖,其为准备入职用人单位产生的损失属于用人单位因违背诚实信用原则所要赔偿的范围。而要约邀请仅是希望他人向自己发出要约的表示,如用人单位向劳动者发出的录用通知为要约邀请,则劳动者不具有经自己承诺后即可与用人单位订立劳动合同的合理信赖,其为准备入职用人单位产生的损失则不属于合理的损失,即便用人单位违背诚实信用原则也无须承担此项不合理的损失。

要使录用通知被认定是要约邀请,建议明确以下内容:

(1)在录用通知中明确录用通知的性质为要约邀请;

(2)尚需进行尽职调查、体检评估方可决定是否录用的,可在录用通知中明确,如经对劳动者进行尽职调查,符合用人单位的录用条件,且劳动者按照要求提供合格的体检报告后,用人单位将予以录用。并注明劳动者授权用人单位对其进行尽职调查,提供合格体检报告将视为劳动者向用人单位发出以录用通知载明的合同内容与用人单位订立劳动合同的要约。

2.在录用通知中明确不予录用的情形

用人单位准备向劳动者发出录用通知,但在发出录用通知后尚需对劳动者进行尽职调查等的,需在录用通知中明确不予录用的情形。由此可见,如劳动者存在不予录用的情形,用人单位撤销录用通知不违背诚实信用原则。特别要注意的是,要注明劳动者不存在欺诈行为(包括但不限于虚假陈述、提供虚假证明材料等)是用人单位录用劳动者的前提,或者说,劳动者存在欺诈的,用人单位可以撤销录用通知或解除已经订立的劳动合同。

3.明确授权

用人单位未经劳动者同意,对劳动者进行一些背景调查时,可能会涉嫌侵犯劳

动者的合法权益,因此,用人单位如需对劳动者进行尽职调查的,要在录用通知中征求劳动者的同意,经劳动者授权后方可进行。

4.设计违约金条款

双方就订立劳动合同达成一致意思后,也可能认定双方之间成立了一个订立劳动合同的预约合同,一方违反约定,将承担违约责任。为防止劳动者同意入职后又不按照约定的时间入职,可在录用通知中设计劳动者违约的违约金条款,即经劳动者同意入职后,未按照约定办理入职的,将承担支付违约金的法律责任。违约金可结合劳动者违反约定可能给用人单位造成损失的情况,确定一个合理的金额。

(三)撤回、撤销录用通知

用人单位发出录用通知后,要结合要约撤回、撤销的相关规则,正确撤回、撤销录用通知。

1.撤回要约的,撤回的通知应当在要约到达相对人前或者与要约同时到达相对人。

2.撤销要约的,该要约需为可以撤销的要约,且撤销要约的意思表示需在受要约人作出承诺之前为受要约人所知道或到达受要约人。

案例 季某与北京某某人力资源服务上海有限公司、某某(上海)商务咨询有限公司缔约过失责任纠纷案[(2021)沪0101民初29436号]

2021年2月9日,被告北京某某人力资源服务上海有限公司(以下简称人力资源公司)向原告季某个人邮箱发送电子邮件{主题:[FESCOAdecco]聘用通知书(offer)—季某},载明:"我们真诚地邀请您加入FESCOAdecco大家庭!聘用通知书(offer)确认&个人信息采集:附件是聘用通知书(offer),请您确认相关信息并在1个工作日内邮件回复'本人确认接收此份offer',同时按照下表要求提交您的身份证件和联系住址……"附件聘用与薪酬福利通知书载明:"季某先生/女士(身份证号码310104……898),我们高兴地向您发出北京某某人力资源服务上海有限公司的聘用意向,并与您确认相关聘用条款与条件,请将此聘用与薪酬福利通知书作为劳动合同的补充进行签署。自您与某某订立《劳动合同》之日或我们双方约定的《劳动合同》生效之日起,双方劳动合同关系建立。您将为我们的合作方某某(上海)商务咨询有限公司提供专项事务外包服务。入职日期:2021年3月18日;职位:美术总监,中国发行业务;试用期:2个月;合同结束日期:2022年3月17日;薪酬福利1.基本工资:在担任美术总监,中国发行业务岗位期间,可享受税前基本工资 112,500(税前)元/月。2.一次性补贴:为鼓励您在我司稳定工作,公司将分批向您发放一次性补贴 100,000 元(税前)作为签约奖励和稳岗奖励。该补贴将随工资分批发放。2021 年 3 月 31 日,发放一次性补贴的 25%;2021 年 8 月 31 日,发放一次性补贴的 75%。一次性补贴不折算,若在每次补贴发放时间之前您已离职的,无论离职原因为何,公司不再向您发放未发放部分的补贴。3.试用期工资 112,500(税前)元/月……5.带薪年假 15 天……员工认可并同意,公司有权查证员工申请雇用时提供的信息,包括但不限于员工个人简历中的信息。本聘用意向书亦取决于员工同意接受并令人满意地通过某某的聘用背景筛查。如果背景筛查结果显示以下情况,可能撤回聘用意向书且立即终止与您的劳动合同:(1)您的学历,工作经历等与事实不符;(2)您没有透露之前的犯罪行为或不道德的行为……"2021 年 2 月 10 日,季某回复邮件"本人确认接收此份通知"。

2021 年 2 月 18 日,人力资源公司向季某发送新员工入职流程简介的邮件,其中包含提交个人材料、劳动合同签署等。

2021 年 2 月 22 日,发件人 laobai@××××.net 向收件人 yy@××××.net 发送主题为"X6 项目组 - 老白 - 离职申请"的电子邮件:"……我不得不再次向你们提出离职申请……下一份工作的入职时间为 3 月 18 日,我希望可以抽出一些时间来陪伴我的家人,所以想申请在贵公司的最后一天的日期为 3 月 12 日……Best regards, Victor. Ji。"

2021 年 3 月 5 日,人力资源公司向季某发送撤销 offer 的通知书的电子邮件,附件撤销通知书载明:"季某,我司于 2021 年 2 月 9 日向您发送了《聘用与薪酬福利通知书》,但因背调未通过原因,我司决定撤销该《聘用与薪酬福利通知书》,不再与您建立劳动关系。"此后,季某实际未入职被告人力资源公司,也未办理入职手续。

2021 年 3 月 12 日,案外人上海××有限公司对季某出具离职证明,载明季某于 2019 年 10 月 28 日至 2021 年 3 月 12 日在该公司任职,现因个人原因提出离职,经协商一致,双方同意终止劳动关系,并已正式办理离职等手续。

季某的劳动手册载明:2019 年 10 月 28 日入职上海××有限公司,劳动合同于 2021 年 3 月 12 日终止。

2021 年 5 月 14 日,季某与案外人思柯利软件开发(上海)有限公司签订劳动合同,约定合同期限 3 年,自 2021 年 5 月 19 日起,工资为税前 1,044,800 元/年(税前),按月发放基本工资;基本工资可根据公司的经营情况、员工的晋升/降级情况(如有)及公司对员工的表现所做的年度评审加以调整;员工将获得 391,800 元(税前)的一次性签约奖金……

2021年10月8日,季某(申请人)向黄浦区劳动人事争议仲裁委员会申请仲裁,要求人力资源公司赔偿缔约损失255,172.41元,某某(上海)商务咨询有限公司(以下简称商务咨询公司)承担连带责任。2021年10月13日,该仲裁委员会以不属受理范围为由作出黄劳人仲(2021)通字第114号不予受理通知书。

审理中,两被告自认双方系劳务外包关系。人力资源公司陈述,如季某顺利入职,则将会安排其在商务咨询公司工作,但其未通过背景调查,双方劳动合同也未签署成功。

此外,被告为证明原告季某存在不道德行为,未通过背景调查,提供2021年2月28日与两名案外人员的调查记录,调查记录为打印件,无参与人员签名盖章。原告对该调查记录真实性、合法性、关联性均不予认可,认为并非录音的文字整理,而系自行记录,且无具体人员的身份,对调查人员与受访人员的身份不认可。

法院认为,用人单位和劳动者订立劳动合同,应当遵循合法、公平、平等自愿、协商一致、诚实信用的原则。若一方在合同订立过程中违背诚实信用原则给对方造成信赖利益损失的,应当承担相应的缔约过失赔偿责任。本案争议焦点有三:争议一,聘用通知书的法律性质为要约,符合《民法典》第四百七十二条的规定。原告认为聘用通知书系不可撤销的要约,且原告基于此要约解除了与上家工作单位上海××有限公司的劳动合同。被告认为其撤销要约的通知源于约定,撤销聘用通知的行为有效。本院认为,被告撤销聘用通知的行为无效。根据《民法典》第四百七十七条的规定,要约可以撤销,撤销要约的意思表示应当在受要约人作出承诺之前到达受要约人。但《民法典》第四百七十六条也规定了要约不得撤销的两种情形:(1)要约人以确定承诺期限或者其他形式明示要约不可撤销;(2)受要约人有理由认为要约是不可撤销的,并已经为履行合同做了合理准备工作。被告2021年2月9日向原告发出聘用通知书,要求原告于1个工作日内回复邮件确认接收,聘用通知书同时载明"取决于通过聘用的背景筛查,如筛查…您没有透露之前的犯罪行为或不道德行为可能撤回聘用意向书且终止劳动合同",但被告在背景筛查中缺乏充分证据,提供的事实不具有考证性,故被告在向原告发出的要约中确定了承诺期限,该情节符合要约不得撤销的第一种情形。同时,原告于2月22日向上家工作单位发出邮件于3月12日辞去上海××有限公司的工作,该情节又与要约不得撤销的第二种情形相符。综上,被告撤销录用的行为无效。

争议二,原告认为其基于被告发出的聘用通知书解除了与上海××有限公司正在履行中的劳动合同,故被告不录用原告应承担原告的经济损失。被告认为不能录用原告系原告未通过背调产生,而致原告遭受经济损失基于原告过错应自行承担,即便存在缔约过失,产生的经济损失不应以约定的工资为条件。本院认为,因《劳动法》《劳动合同法》中未明确劳动合同缔约过程中的责任,故本案应适用《民法典》。《民法典》第五百条规定,当事人在订立合同过程中有违背诚实信用原则的行为的,应当承担赔偿责任。据此,缔约过失责任的构成要件为:(1)缔约上的过失发生在合同订立过程中。被告向原告发出不可撤销的聘用通知,原告回复邮件确认接收通知作出承诺,但原、被告间的劳动合同因欠缺法定书面要件而未成立,纠纷发生于缔结合同过程中。(2)缔约一方违背其依诚实信用原则所应负的先合同义务。缔约过程中不得随意撤销要约为先合同义务之一。被告作为用人单位,虽有用工自主权,但更负有诚实信用的法定义务。被告向原告发出聘用通知书后应受此要约拘束,被告本应与原告签订书面劳动合同,但却予以拒绝,有违民事行为诚实信用的法定义务。(3)造成对方信赖利益的损失。被告向原告发出聘用通知,允诺提供给原告的职位、部门、试用期及月薪、试用后月薪等订立劳动合同的具体条件,原告对该要约产生合理信赖,并与上海××有限公司解除了劳动合同,做好为被告工作的准备。被告不录用原告的行为有违法定诚信义务,在此期间,造成原告一定时间的失业状态,应承担缔约过失责任,赔偿原告因此而遭受的经济损失。原告诉请被告赔偿经济损失255,172.41元,系鉴于聘用通知书的工资和签约奖励费,但双方未实际履行,该聘用通知书要约的工资和签约奖励费不能适用于原告失业状态的损失金额,结合原告前后履行的劳动合同薪酬,对其因被告缔约过失行为所致经济损失之具体金额,本院酌定按80,000元/月,计2个月为宜,而原告主张按未实际产生的利益(聘用通知书金额),缺乏理由和法律依据,本院不予支持。

争议三,商务咨询公司是否应当承担连带责任,原告与商务咨询公司未有任何书面约定,也未接受商务咨询公司的招录用安排之事实,且人力资源公司与商务咨询公司为服务外包合作关系,就此原告要求商务咨询公司承担连带责任,没有法律依据,本院不予支持。

综上,判决被告人力资源公司于判决生效之日起15日内赔偿原告季某损失人民币160,000元。

案例分析

1.聘用通知书以及聘用与薪酬福利通知书属于要约,且该要约不可撤销。

本案中,人力资源公司在2021年2月9日向季某发送聘用通知书以及聘用与薪酬福利通知书,聘用通知书以及聘用与薪酬福利通知书内容具体明确,故人力资源公司在2021年2月9日向季某发送聘用通知书以及聘用与薪酬福利通知书的行为构成要约。

2.要约已经生效。

2021年2月10日,季某回复邮件"本人确认接收此份通知"后,可以确定人力资源公司的要约已经生效,不能撤回。

3.要约不可撤销,人力资源公司撤销要约违背诚实信用原则,应当承担缔约过失责任。

聘用与薪酬福利通知书载明,入职日期为2021年3月18日,季某有理由相信该要约是不可以撤销的,并且为入职人力资源公司向上海××有限公司提出辞职。故人力资源公司向季某发出的要约属于不可撤销的要约。2021年3月5日,人力资源公司向季某发送撤销offer的通知书的电子邮件,撤销不可以撤销的要约违背诚实信用原则,给季某造成了损失,应当承担赔偿责任。

4.需要注意的是,聘用与薪酬福利通知书载明,"如果背景筛查结果显示以下情况,可能撤回聘用意向书且立即终止与您的劳动合同:(1)您的学历、工作经历等与事实不符;(2)您没有透露之前的犯罪行为或不道德的行为……"《民法典》第一百五十八条规定,民事法律行为可以附条件,但是根据其性质不得附条件的除外。附生效条件的民事法律行为,自条件成就时生效。附解除条件的民事法律行为,自条件成就时失效。所以,该要约还附了解除条件,即如果背景筛查结果显示上述情况,要约失效。如季某确实存在学历、工作经历等与事实不符的情形,则人力资源公司撤销要约不违背诚实信用原则,无须承担缔约过失责任。

专题十三 就业歧视

一、什么是就业歧视

根据《劳动法》《就业促进法》等法律、法规的规定,劳动者依法享有平等就业和自主择业的权利。就业歧视是指用人单位违反法律规定,因劳动者的民族、种族、性别、宗教信仰等不同而区别对待劳动者,侵犯劳动者平等就业权的行为。就业歧视常见于招聘、录用过程中,主要是用人单位违反法律规定设定限制招聘的标准,并实际按照该标准进行限制招聘。就业歧视还可能发生在劳动合同的履行过程中,如用人单位因劳动者的民族、种族、性别、宗教信仰等不同而区别对待劳动者,甚至解除劳动合同,当然构成就业歧视。

用人单位用工不可能完全消除区别对待,合理的区别对待并不构成对劳动者平等就业权的侵犯,不属于就业歧视。因此,要认定就业歧视关键是区分哪些区别对待是法律禁止的。

(一) 法律明确规定不得区别对待的情形

《就业促进法》第三条规定,劳动者依法享有平等就业和自主择业的权利。劳动者就业,不因民族、种族、性别、宗教信仰等不同而受歧视。第二十七条规定,国家保障妇女享有与男子平等的劳动权利。第二十九条规定,国家保障残疾人的劳动权利。各级人民政府应当对残疾人就业统筹规划,为残疾人创造就业条件。用人单位招用人员,不得歧视残疾人。第三十条规定,用人单位招用人员,不得以是传染病病原携带者为由拒绝录用。但是,经医学鉴定传染病病原携带者在治愈前或者排除传染嫌疑前,不得从事法律、行政法规和国务院卫生行政部门规定禁止从事的易使传染病扩散的工作。第三十一条规定,农村劳动者进城就业享有与城镇劳动者平等的劳动权利,不得对农村劳动者进城就业设置歧视性限制。综合以上规定,法律明确规定不得因民族、种族、性别、宗教信仰、户口以及身体残疾、患病等对劳动者区别对待。

(二)司法实务中认定的其他不得区别对待的情形

司法实务中有观点认为,就业歧视的内容应限于法律明确规定的内容,如《吉林省高级人民法院关于审理劳动争议案件的指导意见》第七条规定,纳入法律调整的禁止"就业歧视"的范畴主要限于性别、宗教信仰、民族、种族和身体残疾、"乙肝病毒携带者"等五个方面。

主流观点认为,用人单位不得因年龄、身高等求职者难以通过自身努力加以改变的内容作为区别对待的依据。广东省广州市增城区人民法院审理过一起涉及年龄歧视的案件,法院认为被告运输公司在其招聘信息中要求大客车司机年龄为18周岁至45周岁,明显剥夺并损害了包括原告在内的年龄在45周岁至60周岁并持有A1驾驶证这一类群体的平等就业机会。判决被告运输公司向原告陈某口头赔礼道歉并支付精神损害抚慰金3000元,并在判决书中列举了其他禁止就业歧视的情形,如身高、经济能力等。

二、就业歧视的法律责任

(一)民事赔偿责任

《就业促进法》第六十二条规定,违反本法规定,实施就业歧视的,劳动者可以向人民法院提起诉讼。根据该规定,受就业歧视的劳动者可以向人民法院提起诉讼。《最高人民法院关于确定民事侵权精神损害赔偿责任若干问题的解释》第一条规定,因人身权益或者具有人身意义的特定物受到侵害,自然人或者其近亲属向人民法院提起诉讼请求精神损害赔偿的,人民法院应当依法予以受理。第五条规定,精神损害的赔偿数额根据以下因素确定:(1)侵权人的过错程度,但是法律另有规定的除外;(2)侵权行为的目的、方式、场合等具体情节;(3)侵权行为所造成的后果;(4)侵权人的获利情况;(5)侵权人承担责任的经济能力;(6)受理诉讼法院所在地的平均生活水平。从目前的司法判例来看,因就业歧视赔偿的精神损害抚慰金金额一般在1万元左右。

(二)行政责任

人力资源和社会保障部、教育部、国家卫生健康委员会、司法部、国务院国有资产监督管理委员会、国家医疗保障局、中华全国总工会、中华全国妇女联合会以及最高人民法院等联合发布的《关于进一步规范招聘行为促进妇女就业的通知》规定,用人单位、人力资源服务机构发布含有性别歧视内容招聘信息的,依法责令改正;拒不改正的,处1万~5万元的罚款;还要将用人单位、人力资源服务机构因发布含有性别歧视内容的招聘信息接受行政处罚等情况纳入人力资源市场诚信记录,依法实施失信惩戒。

三、合规管理

就业歧视是用人单位不合理地对劳动者区别对待,贯穿整个用工过程,常见于招聘、录用阶段。因此,对就业歧视进行合规管理要从招聘开始。

(一)规范招聘信息的内容

用人单位发布招聘信息时,应严格审查招聘信息的内容,防止出现就业歧视的内容,即不得因劳动者的民族、种族、性别、宗教信仰、户口、年龄、身高、经济能力、身体残疾、患病等进行限制招聘。需要注意的是,学历、专业、毕业院校等均不属于就业歧视的内容。

(二)规范拒绝录用的理由

拒绝录用应聘人员时,理由不得是劳动者的民族、种族、性别、宗教信仰、户口、年龄、身高、经济能力、身体残疾、患病等。用人单位享有自主用人的权利,有权选择录用,但前提是不涉及就业歧视。

(三)规范日常管理

日常管理过程当中,不得因劳动者的民族、种族、性别、宗教信仰、户口、年龄、身高、经济能力、身体残疾、患病等对劳动者区别对待。如没有实行同工同酬、违法辞退劳动者等。

案例 杭州市西湖区东方烹饪职业技能培训学校与郭某一般人格权纠纷案[(2015)浙杭民终字第101号]

杭州市西湖区东方烹饪职业技能培训学校(以下简称东方烹饪学校)在"58同城"网上发布了关于文案职位的招聘要求,未写明招聘人数、性别。2014年6月郭某就58同城网发布的信息向东方烹饪学校投递了个人简历,简历中载明性别"男"、年龄"20",网上显示东方烹饪学校查看了郭某的简历。郭某就招聘事宜打电话给东方烹饪学校的联系人,同时说明在所投简历中不小心将其性别写成男性,东方烹饪学校联系人以文案职位需经常与校长出差、校长为男性、出差时间较长等为由回复学校定位只招男性,建议郭某可考虑应聘东方烹饪学校的人事、文员等岗位。东方烹饪学校在"赶集"网上发布招聘文案策划(全职)职位的信息,招聘人数1人,最低学历大专,工作经验不限(应届生亦可),性别要求为男性。2014年6月郭某就赶集网发布的信息向东方烹饪学校投递了个人简历,东方烹饪学校未反馈。郭某就招聘事宜打电话给东方烹饪学校的联系人,东方烹饪学校联系人以文案职位需早晚加班等为由回复不考虑女生,想招男生。郭某到东方烹饪学校招聘现场去人力资源部招聘面试处应聘文案职位,东方烹饪学校工作人员仍以文案职位需与校长出差、女性不方便为由回复文案职位招男生、不考虑女生,同时建议郭某可考虑应聘东方烹饪学校的人事、文员等岗位。2014年8月,郭某诉至原审法院,请求判令:东方烹饪学校书面赔礼道歉,并赔偿郭某精神损害抚慰金50,000元。

一审法院认为,根据我国相关法律规定,劳动者享有平等就业的权利,劳动者就业不因性别等情况不同而受歧视,国家保障妇女享有与男子平等的劳动权利,用人单位招用人员,除国家规定的不适合妇女的工种或者岗位外,不得以性别为由拒绝录用妇女或者提高对妇女的录用条件。本案中东方烹饪学校需招聘的岗位为文案策划,东方烹饪学校并未举证证明该岗位属于法律、法规所规定的女职工禁忌从事的工作,根据其发布的招聘要求,女性完全可以胜任该岗位工作,其所辩称的需招录男性的理由与法律不符。在此情况下东方烹饪学校不对郭某是否符合其招聘条件进行审查,而直接以郭某为女性、其需招录男性为由拒绝郭某应聘,其行为侵犯了郭某平等就业的权利,对郭某实施了就业歧视,给郭某造成了一定的精神损害,故郭某要求东方烹饪学校赔偿精神损害抚慰金的理由充分,至于具体金额原审法院根据东方烹饪学校在此过程中的过错程度及给郭某造成的损害后果酌情确定为2000元。郭某要求东方烹饪学校书面赔礼道歉的请求法律依据不足,本院不予支持。

二审法院认为,我国《宪法》明确规定,妇女在政治的、经济的、文化的、社会的和家庭生活等各方面享有同男子平等的权利。用人单位在发布招聘启事和进行岗位说明时应尽可能地充分详尽,方便应聘者对竞聘岗位了解和选择,但用人单位不能以性别差异等理由限制妇女平等就业和自主择业的权利。本案中东方烹饪学校直接以郭某为女性、其需招录男性为由拒绝郭某应聘,一审法院认定其行为侵犯了郭某平等就业的权利正确,本院予以确认。根据《侵权责任法》(已失效)第十五条的规定,赔礼道歉与赔偿损失等均为侵权人承担侵权责任的具体方式,可以单独适用,也可合并适用。一审法院综合侵权人的过错程度等因素,判令被上诉人赔偿郭某精神损害抚慰金2000元并无不当。郭某主张东方烹饪学校赔偿精神损害抚慰金50,000元,并对其进行赔礼道歉,本院不予支持。综上,原审判决认定事实清楚,适用法律准确,实体处理恰当,依照2012年《民事诉讼法》(已修正)第一百七十条第一款第一项之规定,判决驳回上诉,维持原判。

案例分析

本案的争议焦点为东方烹饪学校以郭某为女性为由拒绝录用郭某是否侵犯了郭某的平等就业权。

根据《就业促进法》第三条的规定,劳动者依法享有平等就业和自主择业的权利。劳动者就业,不因民族、种族、性别、宗教信仰等不同而受歧视。东方烹饪学校以郭某为女性为由拒绝录用郭某显然不属于合理的区别对待,侵犯了郭某的平等就业权。

根据《民法典》第九百九十五条以及《最高人民法院关于确定民事侵权精神损害赔偿责任若干问题的解释》的相关规定,郭某可要求东方烹饪学校赔礼道歉,支付精神损害抚慰金。

劳动合同履行篇——在职管理

专题十四 规章制度

一、规章制度的意义

规章制度是指用人单位制定的组织劳动过程和进行劳动管理的规则和制度的总和。其是用人单位实现劳动管理重要的工具,为用人单位进行劳动管理提供规范依据的同时,也制约用人单位在合法、合理的范围内行使用工自主权,保障用人单位与劳动者的合法权益。因法律并未就用人单位的用工自主权作出过多具体的规定,如没有可以适用的规章制度,则用人单位的大部分管理行为没有规范依据,将难以评价用人单位的管理行为是否适当。司法实务中,司法机关常常以用人单位未制定规章制度或用人单位的规章制度缺少可以适用的条件,从而认定用人单位的管理行为不成立。

二、规章制度可以适用的条件

《最高人民法院关于审理劳动争议案件适用法律问题的解释(一)》第五十条规定,用人单位根据《劳动合同法》第四条的规定,通过民主程序制定的规章制度,不违反国家法律、行政法规及政策规定,并已向劳动者公示的,可以作为确定双方权利义务的依据。《劳动合同法》第四条规定,用人单位应当依法建立和完善劳动规章制度,保障劳动者享有劳动权利、履行劳动义务。用人单位在制定、修改或者决定有关劳动报酬、工作时间、休息休假、劳动安全卫生、保险福利、职工培训、劳动纪律以及劳动定额管理等直接涉及劳动者切身利益的规章制度或者重大事项时,应当经职工代表大会或者全体职工讨论,提出方案和意见,与工会或者职工代表平等协商确定。在规章制度和重大事项决定实施过程中,工会或者职工认为不适当的,有权向用人单位提出,通过协商予以修改完善。用人单位应当将直接涉及劳动者切身利益的规章制度和重大事项决定公示,或者告知劳动者。根据上述规定,规章制度可以适用的条件包括:(1)内容不违反国家法律、行政法规及政策规定;(2)通过民主程序制定,即经职工代表大会或者全体职工讨论,提出方案和意见,与工会或者职工代表平等协商确定规章制度的内容;(3)已经向劳动者公示或者告知劳动者。

三、合规管理

规章制度能够对劳动者适用就要使规章制度满足可以适用的三个条件。

(一) 使规章制度的内容合法化

法律对劳动者的工作时间、休假等有强制性规定的,用人单位在确定规章制度的内容时,要注意以下几点：

1. 关于工作时间的规定

根据《国务院关于职工工作时间的规定》以及《〈国务院关于职工工作时间的规定〉问题解答》的规定,实行标准工时工作制的劳动者,应当满足每天工作不超过8小时,每周工作不超过40小时,每周至少休息1天。如果规章制度的规定不能满足上述要求,属于违反法律规定,违法部分不能对劳动者适用。从具体的法律后果来看,一方面,根据《劳动合同法》第三十八条的规定,用人单位的规章制度违反法律、法规的规定,损害劳动者权益的,劳动者可以单方解除劳动合同并要求用人单位支付经济补偿金。另一方面,超出法定工作时间的部分,用人单位应当支付劳动者加班费。此外,直接涉及劳动者切身利益的规章制度违反法律、法规规定的,劳动行政部门会责令改正,给予警告。如果用人单位的规章制度中规定的工作时间超过上述限制,劳动者可以以此证明用人单位安排劳动者加班,请求用人单位支付加班费。因此,关于工作时间的规定不能超出上述限制。

2. 关于休假的规定

休假的内容包括休法定休假日、婚假、产假、护理假、丧假、年休假以及事假、病假等。法律对假期的时间、假期的工资待遇作了规定,如规章制度的规定低于法定标准,则属于违反法律规定。实际上,并没有规定用人单位的规章制度必须对此作出规定,用人单位可以选择不在规章制度中规定休假的内容或者只作笼统的规定。比如,员工登记结婚,按照法律规定享受婚假,婚假期间的工资待遇按照法定标准执行。

3. 关于经济性处罚的规定

司法实务中,主流观点认为,经济性处罚是对劳动者财产权的剥夺,没有法律、法规规定的情况下,用人单位不得对劳动者进行经济性处罚。《企业职工奖惩条例》(已失效)规定,全民所有制企业和城镇集体所有制企业职工犯有严重错误的情形时,经批评教育不改的,应该给予行政处分或者经济处罚。但该条例已于2008年1月15日被废止。针对私营企业,没有相关的法律、法规规定用人单位可以对劳动者进行经济性处罚,故用人单位不得对员工进行经济性处罚。因此,规章制度中不能有经济性处罚的规定。但绩效工资本身就属于考核后发放的工资,在绩效考核完成前,不属于劳动者确定可以获得的劳动报酬。进行绩效考核并根据绩效考核的情形支付绩效工资属于正常履行劳动合同,不属于经济性处罚。

(二)完善规章制度的制定、修改程序

民主程序的内容包括:(1)经职工代表大会或者全体职工讨论,提出方案和意见;(2)与工会或者职工代表平等协商确定规章制度的内容。建议用人单位采取会议的形式制定规章制度,并通过拍照、摄像、录音等方式固定证据,制作会议记录,要求全体参会人员签字确认。如果员工人数较多或者条件不允许,可以通过分组的方式进行,如各部门分别进行,然后再汇总。由此可见,完善规章制度的制定、修改程序应当有两次会议,一次会议的内容是提出方案和意见,参与会议的人员是职工代表或全体职工;另一次会议的内容是协商确定规章制度的内容,参与的人员是工会成员或者职工代表。

需要注意的是,规章制度内容的确定不需要全体职工达成一致意见。实际上,用人单位可以事先准备好待确定的内容,在与工会或者职工代表协商时,采取投票的方式进行表决,过半数通过;不能通过的,提出备用方案继续表决,或现场进行修改。

(三)向劳动者公示或者告知劳动者

规章制度内容确定以后,并不当然立即生效,还需要向劳动者公示或告知劳动者后才能生效,即要让劳动者知晓规章制度的内容,包括已经在职的员工以及之后新入职的员工。

公示的方式可以是集体公示,如通过企业的办公系统进行公示、进行集体培训或者在工作场所张贴等;也可以是个别公示,如将规章制度的内容发送到员工的个人邮箱或者是提供纸质版的规章制度等。

实践中因为用人单位不能证明已经将规章制度的内容向员工公示或者告知员工导致规章制度不能适用于该员工的案例较多。如用人单位采取打印之后张贴的方式向员工公示,事实上也属于公示,但因为用人单位不能证明张贴的时间,即便

能够证明张贴的时间,张贴的时间也不等于向劳动者公示的时间,而用人单位的举证责任所要求达到的标准是在对员工适用规章制度之前就已经成功向员工进行公示。因此,用人单位采取打印之后张贴的方式向员工公示,然后采取拍照的方式固定证据不可取。

公示应当做到事后能够证明已经将规章制度告知劳动者,直接、有效的公示方式就是向每个员工发一份规章制度,要求员工签收,但成本较高。此外,通过以下方式公示应作如下注意:

(1)通过培训等方式组织员工学习规章制度的内容,要求员工签到甚至以参加考试的方式固定证据。

(2)发送至员工的邮箱并要求回复,前提是用人单位能够证明邮箱系员工的邮箱,比如劳动者已经在劳动合同中对该邮箱进行确认。

(3)办公系统中公示并要求员工回复,条件是用人单位能够证明员工能进入办公系统,且都能够在办公系统中查看规章制度的内容。

(4)在劳动合同中明确劳动者已经收到用人单位的具体规章制度。

案例 北京中易扬网络科技有限公司与邢某劳动争议纠纷案[(2015)三中民终字第07910号]

2014年3月26日,北京中易扬网络科技有限公司(以下简称中易扬公司)与邢某签订期限至2016年3月25日的劳动合同,约定:试用期两个月至2014年5月25日,实行年薪制,年薪为100,000元,月基本工资5800元,试用期5800元,年终绩效工资30,400元,绩效工资将根据公司制定的该职位的绩效考核实际完成情况按比例发放。

2014年9月5日,中易扬公司向邢某发出解聘通知书,称"……现因公司招商部门从2014年4月1日成立至今一直无业绩,始终没有实现部门业绩目标,经公司慎重考虑,决定自2014年9月1日起正式解散此部门,该员工即日起一并予以辞退……"中易扬公司主张邢某在职期间一直没有业绩,经培训后仍不能达到考核标准且不同意调岗,因此解除与邢某的劳动合同。为此,中易扬公司提交了员工手册、(员工手册)培训签到表、微信截图、易扬(中国)招商中心年度计划表、5月、6月、7月、8月的招商经理考核表予以佐证。邢某认可(员工手册)培训签到表上其签字的真实性,不认可员工手册的真实性,称不能证明两份证据相互对应;不认可微信截图的真实性,称不能证明其经过培训;认可易扬(中国)招商中心年度计划表上其签字的真实性,但称签署日期为8月26日,不能证明之前未完成业绩考核;不认可招商经理考核表的真实性。

中易扬公司主张自2014年8月1日起,邢某的月基本工资由5800元调整为4640元和绩效工资1160元,并提交了有邢某签字的签署日期为2014年8月26日的招商中心绩效考核标准予以佐证。邢某认可签字的真实性,但称签署日期为8月26日,不能证明之前未完成业绩考核。中易扬公司主张邢某2014年8月绩效考核比例为38.36%,故该月绩效工资为1160元×38.36%,扣除个人负担的社会保险费262.51元和住房公积金696元,加上500元补助。为此,中易扬公司提交了2014年8月招商中心绩效考核表。邢某认可证据上签字的真实性,但称只是对8月的总结,不能证明连续3个月考核不合格。中易扬公司主张邢某8月迟到两次,9月旷工两个半天,9月4日事假1天、迟到一次,根据员工手册的规定应当扣除相应的工资。为此,中易扬公司提交了指纹打卡记录。邢某不认可证据的真实性,称9月4日请病假,9月5日上午接到的通知解除劳动合同,下午离开的公司。另外,邢某认可应当在8月工资中扣除社会保险个人负担部分262.51元和住房公积金696元。经询,中易扬公司未提交员工手册经过民主程序制定的相关证据材料。

2014年9月9日,邢某申诉至北京市朝阳区劳动人事争议仲裁委员会。2015年1月19日,北京市朝阳区劳动人事争议仲裁委员会作出京朝劳仲字(2014)第12887号裁决书,裁决确认邢某与中易扬公司2014年3月26日至9月5日存在劳动关系,中易扬公司支付邢某违法解除劳动合同赔偿金7505.12元、支付邢某2014年3月26日至7月31日年终绩效工资10,599.23元、2014年8月和9月工资7411.75元,驳回邢某的其他仲裁请求。中易扬公司不服仲裁裁决,起诉至一审法院,邢某未起诉。

一审法院认为,用人单位应当依法建立和完善劳动规章制度,保障劳动者享有劳动权利、履行劳动义务。用人单位在制定、修改或者决定有关劳动报酬、工作时间、休息休假、劳动安全卫生、保险福利、职工培训、劳动纪律以及劳动定额管理等直接涉及劳动者切身利益的规章制度或者重大事项时,应当经职工代表大会或者全体职工讨论,提出方案和意见,与工会或者职工代表平等协商确定。在规章制度和重大事项决定实施过程中,工会或者职工认为不适当的,有权向用人单位提出,通过协商予以修改完善。用人单位应当将直接涉及劳动者切身利益的规章制度和重大事项决定公示,或者告知劳动者。经一审法院当庭询问,中易扬公司表示没有关于员工手册经过民主程序制定的证据,故其提交的员工手册不能作为人民法院审理劳动争议案件的依据。

关于年终绩效工资问题。双方劳动合同约定年终绩效为30,400元,根据绩效考核实际完成情况按比例发放。中易扬公司主张依据员工手册的规定邢某不享有当年度年终绩效工资，但员工手册不能作为人民法院审理劳动争议案件的依据，故对于中易扬公司的抗辩意见，一审法院不予采纳。中易扬公司提交的招商经理考核表并无邢某的签字，且邢某也不认可，中易扬公司应当承担举证不能的不利后果。因此，中易扬公司应支付邢某2014年3月26日至7月31日年终绩效工资10,599.23元（30,400元/12个月/21.75×4天+30,400元/12个月×4个月）。对于中易扬公司主张不予支付年终绩效工资的请求，一审法院不予支持。

关于月基本工资5800元中20%为绩效工资的问题。邢某认可中易扬公司提交的招商中心绩效考核标准上其签字的真实性，虽邢某的签字日期为8月26日，但该证据记载的落款日期为8月1日，该规定自8月1日起执行。故，一审法院认定邢某签字的行为表明双方对劳动合同关于基本工资的变更达成了书面一致意见。邢某认可招商中心绩效考核表上签字的真实性，证据显示邢某总分为38.36，结合招商中心绩效考核标准，中易扬公司按照绩效工资的38.36%支付邢某8月绩效工资，加上基本工资4640元及500元补助，扣除8月邢某社会保险个人负担部分262.51元和住房公积金696元，同时中易扬公司还需支付邢某2014年8月年终绩效工资。仲裁裁决的8月工资数额7055.62元，不高于按照上述标准确定的数额，一审法院予以确认。中易扬公司不予支付的主张，一审法院不予采纳。

中易扬公司提交的员工手册不能作为人民法院审理劳动争议案件的依据，其据此主张扣除邢某8月、9月旷工和迟到款项，一审法院不予采纳。邢某主张2014年9月4日向中易扬公司请病假，但未提交证据予以佐证，一审法院不予采信，邢某未出勤，该天工资应当予以扣除。9月5日邢某出勤半天，应当按照半天的标准支付工资。仲裁裁决的9月基本工资及年终绩效工资数额356.13元，不高于法律规定，一审法院予以确认。中易扬公司主张按照239.66元的标准支付，一审法院不予采纳。

劳动者严重违反用人单位规章制度的，用人单位可以解除劳动合同。劳动者不能胜任工作，经过培训或者调整工作岗位，仍不能胜任工作的，用人单位提前30日以书面形式通知劳动者本人或者额外支付劳动者1个月工资后，可以解除劳动合同。该案中，从中易扬公司出具的书面解聘通知书来看，证据只强调招商部门无业绩并决定撤销该部门，并未具体到邢某是否胜任工作。中易扬公司提交的员工手册不能作为人民法院审理劳动争议案件的依据。如邢某未达到考核目标，应当属于不胜任工作的范畴，中易扬公司也不能以连续3个月未达到考核目标而直接解除与邢某的劳动关系，而应当按照法律规定对邢某进行培训或者调岗。但中易扬公司未举证证明对邢某进行了调岗,提交的证据也不能视为对邢某进行了培训。综上,中易扬公司解除与邢某劳动合同,属于违法解除,应当支付违法解除劳动合同的赔偿金。仲裁裁决的数额7505.12元,不高于法律规定,一审法院予以确认。中易扬公司不予支付的主张,一审法院不予支持。

综上,一审法院依照《劳动合同法》第四条、第三十条第一款、第三十九条第(二)项、第四十条第(二)项、第八十七条之规定,判决:(1)确认中易扬公司与邢某2014年3月26日至9月5日存在劳动关系;(2)中易扬公司于判决生效后7日内支付邢某违法解除劳动合同赔偿金7505.12元;(3)中易扬公司于判决生效后7日内支付邢某2014年3月26日至7月31日年终绩效工资10,599.23元;(4)中易扬公司于判决生效后7日内支付邢某2014年8月1日至9月5日工资及年终绩效工资共计7411.75元;(5)驳回中易扬公司的其他诉讼请求。

二审法院认为,本案二审争议的焦点为:(1)中易扬公司提交的员工手册能否作为本案的审理依据;(2)中易扬公司与邢某解除劳动合同是否合法;(3)中易扬公司是否应向邢某支付绩效工资。

关于争议焦点一,《劳动合同法》第四条规定:"用人单位应当依法建立和完善劳动规章制度,保障劳动者享有劳动权利、履行劳动义务。用人单位在制定、修改或者决定有关劳动报酬、工作时间、休息休假、劳动安全卫生、保险福利、职工培训、劳动纪律以及劳动定额管理等直接涉及劳动者切身利益的规章制度或者重大事项时,应当经职工代表大会或者全体职工讨论,提出方案和意见,与工会或者职工代表平等协商确定。在规章制度和重大事项决定实施过程中,工会或者职工认为不适当的,有权向用人单位提出,通过协商予以修改完善。用人单位应当将直接涉及劳动者切身利益的规章制度和重大事项决定公示,或者告知劳动者。"《最高人民法院关于审理劳动争议案件适用法律若干问题的解释》(已失效)第十九条规定:"用人单位根据《劳动法》第四条之规定,通过民主程序制定的规章制度,不违反国家法律、行政法规及政策规定,并已向劳动者公示的,可以作为人民法院审理劳动争议案件的依据。"本案中,中易扬公司表示其提交的员工手册没有经过民主程序制定的证据,故其提交的员工手册不能作为人民法院审理劳动争议案件的依据。

关于争议焦点二,《劳动合同法》第三十九条第(二)项规定,劳动者严重违反用人单位规章制度的,用人单位可以解除劳动合同。《劳动合同法》第四十条第(二)项规定,劳动者不能胜任工作,经过培训或者调整工作岗位,仍不能胜任工作的,用人单位提前30日以书面形式通知劳动者本人或者额外支付劳动者1个月工资后,可以解除劳动合同。本案中,从中易扬公司出具的书面解聘通知书来看,中易扬公司因该公司招商部门无业绩而决定解散该部门,并未提及邢某是否胜任工作。如果邢某未达到考核目标,属于不胜任工作的范畴,中易扬公司也不能以邢某连续3个月未达到考核目标而直接与其解除劳动关系,而应当按照法律规定对邢某进行培训或者调岗。但是中易扬公司未举证证明对邢某进行了调岗,其提交的微信截图也不足以证明对邢某进行了培训。因此,一审法院认定中易扬公司解除与邢某劳动合同属于违法解除,并无不当,中易扬公司应当支付邢某违法解除劳动合同赔偿金。

关于争议焦点三,《劳动合同》中约定邢某的年终绩效工资为30,400元,根据绩效考核实际完成情况按比例发放。中易扬公司主张依据员工手册的规定邢某不享有当年度年终绩效工资,但员工手册不能作为人民法院审理劳动争议案件的依据,故对于中易扬公司的该项主张,本院不予采纳。中易扬公司提交的招商经理考核表并无邢某的签字,邢某亦不予认可,故本院对此不予采信。因此,中易扬公司应支付邢某2014年3月26日至7月31日的年终绩效工资10,599.23元,亦应支付邢某2014年8月年终绩效工资。对于中易扬公司主张不予支付年终绩效工资的上诉请求,本院不予支持。

关于邢某2014年9月1日至9月5日的工资,因中易扬公司提交的员工手册不能作为人民法院审理劳动争议案件的依据,中易扬公司据此主张扣除邢某8月、9月旷工和迟到款项,本院不予采纳。邢某主张2014年9月4日向中易扬公司请病假,但未提交证据予以佐证,本院不予采信,邢某未出勤,该天工资应当予以扣除。9月5日邢某出勤半天,应当按照半天的标准支付工资。仲裁裁决的9月基本工资及年终绩效工资数额356.13元,不高于法律规定,本院予以确认。中易扬公司主张按照239.66元的标准支付,本院不予采纳。因此,中易扬公司应支付邢某2014年8月1日至9月5日工资及年终绩效工资共计7411.75元。中易扬公司主张支付邢某2014年8月、9月工资4761.95元,缺乏法律依据,本院亦不予支持。

综上,中易扬公司的上诉主张,缺乏事实和法律依据,本院不予支持。一审法院判决认定事实清楚,处理结果并无不当,应予维持。依照2012年《民事诉讼法》(已修正)第一百七十条第一款第(一)项之规定,判决如下:驳回上诉,维持原判。

案例分析

本案的主要争议焦点之一是邢某是否享有当年度年终绩效工资。

根据《最高人民法院关于审理劳动争议案件适用法律问题的解释(一)》第五十条的规定,规章制度可以作为确定用人单位与劳动者权利义务的依据的条件包括:

(1)内容不违反国家法律、行政法规及政策规定;(2)通过民主程序制定,即经职工代表大会或者全体职工讨论,提出方案和意见,与工会或者职工代表平等协商确定规章制度的内容;(3)已经向劳动者公示或者告知劳动者。就该案而言:

(1)员工手册的内容不违反国家法律、行政法规及政策规定。

绩效工资是附条件支付的工资,经绩效考核后发放,规章制度中规定支付绩效工资的条件并不违反法律、行政法规及政策规定。如员工手册系通过民主程序制定,且已经向邢某公示或告知,则员工手册可以作为审理中易扬公司与邢某之间劳动争议纠纷的依据。

(2)员工手册未经民主程序制定。

中易扬公司表示其提交的员工手册没有经过民主程序制定,故员工手册不能作为审理中易扬公司与邢某之间劳动争议纠纷的依据。

因此,中易扬公司主张依据员工手册的规定不支付邢某年终绩效工资,缺乏依据。

专题十五 试用期间劳动合同的履行

一、试用期规范

很多人对试用期存在认识误区,认为试用期是考察期,用人单位可以随时终止试用,辞退试用期员工。其实不然,用人单位和劳动者在试用期间都应当严格按照法律规定以及劳动合同的约定履行劳动合同。

(一) 工资支付

《劳动合同法》第二十条规定,劳动者在试用期的工资不得低于本单位相同岗位最低档工资或者劳动合同约定工资的80%,并不得低于用人单位所在地的最低工资标准。根据该规定,试用期员工的工资可以低于劳动合同约定的试用期满后的工资,但不能低于以下标准:

(1) 试用期满后的工资的80%;
(2) 本单位相同岗位最低档工资;
(3) 用人单位所在地的最低工资标准。

如劳动合同约定的试用期工资低于以上标准,约定无效,用人单位应当按照不低于上述标准支付劳动者工资。

(二) 社会保险

根据《劳动合同法》第七条的规定,用人单位自用工之日起即与劳动者建立劳动关系。试用期包含在劳动合同期限内,用人单位与试用期劳动者也是存在劳动关系的。《社会保险法》第五十八条规定,用人单位应当自用工之日起30日内为其职工向社会保险经办机构申请办理社会保险登记。根据该规定,用人单位应当自用工之日起30日内向社会保险经办机构为试用期劳动者申请办理社会保险登记。

二、违反试用期规范的法律责任

(一)未足额支付试用期工资的法律责任

在试用期内,用人单位支付劳动者工资低于法定标准或双方约定的试用期工资的,属于未及时足额支付劳动报酬。用人单位未及时足额支付劳动报酬将承担以下法律责任:

(1)补足工资差额。

(2)经劳动行政部门责令限期支付,逾期不支付的,按应付金额50%~100%的标准向劳动者加付赔偿金。

(3)劳动者可以用人单位未及时足额支付劳动报酬为由单方解除劳动合同,劳动者以此为由解除劳动合同的,不违反服务期约定,并可要求用人单位支付经济补偿。

(二)未依法缴纳社会保险费的法律责任

在试用期内,用人单位未依法为劳动者缴纳社会保险费的,属于未依法为劳动者缴纳社会保险费。用人单位未依法为劳动者缴纳社会保险费将承担以下法律责任:

(1)用人单位不办理社会保险登记的,由社会保险行政部门责令限期改正;逾期不改正的,对用人单位处应缴社会保险费数额1~3倍的罚款,对其直接负责的主管人员和其他直接责任人员处500~3000元的罚款。

(2)因未缴纳社会保险费导致劳动者不能享受社会保险待遇的,用人单位应当承担赔偿责任。

(3)劳动者可以用人单位未依法为劳动者缴纳社会保险费为由单方解除劳动合同,劳动者以此为由解除劳动合同的,不违反服务期约定,并可要求用人单位支付经济补偿。

(三)违法解除劳动合同的法律责任

用人单位解除与试用期劳动者的劳动合同违反法律规定的,应承担违法解除劳动合同的法律责任,一般为支付劳动者违法解除劳动合同的赔偿金。

三、合规管理

对试用期员工进行合规管理可分三步进行:第一步,确定试用期约定有效;第二步,正确履行用人单位义务;第三步,依法解除劳动合同。

(一)确定试用期约定有效

在约定试用期时,应当结合用工模式、劳动合同期限、是否与同一劳动者约定过试用期等因素,保证与劳动者约定的试用期不违反法律规定,并同时与劳动者明确录用条件。在已经约定了试用期的情况下,应当结合前述内容判断约定的试用期是否有效。如约定的试用期无效,及时补正相关的约定;不能补正的,已经约定的试用期不再履行。另外,如未与劳动者明确录用条件,应及时与劳动者明确录用条件。

(二)正确履行用人单位义务

在试用期内,用人单位应及时足额支付劳动者劳动报酬,约定的试用期工资低于法定标准的,及时加以改正。同时,依法向社会保险经办机构为试用期员工申请办理社会保险登记。不为试用期员工缴纳社会保险费的,应注意采取风险管理措施对相关的法律风险进行管理。

另外,要注意试用期员工的考核,考核的内容应围绕双方确认的录用条件进行,试用期员工不符合录用条件的,及时收集固定证据。

(三)依法解除劳动合同

因劳动者不符合录用条件,欲与之解除劳动合同的,应注意以下内容:

(1)先与劳动者协商解除劳动合同;

(2)协商不成的,先固定证据证明劳动者不符合录用条件;

(3)通知劳动者解除劳动合同时,应保证劳动者尚在有效的试用期间;

(4)成立工会的,应事先将理由通知工会,研究工会的意见,并将处理结果书面通知工会。

案例 胡某与某保险云南分公司劳动争议纠纷案[(2014)昆民二终字第17号]

胡某于2012年11月5日到某保险云南分公司(以下简称保险公司)工作,岗位为助理合规与风险管理。双方于2012年11月5日签订了书面劳动合同,合同期限为2012年11月5日至2015年11月4日。劳动合同书中约定胡某的试用期为6个月。保险公司于2013年6月9日出具了解除胡某劳动合同的通知书,以胡某在试用期间不符合录用条件为由解除劳动合同。

一审法院认为，根据《〈关于如何确定试用期内不符合录用条件可以解除劳动合同的请示〉的复函》（劳办发〔1995〕16号）"对试用期内不符合录用条件的劳动者，企业可以解除劳动合同；若超过试用期，则企业不能以试用期内不符合录用条件为由解除劳动合同"的规定，本案中，《劳动合同书》中约定胡某的试用期为6个月，而胡某在保险公司工作至2013年6月9日，早已过了试用期限，故保险公司以胡某试用期内不符合录用条件提出解除胡某劳动合同属于违法解除。

二审法院认为，2008年《最高人民法院关于民事诉讼证据的若干规定》（已修正）第二条规定，当事人对自己提出的诉讼请求所依据的事实或者反驳对方诉讼请求所依据的事实有责任提供证据加以证明。没有证据或者证据不足以证明当事人的事实主张的，由负有举证责任的当事人承担不利后果。本案中，保险公司主张胡某在试用期内不符合录用条件，且严重违反公司的规章制度，故可以解除与胡某的劳动合同。保险公司解除与胡某的劳动合同时已超出了试用期，且保险公司并未就胡某严重违反规章制度的主张提交充分、有效的证据证实，故上诉人保险公司单方解除与胡某的劳动合同不符合法律的规定。

案例分析

本案的争议焦点为保险公司以胡某在试用期间不符合录用条件为由解除劳动合同是否违反法律规定。

本案中，双方约定的劳动合同期限为3年，自2012年11月5日起至2015年11月4日止，根据《劳动合同法》第十九条的规定，最长可以约定6个月的试用期，故双方约定试用期为6个月不违反法律规定，应为有效。故试用期应自2012年11月5日起至2013年5月4日止。

保险公司于2013年6月9日通知胡某解除劳动合同，胡某已经不在试用期。根据原劳动部办公厅对《〈关于如何确定试用期内不符合录用条件可以解除劳动合同的请示〉的复函》的规定，保险公司解除与胡某的劳动合同违法。

专题十六　工作时间

一、工作时间规范

工作时间是指劳动者提供劳动的时间。在工作时间这一概念下,还要区分法定工作时间与正常工作时间。法定工作时间是指法律规定的劳动者的最长工作时间,正常工作时间是指劳动者应当提供劳动的时间。

(一)法定工作时间

不同的工时制度下,对劳动者正常工作时间的要求不同。

1. 标准工时工作制下的法定工作时间

《劳动法》第三十六条规定,国家实行劳动者每日工作时间不超过8小时、平均每周工作时间不超过44小时的工时制度。第三十八条规定,用人单位应当保证劳动者每周至少休息1日。《国务院关于职工工作时间的规定》第三条规定,职工每日工作8小时、每周工作40小时。第七条规定,国家机关、事业单位实行统一的工作时间,星期六和星期日为周休息日。企业和不能实行前款规定的统一工作时间的事业单位,可以根据实际情况灵活安排周休息日。根据上述规定,实践中一般认为,标准工时工作制下:(1)劳动者每天工作8小时;(2)劳动者每周工作40小时;(3)国家机关、事业单位实行统一的工作时间,星期六和星期日为周休息日,企业每周至少安排劳动者休息1天。

2. 综合计算工时工作制下的法定工作时间

《国务院关于职工工作时间的规定》第五条规定,因工作性质或者生产特点的限制,不能实行每日工作8小时、每周工作40小时标准工时制度的,按照国家有关规定,可以实行其他工作和休息办法。该规定所指的其他工作和休息办法就是指特殊的工时制度,包括综合计算工时工作制和不定时工作制。

根据《劳动部关于企业实行不定时工作制和综合计算工时工作制的审批办法》第五条的规定,综合计算工时工作制可以周、月、季、年等为周期,综合计算工作时间,但其平均日工作时间和平均周工作时间应与法定标准工作时间基本相同。又根据《劳动和社会保障部关于职工全年月平均工作时间和工资折算问题的通知》的规定,工作时间的计算如下:

年工作日:365 天 – 104 天(休息日)– 11 天(法定休假日)= 250 天/年

季工作日:250 天 ÷ 4 季 = 62.5 天/季

月工作日:250 天 ÷ 12 月 = 20.83 天/月

法定工作小时数的计算:以月、季、年的工作日乘以每日的 8 小时。

综上,综合计算工时工作制的法定工作时间与计算周期相关,即:

周工作时间:40 小时

月工作时间:20.83 天/月 × 8 小时/天 = 167 小时

季工作时间:62.5 天/季 × 8 小时/天 = 500 小时

3. 不定时工作制下的法定工作时间

实行不定时工作制的劳动者,工作时间为不定时,因此不存在工作时间的限制。但在法定休假日工作的是否属于其工作时间在实践中存在争议,意义在于实行不定时工作制的劳动者被用人单位安排在法定休假日工作,用人单位是否需要支付其加班费。

一种观点认为,根据《工资支付暂行规定》第十三条的规定,实行不定时工作制的劳动者对加班费的请求,包括工作日延长工作时间、休息日加班以及法定休假日加班的情形,都不予支持,如北京、广东、江苏、山东等地就是持此观点。

另一种观点认为,实行不定时工作制的劳动者请求支付工作日加班费和休息日加班费的请求,不予支持;但对于法定休假日加班费的请求,应予支持。对于法定休假日加班时间的确定,因工作时间无法确定,工作 1 天按照 300% 日工资支付即可。如《深圳市员工工资支付条例》第二十条就规定,用人单位安排实行不定时工作制的员工在法定休假节日工作的,按照不低于员工本人正常工作时间工资的 300% 支付员工加班工资。

(二)正常工作时间

正常工作时间由用人单位与劳动者约定,约定的工作时间不超过法定工作时间的,以约定的工作时间确定劳动者的正常工作时间;约定的工作时间超过法定工作时间的,超过部分无效,以法定工作时间确定劳动者的正常工作时间。

(三)加班

1.实行标准工时工作制的劳动者的加班

《劳动法》第四十一条规定,用人单位由于生产经营需要,经与工会和劳动者协商后可以延长工作时间,一般每日不得超过1小时;因特殊原因需要延长工作时间的,在保障劳动者身体健康的条件下延长工作时间每日不得超过3小时,但是每月不得超过36小时。第四十二条规定,有下列情形之一的,延长工作时间不受本法第四十一条规定的限制:(1)发生自然灾害、事故或者因其他原因,威胁劳动者生命健康和财产安全,需要紧急处理的;(2)生产设备、交通运输线路、公共设施发生故障,影响生产和公众利益,必须及时抢修的;(3)法律、行政法规规定的其他情形。《劳动合同法》第三十一条规定,用人单位应当严格执行劳动定额标准,不得强迫或者变相强迫劳动者加班。用人单位安排加班的,应当按照国家有关规定向劳动者支付加班费。根据上述规定,用人单位安排劳动者加班应遵循以下规则:

(1)原则上,加班需要用人单位与工会和劳动者协商一致,劳动者可以拒绝加班;

(2)劳动者同意加班的,在保障劳动者身体健康的条件下延长工作时间每日不得超过3小时,每月不得超过36小时;

(3)存在《劳动法》第四十二条规定的情形之一的,劳动者不得拒绝加班,且加班时间不受限制。

2.实行综合计算工时工作制的劳动者的加班

实行综合计算工时工作制的劳动者,工作时间在计算周期内综合计算,在一个工时计算周期内,如劳动者的工作时间未超过正常工作时间,用人单位安排劳动者工作不属于加班;如劳动者的工作时间已经超过正常工作时间,则用人单位安排劳动者工作属于加班,应当与工会和劳动者协商一致。

3.实行不定时工作制的劳动者的加班

实行不定时工作制的劳动者,在工作日和休息日工作不属于加班,不适用加班的相关规定。在法定休假日工作的,根据各地的司法实务,认为属于加班的,则适用加班费的相关规定,安排劳动者在法定休假日工作需要经劳动者同意;认为不属于加班的,则不适用加班费的规定。

二、违反工作时间规范的法律责任

(一)约定的工作时间超过法定工作时间的法律责任

用人单位的规章制度规定或与劳动者约定劳动者的工作时间超过法定工作时间的,超过的部分无效。如劳动者按照约定的工作时间提供劳动,可要求用人单位按照法律规定支付加班费。

(二)强迫加班的法律责任

用人单位安排劳动者加班需要与工会和劳动者协商一致,劳动者不同意加班的,用人单位不得强迫劳动者加班。用人单位采取暴力、威胁或者非法限制人身自由的手段强迫劳动者劳动的,除用人单位应当按照规定支付加班费外,劳动者可依照《劳动合同法》第三十八条第二款的规定解除劳动合同,并可要求用人单位支付经济补偿。

(三)违反法律规定延长工作时间的法律责任

《劳动法》第九十条规定,用人单位违反本法规定,延长劳动者工作时间的,由劳动行政部门给予警告,责令改正,并可以处以罚款。《劳动保障监察条例》第二十五条规定,用人单位违反劳动保障法律、法规或者规章延长劳动者工作时间的,由劳动保障行政部门给予警告,责令限期改正,并可以按照受侵害的劳动者每人100~500元的标准计算,处以罚款。根据上述规定,用人单位违反法律规定延长劳动者工作时间的,劳动行政部门可给予警告,责令限期改正,并可以按照受侵害的劳动者每人100~500元的标准计算,处以罚款。

三、合规管理

工作时间合规要结合用工的实际需求,合理利用不同工时制度的特点,使劳动者的工作时间符合法律规定。

(一)选择合适的工时制度

不定时工作制是针对因生产特点、工作特殊需要或职责范围的关系,无法按标准工作时间衡量或需要机动作业的职工所采用的一种工时制度。综合计算工时工作制是针对因工作性质特殊、需连续作业或受季节及自然条件限制的企业的部分职工,采用的以周、月、季、年等为周期综合计算工作时间的一种工时制度。用人单位可根据本单位的实际情况,选择实行适合本单位劳动者的工时制度。

1. 可以实行不定时工作制的情形

根据《劳动部关于企业实行不定时工作制和综合计算工时工作制的审批办法》第四条的规定,企业对符合下列条件之一的职工,可以实行不定时工作制。(1)企业中的高级管理人员、外勤人员、推销人员、部分值班人员和其他因工作无法按标准工作时间衡量的职工;(2)企业中的长途运输人员、出租汽车司机和铁路、港口、仓库的部分装卸人员以及因工作性质特殊,需机动作业的职工;(3)其他因生产特点、工作特殊需要或职责范围的关系,适合实行不定时工作制的职工。相较于其他的工时制度,不定时工作制灵活性最强,用人单位可针对符合条件的岗位优先申请实行不定时工作制。原劳动部印发的《〈国务院关于职工工作时间的规定〉问题解答》中明确,不定时工作制是针对因生产特点、工作特殊需要或职责范围的关系,无法按标准工作时间衡量或需要机动作业的职工所采用的一种工时制度。鉴于每个企业的情况不同,企业可依据上述原则结合企业的实际情况进行研究,并按有关规定报批。

2. 可以实行综合计算工时工作制的情形

根据《劳动部关于企业实行不定时工作制和综合计算工时工作制的审批办法》第五条的规定,企业对符合下列条件之一的职工,可实行综合计算工时工作制:(1)交通、铁路、邮电、水运、航空、渔业等行业中因工作性质特殊,需连续作业的职工;(2)地质及资源勘探、建筑、制盐、制糖、旅游等受季节和自然条件限制的行业的部分职工;(3)其他适合实行综合计算工时工作制的职工。原劳动部印发的《〈国务院关于职工工作时间的规定〉问题解答》中明确,综合计算工时工作制是针对因工作性质特殊、需连续作业或受季节及自然条件限制的企业的部分职工,采用的以周、月、季、年等为周期综合计算工作时间的一种工时制度,但其平均日工作时间和平均周工作时间应与法定标准工作时间基本相同。另外,对于那些在市场竞争中,由于外界因素影响,生产任务不均衡的企业的部分职工也可以参照综合计算工时工作制的办法实施。

(二) 办理实行特殊工时制度的审批手续

《劳动部关于企业实行不定时工作制和综合计算工时工作制的审批办法》第七条规定,中央直属企业实行不定时工作制和综合计算工时工作制等其他工作和休息办法的,经国务院行业主管部门审核,报国务院劳动行政部门批准。地方企业实行不定时工作制和综合计算工时工作制等其他工作和休息办法的审批办法,由各省、自治区、直辖市人民政府劳动行政部门制定,报国务院劳动行政部门备案。根据上述规定,用人单位欲对本单位劳动者实行特殊工时制度的,应当按照规定办理审批手续,审批通过后,方可实行特殊工时制度。需要注意的是,司法实务中,有观点认为,办理实行特殊工时制度的审批手续后,用人单位还应当告知劳动者其实行的系何种特殊工时制度。

(三)合理安排劳动者的工作时间

实行标准工时工作制、综合计算工时工作制的劳动者,用人单位应当在法定工作时间内合理安排劳动者的工作时间。

实行标准工时工作制的,应保证劳动者每天工作时间不超过8小时,每周工作时间不超过40小时,每周至少休息1天。

实行综合计算工时工作制的劳动者,要结合工时计算周期,保证劳动者在计算周期内的工作时间不超过法定工作时间,以周为计算周期的,每周工作时间不超过40小时;以月为计算周期的,每月工作时间不超过167小时;以季度为计算周期的,每季度工作时间不超过500小时。

(四)制定加班审批制度

为防止劳动者恶意延长工作时间以主张用人单位支付加班费,用人单位可在规章制度中规定或与劳动者约定,劳动者应当在正常工作时间中完成工作任务,确因工作任务繁重需要延长工作时间的,需要向用人单位申请批准,并注明劳动者未经批准或者因为个人工作效率的原因需要延长工作时间的,不属于加班。

(五)合理利用值班

值班是指用人单位因安全、消防、节假日等需要,安排劳动者在正常工作时间以外继续提供一定劳动的情形。按照值班内容与员工本职工作的关联程度可以将值班分为与本职工作无关的值班和与本职工作有关的值班;区分值班期间是否可以休息,又可以分为可以休息的值班和不可以休息的值班。

值班与加班都是劳动者在正常工作时间以外提供劳动,不同的是值班与加班的目的不同,劳动强度也不同。加班的目的大部分是基于生产工作需要,而值班主要是基于安全、消防、节假日等需要,值班的劳动强度要低于加班。值班仅需按照规章制度、集体合同的规定或劳动合同的约定支付相关值班待遇即可,不视为加班。因此,用人单位需要劳动者在正常工作时间外在岗的,可以安排劳动者值班。

(六)有效考勤

考勤的目的在于督促劳动者按照约定出勤,用考勤记录证明劳动者存在考勤违纪行为,如迟到、早退、旷工等。为防止考勤记录因证据能力存在瑕疵,不被采信,用人单位应选择不易被篡改的考勤方式,如指纹打卡,人脸识别打卡等。同时,要妥善保管考勤记录。

案例 上海国美电器有限公司与陈某劳动争议纠纷案[(2017)沪02民终1859号]

陈某于2004年3月24日进入上海国美电器有限公司(以下简称国美公司)工作,双方签订的最后一份劳动合同是自2013年7月25日起的无固定期限劳动合同,约定国美公司安排陈某执行不定时工作制。陈某担任南桥百联店店长。2013年1月1日至2016年12月31日,国美公司的店长岗位经上海市长宁区人力资源和社会保障局同意实行不定时工作制。

陈某、国美公司确认国美公司通过银行转账方式,于2015年10月15日支付陈某2015年9月工资4009.24元,2015年11月16日支付陈某2015年10月1日至10月8日工资915.72元。审理中,国美公司提供了未经公证的2013年9月至2014年6月的考勤记录,国美公司提供的2013年9月至2015年9月的考勤记录显示,陈某存在法定休假日加班的事实。

一审法院认为,陈某系担任南桥百联店店长,双方劳动合同约定陈某实行不定时工作制,2013年1月1日至2016年12月31日,国美公司的店长岗位经上海市长宁区人力资源和社会保障局同意实行不定时工作制,故陈某对其岗位执行不定时工作制应为明知。现陈某要求国美公司支付2013年9月21日至2015年9月20日超时加班工资,缺乏事实根据和法律依据,不予支持。国美公司提供的2013年9月至2015年9月的考勤记录显示,陈某存在法定休假日加班的事实,国美公司应支付相应的加班工资。判决:国美公司支付陈某2013年9月21日至2015年9月20日法定休假日加班工资10,878.93元。

二审法院认为,原审法院对于陈某法定休假日加班工资的判决符合事实基础,判决:驳回上诉,维持原判。

案例分析

本案为加班费争议,认定用人单位是否需要支付劳动者加班费要看用人单位是否安排劳动者在正常工作时间外提供劳动。

国美公司的店长岗位经上海市长宁区人力资源和社会保障局同意实行不定时工作制,且双方劳动合同约定陈某实行不定时工作制,可以认定陈某系实行不定时工作制。

《上海市企业工资支付办法》第十三条规定,企业根据实际需要安排劳动者在法定标准工作时间以外工作的,应以本办法第九条确定的计算基数,按以下标准支付加班工资:(1)安排劳动者在日法定标准工作时间以外延长工作时间的,按照不低于劳动者本人小时工资的150%支付;(2)安排劳动者在休息日工作,而又不能安排补休的,按照不低于劳动者本人日或小时工资的200%支付;(3)安排劳动者在法定休假节日工作的,按照不低于劳动者本人日或小时工资的300%支付……经人力资源社会保障行政部门批准实行不定时工时制的劳动者,在法定休假节日由企业安排工作的,按本条第(三)项的规定支付加班工资。根据上述规定,在实行不定时工作制的情况下,陈某主张国美公司支付工作日、休息日加班费的请求没有法律依据,但国美公司在法定休假日安排陈某工作的,应当支付陈某法定休假日的加班费。

专题十七　休息、休假

一、休息、休假规范

《劳动法》第三条规定,劳动者享有休息、休假的权利。

(一)休息规范

劳动者有休息的权利,但休息期间,用人单位无须支付劳动者劳动报酬,故休息规范的内容为用人单位如何安排劳动者休息。

《劳动法》第三十八条规定,用人单位应当保证劳动者每周至少休息1日。第三十九条规定,企业因生产特点不能实行本法第三十六条、第三十八条规定的,经劳动行政部门批准,可以实行其他工作和休息办法。《国务院关于职工工作时间的规定》第七条规定,国家机关、事业单位实行统一的工作时间,星期六和星期日为周休息日。企业和不能实行前款规定的统一工作时间的事业单位,可以根据实际情况灵活安排周休息日。根据上述规定:

(1)实行标准工时工作制的劳动者享有休息的权利,用人单位应当保证劳动者每周至少休息1日。根据《关于〈劳动法〉若干条文的说明》的规定,每周至少休息1日是指用人单位必须保证劳动者每周至少有一次24小时不间断的休息。

(2)原则上,国家机关、事业单位实行统一的工作时间,星期六和星期日为周休息日。

(3)企业和不能实行上述规定的统一工作时间的事业单位,可以根据实际情况灵活安排周休息日。

(二)休假规范

休假包括休事假、病假、法律规定的假期以及法定休假日,大部分休假期间,用人单位应当支付劳动者劳动报酬,故休假规范不仅包括用人单位如何安排劳动者休假,还包括用人单位如何支付劳动者休假期间的工资。

1. 事假

事假是指劳动者因私事或其他个人原因向用人单位请的假,关于事假,要注意以下两点。

(1)严格来说,劳动者没有休事假的权利,用人单位没有义务安排劳动者休事假,因此,是否批准劳动者休事假、事假的天数等都由用人单位自主决定。但用人单位的规章制度、集体合同规定或用人单位与劳动者约定劳动者可以休事假的,用人单位应当按照规章制度、集体合同的规定或与劳动者的约定安排劳动者休事假。

(2)事假期间是否需要支付工资要结合当地的地方性规定,一般认为,用人单位无须支付劳动者事假期间的工资。但用人单位的规章制度、集体合同另有规定或用人单位与劳动者另有约定的,按照规定或约定执行。

2. 病假

病假是指劳动者本人因患病或非因工负伤,需要停止工作治疗时,用人单位给予劳动者治疗的假期。关于病假,要注意以下四点:

(1)休病假的条件是劳动者本人因患病或非因工负伤。如不是本人患病或负伤,不可以享受病假;如劳动者患职业病或因工负伤,按照《工伤保险条例》的相关规定享受工伤保险待遇。

(2)需要停止工作治疗。劳动者患病或非因工负伤并不意味着其一定可以享受病假,如患病或非因工负伤没有停止工作治疗的必要,用人单位可不安排其休病假。

(3)病假的天数以需要停止工作治疗的天数为依据,且劳动者休的病假应当在医疗期内。医疗期满后,劳动者不再享受医疗期待遇,如仍需停止工作治疗,是否批准劳动者休病假属于用人单位的用工自主权。

(4)用人单位应当按照规定支付劳动者病假期间的工资,病假期间的工资标准详见劳动者患病或非因工负伤章节的内容。

3. 年休假

年休假是指劳动者连续工作满12个月后,用人单位每年应当安排劳动者带薪休息的假期。关于年休假,应当注意以下六点。

(1)劳动者享受年休假的条件包括积极条件和消极条件。积极条件为连续工作满12个月以上,《人力资源和社会保障部办公厅关于〈企业职工带薪年休假实施办法〉有关问题的复函》中明确,《企业职工带薪年休假实施办法》第三条中的"职工连续工作满12个月以上",既包括职工在同一用人单位连续工作满12个月以上的情形,也包括职工在不同用人单位连续工作满12个月以上的情形。也就是说,职工只要连续工作满12个月,无论是否在同一用人单位,其都可以享受年休假。消极条件为《职工带薪年休假条例》第四条的规定,即劳动者有下列情形之一的,不享受当年的年休假:①职工依法享受寒暑假,其休假天数多于年休假天数的;②职工请事假累计20天以上且单位按照规定不扣工资的;③累计工作满1年不满10年的职工,请病假累计2个月以上的;④累计工作满10年不满20年的职工,请病假累计3个月以上的;⑤累计工作满20年以上的职工,请病假累计4个月以上的。

(2)年休假天数由劳动者的累计工作年限决定。根据《职工带薪年休假条例》第三条的规定,职工累计工作已满1年不满10年的,年休假5天;已满10年不满20年的,年休假10天;已满20年的,年休假15天(见表2)。用人单位的规章制度、集体合同规定或用人单位与劳动者约定的年休假天数高于上述规定的,按照规章制度、集体合同规定的规定或约定执行。

表2 累计工作年限与应休年休假的关系

累计工作年限(a)	应休年休假天数
1年≤a<10年	5天
10年≤a<20年	10天
a≥20年	15天

(3)年休假应按年度安排,不满1个年度的年休假天数应当进行折算。根据《企业职工带薪年休假实施办法》第五条的规定,劳动者新进用人单位且符合本办法第三条规定的,当年度年休假天数,按照在本单位剩余日历天数折算确定,折算后不足1整天的部分不享受年休假。折算的公式为:

应休年休假天数=(当年度在本单位剩余日历天数÷365天)×职工本人全年应当享受的年休假天数

(4)根据《职工带薪年休假条例》第三条的规定,国家法定休假日、休息日不计入年休假的假期。

(5)年休假由用人单位统筹安排,什么时候休年休假由用人单位决定。

(6)年休假为带薪休假,用人单位应当支付劳动者休年休假期间的劳动报酬。

4.婚假

婚假是劳动者本人登记结婚享受的假期。《国家劳动总局[①]、财政部关于国营

[①] 现为人力资源和社会保障部,后文不再赘述。

企业①职工请婚丧假和路程假问题的通知》规定,原劳动部1959年6月1日发出的(59)中劳薪字第67号通知中曾规定,企业单位的职工请婚丧假在3个工作日以内的,工资照发。这个办法试行以来,有些单位和职工反映,职工结婚时双方不在一地工作,职工的直系亲属死亡时需要职工本人到外地料理丧事的,由于没有路程假,给职工带来了一些实际困难。经研究,现对职工请婚丧假和路程假的问题,作如下通知:(1)职工本人结婚或职工的直系亲属(父母、配偶和子女)死亡时,可以根据具体情况,由本单位行政领导批准,酌情给予1~3天的婚丧假。(2)职工结婚时双方不在一地工作的;职工在外地的直系亲属死亡时需要职工本人去外地料理丧事的,都可以根据路程远近,另给予路程假。(3)在批准的婚丧假和路程假期间,职工的工资照发,途中的车船费等,全部由职工自理。(4)以上规定从本通知下达之日起执行。上述规定虽是针对国营企业,且未明确婚假的具体天数,但实践中一般认为,劳动者登记结婚均可享受3天婚假。关于婚假,要注意以下四点。

(1)享受婚假的条件是登记结婚,如劳动者未登记结婚,不享受婚假。

(2)一般认为国家规定的婚假为3天,各地对婚假的天数有不同期限的延长。如根据《云南省人口与计划生育条例》第十八条的规定,机关、企业事业单位、社会团体和其他组织的工作人员登记结婚的,在国家规定的婚假外增加婚假15天。

(3)根据《劳动和社会保障部办公厅关于对再婚职工婚假问题的复函》的规定,再婚者与初婚者的法律地位相同,用人单位对再婚职工应当参照国家有关规定,给予同初婚职工一样的婚假待遇。

(4)根据《劳动法》第五十一条的规定,劳动者在婚假期间,用人单位应当依法支付工资。《工资支付暂行规定》第十一条规定,劳动者依法享受年休假、探亲假、婚假、丧假期间,用人单位应按劳动合同规定的标准支付劳动者工资。

5. 丧假

根据《国家劳动总局、财政部关于国营企业职工请婚丧假和路程假问题的通知》的规定,国营企业职工的直系亲属(父母、配偶和子女)死亡时,可以根据具体情况,由本单位行政领导批准,酌情给予1~3天的婚丧假。关于丧假,要注意以下四点。

(1)享受丧假的条件是劳动者的直系亲属(父母、配偶和子女)死亡,一些地区规定,劳动者的岳父母、公婆死亡的,劳动者也可以享受丧假。如《北京市劳动局关于国营企业职工请丧假范围有关问题的通知》就规定,女职工的公婆死亡时和男职工的岳父母死亡时,经本单位领导批准,可酌情给予1~3天的丧假。

---

① 现"国营企业"改为"国有企业",因该通知未失效,故下文介绍时仍采用国营企业表述。

(2)丧假的天数为1~3天,需要劳动者本人去外地料理丧事的,可以根据路程远近,另给予路程假。

(3)非国营企业的劳动者是否可以享受丧假存在争议。一种观点认为,人力资源和社会保障部发布的《我国法定年节假日等休假相关标准》中规定,在我国,国有企业职工可以享受婚丧假。另一种观点认为,根据《劳动法》第五十一条、《工资支付暂行规定》第十一条的规定,私营企业的劳动者也可以享受丧假。

(4)根据《劳动法》第五十一条的规定,劳动者在丧假期间,用人单位应当依法支付工资。《工资支付暂行规定》第十一条规定,劳动者依法享受年休假、探亲假、婚假、丧假期间,用人单位应按劳动合同规定的标准支付劳动者工资。

6.探亲假

探亲假是指与父母或配偶分居两地的职工,每年享有的与父母或配偶团聚的假期。根据《国务院关于职工探亲待遇的规定》的相关规定,关于探亲假,要注意以下五点。

(1)探亲假适用于在国家机关、人民团体和全民所有制企业、事业单位的固定职工,私营企业和国家机关、人民团体和全民所有制企业、事业单位的非固定职工,不享受探亲假。

(2)享受探亲假的条件是在单位工作满1年,且与配偶不住在一起,又不能在公休假日团聚或与父亲、母亲都不住在一起,又不能在公休假日团聚。但是,职工与父亲或母亲一方能够在公休假日团聚的,不能享受探望父母的待遇。

(3)探亲假的天数为:探望配偶的,每年给予一方探亲假一次,假期为30天;未婚职工探望父母,原则上每年给假一次,假期为20天。如果因为工作需要,本单位当年不能给予假期,或者职工自愿两年探亲一次的,可以两年给假一次,假期为45天;已婚职工探望父母的,每4年给假一次,假期为20天。探亲假包括公休假日和法定休假日在内,另外根据实际需要给予路程假。

(4)实行休假制度的职工(如学校的教职工),不享受探亲假,如果休假期短于探亲假,可由本单位适当安排,补足其探亲假的天数。

(5)在规定的探亲假期和路程假期内,按照本人的标准工资发给工资。探望配偶和未婚职工探望父母的往返路费,由所在单位负担。已婚职工探望父母的往返路费,在本人月标准工资30%以内的,由本人自理,超过部分由所在单位负担。

7.产假

产假是指在职妇女产期前后的休假待遇。根据《女职工劳动保护特别规定》的规定,关于产假,要注意以下三点。

(1)女职工生育享受98天产假,其中产前可以休假15天;难产的,增加产假15天;生育多胞胎的,每多生育1个婴儿,增加产假15天。部分地区有关于延长产假的规定,如根据《云南省人口与计划生育条例》第十八条的规定,符合法律、法规规定生育子女的,除按照《女职工劳动保护特别规定》休假外,女方延长生育假60天,男方给予护理假30天。《四川省人口与计划生育条例》第二十四条第一款规定,符合本条例规定生育子女的夫妻,除法律、法规规定外,延长女方生育假60天,给予男方护理假20天。生育假、护理假视为出勤,工资福利待遇不变。

(2)女职工怀孕未满4个月流产的,享受15天产假;怀孕满4个月流产的,享受42天产假。

(3)女职工产假期间的生育津贴,对已经参加生育保险的,按照用人单位上年度职工月平均工资的标准由生育保险基金支付;对未参加生育保险的,按照女职工产假前工资的标准由用人单位支付。

8.育儿假

2021年8月20日修正的《人口与计划生育法》第二十五条规定,国家支持有条件的地方设立父母育儿假。部分地区根据该法规定了具体的育儿假,如《云南省人口与计划生育条例》第十八条第二款规定,符合本条例规定生育或者合法收养且子女不满3周岁的,夫妻双方所在单位分别给予每年累计10天的育儿假。有两个以上不满3周岁子女的,再增加5天育儿假。《四川省人口与计划生育条例》第二十四条第二款规定,子女3周岁以下的夫妻,每年分别享受累计10天的育儿假,育儿假视为出勤。《广东省人口与计划生育条例》第三十条第二款规定,符合法律、法规规定生育子女的,在子女3周岁以内,父母每年各享受10日的育儿假。假期用工成本分担,按照国家和省的有关规定执行。

9.护理假

此处的护理假是指护理老人的假期。国家没有规定护理假,但部分地区有相关的规定,如《云南省老年人权益保障条例》第二十四条规定,老年人患病住院治疗期间,其子女的用人单位应当支持护理照料,给予独生子女每年累计20天、非独生子女每年累计10天的护理时间,护理期间享受与正常工作期间相同的工资待遇。

10.法定休假日

根据人力资源和社会保障部发布的《我国法定年节假日等休假相关标准》,法定年节假日是由国家法律、法规统一规定的用以开展纪念、庆祝活动的休息时间。根据《全国年节及纪念日放假办法》的规定,法定休假日分为全体公民放假的节日、部分公民放假的节日及纪念日、少数民族习惯的节日。关于法定休假日,要注意以下四点。

(1)我们常说的法定休假日实际是指全体公民放假的节日,每年一共放假 11 天。其中,元旦,放假 1 天(1 月 1 日);春节,放假 3 天(农历正月初一、初二、初三);清明节,放假 1 天(农历清明当日);劳动节,放假 1 天(5 月 1 日);端午节,放假 1 天(农历端午当日);中秋节,放假 1 天(农历中秋当日);国庆节,放假 3 天(10 月 1 日、2 日、3 日)。

(2)部分公民放假的节日及纪念日包括:妇女节(3 月 8 日),妇女放假半天;青年节(5 月 4 日),14 周岁以上的青年放假半天;儿童节(6 月 1 日),不满 14 周岁的少年儿童放假 1 天;中国人民解放军建军纪念日(8 月 1 日),现役军人放假半天。

(3)少数民族习惯的节日,由各少数民族聚居地区的地方人民政府,按照各该民族习惯,规定放假日期。如《广西壮族自治区少数民族习惯节日放假办法》第二条规定,"壮族三月三"是本自治区少数民族习惯节日,本自治区内全体公民放假 2 天。具体放假时间另行通知。《黔东南苗族侗族自治州自治条例》第六十八条规定,每年 7 月 23 日为自治州成立纪念日,全州公民放假 2 天。

(4)法定休假日为带薪休假。

二、违反休息、休假规范的法律责任

(一)违反休息规范的法律责任

1. 支付加班费

违反休息规范,即未保障劳动者休息的权利,未安排劳动者每周至少休息 1 天。根据《劳动法》第四十四条的规定,用人单位在休息日安排劳动者工作又不能安排补休的,支付不低于工资的 200% 的工资报酬。

2. 劳动者可以单方解除劳动合同要求用人单位支付经济补偿

根据《劳动合同法》第三十八条第(四)项的规定,用人单位的规章制度违反法律、法规的规定,损害劳动者权益的,劳动者可以解除劳动合同。如用人单位的规章制度违反关于休息的相关法律、法规的规定,并给劳动者造成损害,未安排劳动者休息的,劳动者可以此为由解除劳动合同,并可依照《劳动合同法》第四十六条的规定要求用人单位支付经济补偿。

(二)违反休假规范的法律责任

1. 支付加班费、年休假工资报酬

(1)《劳动法》第四十四条规定,用人单位在法定休假日安排劳动者工作的,支付不低于工资的300%的工资报酬。用人单位安排劳动者在全体公民放假的节日期间工作的,应当支付劳动者在法定休假日工作的加班费。

需要注意的是,根据《劳动和社会保障部办公厅关于部分公民放假有关工资问题的函》的规定,在部分公民放假的节日期间,对参加社会或单位组织庆祝活动和照常工作的职工,单位应支付工资报酬,但不支付加班工资。如果该节日恰逢星期六、星期日,单位安排职工加班工作,则应当依法支付休息日的加班工资。

而用人单位安排劳动者在少数民族习惯的节日的假期工作的,司法实务中一般也会适当支持劳动者关于加班费的请求。

(2)根据《职工带薪年休假条例》第五条的规定,单位确因工作需要不能安排职工休年休假的,经职工本人同意,可以不安排职工休年休假。对职工应休未休的年休假天数,单位应当按照该职工日工资收入的300%支付年休假工资报酬。

2. 劳动者可以单方解除劳动合同要求用人单位支付经济补偿

用人单位的规章制度违反关于休假的相关法律、法规的,并给劳动者造成损害,未安排劳动者休假的,劳动者可以此为由解除劳动合同,并可依照《劳动合同法》第四十六条的规定要求用人单位支付经济补偿。

另外,用人单位违反规定,不支付劳动者休假期间的工资的,属于未及时足额支付劳动报酬,劳动者除可以要求用人单位支付未足额支付的工资外,也可以单方解除劳动合同要求用人单位支付经济补偿。

三、合规管理

休息、休假的合规管理要尽可能保障劳动者休息、休假的权利。

(一)确定用人单位与劳动者的权利义务

保障劳动者休息、休假的权利应先确定用人单位与劳动者双方关于休息、休假的权利义务。由此,需要梳理用人单位的规章制度、集体合同的规定和劳动合同的约定,并结合法律、法规以及地方性规定,确定双方的权利义务。如用人单位的规章制度、集体合同的规定和劳动合同的约定不违反法律、法规以及地方性规定,则以用人单位的规章制度、集体合同的规定和劳动合同的约定确定双方的权利义务;如用人单位的规章制度、集体合同的规定和劳动合同的约定违反法律、法规以及地方性规定,则以法律、法规以及地方性规定确定双方的权利义务。

(二)休息合规

1. 安排休息

安排劳动者休息仅要求用人单位保证劳动者每周至少有一次24小时不间断的休息。

2. 难以安排休息的情形

确实难以保证劳动者每周至少有一次24小时不间断的休息的,可针对相关的岗位申请实行综合计算工时工作制或不定时工作制。通过特殊工时制度的审批后,与劳动者约定实行特殊的工时制度;实行特殊工时制度的申请未获批准,且未能安排劳动者休息的情况下,及时安排劳动者补休,或及时支付劳动者加班费。

(三)事假合规

确定用人单位与劳动者关于事假的权利义务后,用人单位应当按照双方的权利义务内容安排劳动者休事假,并保障劳动者休事假期间的权利。

在用人单位的规章制度、集体合同没有规定,劳动合同没有约定用人单位应支付劳动者事假期间工资的情况下,一般认为,用人单位可以不支付劳动者事假期间的工资,但不能据此扣减劳动者其他正常工作时间的工资。因此,用人单位不得以劳动者请事假为由,扣减劳动者事假期间以外的其他工资,否则属于未及时足额支付劳动报酬,或构成用人单位的规章制度违反法律、法规的规定,并给劳动者造成损害的条件,劳动者可以单方解除劳动合同,并要求用人单位支付经济补偿。

(四)病假合规

病假是劳动者在医疗期内可以依法享受的假期,在劳动者满足休病假的条件下,用人单位不得拒绝劳动者休病假。因此,病假合规还要防止劳动者请"假病假"。

1. 完善病假制度

为防止劳动者请"假病假",用人单位可在规章制度中规定请病假的流程,需要提供的证明材料,未按照流程请假的责任以及虚假陈述、提供虚假证明材料的责任等。

2. 劳动者的违纪处理

需要注意的是,对劳动者存在未按照规定请病假的,应先确认劳动者是否存在患病或非因工负伤需要休息治疗的情形。如劳动者确实存在患病或非因工负伤需要休息治疗的情形,仅是未按照规定请病假的,用人单位应结合具体情况按照一般违纪处理,不宜按照旷工处理或将其视为严重违反用人单位的规章制度。劳动者不能提供其患病或非因工负伤需要休息治疗的证明材料或提供虚假证明材料的,可以按照规章制度的规定处理,规章制度规定该情形属于严重违反用人单位规章制度的,可以解除劳动合同。

(五)年休假合规

在确定劳动者每年可以享受年休假的天数时要注意,劳动者可以享受年休假的天数与劳动者累计工作年限有关,应要求劳动者提供证明其累计工作年限的证据,根据实际情况确定劳动者可以享受的年休假天数,再结合规章制度、集体合同以及劳动合同的约定确定劳动者的休假天数。

确定用人单位与劳动者关于年休假的权利义务后,用人单位应当按照双方的权利义务内容安排劳动者休年休假。

1. 安排劳动者休年休假

安排劳动者休年休假,应按照以下步骤进行:

(1)判断劳动者是否满足享受休年休假的条件,包括积极条件和消极条件。

(2)计算劳动者当年度的休假天数。

(3)安排劳动者休年休假。根据《职工带薪年休假条例》的规定,年休假在1个年度内可以集中安排,也可以分段安排,一般不跨年度安排。《企业职工带薪年休假实施办法》第九条规定,用人单位根据生产、工作的具体情况,并考虑职工本人意愿,统筹安排年休假。用人单位确因工作需要不能安排职工年休假或者跨1个年度安排年休假的,应征得职工本人同意。严格来说,在本年度内安排劳动者在什么时间休年休假是用人单位决定的,跨年度安排需要征得职工本人同意。因此,用人单位可以将非法定的休息、休假时间安排为劳动者休年休假。如实践中常见的将春节期间超过法定假期的部分假期集中安排为员工的年休假。除此之外,还可以将事假、病假等安排为年休假。需要注意的是,不同的情况操作方式不一样。比如,将年休假集中安排在春节前后的情形,如果没有其他证据证明系用人单位安排劳动者休年休假,是否应当认定为系用人单位安排劳动者休年休假是存在争议的。因此,最好在规章制度中规定或者在集体合同、劳动合同中约定年休假集中安排在春节前后,又或者在春节放假时,以通知的形式告知员工多余的假期为年休假。

(4)劳动者本人不愿意休年休假的,要求其提交因本人原因不愿意休年休假的申请书或者声明,或者直接在年休假安排通知书中予以注明并签字确认。

(5)固定安排劳动者休年休假的证据,比如,在考勤表中体现系劳动者休年休假,要求劳动者本人签字确认;又如,制作年休假安排通知单,要求劳动者签字确认,不愿意休年休假的,在年休假安排通知书中注明。

2. 支付年休假工资报酬

劳动者休了年休假或劳动者本人提出不休年休假的,正常支付年休假期间的工资即可,未安排劳动者休年休假,也未能征得劳动者同意下一个年度安排的,应当按照规定支付劳动者年休假工资报酬。

(六)法定休假日合规

法定休假日的假期要区分全体公民放假的节日、部分公民放假的节日及纪念日、少数民族习惯的节日。

1. 全体公民放假的节日,用人单位应当在全体公民放假的法定休假日安排劳动者休息,难以安排休息的,应当按照规定支付劳动者加班费。

2. 部分公民放假的节日及纪念日,用人单位可根据实际情况决定是否安排劳动者工作。如该节日为工作日,正常支付工资即可;如该节日为休息日,用人单位安排劳动者工作或参加活动应征得劳动者同意并按照规定支付加班费。

3. 地方人民政府规定的少数民族习惯的节日假期,应当按照规定安排劳动者休假,未安排劳动者休假的,应当按照当地的规定支付劳动者加班费。

(七)其他假期合规

针对婚假、丧假、产假等的合规管理。主要结合各地规定的假期天数,安排劳动者休假。

(八)规章制度合规

用人单位在制定规章制度时,要注意防止规章制度的内容违反法律、法规关于休息、休假的规定,如已经制定的规章制度的内容违反法律规定,应当及时修正。针对难以保障的休假权利,用人单位可以选择不在规章制度中规定休假的内容或者只作笼统的规定,防止劳动者以用人单位的规章制度违反法律、法规给其造成损害为由解除劳动合同。

案例 贵州凯里瑞安建材有限公司与莫某劳动争议纠纷案[(2020)黔26民终1772号]

2011年11月1日,莫某与贵州凯里瑞安建材有限公司(以下简称瑞安公司)签订劳动合同,莫某就职至2019年6月18日。莫某在任职期间,按时执行公司打卡制度,逢州庆假日加班未获得加班工资。一审庭审中,瑞安公司明确其单位不执行黔东南州州庆放假制度。二审查明莫某2017年7月23日、24日(州庆放假)出勤2天,2018年7月23日、24日(州庆放假)出勤1.5天;对于莫某主张2017年之前的州庆加班未有相关证据证明。

一审法院认为,根据《全国年节及纪念日放假办法》第四条"少数民族习惯的节日,由各少数民族聚居地区的地方人民政府,按照各该民族习惯,规定放假日期"以及2006年《黔东南苗族侗族自治州自治条例》(已修订)第六十一条"每年7月23日为自治州成立纪念日,假日2天"之规定,黔东南州州庆纪念日属于法定休假日。庭审中,瑞安公司已明确其单位不执行黔东南州州庆放假制度,而莫某自2011年1月1日至2019年6月18日就职期间,除国家法定休假日、休息日外,均在上班。依照《劳动法》第四十四条"有下列情形之一的,用人单位应当按照下列标准支付高于劳动者正常工作时间工资的工资报酬:……(三)法定休假日安排劳动者工作的,支付不低于工资的百分之三百的工资报酬"之规定,瑞安公司应当按照不低于莫某工资的300%的标准向被告支付自治州成立纪念日的加班工资。根据莫某的就职年限,州庆纪念日实际上班的天数应为14天。庭审中双方均未向一审法院提供2012年度至2018年度每年7月的工资计算依据,双方均应承担举证不能的不利后果。因此,对莫某主张的假期加班费,一审法院参照其离职前12个月的平均工资2480.33元作为计算依据,即3193.12元(2480.33元÷21.75天×14天×200%)。

二审法院认为,根据《最高人民法院关于审理劳动争议案件适用法律若干问题的解释(三)》(已失效)第九条"劳动者主张加班费的,应当就加班事实的存在承担举证责任。但劳动者有证据证明用人单位掌握加班事实存在的证据,用人单位不提供的由用人单位承担不利后果"以及《劳动争议调解仲裁法》第六条"发生劳动争议,当事人对自己提出的主张,有责任提供证据。与争议事项有关的证据属于用人单位掌握管理的,用人单位应当提供;用人单位不提供的,应当承担不利后果"之规定,本院认为,就加班事实的举证责任应当由劳动者提供相应的证据加以证明,如果劳动者没有证据或者证据不足以证明其所主张的加班事实,由劳动者承担不利后果。劳动者如果有证据证明用人单位掌握该加班证据,用人单位拒不提供的,应由用人单位承担不利后果。本案中,瑞安公司就2017年、2018年的州庆期间莫某加班的事实提供了证据,已经尽到了举证责任,对于2017年之前的州庆加班事实以及州庆加班工资支付情况应当由莫某承担举证责任。虽然瑞安公司认可州庆期间不实施放假制度,但是从2018年的考勤来看,莫某在2018年7月24日仍然休假半天,因此,并不能从瑞安公司州庆期间不实施放假制度而推理出2012~2016年州庆期间莫某加班的事实。莫某未就其所主张2017年之前的加班事实提供任何证据加以证实,故对莫某主张2017年之前的加班事实,法院不予采信。莫某的加班工资应当为:2229.80元/月÷21.75天/月×3.5天×200%=717.63元。

案例分析

1. 少数民族习惯的节日属于法定休假日。

《全国年节及纪念日放假办法》第四条规定,少数民族习惯的节日,由各少数民族聚居地区的地方人民政府,按照各该民族习惯,规定放假日期。《黔东南苗族侗族自治州自治条例》第六十八条规定,每年7月23日为自治州成立纪念日,全州公民放假2天。因此,每年7月23日作为黔东南苗族侗族自治州的自治州成立纪念日少数民族习惯的节日,放假两天属于法定休假日,瑞安公司应当安排莫某休假。

2. 瑞安公司未安排莫某在黔东南苗族侗族自治州的自治州成立纪念日休假2天,应支付莫某加班费。

瑞安公司明确其单位不执行黔东南州州庆放假制度,且莫某在2017年7月23日、24日(州庆放假)出勤2天,2018年7月23日、24日(州庆放假)出勤1.5天,故莫某法定休假日加班时间为3.5天。根据《劳动法》第四十四条的规定,瑞安公司应支付莫某3.5天法定休假日加班工资。

专题十八 支付劳动报酬

一、劳动报酬支付规范

根据《劳动合同法》第三十条的规定,用人单位应当按照劳动合同约定和国家规定,向劳动者及时足额支付劳动报酬。劳动报酬的支付规范包括及时支付劳动报酬和足额支付劳动报酬。

(一)及时支付劳动报酬

及时支付劳动报酬是指用人单位按照劳动合同约定的支付周期支付劳动者劳动报酬。关于劳动报酬的支付周期,《劳动合同法》第七十二条规定,非全日制用工劳动报酬结算支付周期最长不得超过15日。《劳动法》第五十条规定,工资应当以货币形式按月支付给劳动者本人。不得克扣或者无故拖欠劳动者的工资。《工资支付暂行规定》第七条规定,工资必须在用人单位与劳动者约定的日期支付。如遇节假日或休息日,则应提前在最近的工作日支付。工资至少每月支付一次,实行周、日、小时工资制的可按周、日、小时支付工资。根据上述规定,全日制用工的工资支付周期最长为1个月,非全日制用工的工资支付周期最长不得超过15日。工资支付日遇节假日或休息日的,则应提前在最近的工作日支付。

(二)足额支付劳动报酬

足额支付劳动报酬是指用人单位按照劳动合同的约定,以法定货币的形式足额支付劳动者劳动报酬。根据《工资支付暂行规定》第五条的规定,工资应当以法定货币支付,不得以实物及有价证券替代货币支付。

足额支付劳动报酬的前提是正确计算劳动者的应得工资,未足额支付劳动报酬的情形包括:(1)少计算劳动者的应得工资,导致实际支付劳动者的工资金额低于应支付金额;(2)正确计算劳动者的应得工资,但未足额支付;(3)未以法定货币支付。

(三) 书面记录工资支付情况

根据《工资支付暂行规定》第六条第三款的规定,用人单位必须书面记录支付劳动者工资的数额、时间、领取者的姓名以及签字,并保存2年以上备查。用人单位在支付工资时应向劳动者提供一份其个人的工资清单。

二、违反劳动报酬支付规范的法律责任

劳动报酬支付不规范主要包括两种情形,一是未及时足额支付劳动报酬,二是未书面记录工资支付情况。

(一) 未及时足额支付劳动报酬的法律责任

及时足额支付劳动报酬是用人单位基本的义务之一,用人单位未及时足额支付劳动报酬的,存在以下法律责任:

(1)补发工资,甚至加付赔偿金。《劳动合同法》第三十条第二款规定,用人单位拖欠或者未足额支付劳动报酬的,劳动者可以依法向当地人民法院申请支付令,人民法院应当依法发出支付令。第八十五条规定,用人单位有下列情形之一的,由劳动行政部门责令限期支付劳动报酬、加班费或者经济补偿;劳动报酬低于当地最低工资标准的,应当支付其差额部分;逾期不支付的,责令用人单位按应付金额50%~100%的标准向劳动者加付赔偿金:①未按照劳动合同的约定或者国家规定及时足额支付劳动者劳动报酬的;②低于当地最低工资标准支付劳动者工资的;③安排加班不支付加班费的;④解除或者终止劳动合同,未依照本法规定向劳动者支付经济补偿的。根据上述规定,用人单位未及时足额支付劳动报酬的,人民法院可以根据劳动者的申请依法发出支付令,劳动行政部门可责令用人单位限期支付劳动报酬,逾期不支付的,还可以要求用人单位加付赔偿金。司法实务中,有观点认为,即便不满足劳动行政部门责令用人单位限期支付劳动报酬,只要有用人单位逾期不支付这一条件,就应支持劳动者关于加付赔偿金的请求。

(2)劳动者可以用人单位未及时足额支付劳动报酬为由解除劳动合同。根据《劳动合同法》第三十八条的规定,用人单位未及时足额支付劳动报酬的,劳动者可以单方解除劳动合同。根据《劳动合同法》第四十六条的规定,劳动者依照《劳动合同法》第三十八条的规定解除劳动合同的,可以要求用人单位支付经济补偿。此外,《劳动合同法实施条例》第二十六条规定,用人单位与劳动者约定了服务期,劳

动者依照《劳动合同法》第三十八条的规定解除劳动合同的,不属于违反服务期的约定,用人单位不得要求劳动者支付违约金。

(3)刑事责任。根据《刑法》第二百七十六条之一的规定,以转移财产、逃匿等方法逃避支付劳动者的劳动报酬或者有能力支付而不支付劳动者的劳动报酬,数额较大,经政府有关部门责令支付仍不支付的,处3年以下有期徒刑或者拘役,并处或者单处罚金;造成严重后果的,处3~7年有期徒刑,并处罚金。单位犯前款罪的,对单位判处罚金,并对其直接负责的主管人员和其他直接责任人员,依照前款的规定处罚。有前两款行为,尚未造成严重后果,在提起公诉前支付劳动者的劳动报酬,并依法承担相应赔偿责任的,可以减轻或者免除处罚。

(二)未书面记录工资支付情况的法律责任

支付劳动报酬是用人单位的义务,用人单位应当就已经足额支付劳动者劳动报酬承担举证责任。用人单位与劳动者因工资支付产生争议,用人单位未按照规定书面记录工资支付情况的,可能因此承担举证不能的法律后果,如认定用人单位未支付劳动者加班费等。

三、合规管理

对支付劳动报酬进行合规管理就是要保证可以提供证据证明用人单位已经及时足额支付劳动者劳动报酬。

(一)正确计算劳动者的劳动报酬

计算劳动者的劳动报酬时,首先,要结合用人单位规章制度、集体合同的规定以及劳动合同的约定,确定劳动者的工资标准,即计算劳动者劳动报酬的标准,包括支付条件、支付金额等。其次,根据劳动合同的实际履行情况计算劳动者的应得报酬。

1.确定劳动者的工资标准

确定劳动者的工资标准时,原则上以用人单位与劳动者的约定为准;约定不明确的,按照集体合同规定的标准执行;没有集体合同或者集体合同未规定的,实行同工同酬。如按照上述标准确定的工资标准低于当地最低工资标准,则以当地最低工资标准确定劳动者的工资标准。

关于最低工资标准,要注意以下两点:

(1)根据《最低工资规定》第三条、第十二条第三款的规定,最低工资标准是指劳动者在法定工作时间或依法签订的劳动合同约定的工作时间内提供了正常劳动的前提下，用人单位依法应支付的最低劳动报酬。劳动者由于本人原因造成在法定工作时间内或依法签订的劳动合同约定的工作时间内未提供正常劳动的，不适用最低工资标准的规定。

(2)根据《最低工资规定》第十二条第一款的规定，最低工资不包含：①延长工作时间工资；②中班、夜班、高温、低温、井下、有毒有害等特殊工作环境、条件下的津贴；③法律、法规和国家规定的劳动者福利待遇等。此外，实践中对要不要将劳动者承担的社会保险费、住房公积金等计入最低工资标准存在不同的做法。一部分地区将劳动者承担的社会保险、住房公积金等计入最低工资标准，另一部分地区则不将劳动者承担的社会保险费、住房公积金等计入最低工资标准，即用人单位支付给劳动者的工资在扣除社会保险费、住房公积金后不得低于当地最低工资标准。

2. 计算劳动者正常劳动期间的应得工资

计算劳动者正常劳动期间的应得工资时，需要注意以下几点：

(1)劳动者的工作时间不足整月时，应以劳动者的正常劳动天数计算劳动者的应得工资，即当月应得工资＝当月正常劳动天数×劳动者日工资。由此，需要确定劳动者的正常劳动天数，并根据劳动者的月工资标准计算出劳动者的日工资标准。

(2)计算正常劳动天数时要注意，根据《最低工资规定》第三条第二款的规定，正常劳动是指劳动者按依法签订的劳动合同约定，在法定工作时间或劳动合同约定的工作时间内从事的劳动。劳动者依法享受带薪年休假、探亲假、婚丧假、生育(产)假、节育手术假等国家规定的假期间，以及法定工作时间内依法参加社会活动期间，视为提供了正常劳动。

(3)关于日工资的折算，根据《关于职工全年月平均工作时间和工资折算问题的通知》的规定，日工资＝月工资收入÷月计薪天数；月计薪天数＝(365天－104天)÷12月＝21.75天。

3. 计算劳动者的加班费

《劳动法》第四十四条规定，有下列情形之一的，用人单位应当按照下列标准支付高于劳动者正常工作时间工资的工资报酬：(1)安排劳动者延长时间的，支付不低于工资的150%的工资报酬；(2)休息日安排劳动者工作又不能安排补休的，支付不低于工资的200%的工资报酬；(3)法定休假日安排劳动者工作的，支付不低于工资的300%的工资报酬。根据该规定，加班费的计算公式如下：

加班费＝工作日加班费＋休息日加班费＋法定休假日加班费

工作日加班费＝工作日加班时间×加班费计算基数×150%

休息日加班费＝休息日加班时间×加班费计算基数×200%

法定休假日加班费＝法定休假日工作时间×加班费计算基数×200%（法定休假日为带薪休假，故在计算加班费时要减去在每月支付的固定工资中的100%）

其中，150%、200%为加班费计算系数。

除加班费计算系数外，加班费的计算还与加班时间、加班费计算基数有关。

（1）不同工时制度下的加班费计算。

计算加班费时，要先确定劳动者实行的工时制度。

劳动者系实行不定时工作制的，应结合当地的司法实务观点，看用人单位安排劳动者在法定休假日工作是否需要支付加班费，如不需要支付加班费，则实行不定时工作制的劳动者不存在加班费；如需要支付加班费，劳动者在法定休假日工作的，按照300%计算当日工资即可，其中200%为加班费。

《关于贯彻执行〈中华人民共和国劳动法〉若干问题的意见》第六十二条规定，实行综合计算工时工作制的企业职工，工作日正好是周休息日的，属于正常工作；工作日正好是法定休假日时，要按照《劳动法》第四十四条第（三）项的规定支付职工的工资报酬。根据该规定，如劳动者系实行综合计算工时工作制，则不区分工作日与休息日，均按照工作日处理。将工时计算周期内的工作日与休息日的工作时间之和减去正常工作时间，即为劳动者的工作日加班时间，按照工作日加班费计算公式进行计算即可。法定休假日工作时间单独计算，并按照法定休假日加班费的计算公式计算加班费。

如劳动者系实行标准工时工作制，则分别计算工作日、休息日、法定休假日的工作时间，减去正常工作时间即为加班时间，分别按工作日、休息日、法定休假日的加班费计算公式计算加班费。

（2）加班费计算基数。

关于加班费的计算基数，大多数地方有专门的规定，存在多种不同的观点。

云南省的做法为：用人单位与劳动者对月工资有约定的，加班工资基数应按双方约定的正常工作时间的月工资来确定；如劳动者的实际工资高于约定工资，加班工资基数应按照实际工资确定。

劳动者的实际工资，可按照劳动者正常工作时间实际获得的月收入扣除非常规性奖金、福利性、风险性等项目后的月工资确定。

如工资系打包支付，或双方形式上约定的"正常工作时间工资"标准明显不合常理，或有证据可以证明用人单位恶意将本应计入正常工作时间工资的项目归入非常规性奖金、福利性、风险性等项目中，以达到减少正常工作时间工资数额计算目的,可参考实际收入标准进行适当调整。

按上述原则确定的加班工资基数均不得低于劳动合同履行地的月最低工资标准。

北京市的做法为:①按照劳动合同约定的劳动者本人工资标准确定;②劳动合同没有约定的,按照集体合同约定的加班工资基数以及休假期间工资标准确定;③劳动合同、集体合同均未约定的,按照劳动者本人正常劳动应得的工资确定。确定的加班工资基数以及各种假期工资不得低于本市规定的最低工资标准。

上海市的做法为:加班工资和假期工资的计算基数为劳动者所在岗位相对应的正常出勤月工资,不包括年终奖、上下班交通补贴、工作餐补贴、住房补贴、中夜班津贴、夏季高温津贴、加班工资等特殊情况下支付的工资。加班工资和假期工资的计算基数按以下原则确定,①劳动合同对劳动者月工资有明确约定的,按劳动合同约定的劳动者所在岗位相对应的月工资确定;实际履行与劳动合同约定不一致的,按实际履行的劳动者所在岗位相对应的月工资确定。②劳动合同对劳动者月工资未明确约定,集体合同(工资专项集体合同)对岗位相对应的月工资有约定的,按集体合同(工资专项集体合同)约定的与劳动者岗位相对应的月工资确定。③劳动合同、集体合同(工资专项集体合同)对劳动者月工资均无约定的,按劳动者正常出勤月依照《上海市企业工资支付办法》第二条规定的工资(不包括加班工资)的70%确定,即包括计时工资、计件工资、奖金、津贴、补贴。加班工资和假期工资的计算基数不得低于本市规定的最低工资标准。法律、法规另有规定的,从其规定。

辽宁省的做法为:劳动者加班费的计算基数为劳动者正常工作时间的应发工资收入,包括计时工资或者计件工资以及津贴、补贴、固定性奖金等货币性收入,不能简单地以基本工资作为加班费计算基数。用人单位与劳动者明确约定加班费计算基数的,从其约定,但约定的加班费基数低于当地小时或日最低工资标准的,以小时或日最低工资标准作为加班费计算基数。

湖北省的做法为:①加班工资计发标准以劳动合同中约定的工资标准为计发基数;②劳动合同没有约定的,以用人单位规章制度规定的该岗位或工种的工资标准为计发基数;③规章制度没有规定的,以提请仲裁前该劳动者12个月实际发放(剔除加班工资后)的月平均工资标准为计发基数,实际发放的月平均工资低于当地最低工资标准的,以当地最低工资标准为计发基数。

《广东省工资支付条例》中的规定为,双方对正常工作时间工资有约定且不低于所在地政府公布的本年度最低工资标准的,该约定为加班费计算基数;未约定的

专题十八　支付劳动报酬

或者约定不明确的,以用人单位所在地县级人民政府公布的上年度职工月平均工资作为正常工作时间工资;实际支付的工资高于当地政府公布的上年度职工月平均工资的,实际支付的工资视为与劳动者约定的正常工作时间工资。但包括广东省在内的其他各地的做法不尽相同。

惠州市的做法为:①双方当事人约定加班工资基数的,按照约定处理;劳动合同没有约定加班工资计算基数但约定标准工资的,按劳动合同约定的标准工资作为加班工资计算基数;②劳动合同没有约定标准工资但实发工资列明工资构成的,可按实发工资中标准(基本)工资作为加班工资的计算基数,其中不得将加班工资重复算入加班工资计算基数内,且加班工资的计算基数不得低于当地最低工资标准;③劳动合同既没有约定标准工资且实发工资中未明确具体工资构成的,如双方当事人对此长期未提出异议,可以参照当地同行业工资收入水平和双方当事人劳动惯例确定加班工资计算基数,但该加班工资计算基数不得低于当地最低工资标准。关于计时加班工资的认定,用人单位应发工资高于劳动合同约定的正常工作时间工资,如果应发工资列明了工资构成,但工资构成无加班工资项目且用人单位也不能证实其他收入项目具有加班工资性质的,应当认定用人单位未支付加班工资;如果应发工资未明确工资构成,但用人单位有证据证明应发工资包含正常工作时间工资和加班工资的,可以认定用人单位已支付的工资包含加班工资。但折算后的正常工作时间工资低于当地最低工资标准除外。关于计件加班工资的认定,用人单位与劳动者有约定正常工作时间工资数额,按照劳动者的月工资总额、工作时间和法定加班倍数折算出的实际月正常工作时间工资数额不低于双方劳动合同约定的正常工作时间工资的,可视为用人单位已足额发放劳动者在延长工作时间、休息日和法定休假日的劳动报酬,否则按此标准补足;用人单位与劳动者未约定正常工作时间工资数额,按照劳动者的月工资总额、工作时间和法定加班倍数折算出的实际月正常工作时间工资数额不低于当地最低工资标准的,可视为用人单位已足额发放劳动者在延长工作时间、休息日和法定休假日的劳动报酬,否则按此标准补足。

中山市的做法为:①双方当事人约定加班工资基数(如双方约定奖金、津贴、补贴等项目不属于加班工资基数)的,按照约定处理,但该加班工资基数低于最低工资标准的除外;②劳动合同没有约定加班工资计算基数但明确约定标准工资(或正常工作时间工资)的,按劳动合同约定的标准工资(或正常工作时间工资)作为加班工资计算基数,非按月发放的一次性奖金、津贴等收入一般不列入加班工资计算基数;③对双方在劳动合同中虽然约定了标准工资或者工资单上记载了标准工资,但用人单位有证据证明其一直是固定采取超过国家法定正常工作时间的工作制度，而劳动者也一直按照该工作制度在用人单位工作的，应当认定该基本工资属于用人单位对劳动者在该固定工作时间内所给付的报酬。在确定加班基数时，应当剔除该固定工作时间超出国家法定工作时间之外、属于加班工资性质的部分，从而折算出劳动者法定正常工作时间的工资标准，并以此作为加班基数，但折算结果低于最低工资标准除外。

深圳市的做法为：①劳动者的加班工资计算基数应为正常工作时间工资；用人单位与劳动者约定奖金、津贴、补贴等项目不属于正常工作时间工资的，从其约定。但约定的正常工作时间工资低于当地最低工资标准的除外。②双方在劳动合同中约定了计发加班工资基数标准或从工资表中可看出计发加班工资基数标准，而用人单位也确实按照该标准计发了劳动者加班工资，并据此制作工资表，该工资表亦经劳动者签名确认的，只要双方的约定不低于最低工资标准，即可认定双方已约定以该计发加班工资基数标准为加班工资的计算基数。用人单位根据此标准计发给劳动者的工资符合法律规定的加班工资计算标准的，应认定用人单位已足额支付了加班工资。③劳动者与用人单位在签订劳动合同时约定的工资中注明"已包含加班工资"或虽未书面约定实际支付的工资是否包含加班工资，但用人单位有证据证明已支付的工资包含了正常工作时间工资和加班工资的，劳动者的时薪为——时薪=约定工资÷(21.75天×8小时+约定包含在工资中的平时加班时间小时数×150%+约定包含在工资中的休息日加班时间小时数×200%+约定包含在工资中的法定休假日加班时间小时数×300%)。按上述方法计算出的劳动者的时薪低于当地最低工资标准的，该约定为无效；劳动者的工资应以最低工资标准为基本工资，超过法定工作时间为加班时间，加班工资以最低工资标准按法律规定标准计算。④双方约定实行计件工资制，但现有证据无法查明正常工作时间工作定额，根据劳动者的工资、工作时间和法定加班倍数折算出的时薪不低于最低工资标准的，可认定用人单位支付的工资中已包含了加班工资。

4. 实行计件工资的劳动者的工资计算

计件工资是指根据劳动者完成的工作量来计算劳动者的劳动报酬，劳动者的劳动报酬与其完成的工作量和双方约定的计件单价有关，其正常工作时间的劳动报酬的计算公式为：

劳动报酬=完成工作量(件数)×其本人法定工作时间计件单价(元/件)

另外，根据《工资支付暂行条例》第十三条的规定，实行计件工资的劳动者，在完成计件定额任务后，由用人单位安排延长工作时间的，应根据本条第一款规定的原则,分别按照不低于其本人法定工作时间计件单价的150%、200%、300%支付其工资。

5. 年休假工资报酬的计算

《企业职工带薪年休假实施办法》第十条规定,用人单位经职工同意不安排年休假或者安排职工年休假天数少于应休年休假天数,应当在本年度内对职工应休未休年休假天数,按照其日工资收入的300%支付年休假工资报酬,其中包含用人单位支付职工正常工作期间的工资收入。用人单位安排职工休年休假,但是职工因本人原因且书面提出不休年休假的,用人单位可以只支付其正常工作期间的工资收入。因此,在计算年休假工资报酬时要注意以下内容。

(1) 300%工资中已经包含用人单位支付给劳动者的正常工作期间的工资收入,应当扣除,即:

年休假工资报酬 = 应休未休年休假天数 × (月工资 ÷ 21.75) × 200%

(2) 计算年休假工资报酬的月工资时应当剔除加班工资。

(3) 月工资是指职工在用人单位支付其年休假工资报酬前12个月剔除加班工资后的月平均工资。

6. 停工停产期间的工资计算

根据《工资支付暂行规定》第十二条的规定,非因劳动者原因造成单位停工、停产在一个工资支付周期内的,用人单位应按劳动合同规定的标准支付劳动者工资。超过一个工资支付周期的,若劳动者提供了正常劳动,则支付给劳动者的劳动报酬不得低于当地的最低工资标准;若劳动者没有提供正常劳动,应按国家有关规定支付生活费。

7. 其他工资的计算

涉及员工患病或非因工负伤,患职业病或因工负伤等的计算的,本书有专门章节进行说明,在此不做赘述。

(二) 及时足额支付劳动报酬

根据工资支付周期,应及时支付劳动者劳动报酬,工资支付日遇节假日或休息日的,提前在最近的工作日支付。为解决用人单位确因生产经营困难,资金周转受到影响,暂时无法按时支付工资的问题,根据当地关于延期支付工资的规定,与工会或劳动者协商延期支付工资。

以昆明市为例,《昆明市工资支付条例》第十四条规定,用人单位确因生产经营困难,资金周转受到影响,暂时无法按时支付工资的,经与本单位工会或者劳动者代表协商一致,可以延期在 30 日内支付劳动者工资,并报人力资源和社会保障部门备案。

(三)书面记录工资支付情况

书面记录工资支付情况是用人单位的法律义务,书面记录工资支付情况时要注意以下两点:

1. 工资支付情况的内容

工资支付情况的内容除应包含支付劳动者工资的数额、时间、领取者的姓名外,还应包含用人单位根据规章制度、集体合同的规定以及与劳动者的约定应支付的工资,以及按照法律规定应支付的工资,如加班费、年休假工资报酬等。

2. 支付情况的确认

随着社会的发展,实践中,有的单位用电子送达的方式将工资清单发送给劳动者确认,只要能够证明已经就工资清单的内容与劳动者确认,即便没有要求劳动者签字也是可以的。

(四)合理约定劳动报酬

关于劳动报酬如何约定已经在劳动合同的内容一节进行了说明,约定不规范的,可进行补充约定。

案例 元道通信股份有限公司北京分公司与周某劳动争议纠纷案[(2022)京02民终13418号]

周某于2018年1月23日入职元道通信股份有限公司北京分公司(以下简称元道北分公司),工作岗位为北京大兴项目普通员工,负责前台故障抢修,入职后双方签订过四次劳动合同,执行标准工时。双方均认可周某平均工资为5500元/月。2021年9月27日,周某向元道北分公司提出解除劳动合同,双方均认可周某的解除理由为:元道北分公司未及时足额支付工资、未与其签订无固定期限劳动合同。周某称未及时足额支付工资是指加班工资。

庭审中,关于休息日加班。为证明其自2019年1月23日起每月休4天,其2019年1月23日至2021年9月27日存在周六日加班136天,公司未支付加班费,周某提交2019年8月至2021年部分月份考勤计划表打印件、值班表打印件、2021年8月至9月工作量审批及排名截图、部分工资表、照片及其与董某的聊天记录。上述有关考勤计划表、值班表、工作量审批及排名截图的证据,均无元道北分公司的盖章及周某的签字。周某与董某的聊天记录显示,周某:"帮我问问6、7、8三个月加班几天,倒班到哪天。"董某:"一个月正常休息4天,有加班吗?能休年假……公司规定一个月四天假单休。"元道北分公司对周某与董某的聊天记录的真实性认可,对其他证据的真实性不认可,对证明目的不认可,称未支付过周六日加班工资,周六日加班可调休;认可董某2021年6月4日调整为大兴项目主管,系周某直属上级,其对公司考勤制度解读有误,实际是一线员工为流动工作制,周末出勤项目会做调休记录。

元道北分公司认可周某2021年5月至9月存在加班,主张周六日加班可调休,周某存在18天未调休的休息日加班,并提交周某请假邮件、2019年1月至2021年9月周某考勤记录、打卡记录、关于修订员工手册的复函、员工手册及周某阅读员工手册的截图予以证明。周某请假邮件显示:2021年8月21日、22日周六日加班两天,其申请调休为2021年9月1日、2日;2021年5月9日、23日加班两天,调休为2021年6月21日至23日,共计2天;2020年10月8日加班,调休为2020年11月20日;2019年11月3日、10日、17日加班三天,调休为2019年12月9日、10日、11日。员工手册载明:"4.1.10补休假2)生产部门员工实行流动工作制,如周六、日值班,其他时间安排补休;项目部要灵活掌握员工的补休时间,以保证工作正常运转。"周某对请假邮件的真实性认可,对其他证据的真实性不认可,对证明目的不认可,认可董某于2021年6月调入项目;认可其调休过,调休需由员工发邮件至主管审批。

一审法院认为,当事人对自己提出的诉讼请求所依据的事实或者反驳对方诉讼请求所依据的事实,应当提供证据加以证明,但法律另有规定的除外。在作出判决前,当事人未能提供证据或者证据不足以证明其事实主张的,由负有举证证明责任的当事人承担不利的后果。

关于休息日加班工资的问题。劳动者主张加班费的,应当就加班事实的存在承担举证责任。但劳动者有证据证明用人单位掌握加班事实存在的证据,用人单位不提供的,由用人单位承担不利后果。对用人单位提供的考勤记录,劳动者否认其真实性的,劳动者应指出其不真实之处并承担相应的举证责任。本案中,周某提交的考勤计划表、值班表等并非原件,均无元道北分公司的盖章确认,且元道北分公司对此不予认可,故法院对上述证据不予采信;周某提交的其他证据不足以证明元道北分公司在2021年4月之前拖欠其周六日加班工资,应承担举证不能的不利后果。元道北分公司认可周某2021年5月至9月存在加班,主张其调休后存在18天休息日加班,结合周某与董某的聊天记录、周某的请假调休邮件及元道北分公司提交的考勤记录、打卡记录，元道北分公司主张的天数不少于法院核算天数，法院对此不持异议。经核算，元道北分公司需支付周某18天的休息日加班工资9103.45元。

关于解除劳动合同经济补偿金的问题。用人单位存在未及时足额支付劳动报酬的情形，劳动者以此为由提出解除劳动合同的，用人单位需支付劳动者解除劳动合同经济补偿金。本案中，周某提出解除劳动合同的理由为元道北分公司未支付加班工资、未与其签订无固定期限劳动合同。针对未支付加班工资，元道北分公司存在应支付而未支付周某周六日加班工资的情况，符合"未及时足额支付劳动报酬"之情形。周某据此要求元道北分公司支付其解除劳动合同经济补偿金的请求，于法有据，法院对此予以支持。针对离职前月均工资，双方均认可为5500元，法院对此不持异议，经核算，元道北分公司需支付周某解除劳动合同经济补偿金22,000元。

二审法院认为，根据本案查明的事实，可以认定元道北分公司存在应支付而未支付周某周六日加班工资的情况，符合"未及时足额支付劳动报酬"之情形。故一审法院根据上述情形及相关法律规定，判令元道北分公司支付解除劳动合同经济补偿金并无不当，符合本案的实际情况。

案例分析

本案为加班费争议和经济补偿争议，双方均认可周某的解除理由为元道北分公司未及时足额支付工资、未与其签订无固定期限劳动合同。周某称未及时足额支付工资是指加班工资。根据《劳动合同法》的规定，劳动者并不能以用人单位未与其订立无固定期限劳动合同为由解除劳动合同，用人单位未及时足额支付劳动报酬的，劳动者可以依照《劳动合同法》第三十八条的规定解除劳动合同，并可依照《劳动合同法》第四十六条的规定要求用人单位支付经济补偿。故元道北分公司是否应当支付周某经济补偿的关键在于元道北分公司是否拖欠周某加班费。

本案中，周某主张其自2019年1月23日起每月休4天，2019年1月23日至2021年9月27日存在周六日加班136天。根据《最高人民法院关于审理劳动争议案件适用法律问题的解释（一）》第四十二条的规定，劳动者主张加班费的，应当就加班事实的存在承担举证责任。但劳动者有证据证明用人单位掌握加班事实存在的证据，用人单位不提供的，由用人单位承担不利后果。故周某应当提供证据证明元道北分公司安排其周末加班，或证明其周末加班的证据由元道北分公司掌握。但周某提交的证据因证据能力存在瑕疵，不能被采信。但元道北分公司认可周某

2021年5月至9月存在加班,主张其调休后存在18天休息日加班,元道北分公司应当支付周末加班18天的加班费。而加班费属于劳动报酬,元道北分公司未及时足额支付周某加班费属于未及时足额支付劳动报酬。根据《劳动合同法》第三十八条的规定,用人单位未及时足额支付劳动报酬的,劳动者可以解除劳动合同。根据《劳动合同法》第四十六条的规定,劳动者依照《劳动合同法》第三十八条的规定解除劳动合同的,用人单位应当向劳动者支付经济补偿。故本案中的元道北分公司应当支付周某经济补偿。

专题十九　缴纳社会保险费

一、社会保险费征缴规范

《劳动法》第七十二条规定，用人单位和劳动者必须依法参加社会保险，缴纳社会保险费。《社会保险法》第五十八条规定，自愿参加社会保险的无雇工的个体工商户、未在用人单位参加社会保险的非全日制从业人员以及其他灵活就业人员，应当向社会保险经办机构申请办理社会保险登记。《劳动和社会保障部关于非全日制用工若干问题的意见》第十二条规定，用人单位应当按照国家有关规定为建立劳动关系的非全日制劳动者缴纳工伤保险费。根据上述规定，全日制用工关系中，用人单位应当为劳动者缴纳养老、医疗、生育、工伤、失业等社会保险费，非全日制用工关系中，用人单位应当为劳动者缴纳工伤保险费。

缴纳社会保险费是用人单位与劳动者的法定义务，关于社会保险费的征缴，要注意社会保险费的征缴范围以及社会保险费的征缴管理。

（一）社会保险费的征缴范围

根据《社会保险费征缴暂行条例》第三条的规定，基本养老保险费的征缴范围为国有企业、城镇集体企业、外商投资企业、城镇私营企业和其他城镇企业及其职工，实行企业化管理的事业单位及其职工。基本医疗保险费的征缴范围为国有企业、城镇集体企业、外商投资企业、城镇私营企业和其他城镇企业及其职工，国家机关及其工作人员，事业单位及其职工，民办非企业单位及其职工，社会团体及其专职人员。失业保险费的征缴范围为国有企业、城镇集体企业、外商投资企业、城镇私营企业和其他城镇企业及其职工，事业单位及其职工。省、自治区、直辖市人民政府根据当地实际情况，可以规定将城镇个体工商户纳入基本养老保险、基本医疗保险的范围，并将社会团体及其专职人员、民办非企业单位及其职工以及有雇工的城镇个体工商户及其雇工也纳入失业保险的范围。

根据《工伤保险条例》第二条的规定,工伤保险费的征缴范围为中华人民共和国境内的企业、事业单位、社会团体、民办非企业单位、基金会、律师事务所、会计师事务所等组织和有雇工的个体工商户。

《社会保险法》第五十三条规定,职工应当参加生育保险,由用人单位按照国家规定缴纳生育保险费,职工不缴纳生育保险费。除此以外,《社会保险法》《社会保险费征缴暂行条例》等均未进一步明确生育保险费的具体征缴范围。生育保险费的征缴范围一般规定在地方性的社会保险费征缴条例中,如《江苏省社会保险费征缴条例》规定,生育保险费征缴范围为国有企业和国有控股企业、股份有限公司、外商投资企业、城镇集体企业、城镇私营企业和其他城镇企业。

(二)社会保险费的征缴管理

社会保险费的征缴管理包括社会保险登记和社会保险费的征缴。

1. 社会保险登记

根据《社会保险法》第五十八条的规定,用人单位应当自用工之日起30日内为其职工向社会保险经办机构申请办理社会保险登记。因此,用人单位也应当为试用期员工申请办理社会保险登记。

另外,根据《社会保险费征缴暂行条例》第九条的规定,缴费单位的社会保险登记事项发生变更或者缴费单位依法终止的,应当自变更或者终止之日起30日内,到社会保险经办机构办理变更或者注销社会保险登记手续。

2. 社会保险费的征缴

《社会保险费征缴暂行条例》第十条规定,缴费单位必须按月向社会保险经办机构申报应缴纳的社会保险费数额,经社会保险经办机构核定后,在规定的期限内缴纳社会保险费。第十二条规定,缴费单位和缴费个人应当以货币形式全额缴纳社会保险费。缴费个人应当缴纳的社会保险费,由所在单位从其本人工资中代扣代缴。

二、违反社会保险费征缴规范的法律责任

用人单位违反社会保险费征缴规范的情形主要包括:(1)未按规定办理社会保险登记;(2)未按规定申报应缴纳的社会保险费数额;(3)未按时足额缴纳社会保险费;(4)未代扣代缴社会保险费。用人单位违反社会保险费征缴规范的法律责任包括行政责任和民事责任。

(一)行政责任

1. 未按规定办理社会保险登记的法律责任

《社会保险法》第八十四条规定,用人单位不办理社会保险登记的,由社会保险行政部门责令限期改正;逾期不改正的,对用人单位处应缴社会保险费数额1~3倍的罚款,对其直接负责的主管人员和其他直接责任人员处500~3000元的罚款。《社会保险费征缴暂行条例》第二十三条规定,缴费单位未按照规定办理社会保险登记、变更登记或者注销登记的,由劳动保障行政部门责令限期改正;情节严重的,对直接负责的主管人员和其他直接责任人员可以处1000~5000元的罚款;情节特别严重的,对直接负责的主管人员和其他直接责任人员可以处5000~10,000元的罚款。根据以上规定,用人单位未按规定为劳动者办理社会保险登记的,应承担以下行政方面的责任:

(1)由社会保险行政部门责令限期改正。

(2)逾期不改正的,对用人单位处应缴社会保险费数额1~3倍的罚款。

(3)逾期不改正的,对其直接负责的主管人员和其他直接责任人员处500~3000元的罚款。

(4)情节严重的,对直接负责的主管人员和其他直接责任人员可以处1000~5000元的罚款;情节特别严重的,对直接负责的主管人员和其他直接责任人员可以处5000~10,000元的罚款。

2. 未按规定申报应缴纳的社会保险费数额的法律责任

(1)由社会保险经办机构确定应缴数额

根据《社会保险费征缴暂行条例》第十条第二款的规定,缴费单位不按规定申报应缴纳的社会保险费数额的,由社会保险经办机构暂按该单位上月缴费数额的110%确定应缴数额;没有上月缴费数额的,由社会保险经办机构暂按该单位的经营状况、职工人数等有关情况确定应缴数额。缴费单位补办申报手续并按核定数额缴纳社会保险费后,由社会保险经办机构按照规定结算。

(2)行政处罚

根据《社会保险费征缴暂行条例》第二十三条的规定,缴费单位未按照规定申报应缴纳的社会保险费数额的,由劳动保障行政部门责令限期改正;情节严重的,对直接负责的主管人员和其他直接责任人员可以处1000~5000元的罚款;情节特别严重的,对直接负责的主管人员和其他直接责任人员可以处5000~10,000元的罚款。

(3)伪造、变造、故意毁灭有关账册、材料,或者不设账册的法律责任

根据《社会保险费征缴暂行条例》第二十四条的规定,缴费单位违反有关财务、会计、统计的法律、行政法规和国家有关规定,伪造、变造、故意毁灭有关账册、材料,或者不设账册,致使社会保险费缴费基数无法确定的,除依照有关法律、行政法规的规定给予行政处罚、纪律处分、刑事处罚外,依照本条例第十条的规定征缴;迟延缴纳的,由劳动保障行政部门或者税务机关依照本条例第十三条的规定决定加收滞纳金,并对直接负责的主管人员和其他直接责任人员处 5000～20,000 元的罚款。

3. 未按时足额缴纳社会保险费的法律责任

《社会保险法》第八十六条规定,用人单位未按时足额缴纳社会保险费的,由社会保险费征收机构责令限期缴纳或者补足,并自欠缴之日起,按日加收 0.5‰ 的滞纳金;逾期仍不缴纳的,由有关行政部门处欠缴数额 1～3 倍的罚款。

4. 未代扣代缴社会保险费的法律责任

根据《社会保险费征缴暂行条例》第十三条的规定,缴费单位未按规定缴纳和代扣代缴社会保险费的,由劳动保障行政部门或者税务机关责令限期缴纳;逾期仍不缴纳的,除补缴欠缴数额外,从欠缴之日起,按日加收 2‰ 的滞纳金。滞纳金并入社会保险基金。

(二)民事责任

1. 根据《劳动合同法》第三十八条的规定,用人单位未依法为劳动者缴纳社会保险费的,劳动者可以单方解除劳动合同,并可依照《劳动合同法》第四十六条的规定要求用人单位支付经济补偿。

2. 根据《最高人民法院关于审理劳动争议案件适用法律问题的解释(一)》第一条的规定,用人单位未为劳动者办理社会保险手续,且社会保险经办机构不能补办导致劳动者无法享受社会保险待遇的,劳动者可以要求用人单位赔偿损失。

三、合规管理

(一)依法缴纳社会保险费

对社会保险相关的合规管理就是要遵守社会保险费的征缴规范,依法为劳动者缴纳社会保险费。

1. 用人单位自用工之日起 30 日内为其职工向社会保险经办机构申请办理社会

保险登记。社会保险登记事项发生变更或者缴费单位依法终止的,自变更或者终止之日起30日内,到社会保险经办机构办理变更或者注销社会保险登记手续。

2. 用人单位按照规定如实申报应当缴纳的社会保险费数额。

3. 用人单位按时足额缴纳社会保险费,并代扣代缴劳动者应当缴纳的社会保险费。

需要注意的是,根据《工伤保险条例》第四十四条的规定,职工被派遣出境工作,依据前往国家或者地区的法律应当参加当地工伤保险的,参加当地工伤保险,其国内工伤保险关系中止;不能参加当地工伤保险的,其国内工伤保险关系不中止。

(二)难以依法缴纳社会保险费的处理

1. 变更用工模式

缴纳社会保险费会增加用人单位的用工成本,依法缴纳社会保险费可能会使部分用人单位难堪重负,对于此类用人单位,可以通过将全日制用工模式变更为其他用工模式,使用人单位不负有为劳动者缴纳社会保险费的法定义务,从而降低用工成本。

2. 对民事责任进行管理

不能变更用工模式,用人单位又不为劳动者缴纳社会保险费或劳动者本人提出不在用人单位参加社会保险的,用人单位因未依法缴纳社会保险的行政责任无法规避,但可以对用人单位的民事责任进行管理。

用人单位可以通过签订协议或要求劳动者提交放弃参加社会保险的承诺书等形式,证明系劳动者的原因导致其不在用人单位参加社会保险,并明确劳动者自愿承担因此给其造成的损失,不得以此为由提出解除劳动合同。由此可见,劳动者再以用人单位未依法为其缴纳社会保险费为由解除劳动合同,主张用人单位支付经济补偿的,可能会被司法机关认定为违背诚实信用原则,不支持其关于经济补偿的请求。

案例 上海胜聪企业管理咨询有限公司与叶某劳动争议纠纷案[(2021)沪02民终5997号]

叶某于2019年9月7日进入上海胜聪企业管理咨询有限公司(以下简称胜聪公司)工作,岗位为工程咨询师,双方未签订书面劳动合同。胜聪公司每月通过个人账户以银行转账形式发放叶某工资,未为叶某缴纳社会保险费,2020年9月14日,叶某向胜聪公司发出解除劳动合同通知书,以胜聪公司未为其缴纳社会保险费为由提出解除与胜聪公司的劳动关系。经查询，无胜聪公司为叶某缴纳社会保险费的记录。上海市青浦区劳动人事争议仲裁委员会经审理裁决胜聪公司支付叶某解除劳动合同经济补偿 11,517.75 元。

一审法院认为，根据查明的事实，胜聪公司确未依法为叶某缴纳社保。胜聪公司主张叶某入职时明确表示其在老家有社保，不需要胜聪公司为其缴纳社保，但胜聪公司现有证据不足以证明其上述主张。叶某以胜聪公司未交社保为由提出离职，符合支付经济补偿的法定情形，仲裁裁决解除劳动合同的经济补偿数额在一审法院核算范围之内，叶某亦表示认可仲裁裁决，故认定胜聪公司应支付叶某解除劳动合同经济补偿 11,517.75 元，对胜聪公司无须支付叶某解除劳动合同经济补偿 11,517.75 元的诉请不予支持。

二审法院认为，用人单位未依法为劳动者缴纳社会保险费的，劳动者可以解除劳动合同，用人单位应当向劳动者支付经济补偿。本案中，双方均确认胜聪公司没有为叶某缴纳社会保险。但胜聪公司抗辩系叶某入职时明确表示在老家缴纳社保，无须胜聪公司缴纳，且确有公司为叶某缴纳社会保险，胜聪公司实际上也无法为叶某缴纳。对此，本院认为，当事人对自己提出的诉讼请求所依据的事实或者反驳对方诉讼请求所依据的事实，应当提供证据加以证明，当事人未能提供证据或者证据不足以证明其事实主张的，由负有举证证明责任的当事人承担不利的后果。胜聪公司并未举证证明存在叶某主动要求胜聪公司无须为其缴纳社会保险的事实，故对胜聪公司的抗辩意见，本院无法采信。此外，叶某于 2019 年 9 月入职胜聪公司，根据叶某的社会保险权益记录单，叶某在 2019 年 9 月和 10 月并没有缴纳社会保险记录，故本院对胜聪公司抗辩其无法为叶某缴纳社会保险的意见，也不予采信。因此，一审法院认定胜聪公司应支付叶某解除劳动合同经济补偿，并无不当，本院予以认同。

案例分析

《劳动合同法》第三十八条规定，用人单位有下列情形之一的，劳动者可以解除劳动合同：未依法为劳动者缴纳社会保险费的。本案中，胜聪公司未为叶某缴纳社会保险费，叶某可以依照《劳动合同法》第三十八条的规定解除劳动合同。2020 年 9 月 14 日，叶某向胜聪公司发出解除劳动合同通知书，以胜聪公司未为其缴纳社会保险费为由提出解除与胜聪公司的劳动关系，具有事实以及法律依据。根据《劳动合同法》第四十六条的规定，劳动者依照本法第三十八条规定解除劳动合同的，用人单位应当向劳动者支付经济补偿，故胜聪公司应当向叶某支付经济补偿。

专题二十　缴纳住房公积金

一、住房公积金缴存规范

根据《住房公积金管理条例》的规定，住房公积金是指国家机关、国有企业、城镇集体企业、外商投资企业、城镇私营企业及其他城镇企业、事业单位、民办非企业单位、社会团体及其在职职工缴存的长期住房储金。职工个人缴存的住房公积金和职工所在单位为职工缴存的住房公积金，属于职工个人所有。住房公积金应当用于职工购买、建造、翻建、大修自住住房，任何单位和个人不得挪作他用。

（一）住房公积金的缴存手续

根据《住房公积金管理条例》第十三条、第十四条、第十五条的规定，住房公积金缴存的相关手续规范如下：

(1)单位应当向住房公积金管理中心办理住房公积金缴存登记，并为本单位职工办理住房公积金账户设立手续。

(2)新设立的单位应当自设立之日起30日内向住房公积金管理中心办理住房公积金缴存登记，并自登记之日起20日内，为本单位职工办理住房公积金账户设立手续。

(3)单位合并、分立、撤销、解散或者破产的，应当自发生上述情况之日起30日内由原单位或者清算组织向住房公积金管理中心办理变更登记或者注销登记，并自办妥变更登记或者注销登记之日起20日内，为本单位职工办理住房公积金账户转移或者封存手续。

(4)单位录用职工的，应当自录用之日起30日内向住房公积金管理中心办理缴存登记，并办理职工住房公积金账户的设立或者转移手续。

(5)单位与职工终止劳动关系的，单位应当自劳动关系终止之日起30日内向住房公积金管理中心办理变更登记，并办理职工住房公积金账户转移或者封存手续。

(二) 住房公积金的月缴存额

根据《住房公积金管理条例》第十六条、第十七条、第十八条的规定,劳动者与用人单位的月缴存额如下：

(1) 职工住房公积金的月缴存额为职工本人上一年度月平均工资乘以职工住房公积金缴存比例；新参加工作的职工从参加工作的第二个月开始缴存住房公积金,月缴存额为职工本人当月工资乘以职工住房公积金缴存比例；单位新调入的职工从调入单位发放工资之日起缴存住房公积金,月缴存额为职工本人当月工资乘以职工住房公积金缴存比例。

(2) 单位为职工缴存的住房公积金的月缴存额为职工本人上一年度月平均工资乘以单位住房公积金缴存比例。

(3) 职工和单位住房公积金的缴存比例均不得低于职工上一年度月平均工资的5%,具体缴存比例由住房公积金管理委员会拟订,经本级人民政府审核后,报省、自治区、直辖市人民政府批准。

(三) 缴存方式

根据《住房公积金管理条例》第十九条的规定,职工个人缴存的住房公积金,由所在单位每月从其工资中代扣代缴。单位应当于每月发放职工工资之日起5日内将单位缴存的和为职工代缴的住房公积金汇缴到住房公积金专户内,由受委托银行计入职工住房公积金账户。

(四) 降低缴存比例与缓缴

根据《住房公积金管理条例》第二十条的规定,对缴存住房公积金确有困难的单位,经本单位职工代表大会或者工会讨论通过,并经住房公积金管理中心审核,报住房公积金管理委员会批准后,可以降低缴存比例或者缓缴；待单位经济效益好转后,再提高缴存比例或者补缴缓缴。

二、违反住房公积金缴存规范的法律责任

用人单位违反住房公积金缴存规范的情形主要包括：(1) 不按照规定办理住房公积金缴存手续；(2) 逾期不缴或者少缴住房公积金。

(一)不按照规定办理住房公积金缴存手续的法律责任

根据《住房公积金管理条例》第三十七条的规定,违反本条例的规定,单位不办理住房公积金缴存登记或者不为本单位职工办理住房公积金账户设立手续的,由住房公积金管理中心责令限期办理;逾期不办理的,处1万~5万元的罚款。

(二)逾期不缴或者少缴住房公积金的法律责任

根据《住房公积金管理条例》第三十八条的规定,违反本条例的规定,单位逾期不缴或者少缴住房公积金的,由住房公积金管理中心责令限期缴存;逾期仍不缴存的,可以申请人民法院强制执行。

三、合规管理

住房公积金制度是一项住房保障制度,住房公积金的缴存是用人单位的法定义务,具有强制性。住房公积金是用人单位及职工必须依法缴存的长期住房储金,其缴存时间、缴存方式、缴存比例等均由法律规定,故用人单位不能通过与劳动者约定不缴存住房公积金,免除用人单位的义务。故对住房公积金的合规管理就是要按照住房公积金缴存规范为劳动者缴存住房公积金。

案例 伟福科技工业(中山)有限公司与莫某、中山市住房公积金管理中心劳动和社会保障行政管理案[(2021)粤20行终395号]

2009年10月至2017年7月,莫某任职于伟福科技工业(中山)有限公司(以下简称伟福科技工业公司),双方存在劳动关系。伟福科技工业公司在上述期间内为莫某参加社会保险,但从未为其缴存住房公积金。2019年6月12日,莫某向中山市住房公积金管理中心(以下简称市公积金中心)投诉,请求市公积金中心责令伟福科技工业公司为其补缴在职期间的住房公积金。莫某提交了中山市社会保险基金管理局出具的参保证明及中山火炬高技术产业开发区税务局出具的涉税信息查询结果告知书、个人所得税代扣代缴明细作为证据,证明其在上述期间内与伟福科技工业公司存在劳动关系,且伟福科技工业公司未按规定为其缴存住房公积金。市公积金中心受理莫某的投诉后,对其反映的情况进行了调查。2019年10月10日,市公积金中心向伟福科技工业公司发出了核查通知书,要求伟福科技工业公司提交有关证据材料并对职工提供的投诉材料进行核实,并告知权利义务。伟福科技工业公司收到核查通知书后,未在30日期限内提出异议。2020年1月10日,莫某确认其住房公积金补缴月份为2009年10月至2017年7月,单位和个人均应补缴住房公积金19,858元。2020年4月20日,市公积金中心根据相关证据及其核查结果,作出中房金法01(2019)01694号责令限期缴存决定书,根据《住房公积金管理条例》第三十八条的规定,责令伟福科技工业公司于该决定书送达之日起15日内对欠缴职工莫某在职期间的住房公积金19,858元进行补缴,并分别于2020年4月22日、23日送达伟福科技工业公司及莫某。伟福科技工业公司不服该决定,遂提起诉讼。

一审法院依照《行政诉讼法》第六十九条之规定,判决:驳回伟福科技工业公司的诉讼请求。

二审法院认为,住房公积金制度是一项住房保障制度,结合《住房公积金管理条例》第二条、第十三条、第十四条、第十五条、第十七条、第十八条、第二十条、第三十七条、第三十八条等规定可知,住房公积金是用人单位及职工必须依法缴存的长期住房储金,其缴存时间、缴存方式、缴存比例等均依法定,即住房公积金的缴存是用人单位的法定义务,具有强制性,无论用人单位与职工对缴存住房公积金是否有约定或作何种约定,均不免除用人单位按照规定的时间、方式和金额为职工缴存住房公积金的义务。本案中,伟福科技工业公司与莫某之间曾存在劳动关系,则伟福科技工业公司负有为莫某按时、足额缴纳住房公积金的法定义务,不能通过约定、个人同意等方式排除该法定义务的履行,因此伟福科技工业公司关于其未为莫某缴存住房公积金是莫某自主处理权利的结果,其已按莫某的意愿以住宅津贴形式向莫某支付了住房公积金,不应再次为莫某补缴住房公积金等上诉主张,理据不充分,本院不予采纳。

另外,根据《住房公积金管理条例》的相关规定,住房公积金的管理与使用要保证住房公积金的提取与贷款需要,增值收益也要建立银行专户,用于建立住房公积金贷款风险准备金、住房公积金管理中心的管理费用和建设城市廉租住房的补充资金。因此,依法缴纳住房公积金既是个人享受保障权利的基础,也是用人单位和在职职工的法定义务,具有公法性。是否依法缴纳不仅影响用人单位与职工的利益,亦对国家的住房公积金管理政策实施、居民住房保障制度具有重大影响,非由当事人可以协商自由处分的民事权利义务。伟福科技工业公司与莫某达成合意,双方同意将住房公积金以住宅津贴形式每月发放给莫某,属双方处分民事权利的范畴,但不能因此免除伟福科技工业公司应履行的为职工缴存住房公积金的法定义务。

案例分析

伟福科技工业公司与莫某自2009年10月起存在劳动关系,根据《住房公积金管理条例》第十五条的规定,伟福科技工业公司应当在双方建立劳动关系之日起30日内向住房公积金管理中心办理缴存登记,并办理莫某住房公积金账户的设立手续。然后按照规定为莫某缴存住房公积金,但伟福科技工业公司未为莫某办理住房公积金账户的设立手续,未缴存住房公积金。

根据《住房公积金管理条例》第三十八条的规定,违反本条例的规定,单位逾期不缴或者少缴住房公积金的,由住房公积金管理中心责令限期缴存;逾期仍不缴存的,可以申请人民法院强制执行。故市公积金中心责令伟福科技工业公司限期补缴应缴未缴的住房公积金具有法律依据。

专题二十一　劳动者患病或非因工负伤

劳动者患病或非因工负伤是指劳动者患非职业病或受伤但不属于工伤的情形。劳动者患病或非因工负伤后依法可以享受医疗期待遇,用人单位应当保障劳动者享受医疗期待遇。

一、劳动合同履行规范

(一) 如何确定医疗期是否已经届满

劳动者患病或非因工负伤的情形下,劳动合同如何履行与医疗期是否已经届满相关,即医疗期内和医疗期满后的履行要求不同。

1. 一般规定

根据《企业职工患病或非因工负伤医疗期规定》第二条的规定,医疗期是指企业职工因患病或非因工负伤停止工作治病休息不得解除劳动合同的时限。结合《关于贯彻〈企业职工患病或非因工负伤医疗期规定〉的通知》的规定,医疗期实际就是劳动者患病或非因工负伤后,在一定周期内可以请病假的最长期限。确定医疗期是否届满大致可以分为三个步骤:首先确定医疗期期限,其次根据医疗期期限确定计算医疗期的周期,最后再看计算周期内劳动者请病假的时间是否达到医疗期期限。另外,如果一个周期内劳动者病假时间未达到医疗期期限,医疗期从下一个周期开始重新计算。具体确定方式如下。

第一步:确定医疗期期限。根据《企业职工患病或非因工负伤医疗期规定》第三条的规定,医疗期为 3 个月到 24 个月。实际工作年限 10 年以下的,在本单位工作年限 5 年以下的为 3 个月;5 年以上的为 6 个月;实际工作年限 10 年以上的,在本单位工作年限 5 年以下的为 6 个月;5 年以上 10 年以下的为 9 个月;10 年以上 15 年以下的为 12 个月;15 年以上 20 年以下的为 18 个月;20 年以上的为 24 个月。对某些患特殊疾病(如癌症、精神病、瘫痪等)的职工,在 24 个月内尚不能痊愈的,经企业和劳动主管部门批准,可以适当延长医疗期。另外,对于患特殊疾病的劳动者的医疗期问题,司法实务中存在不同的观点。

一种观点认为,对患特殊疾病的劳动者,无论工作年限长短,当然享有24个月的医疗期。如《南京市中级人民法院、南京市劳动争议仲裁委员会关于劳动争议案件仲裁与审判若干问题的指导意见》第十八条规定,患有癌症、精神病、瘫痪等特殊疾病的劳动者,不受实际工作年限或在本单位工作年限的限制,其享受的医疗期均为24个月。

另一种观点则认为,对患特殊疾病的劳动者的医疗期应根据职工实际参加工作年限和在本单位工作年限确定,该医疗期满后尚不能痊愈的情况下,可以申请延长。但这并不意味着患有上述特殊疾病的职工的医疗期当然为24个月。如《浙江省高级人民法院民事审判第一庭、浙江省劳动人事争议仲裁院关于审理劳动争议案件若干问题的解答(四)》以及《山东省高级人民法院、山东省人力资源和社会保障厅关于审理劳动人事争议案件若干问题会议纪要》中均是此种观点。

第二步:确定医疗期计算周期。根据《企业职工患病或非因工负伤医疗期规定》第四条的规定,医疗期3个月的按6个月内累计病休时间计算;6个月的按12个月内累计病休时间计算;9个月的按15个月内累计病休时间计算;12个月的按18个月内累计病休时间计算;18个月的按24个月内累计病休时间计算;24个月的按30个月内累计病休时间计算(见表3)。医疗期计算周期应当从劳动者第一次病休开始计算,根据医疗期期限确定一个期间。

表3 医疗期期限和计算周期

实际工作年限(a)	本单位工作年限(b)	医疗期(月)	医疗期计算周期(月)
a<10	b<5	3	6
	b≥5	6	12
a≥10	b<5	6	12
	5≤b<10	9	15
	10≤b<15	12	18
	15≤b<20	18	24
	b≥20	24	30

第三步:确定医疗期是否届满。从劳动者第一次病休开始累计计算劳动者病休天数(病休期间,公休、假日和法定节日包括在内),周期内累计天数达到医疗期

天数的,医疗期满;如周期内累计病休天数未达到医疗期天数的,医疗期清零,从下一个计算周期开始重新计算。

此外,确定医疗期是否已经届满还涉及医疗期升档的问题。因医疗期的期限与劳动者的实际工作年限以及在本单位的工作年限相关,无论是劳动者的实际工作年限还是在本单位的工作年限都是在变化的,在一个计算周期内,根据不同的时间节点确定劳动者的医疗期可能会存在不同的结果。而《企业职工患病或非因工负伤医疗期规定》以及《关于贯彻〈企业职工患病或非因工负伤医疗期规定〉的通知》均未作出相应的规定,实践中存在不同的观点。

一种观点认为,应当以劳动者首次病休时的工作年限来确定劳动者的医疗期,在该计算周期内,医疗期不因劳动者的工作年限发生变化而变化。如《青岛市人力资源和社会保障局劳动者患病或非因工负伤医疗期管理规定》第六条规定,确定劳动者医疗期期限、累计病休时间的工作年限,以其停工治疗前1日的实际工作年限和在本单位工作年限为准。

另一种观点认为,如在计算周期内,因劳动者的工作年限发生变化,劳动者的医疗期应当随之延长。

2. 特殊医疗期规定

需要注意的是,《上海市人民政府关于本市劳动者在履行劳动合同期间患病或者非因工负伤的医疗期标准的规定》(沪府发〔2015〕40号)中对上海市劳动者的医疗期作了不同的规定。根据该规定,医疗期按照劳动者在用人单位的工作年限计算。劳动者在本单位工作第1年,医疗期为3个月;以后工作每满1年,医疗期增加1个月,但不超过24个月。用人单位的规章制度规定或劳动合同、集体合同约定的医疗期长于上述规定的,按照规定或约定执行。劳动者经劳动能力鉴定委员会鉴定为完全丧失劳动能力但不符合退休、退职条件的,应当延长医疗期。延长的医疗期由用人单位与劳动者具体约定,但约定延长的医疗期与前条规定的医疗期合计不得低于24个月。该规定的计算方式不同于《企业职工患病或非因工负伤医疗期规定》以及《关于贯彻〈企业职工患病或非因工负伤医疗期规定〉的通知》的规定,根据该规定第五条,劳动者在本单位工作期间累计病休时间超过按照规定享受的医疗期,用人单位可以依法与其解除劳动合同,即上海市劳动者的医疗期是按照劳动者在本单位的累计病休时间计算,无计算周期。

根据《上海市劳动保障局关于病假工资计算的公告》的规定,职工疾病或非因工负伤休假日数应按实际休假日数计算,连续休假期内含有休息日、节假日的,应予剔除。

(二) 劳动报酬

1. 无论劳动者是否处于医疗期，劳动者正常提供劳动的，单位应当正常支付工资。关键是劳动者病假期间的工资应当如何支付的问题。

2. 医疗期内的病假工资。

根据《关于贯彻执行〈中华人民共和国劳动法〉若干问题的意见》第五十九条的规定，职工患病或非因工负伤治疗期间，在规定的医疗期内由企业按有关规定支付其病假工资或疾病救济费，病假工资或疾病救济费可以低于当地最低工资标准支付，但不能低于最低工资标准的80%。一些地方在上述标准的基础上规定了当地的病假工资标准，具体如下。

(1)《北京市劳动局关于转发劳动部关于贯彻执行〈中华人民共和国劳动法〉若干问题的意见的通知》的规定，病假工资扣除职工个人应缴纳的社会保险费后，不得低于本市最低工资标准的80%。

(2)《上海市劳动保障局关于病假工资计算的公告》第一条规定，职工疾病或非因工负伤连续休假在6个月以内的，企业应按下列标准支付疾病休假工资：①连续工龄不满2年的，按本人工资的60%计发；②连续工龄满2年不满4年的，按本人工资70%计发；③连续工龄满4年不满6年的，按本人工资的80%计发；④连续工龄满6年不满8年的，按本人工资的90%计发；⑤连续工龄满8年及以上的，按本人工资的100%计发。职工疾病或非因工负伤连续休假超过6个月的，由企业支付疾病救济费：①连续工龄不满1年的，按本人工资的40%计发；②连续工龄满1年不满3年的，按本人工资的50%计发；③连续工龄满3年及以上的，按本人工资的60%计发。职工疾病或非因工负伤待遇高于本市上年度月平均工资的，可按本市上年度月平均工资计发。职工疾病或非因工负伤休假待遇低于本企业月平均工资40%的，应补足到本企业月平均工资的40%，但不得高于本人原工资水平、不得高于本市上年度职工月平均工资。企业月平均工资的40%低于当年本市企业职工最低工资标准的80%的，应补足到当年本市企业职工最低工资标准的80%。企业职工疾病休假工资或疾病救济费最低标准不包括应由职工缴交的养老、医疗、失业保险费和住房公积金。

(3)《深圳市员工工资支付条例》第二十三条规定，员工患病或者非因工负伤停止工作进行医疗，在国家规定的医疗期内的，用人单位应当按照不低于本人正常工作时间工资的60%支付员工病伤假期工资，但是不得低于最低工资标准的80%。

(4)《重庆市人民政府关于印发〈重庆市企业职工病假待遇暂行规定〉的通知》

第四条规定,职工患病,医疗期内停工治疗在 6 个月以内的,其病假工资按以下办法计发:①连续工龄不满 10 年的,按本人工资的 70% 发给;②连续工龄满 10 年不满 20 年的,按本人工资的 80% 发给;③连续工龄满 20 年不满 30 年的,按本人工资的 90% 发给;④连续工龄满 30 年及其以上的,按本人工资的 95% 发给。经济效益好的企业,可在上述标准的基础上上浮 5%。经济效益差,难以达到上述标准的企业,经本企业职工大会或职工代表大会审议通过,可以适当下浮。下浮的比例一般不超过各个档次标准的 5%。情况特殊超过 5% 的,应报所在区县(自治县、市)劳动和社会保障行政部门批准。第五条规定,职工患病,医疗期内停工治疗在 6 个月以上的,其病假工资按以下办法计发:①连续工龄不满 10 年的,按本人工资的 60% 发给;②连续工龄满 10 年不满 20 年的,按本人工资的 65% 发给;③连续工龄满 20 年及其以上的,按本人工资的 70% 发给。第七条规定,职工患病,在医疗期内停工治疗期间,每月领取的病假工资不得低于当地最低工资标准的 80%。

(5)《青岛市企业工资支付规定》第二十条规定,劳动者因病或者非因工负伤停止工作,用人单位应当按照以下标准支付病假工资或疾病救济费:①在规定的医疗期内,停工医疗累计不超过 6 个月的,由用人单位发给本人工资 70% 的病假工资;②在规定的医疗期内,停工医疗累计超过 6 个月的,发给本人工资 60% 的疾病救济费;③超过医疗期,用人单位未按规定组织劳动能力鉴定的,按不低于当地最低工资标准的 80% 支付疾病救济费。病假工资和疾病救济费最低不得低于当地最低工资标准的 80%,最高不超过企业上年度职工月平均工资。该条所称本人工资,是指劳动者本人患病前 12 个月的月平均工资。劳动者工作不满 12 个月的,按实际工作月数的月平均工资计算。

需要注意的是,如用人单位的规章制度、集体合同规定或用人单位与劳动者约定的病假工资标准不低于以上标准,用人单位应当按照规定或约定支付劳动者病假工资。

3. 医疗期满后的病假工资。

劳动者不能从事原工作,也不能从事由用人单位另行安排的工作的,用人单位可以解除劳动合同。用人单位未解除劳动合同的,因医疗期届满,劳动者不再享受医疗期待遇,是否批准劳动者的病假申请属于用人单位的用工自主权,劳动者未提供劳动的,单位可不支付劳动报酬,但用人单位的规章制度另有规定或劳动合同、集体合同另有约定的除外。

(三)社会保险

1. 劳动者患病或非因工负伤的,在劳动合同解除或终止前,用人单位应当为劳动者缴纳社会保险费。

2. 根据《社会保险法》第十七条的规定,参加基本养老保险的个人,在未达到法定退休年龄时因病或者非因工致残完全丧失劳动能力的,可以领取病残津贴。所需资金从基本养老保险基金中支付。

(四)劳动合同的解除与终止

1. 用人单位的解除权

根据《劳动合同法》第四十二条的规定,劳动者患病或者非因工负伤,在规定的医疗期内的,用人单位不得依照《劳动合同法》第四十条、第四十一条的规定解除劳动合同。但劳动者存在《劳动合同法》第三十九条规定的情形之一的,用人单位可以解除劳动合同。医疗期满以后,用人单位的解除权不因劳动者患病或非因工负伤而受到限制。

2. 劳动合同终止

根据《劳动合同法》第四十五条的规定,劳动合同期满,劳动者患病或者非因工负伤,在规定的医疗期内的,劳动合同应当续延至医疗期满时终止。如用人单位在劳动合同期满后,终止与尚在医疗期内的劳动者的劳动关系,将被认定为违法解除(终止)劳动合同,承担违法解除(终止)劳动合同的法律责任。

(五)医疗补助费

1. 医疗补助费的支付条件

医疗补助费是指解除或终止劳动合同时,用人单位向患病或非因工负伤员工支付的医疗补助费用。

自1995年1月1日起执行的《违反和解除劳动合同的经济补偿办法》(已失效)第六条规定,劳动者患病或者非因工负伤,经劳动鉴定委员会确认不能从事原工作、也不能从事用人单位另行安排的工作而解除劳动合同的,用人单位应按其在本单位的工作年限,每满1年发给相当于1个月工资的经济补偿金,同时还应发给不低于6个月工资的医疗补助费。患重病和绝症的还应增加医疗补助费,患重病的增加部分不低于医疗补助费的50%,患绝症的增加部分不低于医疗补助费的100%。之后,《关于贯彻执行〈中华人民共和国劳动法〉若干问题的意见》第三十五条规定,请长病假的职工在医疗期满后,能从事原工作的,可以继续履行劳动合同;医疗期满后仍不能从事原工作也不能从事由单位另行安排的工作的,由劳动鉴定委员会参照工伤与职业病致残程度鉴定标准进行劳动能力鉴定。被鉴定为一至四级的,应当退出劳动岗位,解除劳动关系,办理因病或非因工负伤退休退职手续,享受相应的退休退职待遇;被鉴定为五至十级的,用人单位可以解除劳动合同,并按规定支付经济补偿金和医疗补助费。之后,《劳动部关于实行劳动合同制度若干问题的通知》(劳部发〔1996〕354号)第二十二条规定,劳动者患病或者非因工负伤,合同期满终止劳动合同的,用人单位应当支付不低于6个月工资的医疗补助费;对患重病或绝症的,还应适当增加医疗补助费。《关于对劳部发〔1996〕354号文件有关问题解释的通知》规定,《关于实行劳动合同制度若干问题的通知》中第二十二条规定的"劳动者患病或者非因工负伤,合同期满终止劳动合同的,用人单位应当支付不低于六个月工资的医疗补助费"是指合同期满的劳动者终止劳动合同时,医疗期满或者医疗终结被劳动鉴定委员会鉴定为五至十级的,用人单位应当支付不低于6个月工资的医疗补助费。鉴定为一至四级的,应当办理退休、退职手续,享受退休、退职待遇。

尽管《违反和解除劳动合同的经济补偿办法》已经失效,但《关于贯彻执行〈中华人民共和国劳动法〉若干问题的意见》以及《劳动部关于实行劳动合同制度若干问题的通知》均为现行有效的规范性文件。根据上述规定,劳动者患病或非因工负伤,劳动合同解除或终止后,同时满足以下条件,用人单位应当支付劳动者医疗补助费。

(1)劳动者经劳动能力鉴定为五至十级。

对劳动者经劳动能力鉴定为五至十级的,一些地方性文件作了不同的规定,如《广东省高级人民法院、广东省劳动人事争议仲裁委员会关于劳动人事争议仲裁与诉讼衔接若干意见》(粤高法发〔2018〕2号)第十一条规定,劳动者患病、非因工负伤医疗期满后,经劳动能力鉴定委员会鉴定为完全丧失劳动能力或大部分丧失劳动能力,不能从事原工作也不能从事由用人单位另行安排的工作而解除劳动合同的,用人单位应按规定支付经济补偿并支付不低于6个月工资的医疗补助费。又如,《江苏省劳动合同条例》第三十四条规定,劳动者患病或者非因工负伤,医疗期满后不能从事原工作,也不能从事由用人单位另行安排的适当工作的,用人单位可以依法解除、终止劳动合同,并给予经济补偿。劳动者经劳动能力鉴定委员会确认丧失或者部分丧失劳动能力的,用人单位还应当给予劳动者不低于本人6个月工资的医疗补助费。患重病或者绝症的还应当增加医疗补助费。患重病的增加部分不低于医疗补助费的50%,患绝症的增加部分不低于医疗补助费的100%。根据上述规定,劳动者患病或非因工负伤享受医疗补助费的条件为丧失或者部分丧失劳动能力,而不再是经劳动能力鉴定为五至十级。司法实务中,一部分司法机关甚至仅凭依靠机构出具的诊断证明就支持劳动者关于支付医疗补助费的请求,不要求劳动者进行劳动能力鉴定。另一部分司法机关则严格将劳动者经过劳动能力鉴定作为用人单位支付医疗补助费的条件。

(2)劳动合同已经解除或终止,且劳动合同解除或终止的原因为劳动者在医疗期满后,不能从事原工作也不能从事由单位另行安排的工作。用人单位解除劳动合同,或劳动合同期满终止的,应当支付劳动者医疗补助费。劳动合同因其他原因解除或终止的,用人单位无须支付劳动者医疗补助费。

2. 医疗补助费的支付标准

根据上述规定,医疗补助费的标准为不低于6个月工资,患重病和绝症的还应增加医疗补助费,患重病的增加部分不低于医疗补助费的50%,患绝症的增加部分不低于医疗补助费的100%。因此,将医疗补助费分为三档:第一档为一般标准,通常为6个月工资;第二档为重病标准,通常为9个月工资;第三档为绝症标准,通常为12个月工资。

二、违反劳动合同履行规范的法律责任

(一)未足额支付劳动报酬

劳动者患病或非因工负伤,在医疗期内,用人单位未及时足额支付劳动者劳动报酬的,属于未及时足额支付劳动报酬。未及时足额支付劳动报酬的法律责任在支付劳动报酬的章节中已经详细说明,此处不再赘述。

(二)未依法缴纳社会保险

在劳动合同解除或终止之前,用人单位未依法为劳动者缴纳社会保险费的,将承担未依法为劳动者缴纳社会保险费的相关法律责任。未依法为劳动者缴纳社会保险费的法律责任在缴纳社会保险费的章节中已经详细说明,此处不再赘述,尤其要注意的是,用人单位未为劳动者缴纳医疗保险费,导致劳动者不能享受医疗保险待遇的,用人单位应承担赔偿责任。

(三)违法解除或终止劳动合同

用人单位违反法律规定解除或终止劳动合同的,将依照《劳动合同法》第四十

八条的规定,承担继续履行劳动合同或支付赔偿金的法律责任。相关内容详见劳动合同解除与终止的一般规定章节的内容。

(四)未支付医疗补助费

医疗补助费不属于劳动报酬,用人单位未按照规定支付劳动者医疗补助费的,不属于未及时足额支付劳动报酬,不因此承担未及时足额支付劳动报酬的法律责任。但劳动者可以申请劳动仲裁要求用人单位支付医疗补助费。

三、合规管理

从劳动者患病或非因工负伤开始,用人单位就要进行合规管理。

(一)正确计算医疗期

劳动者患病或非因工负伤后劳动合同的履行离不开医疗期,正确计算医疗期才能保证合法地履行劳动合同。在计算医疗期时,要注意当地关于医疗期的规定,如当地对医疗期的计算没有明确规定,从风险管理的角度出发,建议采取对劳动者有利的方式计算医疗期。在医疗期计算周期内,因劳动者工作年限发生变化可能影响劳动者医疗期的,按照新的标准确定劳动者的医疗期。否则,可能因错误认定劳动者医疗期已经届满导致用人单位未足额支付劳动者医疗期工资,违法解除(终止)劳动合同,给用人单位造成更大的损失。

(二)足额支付病假工资

足额支付病假工资的前提是正确计算劳动者的医疗期及病假期间的工资,在计算病假期间工资时,要结合当地关于病假工资的规定,用人单位规章制度的规定以及劳动合同、集体合同的约定。

(1)如用人单位规章制度规定的或劳动合同、集体合同约定的病假工资标准不低于当地规范性文件规定的病假工资标准,以用人单位规章制度规定的或劳动合同、集体合同约定的病假工资标准为准。

(2)如用人单位规章制度规定的或劳动合同、集体合同约定的病假工资标准低于当地规范性文件规定的病假工资标准,以当地规范性文件规定的病假工资标准为准。

(三)依法缴纳社会保险费

劳动者患病或非因工负伤的,无论是否在医疗期内,在劳动合同解除或终止前,用人单位仍有为劳动者缴纳社会保险费的义务。对于请长病假的劳动者,按照当地社会保险部门的要求申报缴费基数即可。

(四)合法解除(终止)劳动合同

1.医疗期内解除劳动合同

劳动者患病或者非因工负伤,在规定的医疗期内的,用人单位不得依照《劳动合同法》第四十条、第四十一条的规定解除劳动合同。但双方可以协商解除劳动合同;如劳动者存在《劳动合同法》第三十九规定的情形,用人单位可以依照《劳动合同法》第三十九条的规定解除劳动合同。

2.医疗期满后解除劳动合同

医疗期满后,用人单位的解除权不因劳动者患病或非因工负伤而受到限制,用人单位可以依照《劳动合同法》第三十九条、第四十条、第四十一条的规定解除与劳动者的劳动合同。

《劳动合同法》第四十条第(一)项规定,劳动者患病或者非因工负伤,在规定的医疗期满后不能从事原工作,也不能从事由用人单位另行安排的工作的,用人单位提前30日以书面形式通知劳动者本人或者额外支付劳动者1个月工资后,可以解除劳动合同。用人单位依照上述规定解除劳动合同时,要确保劳动者医疗期已经届满,且能够提供证据证明劳动者不能从事原工作,也不能从事由用人单位另行安排的工作。故用人单位解除劳动合同前,应当另行为劳动者安排工作,并固定证据。司法实务中,劳动者在医疗期届满后继续请病假一般会被认定为不能从事原工作,也不能从事由用人单位另行安排的工作。

司法实务中,部分法院会将劳动能力鉴定作为用人单位依照《劳动合同法》第四十条第(一)项解除劳动合同的前置程序。这种观点认为,劳动者不能从事原工作,也不能从事由用人单位另行安排的工作应当经劳动能力鉴定,未经劳动能力鉴定,用人单位径行解除劳动合同的,属于违法解除劳动合同;但劳动者拒绝劳动能力鉴定的除外。另一种观点认为,劳动能力鉴定仅与发放医疗补助费相关,与解除劳动合同无关,故未经劳动能力鉴定,用人单位也可以解除劳动合同。从风险管理的角度,用人单位依照《劳动合同法》第四十条第(一)项解除劳动合同时,建议先通知劳动者进行劳动能力鉴定,经劳动能力鉴定或劳动者拒绝劳动能力鉴定的,再解除劳动合同。

3. 劳动合同终止

根据《劳动合同法》第四十五条的规定,劳动合同期满,劳动者患病或者非因工负伤,在规定的医疗期内的,劳动合同应当续延至医疗期满时终止。劳动合同到期后,劳动者尚在医疗期内的,用人单位应当将劳动合同续延至医疗期满之日。否则,构成违法解除(终止)劳动合同,用人单位将承担违法解除(终止)劳动合同的法律责任。

案例 北京市冀北出租汽车有限公司与王某劳动争议纠纷案[(2015)二中民终字第03176号]

王某于2005年7月18日入职北京市冀北出租汽车有限公司(以下简称冀北公司),从事出租车司机工作。双方于2009年4月10日签订劳动合同书,甲方为冀北公司,乙方为王某。该合同书第十二条约定:"乙方患病或非因工负伤的医疗待遇按国家、北京市有关规定执行。甲方按国家月最低生活费标准支付乙方病假工资。"2005年9月至2012年8月,冀北公司为王某缴纳了社会保险。2012年3月至9月,冀北公司未向王某发放岗位补贴。2012年北京市最低工资标准为1260元。自2011年9月1日起,北京市出租汽车经营单位为出租车驾驶员按单班每人每月15元、双班每人每月10元的标准缴纳个人所得税。王某自2011年9月至2012年2月每月实缴税额为15元。王某起诉至法院要求:(1)冀北公司支付违法解除劳动关系经济补偿金28,360元;(2)冀北公司支付2012年3月19日至9月19日病假工资6048元……

王某主张其因患多发性脑梗于2012年3月19日就诊于北京电力医院,至2012年9月19日实际休病假,住院期间本人没有向公司提交过病假条,但其妻向公司交车时已告知公司王某生病的事实,公司的书记李某告知其先养病,但出院之后其向公司交病假条时公司拒收,并于2012年9月公司电话告知解除其与公司的劳动关系。王某就其主张提交北京电力医院疾病诊断书、诊断证明书及住院病历为证。疾病诊断书上加盖有华北电网有限公司北京电力医院住院诊断专用章,载明:"北京电力医院疾病诊断书。姓名:王某,机关单位:冀北公司……扼要病情及诊断: 1.多发性脑梗死,2.右侧颈动脉球部斑块形成,3.高血压……2012.3.19入院, 2012.3.31出院,共住院12日……"2012年4月12日诊断证明书载明建议全休两周,上有医师吴某签名及盖章;2012年5月4日诊断证明书载明建议全休两周,上有医师孙某签名及盖章;2012年6月10日、7月14日诊断证明书均载明建议全休两个月,上有医师祝某签名及盖章;2012年8月25日诊断证明书载明建议全休两周,上有医师祝某签名及盖章。住院病历中,住院病案首页载明王某2012年3月19日入院,主要诊断为多发性脑梗死,并加盖有北京电力医院病案资料复印专用章。

　　冀北公司对疾病诊断书、诊断证明书及住院病历的真实性和证明目的均不予认可,主张公司没有见过王某的病假条,亦不知悉王某生病休假的事实。冀北公司称2012年3月19日王某之妻将王某的出租车开回公司,表示王某要休息2天,将车停在公司之后即离开,并未提及王某病假的事实。此后冀北公司联系不上王某,就一直为其缴纳社会保险。冀北公司于2012年4月作出开除王某的决定,于2012年8月将其档案退回街道办事处,停缴了社会保险。冀北公司主张王某不开车后应当与公司终止合同,无故停运30天以上,公司有权解除合同,劳动关系自动解除。

　　冀北公司就其主张提交了关于王某长期旷工的处理决定、公告、通知、快递单、《冀北公司司机职责》第二条及《冀北公司运营车辆交通安全管理办法》第三条第五款为证,处理决定与公告均载明:"王某……自2005年7月到我公司担任出租车司机职务工作,于2012年3月19日其家属到公司声称王某不上班了,将车号为京B/H××××号车放到公司,至2012年4月20日王某一直没有到公司上班,也没有交来任何假条及证明,公司电话通知但本人不接。根据王某长期旷工的表现,经公司研究决定,对王某自4月20日起按开除公职处理。冀北公司。"处理决定载明的时间为2012年4月20日,公告载明的时间为2012年4月23日。通知载明:"王某:由于你自2012年3月20日起,至今未到公司上班,也没有交病假条和相关的请假事宜,公司2012年4月20日经研究决定:根据有关规定,你已连续旷工超过15天,经过公示、公告,公司对你进行了开除公职的处理,并通知你尽快到公司办理相关事宜。给你打电话、发短信、到你所填联系地址家访,均未找到你本人。你于2012年8月23日来公司,答应8月28日来公司办理手续,但你至今未来。鉴于此情况,公司研究决定再次信函告知你:望你速来公司办理相关手续,还清所欠公司款项,否则一切后果由你本人自负。冀北公司。2012年9月3日。"快递单据载明邮寄内容为"文件资料",邮寄地址为"丰台区小瓦窑东里×××号",投递结果为"改退",原因为"地址欠详,电联不是收件人,电联寄件人退回"。冀北公司陈述公司两次邮寄处理决定均改退,将处理决定公告公示于公司门口的公示栏,让公司职工知道王某被开除公职的处理决定。《冀北公司司机职责》第二条规定:"出租汽车司机应积极努力工作,为社会服务,增加效益,不得无故停驶车辆(无故停驶车辆满30天者,公司有权解除合同,由此造成的损失由司机负责,劳动关系自动解除)。"《冀北公司运营车辆交通安全管理办法》第三条第五款载明:"不论何种原因,驾驶员不承包车辆时,视为解除劳动关系,应尽快调离公司,调离期间按挂靠司机处理。"

王某主张冀北公司公告处理决定属于公司单方行为,其没有收到过邮件;不认可《冀北公司司机职责》第二条的真实性与证明目的,称其入职时没见过这份规章制度;认可《冀北公司运营车辆交通安全管理办法》第三条第五款的真实性,但主张交车时间为2012年3月19日,当时冀北公司答应给其时间看病,所以当时劳动合同并没有立即终止。

冀北公司主张2005年9月至2012年9月公司为王某先行垫付了个人应当支付的社会保险部分,王某应当将该部分缴纳给公司,公司应当从风险抵押金中予以扣除,并提交了公司自行制作的社会保险费个人应交款清单为证。王某主张该份证明系公司单方出具,并非由社保机构出具,冀北公司当时表示2005年9月至2010年3月应当缴纳的保险费,王某表示可以先不缴,故当时没有缴纳。

王某主张其工龄为10年以上,其1986年在北京市阀门总厂工作7年,之后该厂与叉车厂合并成为北京市叉车总厂,北京金时精密铸造有限公司是其分公司,王某在该分公司工作至2000年,2005年开始在冀北公司工作。王某就其主张提交了基本养老保险缴费记载记录、北京市养老保险个人账户存储额结算单为证。该记录显示自1992年10月至1995年12月,王某基本养老保险账户为企业缴纳与个人缴纳组成,并加盖了养老基金核查章,结算单显示1996年与1997年度单位名称为北京金时精密铸造有限公司,并加盖有该公司公章,上有"北京市社会保险基金管理中心"打印字样。冀北公司认可该组证据的真实性。

一审法院经审理认为,王某提交了北京电力医院的疾病诊断书、诊断证明及病历,冀北公司虽不认可其真实性,但并未提交相反证据,故对该组证据的真实性法院予以采信。根据《企业职工患病或非因工负伤医疗期规定》第三条之规定:"企业职工因患病或非因工负伤,需要停止工作医疗时,根据本人实际参加工作年限和在本单位工作年限,给予三个月到二十四个月的医疗期:(一)实际工作年限十年以下的,在本单位工作年限五年以下的为三个月;五年以上的为六个月。(二)实际工作年限十年以上的,在本单位工作年限五年以下的为六个月;五年以上十年以下的为九个月;十年以上十五年以下的为十二个月;十五年以上二十年以下的为十八个月;二十年以上的为二十四个月。"第四条规定:"医疗期三个月的按六个月内累计病休时间计算;六个月的按十二个月内累计病休时间计算;九个月的按十五个月内累计病休时间计算;十二个月的按十八个月内累计病休时间计算;十八个月的按二十四个月内累计病休时间计算;二十四个月的按三十个月内累计病休时间计算。"

因冀北公司认可基本养老保险缴费记载记录及北京市养老保险个人账户存储额结算单，该组证据载明王某自1993年至1997年的社会保险缴纳记录，加上王某2005年入职冀北公司、2012年离职，故其实际工作年限为10年以上，在冀北公司工作年限为5年以上10年以下，故其医疗期为9个月，其医疗期应当按15个月内累计病休时间计算。

王某主张2012年3月19日至9月19日休病假，不违反上述关于医疗期的规定。鉴于多发性脑梗死之病情的严重性及多发性，使其未能在住院期间向冀北公司提交病假条的行为符合常理，对其主张冀北公司支付病假期间病假工资的诉讼请求之合理部分予以支持。关于病假工资标准，2012年3月19日至9月19日，王某未实际运营出租车，冀北公司亦未向其发放每月的岗位补贴，根据《北京市工资支付规定》第二十一条之规定，劳动者患病或非因工负伤的，在病休期间，用人单位应当根据劳动合同或集体合同的约定支付病假工资，用人单位支付病假工资不得低于本市最低工资标准的80%。结合双方劳动合同及承包运营合同中关于用人单位应当按北京市最低工资标准为劳动者补足的约定，冀北公司应当按2012年北京市最低工资标准的80%支付王某该期间病假工资。据此，冀北公司以王某无故旷工为由与其解除劳动合同，系在王某的法定医疗期内作出，冀北公司主张向王某住址邮寄的处理决定亦被退回，其虽主张通过多种方式通知王某，但未提交相关证据，王某亦不认可收到处理决定，且冀北公司为王某缴纳社会保险至2012年8月，故冀北公司主张于2012年4月20日解除双方劳动关系，系违法解除。王某主张双方劳动关系于2012年9月19日解除予以支持。

二审法院认为，根据已经查明的事实及社保缴费情况记录，可以认定王某实际工作年限为10年以上，且其在冀北公司的工作年限为5年以上10年以下，按照《企业职工患病或非因工负伤医疗期规定》，王某患病应享有的医疗期待遇为9个月，故其于2012年3月19日至9月19日休病假，符合上述医疗期规定。冀北公司作为用人单位应当根据《北京市工资支付规定》向王某支付其上述期间的病假工资。现王某就其患病的情况已经提供了诊断证明及病历等进行佐证，冀北公司虽不认可上述证据的真实性，但并未提供相应反证，故原审法院判决冀北公司支付王某病假工资，符合相关规定，并无不当。冀北公司上诉主张其不支付病假工资，本院不予支持。虽然王某主张其患病时曾向公司请假，冀北公司拒收其假条，冀北公司主张王某未告知患病情况，亦从未向公司提交假条，但双方就各自主张均未提供充分证据。考虑到王某患多发性脑梗死病情的严重及多发性，冀北公司系在职工患病的医疗期内以旷工为由作出解除劳动关系的处理，且其未能就通过多种方式通知王某的事实提供证据,王某亦不认可其收到上述处理决定,故冀北公司解除劳动合同并不符合用人单位可以单方解除劳动合同的法定情形。

案例分析

本案的主要争议焦点为冀北公司是否应当支付王某病假工资,冀北公司解除劳动合同是否违反法律规定。

1. 关于冀北公司是否应当支付王某病假工资的问题。

根据《关于贯彻执行〈中华人民共和国劳动法〉若干问题的意见》第五十九条的规定,职工患病或非因工负伤治疗期间,在规定的医疗期内由企业按有关规定支付其病假工资或疾病救济费,病假工资或疾病救济费可以低于当地最低工资标准支付,但不能低于最低工资标准的80%。如王某主张的病假工资确实系负伤治疗期间,且在规定的医疗期内,冀北公司应当支付王某病假工资。因此,首先应当确定王某主张病假工资的期间是否在医疗期内。王某的工作年限为10年以上,于2005年7月18日入职冀北公司,截至其入院治疗之日(2012年3月19日),在冀北公司的工作年限为6年。根据《企业职工患病或非因工负伤医疗期规定》第三条的规定,劳动者实际工作年限10年以上的,在本单位工作年限5年以上10年以下的医疗期为9个月。故王某的医疗期为9个月。根据《企业职工患病或非因工负伤医疗期规定》第四条的规定,医疗期9个月的按15个月内累计病休时间计算。王某2012年3月19日开始病休,故其医疗期计算周期对应的期间应当为2012年3月19日至2013年6月19日。如王某在上述期间内累计病休超过9个月,医疗期届满;如王某在上述期间内累计病休未超过9个月,则王某医疗期未满。本案中,王某主张病假工资对应的期间为2012年3月19日至2012年9月19日,共计6个月,尚在医疗期内。如王某在上述期间属于病休状态,则冀北公司应当支付王某上述期间的病假工资。法院结合王某提供的多份诊断证明书认定王某在上述期间属于病休状态。故判决冀北公司支付王某上述期间的病假工资。

关于病假工资的标准。《北京市工资支付规定》第二十一条规定,劳动者患病或非因工负伤的,在病休期间,用人单位应当根据劳动合同或集体合同的约定支付病假工资,用人单位支付病假工资不得低于本市最低工资标准的80%。第二十七条规定,非因劳动者本人原因造成用人单位停工、停业的,在一个工资支付周期内,用人单位应当按照提供正常劳动支付劳动者工资;超过一个工资支付周期的,可以根据劳动者提供的劳动,按照双方新约定的标准支付工资,但不得低于本市最低工资标准;用人单位没有安排劳动者工作的,应当按照不低于本市最低工资标准的

70%支付劳动者基本生活费。国家或者本市另有规定的,从其规定。根据上述规定,北京市规定的病假工资标准为不得低于本市最低工资标准的80%,基本生活费为本市最低工资标准的70%。王某与冀北公司劳动合同约定,乙方患病或非因工负伤的医疗待遇按国家、北京市有关规定执行。甲方按国家月最低生活费标准支付乙方病假工资。劳动合同约定的病假工资低于《北京市工资支付规定》规定的病假工资标准,应当以《北京市工资支付规定》的规定为准,即冀北公司支付王某的病假工资不得低于北京市最低工资标准的80%。北京市2012年的最低工资标准为1260元,故冀北公司支付王某的病假工资应为6048元(1260元/月×80%×6个月)。

2.关于冀北公司解除劳动合同是否违反法律规定的问题。

本案系冀北公司以王某旷工为由解除劳动合同,法律依据为《劳动合同法》第三十九条第(二)项的规定。原则上应当审查冀北公司是否有经民主程序制定且向王某公示的规章制度规定劳动者旷工属于严重违反用人单位的规章制度。但本案情况较为特殊,如认定王某属于旷工,旷工时间长达数月,即便没有规章制度明确规定该情形属于严重违反规章制度,但旷工数月属于众所周知严重违纪行为,用人单位也可以单方解除劳动合同。故关键在于王某是否属于旷工。

本案中,王某未提供证据证明其向冀北公司提出病假申请,但结合实际情况,其确实有病休的需要,冀北公司未核实情况,直接认定王某属于旷工并解除劳动合同显然不当,最终被法院认定为违法解除劳动合同。这也提醒用人单位,劳动者未出勤时,应先核实未出勤的原因,不宜直接认定为旷工。

专题二十二 劳动者患职业病或因工负伤

一、工伤保险规范

劳动者患职业病或因工负伤是指劳动者患职业病或负伤被认定为工伤的情形。劳动者患职业病或因工负伤的,按照《工伤保险条例》的规定享受工伤保险待遇,用人单位应当按照规定申请工伤认定,承担工伤保险责任。劳动者患职业病或负伤后,欲依照《工伤保险条例》的规定享受工伤保险待遇的,应经劳动行政部门认定为工伤,并进行劳动能力鉴定。

(一)工伤认定申请规范

1. 提出工伤认定申请

根据《工伤保险条例》第十七条、第十八条的规定,申请工伤认定的规范如下。

(1)用人单位提出工伤认定申请

职工发生事故伤害或者按照《职业病防治法》规定被诊断、鉴定为职业病的,自事故伤害发生之日或者被诊断、鉴定为职业病之日起 30 日内,由用人单位提出工伤认定申请。遇有特殊情况,经报社会保险行政部门同意,申请时限可以适当延长。

(2)工伤职工或者其近亲属、工会组织提出工伤认定申请

职工发生事故伤害或者按照《职业病防治法》规定被诊断、鉴定为职业病的,原则上应由用人单位提出工伤认定申请,用人单位未按规定在 30 日内提出工伤认定申请的,工伤职工或者其近亲属、工会组织在事故伤害发生之日或者被诊断、鉴定为职业病之日起 1 年内,可以直接提出工伤认定申请。根据《劳动和社会保障部关于实施〈工伤保险条例〉若干问题的意见》第五条的规定,用人单位未按规定为职工提出工伤认定申请,受到事故伤害或者患职业病的职工或者其直系亲属、工会组织提出工伤认定申请,职工所在单位是否同意(签字、盖章),不是必经程序。

关于工伤职工或者其近亲属申请工伤认定的期限,根据《人力资源和社会保障部

关于执行〈工伤保险条例〉若干问题的意见(二)》第八条的规定,有下列情形之一的,被延误的时间不计算在工伤认定申请时限内。①受不可抗力影响的;②职工由于被国家机关依法采取强制措施等人身自由受到限制不能申请工伤认定的;③申请人正式提交了工伤认定申请,但因社会保险机构未登记或者材料遗失等原因造成申请超时限的;④当事人就确认劳动关系申请劳动仲裁或提起民事诉讼的;⑤其他符合法律法规规定的情形。

(3)申请材料

提出工伤认定申请应当提交下列材料:(1)工伤认定申请表;(2)与用人单位存在劳动关系(包括事实劳动关系)的证明材料;(3)医疗诊断证明或者职业病诊断证明书(或者职业病诊断鉴定书)。工伤认定申请表应当包括事故发生的时间、地点、原因以及职工伤害程度等基本情况。工伤认定申请人提供材料不完整的,社会保险行政部门应当一次性书面告知工伤认定申请人需要补正的全部材料。申请人按照书面告知要求补正材料后,社会保险行政部门应当受理。

2. 调查核实

根据《工伤保险条例》第十九条的规定,社会保险行政部门受理工伤认定申请后,根据审核需要可以对事故伤害进行调查核实,用人单位、职工、工会组织、医疗机构以及有关部门应当予以协助。职业病诊断和诊断争议的鉴定,依照《职业病防治法》的有关规定执行。对依法取得职业病诊断证明书或者职业病诊断鉴定书的,社会保险行政部门不再进行调查核实。职工或者其近亲属认为是工伤,用人单位不认为是工伤的,由用人单位承担举证责任。用人单位拒不举证的,社会保险行政部门可以根据受伤害职工提供的证据或者调查取得的证据,依法作出工伤认定决定。

(二)工伤认定程序规范

1. 作出工伤认定决定的时限

根据《工伤保险条例》第二十条的规定,社会保险行政部门应当自受理工伤认定申请之日起60日内作出工伤认定的决定;事实清楚、权利义务明确的工伤认定申请,应当在15日内作出工伤认定的决定。作出工伤认定决定需要以司法机关或者有关行政主管部门的结论为依据的,在司法机关或者有关行政主管部门尚未作出结论期间,作出工伤认定决定的时限中止。

2. 回避

根据《工伤保险条例》第二十条第四款的规定,社会保险行政部门工作人员与工伤认定申请人有利害关系的,应当回避。

3.申请行政复议或提起行政诉讼规范

社会保险行政部门作出认定工伤或不予认定工伤的决定后,用人单位或者劳动者对决定不服的,可以依法申请行政复议或提起行政诉讼。申请行政复议或提起行政诉讼的,应注意以下三点。

(1)根据《行政复议法》第九条的规定,申请行政复议的期限为自知道该具体行政行为之日起60日内。因不可抗力或者其他正当理由耽误法定申请期限的,申请期限自障碍消除之日起继续计算。

(2)根据《行政诉讼法》第四十五条、第四十六条的规定,用人单位或劳动者对社会保险行政部门作出的认定工伤或不予认定工伤的决定不服直接提起行政诉讼的,应当自知道或者应当知道作出行政行为之日起6个月内提出。用人单位或劳动者先申请行政复议,不服复议决定的,可以在收到复议决定书之日起15日内向人民法院提起诉讼。复议机关逾期不作决定的,申请人可以在复议期满之日起15日内向人民法院提起诉讼。

(3)根据《工伤保险条例》第三十一条的规定,行政复议和行政诉讼期间不停止支付工伤职工治疗工伤的医疗费用。

(三)应当认定为工伤的情形

《工伤保险条例》第十四条规定,职工有下列情形之一的,应当认定为工伤:(1)在工作时间和工作场所内,因工作原因受到事故伤害的;(2)工作时间前后在工作场所内,从事与工作有关的预备性或者收尾性工作受到事故伤害的;(3)在工作时间和工作场所内,因履行工作职责受到暴力等意外伤害的;(4)患职业病的;(5)因工外出期间,由于工作原因受到伤害或者发生事故下落不明的;(6)在上下班途中,受到非本人主要责任的交通事故或者城市轨道交通、客运轮渡、火车事故伤害的;(7)法律、行政法规规定应当认定为工伤的其他情形。第十五条规定,职工有下列情形之一的,视同工伤:(1)在工作时间和工作岗位,突发疾病死亡或者在48小时之内经抢救无效死亡的;(2)在抢险救灾等维护国家利益、公共利益活动中受到伤害的;(3)职工原在军队服役,因战、因公负伤致残,已取得革命伤残军人证,到用人单位后旧伤复发的。职工有前款第(一)项、第(二)项情形的,按照本条例的有关规定享受工伤保险待遇;职工有前款第(三)项情形的,按照本条例的有关规定享受除一次性伤残补助金以外的工伤保险待遇。第十六条规定,职工符合本条例第十四条、第十五条的规定,但是有下列情形之一的,不得认定为工伤或者视同工伤:(1)故意犯罪的;(2)醉酒或者吸毒的;(3)自残或者自杀的。根据上述规定,认定为工伤的情形包括应当认定为工伤和视同工伤的情形,认定工伤的条件包括积极条件和消极条件,只有满足认定工伤的积极条件,且不满足认定工伤的消极条件的,才能认定为工伤。

1. 认定工伤的积极条件

根据《工伤保险条例》第十四条的规定,认定工伤与劳动者受伤的时间、地点、原因以及结果四个方面相关。

(1)工作时间是指劳动者提供劳动的时间,包括正常工作时间和加班时间,加班时间不仅包括用人单位安排的加班,还包括劳动者自愿加班的情形。此外,因工外出的时间,参加用人单位组织或者受用人单位指派参加其他单位组织的活动的时间也属于工作时间。

(2)工作场所是指劳动者履行工作职责的场所,不局限于劳动合同约定的工作地点。

(3)工作原因应当理解为劳动者患病或受伤与履行工作职责之间存在因果关系。实践中,认定工伤时,一般对因果关系的要求并不高。

(4)关于患病或受伤的结果,包括患职业病、受伤或死亡,死亡包括被宣告死亡的情形。

另外,《最高人民法院关于印发〈关于审理与低温雨雪冰冻灾害有关的行政案件若干问题座谈会纪要〉的通知》中规定,低温雨雪冰冻灾害期间,应对工作时间、工作场所、上下班途中作宽泛理解。工作时间不仅指企业明确规定的上班至下班时间段,还应包括企业当班组长、班长或者某项具体工作负责人同意和安排的临时加班工作的时间。对于工作场所的认定,应当综合考虑工作职责、工作性质、工作需要、工作纪律等因素。某些劳动者可能存在多处或者不固定的工作地点和工作岗位,也有可能在企业住所地以外的场所,应当根据具体案情从宽掌握。原则上,凡是与职工的工作职责相关的场所,一般应认定为工作场所。上下班的路线、不宜只严格掌握为工作地点和居住地点之间特定的、固定的路线。只要路线没有显失合理且方向正确,一般应予认定。

根据《工伤保险条例》第十四条、《最高人民法院关于审理工伤保险行政案件若干问题的规定》第四条的规定,应当认定为工伤的情形主要有八种。

第1种:在工作时间和工作场所内,因工作原因受到事故伤害。

第2种:工作时间前后在工作场所内,从事与工作有关的预备性或者收尾性工作受到事故伤害。这种情形实际上是在特定情况下对工作时间的扩大解释,即将工作时间前后的时间认定为工作时间。

第3种：在工作时间和工作场所内，因履行工作职责受到暴力等意外伤害。此种情形实际上就是将因履行工作职责受到暴力等意外伤害认定为工作原因的范畴。《劳动和社会保障部办公厅关于对〈工伤保险条例〉有关条款释义的函》中认为，因履行工作职责受到暴力伤害是指受到的暴力伤害与履行工作职责有因果关系。

第4种：患职业病。

第5种：因工外出期间，由于工作原因受到伤害或者发生事故下落不明。关于因工外出的认定，根据《最高人民法院关于审理工伤保险行政案件若干问题的规定》的规定，以下情形应认定为因工外出期间：①职工受用人单位指派或者因工作需要在工作场所以外从事与工作职责有关的活动期间；②职工受用人单位指派外出学习或者开会期间；③职工因工作需要的其他外出活动期间。对于该种情形的掌握要特别注意以下两点。

第一，《最高人民法院行政审判庭关于职工因公外出期间死因不明应否认定工伤的答复》中明确，职工因公外出期间死因不明，用人单位或者社会保障部门提供的证据不能排除非工作原因导致死亡的，应当依据《工伤保险条例》第十四条第（五）项和第十九条第二款的规定，认定为工伤。应当注意的是，复函中可能存在笔误，系应当是"用人单位或者社会保障部门提供的证据不能排除系工作原因导致死亡的"。

第二，《最高人民法院行政审判庭关于职工外出学习休息期间受到他人伤害应否认定为工伤问题的答复》中认为，职工受单位指派外出学习期间，在学习单位安排的休息场所休息时受到他人伤害的，应当认定为工伤。

第6种：在上下班途中，受到非本人主要责任的交通事故或者城市轨道交通、客运轮渡、火车事故伤害的。对于该种情形的掌握要特别注意以下两点。

第一，关于上下班途中的认定，《最高人民法院关于审理工伤保险行政案件若干问题的规定》第六条规定，对社会保险行政部门认定下列情形为"上下班途中"的，人民法院应予支持：①在合理时间内往返于工作地与住所地、经常居住地、单位宿舍的合理路线的上下班途中；②在合理时间内往返于工作地与配偶、父母、子女居住地的合理路线的上下班途中；③从事属于日常工作生活所需要的活动，且在合理时间和合理路线的上下班途中；④在合理时间内其他合理路线的上下班途中。

第二，关于职工违反企业内部规定，在下班途中受到机动车伤害能否认定为工伤的问题，《国务院法制办[①]对〈关于职工违反企业内部规定在下班途中受到机动车伤害能否认定为工伤的请示〉的复函》中的观点是，职工所受伤害只要符合《工伤保险条例》第十四条第(六)项规定的"上下班途中，受到机动车事故伤害的"规定，就应当认定为工伤。

第7种：职工参加用人单位组织或者受用人单位指派参加其他单位组织的活动受到伤害。

第8种：在工作时间内，职工来往于多个与其工作职责相关的工作场所之间的合理区域因工受到伤害。

关于应当认定为工伤的情形，《最高人民法院关于审理工伤保险行政案件若干问题的规定》第四条作了兜底性规定，即其他与履行工作职责相关，在工作时间及合理区域内受到伤害的，也应当认定为工伤。

根据《工伤保险条例》以及《最高人民法院关于印发〈关于审理与低温雨雪冰冻灾害有关的行政案件若干问题座谈会纪要〉的通知》的规定，视同工伤的情形包括以下四种。

第1种：在工作时间和工作岗位，突发疾病死亡或者在48小时之内经抢救无效死亡的。

此种情形是实践中最常见的情形，在司法实务中存在很多不同的观点，在认定是否属于视同工伤的情形时应当注意以下四点。

①必须在工作时间和工作岗位突发疾病。

②关于突发疾病的认定，《劳动和社会保障部关于实施〈工伤保险条例〉若干问题的意见》规定，职工"在工作时间和工作岗位，突发疾病死亡或者在48小时之内经抢救无效死亡的"，视同工伤。这里"突发疾病"包括各类疾病，既包括突发新疾病，也包括自身疾病的加重。

③关于48小时的计算，《劳动和社会保障部关于实施〈工伤保险条例〉若干问题的意见》规定，"48小时"的起算时间，以医疗机构的初次诊断时间作为突发疾病的起算时间。对此，实践中存在两种观点：一种观点认为，要直接送往医院，并且要有医院的治疗记录才能认定为工伤；另一种观点认为，职工在工作时间和工作岗位上发生疾病，并在48小时内死亡的，即使未经医院抢救，亦可视为工伤。

④关于死亡的认定，因为脑死亡和停止呼吸可能不在一个时间点，会出现"48小时"内脑死亡、"48小时"后停止呼吸的情形。实践中，一般以脑死亡作为死亡的

---

① 现已撤销。

判断标准。

关于主动放弃治疗能否认定为工伤,实践中存在不同观点,最高人民法院行政审判庭的观点为,如经医疗机构确认确实没有继续存活的可能性,家属作出放弃救治的决定,可以认定为视同工伤的情形。

第2种:在抢险救灾等维护国家利益、公共利益活动中受到伤害。

第3种:职工原在军队服役,因战、因公负伤致残,已取得革命伤残军人证,到用人单位后旧伤复发的。

第4种:根据《最高人民法院关于印发〈关于审理与低温雨雪冰冻灾害有关的行政案件若干问题座谈会纪要〉的通知》的规定,低温雨雪冰冻灾害期间,用人单位为维护国家利益和公共利益的需要,在恢复交通、通信、供电、供水、排水、供气、道路抢修、保障食品、饮用水、燃料等基本生活必需品的供应、组织营救和救治受害人员等过程中,临时雇用员工受到伤害的,可视为工伤,参照《工伤保险条例》的规定进行处理。

2. 认定工伤的消极条件

根据《工伤保险条例》第十六条的规定,认定工伤的消极条件包括:(1)故意犯罪;(2)醉酒或者吸毒;(3)自残或者自杀。根据《最高人民法院关于审理工伤保险行政案件若干问题的规定》第一条的规定,在认定是否存在《工伤保险条例》第十四条第(六)项"本人主要责任"、第十六条第(二)项"醉酒或者吸毒"和第十六条第(三)项"自残或者自杀"等情形时,应当以有权机构出具的事故责任认定书、结论性意见和人民法院生效裁判等法律文书为依据,但有相反证据足以推翻事故责任认定书和结论性意见的除外。前述法律文书不存在或者内容不明确,社会保险行政部门就前款事实作出认定的,人民法院应当结合其提供的相关证据依法进行审查。《工伤保险条例》第十六条第(一)项"故意犯罪"的认定,应当以刑事侦查机关、检察机关和审判机关的生效法律文书或者结论性意见为依据。

(四)劳动能力鉴定

1. 劳动能力鉴定的内容

根据《工伤保险条例》第二十二条的规定,劳动能力鉴定是指劳动功能障碍程度和生活自理障碍程度的等级鉴定。劳动功能障碍分为十个伤残等级,最重的为一级,最轻的为十级。生活自理障碍分为三个等级:生活完全不能自理、生活大部分不能自理和生活部分不能自理。

2. 劳动能力鉴定的申请

根据《工伤保险条例》第二十三条的规定,劳动能力鉴定由用人单位、工伤职工或者其近亲属向设区的市级劳动能力鉴定委员会提出申请,并提供工伤认定决定和职工工伤医疗的有关资料。

3. 回避

根据《工伤保险条例》第二十七条的规定,劳动能力鉴定工作应当客观、公正。劳动能力鉴定委员会组成人员或者参加鉴定的专家与当事人有利害关系的,应当回避。

4. 再次鉴定

根据《工伤保险条例》第二十六条的规定,申请鉴定的单位或者个人对设区的市级劳动能力鉴定委员会作出的鉴定结论不服的,可以在收到该鉴定结论之日起15日内向省、自治区、直辖市劳动能力鉴定委员会提出再次鉴定申请。省、自治区、直辖市劳动能力鉴定委员会作出的劳动能力鉴定结论为最终结论。

5. 复查鉴定

根据《工伤保险条例》第二十八条的规定,自劳动能力鉴定结论作出之日起1年后,工伤职工或者其近亲属、所在单位或者经办机构认为伤残情况发生变化的,可以申请劳动能力复查鉴定。

6. 鉴定期限

根据《工伤保险条例》第二十五条第二款以及第二十九条的规定,申请劳动能力鉴定、再次鉴定、复查鉴定的,设区的市级劳动能力鉴定委员会应当自收到申请之日起60日内作出劳动能力鉴定结论,必要时,作出劳动能力鉴定结论的期限可以延长30日。

(五)工伤保险待遇

1. 承担工伤保险责任的用人单位

劳动者患职业病或因工负伤,原则上由与劳动者建立劳动者关系的用人单位承担工伤保险责任,但有例外情形。《最高人民法院关于审理工伤保险行政案件若干问题的规定》第三条规定,社会保险行政部门认定下列单位为承担工伤保险责任单位的,人民法院应予支持:(1)职工与两个或两个以上单位建立劳动关系,工伤事故发生时,职工为之工作的单位为承担工伤保险责任的单位;(2)劳务派遣单位派遣的职工在用工单位工作期间因工伤亡的,派遣单位为承担工伤保险责任的单位;(3)单位指派到其他单位工作的职工因工伤亡的,指派单位为承担工伤保险责任的单位;(4)用工单位违反法律、法规规定将承包业务转包给不具备用工主体资格的组织或者自然人,该组织或者自然人聘用的职工从事承包业务时因工伤亡的,用工单位为承担工伤保险责任的单位;(5)个人挂靠其他单位对外经营,其聘用的人员因工伤亡的,被挂靠单位为承担工伤保险责任的单位。前款第(四)、(五)项明确的承担工伤保险责任的单位承担赔偿责任或者社会保险经办机构从工伤保险基金支付工伤保险待遇后,有权向相关组织、单位和个人追偿。

2.医疗、康复费用

根据《工伤保险条例》第三十条的规定,职工因工作遭受事故伤害或者患职业病进行治疗,享受工伤医疗待遇。但要注意以下四点:

(1)职工治疗工伤应当在签订服务协议的医疗机构就医,情况紧急时可以先到就近的医疗机构急救。

(2)治疗工伤所需费用符合工伤保险诊疗项目目录、工伤保险药品目录、工伤保险住院服务标准的,从工伤保险基金支付。工伤保险诊疗项目目录、工伤保险药品目录、工伤保险住院服务标准,由国务院社会保险行政部门会同国务院卫生行政部门、食品药品监督管理部门等作出规定。不符合工伤保险诊疗项目目录、工伤保险药品目录、工伤保险住院服务标准的,则由职工本人承担。

(3)工伤职工治疗非工伤引发的疾病,不享受工伤医疗待遇,按照基本医疗保险办法处理。

(4)工伤职工到签订服务协议的医疗机构进行工伤康复的费用,符合规定的,从工伤保险基金支付。

3.伙食补助费、外地就医的交通、食宿费用

根据《工伤保险条例》第三十条第四款的规定,职工住院治疗工伤的伙食补助费,以及经医疗机构出具证明,报经办机构同意,工伤职工到统筹地区以外就医所需的交通、食宿费用从工伤保险基金支付,基金支付的具体标准由统筹地区人民政府规定。

4.辅助器具

根据《工伤保险条例》第三十二条的规定,工伤职工因日常生活或者就业需要,经劳动能力鉴定委员会确认,可以安装假肢、矫形器、假眼、假牙和配置轮椅等辅助器具,所需费用按照国家规定的标准从工伤保险基金支付。

5.停工留薪期待遇

根据《工伤保险条例》第三十三条的规定,职工因工作遭受事故伤害或者患职业病需要暂停工作接受工伤医疗的,享受停工留薪期待遇,关于停工留薪期待遇,

要注意以下三点：

（1）停工留薪期根据职工受伤情况确定，一般不超过12个月。伤情严重或者情况特殊，经设区的市级劳动能力鉴定委员会确认，可以适当延长，但延长不得超过12个月。

（2）在停工留薪期内，原工资福利待遇不变，由所在单位按月支付。评定伤残等级后，停发原待遇，按照规定享受伤残待遇。

（3）生活不能自理的工伤职工在停工留薪期需要护理的，由所在单位负责。

6.生活护理费

根据《工伤保险条例》第三十四条的规定，工伤职工已经评定伤残等级并经劳动能力鉴定委员会确认需要生活护理的，从工伤保险基金按月支付生活护理费。生活护理费按照生活完全不能自理、生活大部分不能自理或者生活部分不能自理3个不同等级支付，其标准分别为统筹地区上年度职工月平均工资的50%、40%或者30%。

7.伤残待遇

评定伤残等级后，用人单位不再支付停工留薪期间的工资福利待遇，根据其评定的劳动功能障碍等级享受伤残待遇。在计算伤残待遇时要注意，根据《工伤保险条例》第六十四条的规定，涉及以本人工资作为计算基数的，本人工资是指工伤职工因工作遭受事故伤害或者患职业病前12个月月平均缴费工资。本人工资高于统筹地区职工平均工资300%的，按照统筹地区职工平均工资的300%计算；本人工资低于统筹地区职工平均工资60%的，按照统筹地区职工平均工资的60%计算。

（1）一至四级伤残的伤残待遇

根据《工伤保险条例》第三十五条的规定，职工因工致残被鉴定为一至四级伤残的，保留劳动关系，退出工作岗位，享受以下待遇：①从工伤保险基金按伤残等级支付一次性伤残补助金，标准为：一级伤残为27个月的本人工资，二级伤残为25个月的本人工资，三级伤残为23个月的本人工资，四级伤残为21个月的本人工资。②从工伤保险基金按月支付伤残津贴，标准为：一级伤残为本人工资的90%，二级伤残为本人工资的85%，三级伤残为本人工资的80%，四级伤残为本人工资的75%。伤残津贴实际金额低于当地最低工资标准的，由工伤保险基金补足差额。③工伤职工达到退休年龄并办理退休手续后，停发伤残津贴，按照国家有关规定享受基本养老保险待遇。基本养老保险待遇低于伤残津贴的，由工伤保险基金补足差额。职工因工致残被鉴定为一至四级伤残的，由用人单位和职工个人以伤残津贴为基数，缴纳基本医疗保险费。

(2)五级、六级伤残的伤残待遇

根据《工伤保险条例》第三十六条的规定,职工因工致残被鉴定为五级、六级伤残的,享受以下待遇:①从工伤保险基金按伤残等级支付一次性伤残补助金,标准为:五级伤残为18个月的本人工资,六级伤残为16个月的本人工资;②保留与用人单位的劳动关系,由用人单位安排适当工作。难以安排工作的,由用人单位按月发给伤残津贴,标准为:五级伤残为本人工资的70%,六级伤残为本人工资的60%,并由用人单位按照规定为其缴纳应缴纳的各项社会保险费。伤残津贴实际金额低于当地最低工资标准的,由用人单位补足差额。经工伤职工本人提出,该职工可以与用人单位解除或者终止劳动关系,由工伤保险基金支付一次性工伤医疗补助金,由用人单位支付一次性伤残就业补助金。一次性工伤医疗补助金和一次性伤残就业补助金的具体标准由省、自治区、直辖市人民政府规定。

以云南省为例,根据《云南省实施〈工伤保险条例〉办法》第三十六条的规定,五级、六级伤残职工本人提出申请的,用人单位可以与其解除或者终止劳动关系。由用人单位按照解除或者终止劳动关系时,全省上年度职工月平均工资为基数支付一次性伤残就业补助金。标准为:五级33个月、六级29个月。由工伤保险基金按照解除或者终止劳动关系时,全省上年度职工月平均工资为基数支付一次性工伤医疗补助金。标准为:五级15个月、六级13个月。患职业病的工伤职工,一次性工伤医疗补助金在上述标准的基础上增发30%。

(3)七至十级伤残的伤残待遇

根据《工伤保险条例》第三十七条的规定,职工因工致残被鉴定为七至十级伤残的,享受以下待遇:①从工伤保险基金按伤残等级支付一次性伤残补助金,标准为:七级伤残为13个月的本人工资,八级伤残为11个月的本人工资,九级伤残为9个月的本人工资,十级伤残为7个月的本人工资;②劳动、聘用合同期满终止,或者职工本人提出解除劳动、聘用合同的,由工伤保险基金支付一次性工伤医疗补助金,由用人单位支付一次性伤残就业补助金。一次性工伤医疗补助金和一次性伤残就业补助金的具体标准由省、自治区、直辖市人民政府规定。

同样以云南省为例,根据《云南省实施〈工伤保险条例〉办法》第三十七条的规定,七至十级伤残职工,劳动合同期满终止或者职工本人提出解除劳动合同的,用人单位可以与其解除或者终止劳动关系。由用人单位按照解除或者终止劳动关系时,全省上年度职工月平均工资为基数支付一次性伤残就业补助金。标准为:七级22个月、八级18个月、九级13个月、十级7个月。由工伤保险基金按照解除或者终止劳动关系时,全省上年度职工月平均工资为基数支付一次性工伤医疗补助金。

标准为:七级8个月、八级6个月、九级3个月、十级2个月。患职业病的工伤职工,一次性工伤医疗补助金在上述标准的基础上增发30%。

8.工亡待遇

根据《工伤保险条例》第三十九条第一款的规定,职工因工死亡,其近亲属按照下列规定从工伤保险基金领取丧葬补助金、供养亲属抚恤金和一次性工亡补助金:(1)丧葬补助金为6个月的统筹地区上年度职工月平均工资。(2)供养亲属抚恤金按照职工本人工资的一定比例发给由因工死亡职工生前提供主要生活来源、无劳动能力的亲属。标准为:配偶每月40%,其他亲属每人每月30%,孤寡老人或者孤儿每人每月在上述标准的基础上增加10%。核定的各供养亲属的抚恤金之和不应高于因工死亡职工生前的工资。供养亲属的具体范围由国务院社会保险行政部门规定。(3)一次性工亡补助金标准为上一年度全国城镇居民人均可支配收入的20倍。

另外,根据《工伤保险条例》第三十九条第二款的规定,伤残职工在停工留薪期内因工伤导致死亡的,其近亲属享受本条第一款规定的待遇,即从工伤保险基金领取丧葬补助金、供养亲属抚恤金和一次性工亡补助金。根据《工伤保险条例》第三十九条第三款的规定,一级至四级伤残职工在停工留薪期满后死亡的,其近亲属可以享受本条第一款第(一)项、第(二)项规定的待遇,即从工伤保险基金领取丧葬补助金、供养亲属抚恤金。

9.工伤复发

根据《工伤保险条例》第三十八条的规定,工伤职工工伤复发,确认需要治疗的,享受本条例第三十条、第三十二条和第三十三条规定的工伤待遇。待遇包括:

(1)医疗、康复费用待遇;

(2)伙食补助费、外地就医的交通、食宿费用待遇;

(3)辅助器具;

(4)停工留薪期待遇。

10.职工因工外出期间发生事故或者在抢险救灾中下落不明的处理

根据《工伤保险条例》第四十一条的规定,职工因工外出期间发生事故或者在抢险救灾中下落不明的,从事故发生当月起3个月内照发工资,从第4个月起停发工资,由工伤保险基金向其供养亲属按月支付供养亲属抚恤金。生活有困难的,可以预支一次性工亡补助金的50%。职工被人民法院宣告死亡的,按照本条例第三十九条职工因工死亡的规定处理。

11.停止享受工伤保险待遇

根据《工伤保险条例》第四十二条的规定,工伤职工有下列情形之一的,停止享受工伤保险待遇:(1)丧失享受待遇条件的;(2)拒不接受劳动能力鉴定的;(3)拒绝治疗的。

12. 未参加工伤保险的情形

根据《工伤保险条例》第六十二条的规定,依照本条例规定应当参加工伤保险而未参加工伤保险的用人单位职工发生工伤的,由该用人单位按照本条例规定的工伤保险待遇项目和标准支付费用。用人单位参加工伤保险并补缴应当缴纳的工伤保险费、滞纳金后,由工伤保险基金和用人单位依照本条例的规定支付新发生的费用。

13. 用人单位分立、合并、转让、破产的情形

根据《工伤保险条例》第四十三条的规定,用人单位分立、合并、转让的,承继单位应当承担原用人单位的工伤保险责任;原用人单位已经参加工伤保险的,承继单位应当到当地经办机构办理工伤保险变更登记。企业破产的,在破产清算时依法拨付应当由单位支付的工伤保险待遇费用。

(六)再次发生工伤的处理

根据《工伤保险条例》第四十五条的规定,职工再次发生工伤,根据规定应当享受伤残津贴的,按照新认定的伤残等级享受伤残津贴待遇。如《北京市工伤保险待遇核定支付办法》第二十二条规定,工伤职工再次发生工伤的,新伤害部位的劳动能力鉴定等级作为享受一次性伤残补助金待遇的依据。工伤职工发生多次工伤的,多次伤残综合评定的等级作为除享受一次性伤残补助金以外工伤保险待遇的依据。

(七)诚实信用

在工伤认定、劳动能力鉴定以及工伤保险待遇的领取过程中,用人单位和劳动者都应当遵守诚实信用原则,不得有欺诈、伪造证明材料或者其他违背诚实信用的行为。

二、违反工伤保险规范的法律责任

(一)违反工伤认定申请规范的法律责任

1. 用人单位未依法提出工伤认定申请的法律责任

根据《工伤保险条例》第十七条的规定,用人单位未在事故伤害发生之日或者

被诊断、鉴定为职业病之日起 30 日内提交工伤认定申请的,在此期间发生的符合《工伤保险条例》规定的工伤待遇等有关费用由用人单位负担。实践中,主要是在此期间产生的医疗费用、住院伙食补助费等。另外,《劳动和社会保障部关于实施〈工伤保险条例〉若干问题的意见》第六条规定,这里用人单位承担工伤待遇等有关费用的期间是指从事故伤害发生之日或职业病确诊之日起到劳动保障行政部门受理工伤认定申请之日止。

2. 劳动者未依法提出工伤认定申请的法律责任

用人单位未在事故伤害发生之日或者被诊断、鉴定为职业病之日起 30 日内提交工伤认定申请,工伤职工或者其近亲属未及时提出工伤认定申请,在事故伤害发生之日或者被诊断、鉴定为职业病之日起超过 1 年后才提出工伤认定申请的,社会保险行政部门可能因此不予受理工伤认定申请。由此,劳动者或其近亲属将难以依照《工伤保险条例》的规定主张用人单位支付或从工伤保险基金支付工伤保险待遇。

3. 未按照规定提供证据的法律责任

用人单位或职工认定是工伤的,应当向社会保险行政部门提供证明是工伤的证据,未按照规定提供证据的,可能被认定为不是工伤。职工或者其近亲属认为是工伤,用人单位不认为是工伤,但未提供证据证明不是工伤的,用人单位将承担举证不能的法律后果,社会保险行政部门可以根据受伤害职工提供的证据或者调查取得的证据,依法作出工伤认定决定。

(二) 拒不协助社会保险行政部门对事故进行调查核实的法律责任

根据《工伤保险条例》第六十三条的规定,用人单位违反本条例第十九条的规定,拒不协助社会保险行政部门对事故进行调查核实的,由社会保险行政部门责令改正,处 2000～2 万元的罚款。

(三) 未支付工伤保险待遇的法律责任

用人单位未支付工伤保险待遇的,劳动者可以申请劳动仲裁,要求用人单位支付。其中,未支付停工留薪期间的工资的,属于未及时足额支付劳动报酬,应当承担未及时足额支付劳动报酬的法律责任。未及时足额支付劳动报酬的法律责任在支付劳动报酬的章节中已经详细说明,此处不再赘述。

(四)骗取工伤保险待遇的法律责任

根据《工伤保险条例》第六十条、《社会保险法》第八十八条的规定,用人单位、工伤职工或者其近亲属以欺诈、伪造证明材料或者其他手段骗取工伤保险待遇,医疗机构、辅助器具配置机构骗取工伤保险基金支出的,由社会保险行政部门责令退还,处骗取金额 2~5 倍的罚款;情节严重,构成犯罪的,依法追究刑事责任。

三、合规管理

用人单位应当遵守有关安全生产和职业病防治的法律法规,执行安全卫生规程和标准,预防工伤事故发生,避免和减少职业病危害。劳动者患职业病或因工负伤的,用人单位应当遵守工伤保险的相关规范。

(一)及时救治

职工发生工伤时,用人单位应当采取措施使工伤职工得到及时救治。这不仅是基于人道主义的关怀,及时救治可以减少工伤职工因工伤所受到的伤害,一般情况下,劳动者受到的伤害越小,用人单位应承担的工伤保险责任也越小。

(二)及时申请工伤认定

职工发生事故伤害或者按照《职业病防治法》规定被诊断、鉴定为职业病的,用人单位应当自事故伤害发生之日或者被诊断、鉴定为职业病之日起 30 日内,提出工伤认定申请。遇有特殊情况,向社会保险行政部门申请延长申请工伤认定的期限。如认为不属于工伤,应征询劳动者的意见,除劳动者同意不申请工伤认定外,应当在上述期限内提出工伤认定申请

(三)及时收集、固定证据

劳动者受伤后,用人单位应当及时收集、固定证据,以证明劳动者受伤的时间、地点、原因、受伤情况等。以免因举证不能导致社会保险行政部门作出错误的工伤认定决定或不予认定工伤的决定。

(四)合理行使权利

1. 在工伤认定、劳动能力鉴定过程中,如认为社会保险行政部门工作人员、劳动能力鉴定委员会组成人员或者参加鉴定的专家与用人单位或职工有利害关系,

可能影响工伤认定、劳动能力鉴定，可以提出回避申请。

2. 社会保险行政部门作出认定工伤或不予认定工伤的决定后，用人单位或者劳动者对决定不服的，可以依法申请行政复议或提起行政诉讼。

3. 市劳动能力鉴定委员会作出鉴定结论后，用人单位或者劳动者对劳动能力鉴定结论不服的，可以在收到该鉴定结论之日起15日内向省、自治区、直辖市劳动能力鉴定委员会提出再次鉴定申请。

（五）正确计算工伤保险待遇

正确计算工伤保险待遇是用人单位正确履行劳动合同义务的前提，在支付工伤职工社会保险待遇或与工伤职工协商处理时，应结合《工伤保险条例》以及当地有关工伤保险的相关规定计算用人单位应支付的工伤保险待遇费用，尤其要注意区分相关费用是由用人单位支付，还是由工伤保险基金支付。

（六）劳动合同的解除与终止

在劳动者患职业病或因工负伤的情形下，用人单位除按照规定支付工伤保险待遇，依法为劳动者缴纳社会保险费外，还要特别注意劳动合同解除或终止的问题。

（1）职工因工致残被鉴定为一级至四级伤残的，保留劳动关系，退出工作岗位。不存在劳动合同解除与终止的问题。

（2）职工因工致残被鉴定为五级、六级伤残的，保留与用人单位的劳动关系，经工伤职工本人提出，可以与用人单位解除或者终止劳动关系，即除劳动者同意解除或终止劳动合同外，用人单位不得解除或终止劳动合同。

（3）职工因工致残被鉴定为七级至十级伤残的，如劳动合同期满时，劳动者尚在停工留薪期内，劳动合同期限续延至停工留薪期满之日，停工留薪期满可以终止劳动合同。关于劳动合同的解除，用人单位不能依照《劳动合同法》第四十条、第四十一条的规定解除劳动合同，但可以依照《劳动合同法》第三十九条的规定解除劳动合同。

（七）协商处理

劳动者患职业病或因工负伤后，用人单位可以与劳动者就劳动合同的解除与终止、工伤保险待遇的支付等事宜进行协商处理。协商处理时要注意以下两点。

（1）职工因工致残被鉴定为一级至四级伤残的，应保留劳动关系，协商解除劳动合同可能会因违反法律规定而导致协议被认定为无效。但用人单位可以与劳动者就工伤保险待遇的支付事宜进行协商。

(2)关于工伤保险待遇支付的数额问题,《民法典》第一百五十一条规定,一方利用对方处于危困状态、缺乏判断能力等情形,致使民事法律行为成立时显失公平的,受损害方有权请求人民法院或者仲裁机构予以撤销。如协商支付的数额过分低于法律规定的用人单位应当支付的数额,协议可能因显失公平被撤销。

案例1 山东百俊房地产开发有限公司、山东金科天宸房地产有限公司与张某劳动争议纠纷案[(2022)鲁01民终2395号]

山东百俊房地产开发有限公司(以下简称百俊公司)与山东金科天宸房地产有限公司(以下简称金科公司)均为一人有限责任公司,两公司的唯一股东均为重庆金科房地产开发有限公司。2018年3月12日,张某与金科公司签订劳动合同书一份,约定双方劳动合同期限为2018年3月12日至2022年2月18日。张某的社会保险在2018年4月由百俊公司缴纳,2018年5月至2019年3月由金科公司缴纳,2019年4月至2021年2月又转由百俊公司缴纳,之后百俊公司、金科公司均未再为张某缴纳社会保险。2020年8月19日,张某在济南金科澜山公馆工作中不慎摔倒受伤,造成左踝关节损伤,左膝外伤,左膝内侧半月板损伤,左膝前交叉韧带损伤,左四头肌肌腱损伤,左膝髌下软骨组织损伤,左膝关节积液。2020年12月31日,百俊公司向济南市槐荫区人力资源和社会保障局提起工伤认定申请,该局于2021年1月6日作出槐荫人社工认字〔2021〕181号认定工伤决定书,认定张某受到的上述伤害为工伤。该决定书已生效。2020年8月19日至12月31日,张某个人为治疗其上述损伤,支出医疗费和购买医疗辅助用品共计4035.97元,2021年1月至2月张某个人支出医疗费236元,2021年3月支出医疗费185.74元。

一审法院认为,《工伤保险条例》第十七条第一款规定:"职工发生事故伤害或者按照职业病防治法规定被诊断、鉴定为职业病,所在单位应当自事故伤害发生之日或者被诊断、鉴定为职业病之日起30日内,向统筹地区社会保险行政部门提出工伤认定申请。遇有特殊情况,经报社会保险行政部门同意,申请时限可以适当延长。"第四款规定:"用人单位未在本条第一款规定的时限内提交工伤认定申请,在此期间发生符合本条例规定的工伤待遇等有关费用由该用人单位负担。"张某于2020年8月19日受工伤,百俊公司未在30日内向社会保险行政部门提出工伤认定申请,而是在2020年12月31日才提出申请。依照上述行政法规的规定,虽然百俊公司为张某缴纳了工伤保险,但其应当承担2020年8月19日至12月31日的医疗费。2021年2月,百俊公司断缴了张某的工伤保险,导致张某无法通过工伤保险基金进行医疗费报销,其应当承担之后产生的工伤医疗费。上述期间张某共计花费医疗费4221.71元,百俊公司、金科公司应当向张某进行赔偿。

二审法院认为,一审法院针对张某主张的医疗费损失等各项费用,一审判决已经进行了详细的论证分析,判决理由合法、合情、合理,判决结果正确。

案例分析

《工伤保险条例》第十七条第一款规定,职工发生事故伤害或者按照《职业病防治法》规定被诊断、鉴定为职业病,所在单位应当自事故伤害发生之日或者被诊断、鉴定为职业病之日起30日内,向统筹地区社会保险行政部门提出工伤认定申请。遇有特殊情况,经报社会保险行政部门同意,申请时限可以适当延长。第四款规定,用人单位未在本条第一款规定的时限内提交工伤认定申请,在此期间发生符合本条例规定的工伤待遇等有关费用由该用人单位负担。

本案中,张某于2020年8月19日受工伤,百俊公司应当在2020年9月18日以前提出工伤认定申请,但其在2020年12月31日才提出申请。结合《劳动和社会保障部关于实施〈工伤保险条例〉若干问题的意见》第六条的规定,2020年8月19日至12月31日,张某个人为治疗其上述损伤,支出医疗费和购买医疗辅助用品共计4035.97元,符合《工伤保险条例》的规定,应当由百俊公司负担。

案例2 中国人民解放军某部队与李某劳动争议纠纷案[(2022)鲁01民终6634号]

已生效的(2021)鲁0102民初4138号民事判决书确认李某与中国人民解放军某部队(以下简称某部队)自1993年3月至2019年11月30日存在劳动关系。1994年6月8日,李某在搬运粮食时左侧腰部扭伤。2019年3月2日李某扭伤左侧踝关节。2019年12月,某部队委托山东金正法医司法鉴定所对李某伤残等级、误工期限、护理期限及人数、营养期限进行鉴定,该鉴定所分别对李某1994年6月8日所受之伤及2019年3月2日所受之伤进行鉴定,鲁金正司鉴所[2019]临鉴字第6104号司法鉴定意见书认为李某在搬运粮食时腰部扭伤,评定为十级伤残,其余损伤,未达评残标准,不予评定伤残等级。鉴定意见为:(1)被鉴定人李某之损伤构成十级伤残。(2)被鉴定人李某伤后误工期限为120日。(3)被鉴定人李某伤后需一人护理60日。(4)被鉴定人李某伤后营养期限为60日。

2020年12月14日,李某以某部队为被申请人向济南市劳动人事争议仲裁委员会申请仲裁,请求某部队支付一次性伤残补助金13,370元、一次性伤残就业补助金 47,416 元、一次性工伤医疗补助金 23,708 元、误工费 10,537.2 元、护理费 7800 元、营养费 3000 元等。该委济劳人仲案字[2020]第 1067 号仲裁裁决书裁决驳回李某的全部仲裁请求。李某不服该裁决,诉至一审法院。

一审法院认为,关于一次性伤残补助金、一次性伤残就业补助金、一次性工伤医疗补助金、误工费、护理费、营养费,李某无证据证明所受之伤为工伤,在用人单位和劳动者均未在法定期限内及时申报工伤认定的情形下,人民法院在民事诉讼中不能对工伤作出认定,同时也无权委托劳动行政主管部门进行工伤认定,李某的此项诉讼请求应按照一般人身损害赔偿案件予以处理。李某依据鉴定意见认定的十级伤残等级按照工伤待遇主张赔偿上述费用,无事实及法律依据,一审法院不予支持。

二审法院认为,《工伤保险条例》第十七条规定,职工发生事故伤害或者按照《职业病防治法》规定被诊断、鉴定为职业病,所在单位应当自事故伤害发生之日或者被诊断、鉴定为职业病之日起 30 日内,向统筹地区社会保险行政部门提出工伤认定申请。遇有特殊情况,经报社会保险行政部门同意,申请时限可以适当延长。用人单位未按前款规定提出工伤认定申请的,工伤职工或者其近亲属、工会组织在事故伤害发生之日或者被诊断、鉴定为职业病之日起 1 年内,可以直接向用人单位所在地统筹地区社会保险行政部门提出工伤认定申请。按照本条第一款规定应当由省级社会保险行政部门进行工伤认定的事项,根据属地原则由用人单位所在地的设区的市级社会保险行政部门办理。用人单位未在本条第一款规定的时限内提交工伤认定申请,在此期间发生符合本条例规定的工伤待遇等有关费用由该用人单位负担。依据上述规定,劳动者是否构成工伤,由社会保险行政部门认定,李某主张由人民法院对工伤进行认定没有依据。在社会保险行政部门未认定工伤的情况下,李某主张工伤待遇没有法律依据。

案例分析

1. 劳动者受伤是否属于工伤,应当经社会保险行政部门认定。

根据《工伤保险条例》第十七条的规定,职工发生事故伤害或者按照《职业病防治法》规定被诊断、鉴定为职业病,所在单位应当自事故伤害发生之日或者被诊断、鉴定为职业病之日起 30 日内,向统筹地区社会保险行政部门提出工伤认定申请。用人单位未按前款规定提出工伤认定申请的,工伤职工或者其近亲属、工会组织在事故伤害发生之日或者被诊断、鉴定为职业病之日起 1 年内,可以直接向用人单位所在地统筹地区社会保险行政部门提出工伤认定申请。该案中李某受伤后,某部队未在1个月内提出工伤认定申请,李某应当在其受伤后1年内提出工伤认定申请,但李某未在期限内申请工伤认定,导致其受伤未能经社会保险行政部门认定为工伤,故其受伤是否属于工伤尚不能确定。

2. 未认定为工伤,不能享受工伤保险待遇。

劳动者受伤可能是因工负伤,也可能是非因工负伤。劳动者主张按照《工伤保险条例》的规定享受工伤保险待遇的前提是其受伤被认定工伤。李某未经社会保险行政部门认定为工伤,主张某部队依照《工伤保险条例》的规定支付工伤保险待遇没有法律事实及法律依据。

专题二十三　三期女职工

一、三期女职工的用工规范

女职工的三期是指孕期、产期和哺乳期。

根据《劳动法》《劳动合同法》《妇女权益保障法》《女职工劳动保护特别规定》等相关法律法规规定,对处于孕期、产期和哺乳期的女员工,用人单位应当提供特殊的劳动保护。主要涉及劳动保护、工作时间、休息、休假、劳动合同的变更、解除与终止等方面。

(一)女职工禁忌从事的劳动范围

《女职工劳动保护特别规定》第四条规定,用人单位应当遵守女职工禁忌从事的劳动范围的规定。用人单位应当将本单位属于女职工禁忌从事的劳动范围的岗位书面告知女职工。《女职工劳动保护特别规定》附录的女职工禁忌从事的劳动范围分别对一般情况、经期、孕期、哺乳期禁忌从事的劳动范围进行了规定。

1. 女职工一般情况下禁忌从事的劳动范围
(1)矿山井下作业;
(2)体力劳动强度分级标准中规定的第四级体力劳动强度的作业;
(3)每小时负重6次以上、每次负重超过20公斤的作业,或者间断负重、每次负重超过25公斤的作业。

2. 女职工在经期禁忌从事的劳动范围
(1)冷水作业分级标准中规定的第二级、第三级、第四级冷水作业;
(2)低温作业分级标准中规定的第二级、第三级、第四级低温作业;
(3)体力劳动强度分级标准中规定的第三级、第四级体力劳动强度的作业;
(4)高处作业分级标准中规定的第三级、第四级高处作业。

3.女职工在孕期禁忌从事的劳动范围

(1)作业场所空气中铅及其化合物、汞及其化合物、苯、镉、铍、砷、氰化物、氮氧化物、一氧化碳、二硫化碳、氯、己内酰胺、氯丁二烯、氯乙烯、环氧乙烷、苯胺、甲醛等有毒物质浓度超过国家职业卫生标准的作业;

(2)从事抗癌药物、己烯雌酚生产,接触麻醉剂气体等的作业;

(3)非密封源放射性物质的操作,核事故与放射事故的应急处置;

(4)高处作业分级标准中规定的高处作业;

(5)冷水作业分级标准中规定的冷水作业;

(6)低温作业分级标准中规定的低温作业;

(7)高温作业分级标准中规定的第三级、第四级的作业;

(8)噪声作业分级标准中规定的第三级、第四级的作业;

(9)体力劳动强度分级标准中规定的第三级、第四级体力劳动强度的作业;

(10)在密闭空间、高压室作业或者潜水作业,伴有强烈振动的作业,或者需要频繁弯腰、攀高、下蹲的作业。

4.女职工在哺乳期禁忌从事的劳动范围

(1)作业场所空气中铅及其化合物、汞及其化合物、苯、镉、铍、砷、氰化物、氮氧化物、一氧化碳、二硫化碳、氯、己内酰胺、氯丁二烯、氯乙烯、环氧乙烷、苯胺、甲醛等有毒物质浓度超过国家职业卫生标准的作业;

(2)非密封源放射性物质的操作,核事故与放射事故的应急处置;

(3)体力劳动强度分级标准中规定的第三级、第四级体力劳动强度的作业;

(4)作业场所空气中锰、氟、溴、甲醇、有机磷化合物、有机氯化合物等有毒物质浓度超过国家职业卫生标准的作业。

另外,根据《女职工劳动保护特别规定》第六条第一款的规定,女职工在孕期不能适应原劳动的,用人单位应当根据医疗机构的证明,予以减轻劳动量或者安排其他能够适应的劳动。

(二)工作时间与休息、休假规范

1.孕期

(1)禁止安排加班、夜班

根据《女职工劳动保护特别规定》第六条第二款的规定,女职工怀孕后,对怀孕7个月以上的女职工,用人单位不得延长劳动时间或者安排夜班劳动,并应当在劳动时间内安排一定的休息时间。一些地方结合当地实际情况,对孕期的休息时间有相应的规定,如《上海市女职工劳动保护办法》第十二条就规定,女职工妊娠 7 个月以上(按 28 周计算),应给予每天工间休息 1 小时。

(2)工间产检

《女职工劳动保护特别规定》第六条第三款规定,怀孕女职工在劳动时间内进行产前检查,所需时间计入劳动时间。关于产检的次数,根据《孕产期保健工作管理办法》以及《孕产期保健工作规范》的规定,孕期应当至少检查 5 次。其中孕早期至少进行 1 次,孕中期至少 2 次(建议分别在孕 16~20 周、孕 21~24 周各进行 1 次),孕晚期至少 2 次(其中至少在孕 36 周后进行 1 次),发现异常者应当酌情增加检查次数。

(3)产假期计算

根据《女职工劳动保护特别规定》第七条的规定,女职工产前可以休 15 天产假,计入产假期。

2. 产期

(1)根据《女职工劳动保护特别规定》第七条第一款的规定,女职工生育享受 98 天产假,其中产前可以休假 15 天;难产的,增加产假 15 天;生育多胞胎的,每多生育 1 个婴儿,增加产假 15 天。

(2)根据《女职工劳动保护特别规定》第七条第二款的规定,女职工怀孕未满 4 个月流产的,享受 15 天产假;怀孕满 4 个月流产的,享受 42 天产假。

需要注意的是,各地一般会通过地方性的规定延长产假的期限。

3. 哺乳期

(1)禁止安排加班、夜班

根据《女职工劳动保护特别规定》第九条第一款的规定,对哺乳未满 1 周岁婴儿的女职工,用人单位不得延长劳动时间或者安排夜班劳动。

(2)安排哺乳时间

根据《女职工劳动保护特别规定》第九条第二款的规定,用人单位应当在每天的劳动时间内为哺乳期女职工安排哺乳时间。哺乳时间的标准为 1 小时,每多哺乳 1 个婴儿每天增加 1 小时哺乳时间。

(三)支付劳动报酬规范

1. 产假工资

根据《女职工劳动保护特别规定》第八条的规定,已经参加生育保险的,由生育保险基金按照用人单位上年度职工月平均工资的标准支付生育津贴;对未参加生育保险的,由用人单位按照女职工产假前工资的标准支付工资。

另外,一些地方还规定,如生育津贴低于女职工休产假前的工资,用人单位应当补足。如《江苏省职工生育保险规定》第十八条第四款就规定,职工产假或者休假期间,享受的生育津贴低于其产假或者休假前工资的标准的,由用人单位予以补足;高于其产假或者休假前工资的标准的,用人单位不得截留。

2.产假外的工资

需要注意的是,女职工工间休息、产检、哺乳时间应当视为其正常提供了劳动,用人单位应当正常支付其劳动报酬。另外,根据《女职工劳动保护特别规定》第五条的规定,用人单位不得因女职工怀孕、生育、哺乳降低其工资。

(四)变更劳动合同规范

1.禁止因怀孕、产假、哺乳等情形降薪

根据《妇女权益保障法》第四十八条的规定,用人单位不得因怀孕、产假、哺乳等情形,降低女职工的工资和福利待遇,限制女职工晋职、晋级、评聘专业技术职称和职务。另外,《女职工劳动保护特别规定》第五条规定,用人单位不得因女职工怀孕、生育、哺乳降低其工资。

2.应当合理调整工作岗位

根据《女职工劳动保护特别规定》第六条的规定,女职工在孕期不能适应原劳动的,用人单位应当根据医疗机构的证明,予以减轻劳动量或者安排其他能够适应的劳动。除此以外,用人单位不得以劳动者怀孕、产假、哺乳等情形,单方调整劳动者的工作岗位。

(五)解除与终止劳动合同规范

根据《劳动合同法》第四十二条、第四十五条的规定,女职工在孕期、产期、哺乳期的,用人单位不得依照《劳动合同法》第四十条、第四十一条的规定解除劳动合同。劳动合同期满的,劳动合同应当续延至孕期、产期、哺乳期结束之日。

二、违反用工规范的法律责任

(一)违反女职工禁忌从事的劳动范围的规定法律责任

《女职工劳动保护特别规定》第十三条第二款规定,用人单位违反本规定附录第一条、第二条规定的,由县级以上人民政府安全生产监督管理部门责令限期改正,按照受侵害女职工每人1000~5000元的标准计算,处以罚款。用人单位违反本规定附录第三条、第四条规定的,由县级以上人民政府安全生产监督管理部门责令限期治理,处 5 万~30 万元的罚款;情节严重的,责令停止有关作业,或者提请有关人民政府按照国务院规定的权限责令关闭。其中,附录第一条、第二条、第三条、第四条分别是女职工一般情况下禁忌从事的劳动范围、女职工在经期禁忌从事的劳动范围、女职工在孕期禁忌从事的劳动范围和女职工在哺乳期禁忌从事的劳动范围。

(二)违反工作时间与休息、休假规范的法律责任

根据《女职工劳动保护特别规定》第十三条第一款的规定,用人单位违反规定安排孕期、哺乳期女职工加班、夜班,未安排女职工休产假的,由县级以上人民政府人力资源社会保障行政部门责令限期改正,按照受侵害女职工每人 1000~5000 元的标准计算,处以罚款。

(三)违反支付劳动报酬规范的法律责任

用人单位未按照规定支付劳动者孕期、产期、哺乳期间的工资的,属于未及时足额支付劳动报酬。未及时足额支付劳动报酬的法律责任在支付劳动报酬的章节中已经详细说明,此处不再赘述。

(四)违反变更劳动合同规范的法律责任

用人单位因怀孕、产假、哺乳等情形,降低女职工的工资和福利待遇,限制女职工晋职、晋级、评聘专业技术职称和职务的,作出的降薪、限制等决定无效,用人单位基于相应决定导致未足额支付劳动报酬、未提供劳动条件等的,应分别承担相应的责任。

(五)违反解除与终止劳动合同规范的法律责任

用人单位违反法律规定解除或终止与三期女职工的劳动合同的,属于违法解除或终止劳动合同,应当依照《劳动合同法》第四十八条、第八十七条的规定承担违法解除或终止劳动合同的法律责任。

(六)其他责任

《女职工劳动保护特别规定》第十五条规定,用人单位违反本规定,侵害女职工合法权益,造成女职工损害的,依法给予赔偿;用人单位及其直接负责的主管人员

三、合规管理

对三期女职工的合规管理就是要自女职工怀孕开始,按照三期女职工的用工规范履行劳动合同。

1. 不安排女职工从事《女职工劳动保护特别规定》附录规定的禁忌从事的劳动,如女职工原来从事的工作属于《女职工劳动保护特别规定》附录中规定的禁忌从事的劳动范围,用人单位应当调整其工作内容至非禁忌从事的劳动范围。

2. 结合当地的地方性规定,安排三期女职工休息、休假。

3. 及时足额支付三期女职工劳动报酬。

4. 不得因怀孕、产假、哺乳等情形,降低女职工的工资和福利待遇,限制女职工晋职、晋级、评聘专业技术职称和职务。

5. 女职工在孕期、产期、哺乳期的,不得依照《劳动合同法》第四十条、第四十一条的规定解除劳动合同,劳动合同期满的,劳动合同应当续延至孕期、产期、哺乳期结束之日。但三期女职工存在《劳动合同法》第三十九条规定的情形之一的,可以依照《劳动合同法》第三十九条的规定解除劳动合同。故用人单位拟依照《劳动合同法》第四十条、第四十一条的规定解除劳动合同,或拟在劳动合同期满后终止劳动合同的,应当提前询问劳动者是否处于孕期、产期、哺乳期。

案例1 北京吉海川科技发展有限公司与王某劳动争议纠纷案[(2022)京01民终5309号]

王某与北京吉海川科技发展有限公司(以下简称吉海川公司)签订有期限为2014年3月24日至2017年3月23日的劳动合同,约定王某从事会计工作,王某月平均工资为7260元。

王某主张劳动合同到期后,双方曾续订至2020年3月24日,其于2019年4月23日生产,2020年4月22日哺乳期结束,当日吉海川公司违法与其解除劳动合同。王某向法院提交了以下证据:(1)劳动合同续订书,显示吉海川公司与王某续订有期限为2017年3月23日至2020年3月24日的劳动合同。吉海川公司认可该证据的真实性。(2)电子邮件,2020年3月20日吉海川公司人事向王某发送邮件:"您好,王某,您与公司签订的劳动合同将于2020年3月24日到期,在此之前一个多月的时间内,公司一直希望与您续签劳动合同,但因工作岗位的原因,您不同意续签,鉴于时间紧迫,现公司书面向您征询续签意向,希望得到您的答复:1.关于续签的

专题二十三　三期女职工

工作岗位:您的原工作岗位为会计,您所在的财务部共有三名员工,您(会计)、财务经理(徐某)、出纳(于某)。您在2019年4月18日至8月25日休产假,为不影响公司正常运营,在您休产假之前的2019年4月8日公司招聘了一名会计(毛某)来接替您的工作,您已将工作全部交接给了毛某。您产假结束上班后,财务部门已有三名员工,包括会计兼财务主管(毛某)、财务经理(徐某)、出纳(于某),您原来的会计工作已由毛某接管,您未能继续原来的会计工作,一直从事公司临时安排的工作。因公司规模很小,财务部三名人员已满员,无法再安排会计岗位。为此公司为您推荐了多个岗位供您选择,包括审计员、外派(子公司)财务经理、研发助理等岗位,上述岗位您均可随时上岗,其中的审计员岗位和外派(子公司)财务经理岗位,与财务工作相关联,您是老员工对公司业务了解,并且有很好的沟通能力及协调能力,完全满足岗位职责需求。2.关于续签的薪资待遇:公司同意续签劳动合同的薪金增加100元/月。3.关于续签的其他条件:其他劳动合同条件及待遇不变。请您于2020年3月23日上午邮件回复是否同意续签;如不同意续签,您的劳动合同期限将自动顺延至哺乳期届满之日。届时,若双方没有续签劳动合同,双方的劳动关系即依法到期终止。"2020年4月17日王某回复邮件:"作为在公司工作6年多的老员工,我一直愿意与公司续签劳动合同,但我不同意调岗。首先,我在大学所学专业是会计学;其次,自毕业以来,我已从事财务工作近13年,其中在本公司会计工作岗位已6年以上。根据法律规定我于2019年4月18日至8月25日休产假,为不影响公司正常运营,产假期间工作由毛某临时接替。公司不能借我休假的缘由故意将我调离本岗位,这实际上等于变相调岗,我不同意调岗。产假结束后公司应恢复我原会计工作岗位,公司所提供的其他岗位与我不匹配。因此,依据法律规定,我不接受公司以调岗为由与我解除劳动合同。我很渴望续签劳动合同,但不同意调岗。"2020年4月22日王某向吉海川公司人事发送邮件:"我再次重申,我同意续签劳动合同,但不同意调岗。双方之间是无固定期限劳动合同,不存在续签劳动合同问题。我同意继续履行劳动合同,但不同意调岗。依公司现在的说法、做法,我认为是在变相违法解除劳动合同,这种做法我不能接受。这也违背了公司当初对我的承诺。我拒绝解除劳动合同。"同日吉海川公司人事回复:"您好,王某,双方不存在无固定期限劳动合同,不存在解除合同的情形,公司之前已多次与您协商续签问题,因您本人原因不续签导致合同到期自动终止,从明日起公司将按照双方不存在劳动关系处理。"吉海川公司认可该证据的真实性,主张因王某拒绝签订书面劳动合同,故公司与其终止劳动合同。

吉海川公司主张王某在合同到期后,拒绝与公司订立无固定期限劳动合同,公司与其合法终止劳动合同。

一审法院认为，王某在续订的劳动合同期限内生产，其劳动合同期限应顺延至哺乳期结束。根据《劳动合同法》之规定，吉海川公司应在王某合同到期后与其订立书面无固定期限劳动合同。现吉海川公司已提出与王某订立书面合同，但王某因岗位调整未予签署。故双方争议焦点为吉海川公司调岗的合理性及合法性问题。王某原为会计岗位，因该岗位属于职能岗，需要长期有员工从事相关工作，王某在产假期间吉海川公司另行招聘会计人员接替王某进行工作存在其合理性及必要性。王某休假结束后，吉海川公司基于经营现状，给王某提供不同岗位进行选择，且部分岗位与财务工作相关，并未对王某造成明显不便，也未降低王某的劳动报酬，应视为维持了原劳动合同条件与王某订立劳动合同，王某因岗位调整拒绝签署书面劳动合同，吉海川公司据此与其终止劳动合同并无不当。

关于续签劳动合同事实，二审期间吉海川公司陈述，双方在协商续签劳动合同时，该公司为王某提供了三个岗位供其选择：一是派驻于子公司的财务经理岗位，吉海川公司在河南有一家子公司，需由吉海川公司派驻一名财务人员担任子公司的财务人员，吉海川公司向王某提供该子公司财务经理的岗位；二是审计员岗位，审计对象包括吉海川公司及其子公司，审计员工作与财务工作相关联；三是研发助理岗位，系研发部针对产品的研发岗位。王某主张其不同意上述调岗的理由在于，其担任原岗位无须出差，而吉海川公司告知财务经理岗位需外派河南，审计员岗位也需要长期出差，而其刚过哺乳期，孩子还小，无法长期驻外，且吉海川公司提供的岗位王某并不擅长，该公司系以调岗之名而行违法解除劳动合同之实。

二审法院认为，就双方劳动关系的处理，该案中，王某与吉海川公司签订了期限为2014年3月24日至2017年3月23日、2017年3月23日至2020年3月24日的固定期限劳动合同。2020年4月22日，吉海川公司向王某发送邮件，通知因王某不续签劳动合同而劳动合同到期终止，故吉海川公司作出了终止劳动合同行为，而非解除劳动合同行为。现王某同意将其诉请的"违法解除劳动合同赔偿金94,380元"调整为"违法终止劳动合同赔偿金94,380元"，本院进一步审查吉海川公司的终止劳动合同行为是否合法。

首先，《劳动合同法》第十四条第二款第（三）项规定："用人单位与劳动者协商一致，可以订立无固定期限劳动合同。有下列情形之一，劳动者提出或者同意续订、订立劳动合同的，除劳动者提出订立固定期限劳动合同外，应当订立无固定期限劳动合同：（三）连续订立二次固定期限劳动合同，且劳动者没有本法第三十九条和第四十条第一项、第二项规定的情形，续订劳动合同的。"该法第三十九条规定：

"劳动者有下列情形之一的,用人单位可以解除劳动合同:(一)在试用期间被证明不符合录用条件的;(二)严重违反用人单位的规章制度的;(三)严重失职,营私舞弊,给用人单位造成重大损害的;(四)劳动者同时与其他用人单位建立劳动关系,对完成本单位的工作任务造成严重影响,或者经用人单位提出,拒不改正的;(五)因本法第二十六条第一款第一项规定的情形致使劳动合同无效的;(六)被依法追究刑事责任的。"该法第四十条第(一)项、第(二)项规定:"有下列情形之一的,用人单位提前三十日以书面形式通知劳动者本人或者额外支付劳动者一个月工资后,可以解除劳动合同:(一)劳动者患病或者非因工负伤,在规定的医疗期满后不能从事原工作,也不能从事由用人单位另行安排的工作的;(二)劳动者不能胜任工作,经过培训或者调整工作岗位,仍不能胜任工作的。"本案中,王某不存在《劳动合同法》第三十九条和第四十条第(一)项、第(二)项规定的情形,且王某多次告知吉海川公司其愿意续签劳动合同,并明确提出双方之间应签订无固定期限劳动合同。在此情形下,吉海川公司无权选择终止劳动合同,而应当依法与王某订立无固定期限劳动合同。对无固定期限劳动合同内容,双方应平等协商,以确定工作内容、劳动报酬等事项。本案中,王某提出关于岗位的意见,系行使缔约磋商的权利,其因双方未能就岗位达成一致意见而未续签劳动合同,不能当然视为无正当理由拒绝续签劳动合同。

其次,《劳动合同法》第四十六条第(五)项规定:"有下列情形之一的,用人单位应当向劳动者支付经济补偿:(五)除用人单位维持或者提高劳动合同约定条件续订劳动合同,劳动者不同意续订的情形外,依照本法第四十四条第一项规定终止固定期限劳动合同的。"该法第四十四条第(一)项规定:"有下列情形之一的,劳动合同终止:(一)劳动合同期满的。"该案中,吉海川公司主张该公司以未低于原劳动合同约定条件的标准提出了续订劳动合同,因王某不予同意而未能续签。经查,吉海川公司提出薪金增加100元/月,岗位和薪金之外的其他劳动合同条件及待遇不变,故除岗位之外,吉海川公司提出的续订劳动合同条件未低于原劳动合同条件。双方的核心争议焦点在于吉海川公司提出的变更劳动合同约定的岗位是否符合"维持或者提高劳动合同约定条件"的情形。对此本院认为,根据吉海川公司的自述,该公司提供给王某三个调岗选择,分别为子公司财务经理、审计员、研发助理。但根据该公司陈述可知,财务经理系派驻位于河南的子公司的岗位,必然需要赴当地开展工作;审计员虽需具备财务专业背景,但审计业务与财务业务仍具有工作内容、岗位职责、劳动技能等方面的明显差异,且审计员需对吉海川公司及关联公司进行审计,在工作地点上与财务工作存在差异;研发助理系对产品进行研发的岗位，与财务业务完全无关。故吉海川公司提供给王某选择的岗位或在工作地点上有所变化，或在工作内容上有所变化，均实质性变更了原劳动合同约定的工作岗位权利义务内容，且在通勤成本、对家庭生活的影响、对业务技能的要求等方面对劳动者具有更重的负担。故本院认为，吉海川公司提出的以调岗为前提的续签劳动合同条件，不符合"维持或者提高劳动合同约定条件"的情形。

最后，《劳动法》第五十八条第一款规定："国家对女职工和未成年工实行特殊劳动保护。"《女职工劳动保护特别规定》第五条规定："用人单位不得因女职工怀孕、生育、哺乳降低其工资、予以辞退、与其解除劳动或者聘用合同。"本案中，吉海川公司对王某进行调岗的理由在于，因王某孕产休假，该公司招聘了另一名同岗位人员代替了王某，故王某休完产假返岗后该公司无法向其提供原岗位。本院认为，女职工因孕产休假不能提供劳动期间，用人单位可以根据生产经营需要另行安排人员代替其工作，但也应当保障其休假结束依法返岗的劳动权利。当女职工返岗后不存在不能适应原劳动而需减轻劳动量或者安排其他劳动等情形，双方亦未对变更劳动合同协商一致时，用人单位应当依法按照原劳动合同约定条件，包括工作岗位、工作地点、工作内容、工时制度、薪酬标准等继续履行劳动合同。用人单位不得仅以女职工孕产休假为由强制进行调岗，更不得以调岗为名行违法降薪、违法辞退之实。在用工实践中，用人单位不能通过现有人员分担孕产休假女职工的工作量，可以在女职工休假期间另行聘用短期工，既能解决用人单位的缺工问题，又能保障女职工休假结束依法返岗的合法权益。依法保障女职工孕期、产期、哺乳期的合法权益，关乎女职工平等就业权的实现，也是用人单位对应尽社会责任的承担和对社会主义核心价值观的践行。本案中，吉海川公司在用工安排上未充分考虑王某产假结束后依法返岗的权利，径行安排其他员工代替其岗位，并以此为由提出以调岗为前提续签劳动合同，该调岗事由缺乏合法性、合理性和必要性；王某拒绝调岗，并要求按原劳动合同约定全面履行权利义务并无不当。

综上所述，吉海川公司应当与王某订立无固定期限劳动合同，该公司提出的续订劳动合同条件不符合法定标准，王某未予同意并进行缔约磋商具有合理理由，吉海川公司据此终止双方的劳动合同，缺乏事实和法律依据，属于违法终止劳动合同，一审法院对此认定不当，本院予以调整。

案 例 分 析

本案的争议为劳动合同期满后，吉海川公司以王某不同意续订为由终止劳动合同是否违法。

1.如王某同意续订劳动合同,吉海川公司不得拒绝续订劳动合同。

根据《劳动合同法》第十四条第二款第(三)项的规定,连续订立二次固定期限劳动合同,且劳动者没有《劳动合同法》第三十九条和第四十条第(一)项、第(二)项规定的情形,续订劳动合同的,除劳动者提出订立固定期限劳动合同外,应当订立无固定期限劳动合同。本案中,吉海川公司与王某签订了2014年3月24日至2017年3月23日的劳动合同,后又续订至2020年3月24日,且吉海川公司未提供证据证明王某存在《劳动合同法》第三十九条和第四十条第(一)项、第(二)项规定的情形,故王某同意续订劳动合同的,吉海川公司应当与其续订无固定期限劳动合同,如吉海川公司拒绝续订劳动合同,违反法律规定。

2.吉海川公司以调岗为前提续订劳动合同实际为拒绝续订劳动合同。

该案双方劳动合同于2020年3月24日到期,王某于2019年4月23日生产,哺乳期应当至2020年4月22日。根据《劳动合同法》第四十二条的规定,劳动合同期限应当续延至2020年4月22日。王某休产假前的工作岗位为会计,在王某休产假期间,吉海川公司以王某休产假为由,安排其他员工代替其岗位并无不妥当,但应当保障王某在产假结束后可以返回原岗位工作。吉海川公司在产假结束后,未与王某协商变更工作岗位,故劳动合同期满前,王某的工作岗位仍为会计。劳动合同期满后,吉海川公司提出续订劳动合同时,变更了王某的工作岗位,且提供给王某选择的岗位或在工作地点上有所变化,或在工作内容上有所变化,均实质性变更了原劳动合同约定的工作岗位权利义务内容,且在通勤成本、对家庭生活的影响、对业务技能的要求等方面给王某造成更重的负担,不属于维持或提供劳动合同条件的情形,吉海川公司以调岗为前提续订劳动合同实际为拒绝续订劳动合同,在王某不同意调岗后终止劳动合同违反法律规定。

案例2 北京龙熙体育健身俱乐部有限公司与李某劳动争议纠纷案[(2020)京02民终1983号]

李某于2012年3月25日入职北京龙熙体育健身俱乐部有限公司(以下简称龙熙公司)。李某签署了员工手册确认书,员工手册确认书载明:"该员工手册经充分讨论、平等协商,作为单位基本管理制度,本人已完成培训并仔细阅读完毕,已完全了解员工手册各条规定的管理意义与法律含义;在此保证将严格遵守该员工手册中规定的所有内容。"下方有李某签字确认。李某认可该确认书由其本人签字,但是否认发过员工手册,主张亦未培训过。员工手册规定:劳动合同期内未经本部门领导批准,擅自离岗连续超过三天者,作自动离职处理,公司有权追讨(或扣除)申请提出不足天数的工资及不辞而别对公司造成的损失；有下列情形之一时，公司不能解除劳动合同：……(3)女员工在孕期、产期、哺乳期的。李某不认可看过员工手册，称该手册没有经过民主程序。

李某2019年2月25日到龙熙公司提交因怀孕请假至2019年3月4日的请假单。李某认可请假，称在2019年2月26日时公司经理以李某怀孕为由将其口头辞退，故再未上班，但未提交证据证明辞退的事实。龙熙公司不认可口头辞退李某的事实。李某为证明其于2019年1月怀孕，提交诊断证明书5张。

2019年3月15日，龙熙公司向李某发送解除劳动合同通知书，通知书记载李某自2019年2月26日起至今未来公司上班，在此期间亦未办理辞职手续，严重违反公司规章制度，经多次催促仍未到公司办理任何手续，公司决定与李某解除劳动合同关系。李某于2019年3月19日收到解除劳动合同通知书。

一审法院认为，李某主张龙熙公司于2019年2月26日因其怀孕将其辞退，故之后一直未去上班，但未提交相应证据加以证明，法院不予采信。龙熙公司称其请假至2019年3月4日，之后再未上班，故龙熙公司依据公司规章制度解除与李某的合同。经法院审查，员工手册规定：劳动合同期内未经本部门领导批准，擅自离岗连续超过三天者，作自动离职处理，公司有权追讨(或扣除)申请提出不足天数的工资及不辞而别对公司造成的损失；有下列情形之一时，公司不能解除劳动合同：……(3)女员工在孕期、产期、哺乳期的。员工手册明确规定了女员工在孕期公司不能解除劳动合同，也未规定公司有权据此解除合同。现李某在孕期，根据龙熙公司的规章制度，龙熙公司无权解除与李某的劳动合同。故对李某主张继续履行劳动合同的请求，法院予以支持。

二审法院认为，2019年3月15日，龙熙公司向李某发送解除劳动合同通知书以其未到岗上班、未办理辞职手续、严重违反公司规章制度为由决定与李某解除劳动合同关系；李某于2019年3月19日收到该通知书。龙熙公司提交员工手册及员工手册确认书，员工手册规定劳动合同期内未经本部门领导批准，擅自离岗连续超过三天者，做自动离职处理。员工手册确认书显示李某已完全了解员工手册各条规定的管理意义和法律含义，并承诺严格遵守，故员工手册对李某具有约束力。龙熙公司主张李某因怀孕而请假至2019年3月4日，并提交了请假单予以证明；李某认可请假，亦认可2019年2月26日后未到岗工作。根据《劳动合同法》第四十二条的规定，女职工在孕期、产期、哺乳期的，用人单位不得依照本法第四十条、第四十一条的规定解除劳动合同。但是处于孕期的女职工亦应遵守劳动纪律和用人单位的规章制度，如确因怀孕需要休息亦应履行相应的请假手续。现未有证据显示李某在2019年3月4日后履行了请假手续,亦未有证据证明龙熙公司于2019年2月26日因李某怀孕而将其辞退,故李某未到岗工作的行为已构成旷工,违反了用人单位的规章制度。龙熙公司解除李某劳动合同时,李某属于孕期,但是龙熙公司系因李某违反用人单位规章制度即依据《劳动合同法》第三十九条的规定而作出解除劳动合同决定,该解除行为并未违反法律规定,不属于违法解除。同时,虽然员工手册明确规定女员工在孕期不能解除劳动合同,但是从员工手册的内容来看,其同时规定了"劳动合同期内未经本部门领导批准,擅自离岗连续超过三天"的具体处理和"孕期不能解除劳动合同",两个规定并行,并不能当然理解为只要女职工处于孕期用人单位就无权解除劳动合同。这与《劳动合同法》的立法精神亦不相符。

案例分析

《劳动合同法》第四十二条第(四)项规定,劳动者有下列情形之一的,用人单位不得依照本法第四十条、第四十一条的规定解除劳动合同:女职工在孕期、产期、哺乳期的。根据上述规定,女职工在孕期、产期、哺乳期的,用人单位不得依照《劳动合同法》第四十条、第四十一条的规定解除劳动合同,但并未限制用人单位依照《劳动合同法》第三十九条的规定解除劳动合同。

本案中,2019年3月15日,龙熙公司向李某发送解除劳动合同通知书以其未到岗上班、未办理辞职手续、严重违反公司规章制度为由决定与李某解除劳动合同关系。龙熙公司系依照《劳动合同法》第三十九条第(二)项的规定解除劳动合同,并不受《劳动合同法》第四十二条的限制。故李某在龙熙公司通知其解除劳动合同时是否怀孕并不影响龙熙公司解除劳动合同是否合法的认定。

李某因怀孕请假至2019年3月4日,之后未再到岗提供劳动,其不能证明未到岗系客观原因导致,故其在假期届满后未到岗构成旷工,根据员工手册的规定,其旷工至2019年3月15日已经构成严重违反用人单位的规章制度,龙熙公司依照《劳动合同法》第三十九条第(二)项的规定解除劳动合同具有事实及法律依据。

专题二十四 停工停产

一、停工停产规范

停工停产是指用人单位的生产工作处于停滞的一种状态。法律并未对停工停产作过多的规定,仅是在《工资支付暂行规定》中对非因劳动者原因造成单位停工停产期间的工资支付作了规定。

(一)用人单位可以停工停产的情形

法律并未规定用人单位在什么情况下可以停工停产,对停工停产的认定,司法实务中存在不同的观点。

第一种观点认为,停工停产是一种状态,用人单位可以结合实际情况决定停工停产,无论何种原因,只要用人单位的生产工作处于停滞状态的,就可以适用停工停产的规定。

第二种观点认为,停工停产是企业出于某种需要所作出的暂缓经营的决策,一段时间过后,还会恢复经营,应当是暂时性的,如一经关闭不会再恢复经营,不能适用停工停产的规定。

第三种观点认为,用人单位实施停工停产应当是基于客观需要,用人单位不存在经营困难、经营场所装修或搬迁、被责令停工等客观情形,无停工停产必要的,不得单方停工停产。

(二)停工停产的程序

停工停产涉及劳动者的劳动报酬,用人单位决定停工停产属于直接涉及劳动者切身利益的重大事项。根据《劳动合同法》第四条的规定,用人单位在制定、修改或者决定有关劳动报酬、工作时间、休息、休假、劳动安全卫生、保险福利、职工培训、劳动纪律以及劳动定额管理等直接涉及劳动者切身利益的规章制度或者重大事项时,应当经职工代表大会或者全体职工讨论,提出方案和意见,与工会或者职工代表平等协商确定。在规章制度和重大事项决定实施过程中,工会或者职工认为不适当的,有权向用人单位提出,通过协商予以修改完善。用人单位应当将直接涉及劳动者切身利益的规章制度和重大事项决定公示,或者告知劳动者。

(三)停工停产期间劳动合同的履行

停工停产期间,用人单位与劳动者的劳动合同并未解除或终止,除法律另有规定外,用人单位应当按照约定,结合实际情况履行劳动合同。除《工资支付暂行规定》第十二条规定了停工停产期间的工资支付外,法律并未对停工停产期间的其他事宜进行规定。因此,停工停产期间,用人单位应当为劳动者缴纳社会保险费,并依照《工资支付暂行规定》第十二条的规定支付劳动者工资。

《工资支付暂行规定》第十二条规定,非因劳动者原因造成单位停工停产在一个工资支付周期内的,劳动者提供了正常劳动,用人单位应按劳动合同规定的标准支付劳动者工资。超过一个工资支付周期的,若劳动者提供了正常劳动,则支付给劳动者的劳动报酬不得低于当地的最低工资标准;若劳动者没有提供正常劳动,应按国家有关规定办理。对于停工停产超过一个工资支付周期,劳动者没有提供正常劳动的处理,并无明确的规定。《人力资源和社会保障部办公厅关于妥善处理新型冠状病毒感染的肺炎疫情防控期间劳动关系问题的通知》中规定,企业停工停产在一个工资支付周期内的,企业应按劳动合同规定的标准支付职工工资。超过一个工资支付周期的,若职工提供了正常劳动,企业支付给职工的工资不得低于当地最低工资标准。职工没有提供正常劳动的,企业应当发放生活费,生活费标准按各省、自治区、直辖市规定的办法执行。因此,实践中一般认为,停工停产超过一个工资支付周期,劳动者没有提供正常劳动的,用人单位应当结合各省、自治区、直辖市的规定支付劳动者生活费。结合各地的规定,企业停工停产期间,工资支付标准如下。

(1)停工停产在一个工资支付周期内的,用人单位应按劳动合同规定的标准支付劳动者工资。

(2)停工停产超过一个工资支付周期,如劳动者提供了劳动,用人单位可以与劳动者约定新的工资支付标准,但支付给劳动者的工资不得低于当地最低工资标准。

(3)停工停产超过一个工资支付周期,劳动者未提供劳动的,用人单位应当结合各省、自治区、直辖市的规定支付劳动者生活费。

(四)停工停产的期限

法律虽未规定用人单位实施停工停产的期限,但用人单位应当结合实际情况确定合理的期限,如停工停产的期限存在明显不合理,则属于用人单位未按照劳动合同的约定提供劳动条件。

二、违反停工停产规范的法律责任

(一)停工停产无效的法律责任

用人单位决定实施停工停产,被认定无效,劳动者系用人单位原因未提供劳动的,应视为劳动者提供了劳动,用人单位应当正常支付劳动者劳动报酬。如存在未及时足额支付劳动报酬情形,还应当承担未及时足额支付劳动报酬的法律责任。

另外,用人单位决定实施停工停产,被认定无效的,还涉及未按照劳动合同约定提供劳动条件的情形,根据《劳动合同法》第三十八条的规定,用人单位未按照劳动合同约定提供劳动条件的,劳动者可以解除劳动合同。根据《劳动合同法》第四十六条的规定,劳动者因此解除劳动合同的,用人单位应当支付劳动者经济补偿。

(二)决定停工停产未经民主程序的法律责任

用人单位决定停工停产未经民主程序是否会影响停工停产的效力在司法实务中存在争议。

一种观点认为,用人单位决定停工停产,未按照《劳动合同法》第四条的规定就实施停工停产这一重大事项履行民主程序的,应审查用人单位是否确实存在停工停产的情形,如用人单位确实存在停工停产情形,可以适用停工停产的规定。

另一种观点认为,用人单位决定停工停产涉及劳动者的劳动报酬,未按照《劳动合同法》第四条的规定履行民主程序的,违反法律规定,停工停产决定无效,用人单位将承担停工停产无效的法律责任。

(三)未按照规定支付停工停产期间工资的法律责任

1. 未及时足额支付工资的法律责任

用人单位未按照规定支付停工停产期间工资的,属于未及时足额支付劳动报酬,应当承担未及时足额支付劳动报酬的法律责任。

2. 未支付生活费的法律责任

一般认为,生活费不是劳动者提供劳动的对价,支付生活费是用人单位履行的社会责任,故生活费不属于劳动报酬。用人单位未按照规定支付劳动者生活费的,不属于未及时足额支付劳动报酬,不承担未及时足额支付工资的法律责任,但劳动者可以申请劳动仲裁要求用人单位按照规定支付生活费。

(四) 停工停产的期限不合理的法律责任

用人单位停工停产的期限存在明显不合理,未及时安排劳动者复工的,属于未按照劳动合同的约定提供劳动条件,劳动者可依照《劳动合同法》第三十八条的规定解除劳动合同,要求用人单位支付经济补偿。

实际上,司法实务中还有观点认为,经济补偿具有补偿性质,并不要求用人单位存在主观过错。因此,用人单位停工停产的,实质上无法为劳动者提供劳动合同约定的劳动条件,劳动者可以在用人单位停工停产后径行解除劳动合同。

三、合规管理

为防止用人单位停工停产不规范承担法律责任,用人单位决定实施停工停产的,应保证停工停产的合法性,并按照规定履行劳动合同义务。

(一) 不随意实施停工停产

1. 满足可以实施停工停产条件

用人单位决定实施停工停产前,应确定是否存在可以实施停工停产的情形。要注意停工停产与订立劳动合同时的客观情况发生重大变化致使劳动合同无法履行的区别。

一般来说,停工停产是暂时的、有复工计划的,且涉及员工范围较大,而订立劳动合同时的客观情况发生重大变化致使劳动合同无法履行的情形一般是不可恢复的,且涉及的员工范围一般不大。如属于订立劳动合同时的客观情况发生重大变化致使劳动合同无法履行的情形,用人单位不得实施停工停产,应当与劳动者协商变更劳动合同,不能协商变更劳动合同内容的,用人单位可以解除劳动合同,并支付劳动者经济补偿。有些时候,二者是很难区分的,甚至特定的情形既满足停工停产的条件又属于订立劳动合同时的客观情况发生重大变化致使劳动合同无法履行的情形。

2.注意成本

决定实施停工停产前还要做成本的比较。停工停产期间,用人单位要为劳动者缴纳社会保险费,支付劳动者工资或生活费,且劳动者提出解除劳动合同的,用人单位可能还要支付劳动者经济补偿,如停工停产时间久或难以确定,直接协商解除劳动合同或许可以降低用工成本。

(二)履行民主程序

用人单位决定实施停工停产的,应当按照《劳动合同法》第四条的规定履行民主程序。

(三)依法履行劳动合同义务

用人单位实施停工停产的,应当按照《工资支付暂行规定》第十二条的规定支付劳动者停工停产期间的工资,并结合当地的规定支付劳动者生活费。

案例1 广州鑫源恒业电力线路器材股份有限公司与汤某劳动争议纠纷案
[(2020)粤01民终13331号]

汤某系广州鑫源恒业电力线路器材股份有限公司(以下简称鑫源公司)员工,任职机电模班的机修工。2019年2月24日,鑫源公司发出现阶段搬迁计划,拟在2019年2月27日至3月3日至少搬迁氩弧焊班所有焊机、浇注班所有浇注机、钻孔班所有钻床11台(留2台钻孔)、车工班车床9台、下料班火焰切割机1台等。2019年3月5日,汤某等35名劳动者向镇街劳动管理所投诉鑫源公司,称公司开始搬迁,没有依法提前30天书面通知工人,更没有对人员的去留作安排,也没有谈及经济补偿问题,不按时发放工资,部分工人社保没有补缴,周末上班从来不给加班费,每月工作不少于28天。《劳资纠纷案件处理情况表》上载明:"调查情况:2019年3月6日组织鑫源公司相关负责人以及工人代表进行协商。其间,鑫源公司表示:因受春节放假影响,2019年1月工资仍未核算清楚,延期至3月8日发放;对于搬迁生产设备后工人安置问题,鑫源公司提出并非搬迁所有的生产设备,对于不同意前往清远市佛冈县新厂的工人,鑫源公司仍能在遵照劳动合同条款的前提下向工人提供工作岗位。2019年3月11日鑫源公司在厂区内张贴公告答复工人,公告注明不同意前往佛冈新厂的工人保持原岗位不变、合同待遇不变,对于前往佛冈新厂的工人劳动关系延续,加班费已足额发放等内容。2019年3月13日鑫源公司向我中心提供企业员工花名以及2018年12月至2019年1月的工人工资表。2019年3月15

日鑫源公司21名工人提出申请劳动仲裁确认劳动关系。处理结果：(1)鑫源公司已发放2019年1月工资。(2)鑫源公司已明确表示足额支付加班费,如工人对加班方面存在争议,应当通过劳动仲裁处理。"

2019年3月7日,鑫源公司张贴了关于停止职工宿舍及食堂服务的通知,表示因职工宿舍及食堂已于2017年4月出售等情况,自2019年3月10日起停止职工宿舍及食堂服务,请职工宿舍居住的同人按期搬离宿舍,并自行安排用餐和住宿。

2019年6月3日,汤某等多名劳动者签署了被迫解除劳动关系通知函,并在鑫源公司内张贴。被迫解除劳动关系通知函上写明鑫源公司在2018年年底至2019年年初陆续将办公及生产设备、设施等搬迁至清远市佛冈县,因我们不同意去佛冈工作,公司逃避法律责任不与我们协商劳动关系事宜,也未按劳动合同约定提供劳动条件,未作出合理安排,且现已对我们作出违法连续降薪、克扣工资、未足额发放劳动报酬和未依法缴纳社会保险等违法行为,因公司搬迁,双方劳动合同无法继续履行,故依据劳动法律规定,我们被迫与公司解除劳动关系,即日起劳动关系解除,要求公司结清工资待遇和支付经济补偿金等。鑫源公司先后于2019年6月3日、11日、27日向汤某发送短信,催促汤某在接到通知后回公司岗位上班,继续履行劳动合同。2019年7月20日,鑫源公司向汤某发送短信称多次通知你回工作岗位上班,但至今未考勤上班,故通知你的行为属于自动离职,应于2019年7月25日办理交接和离职手续。本案庭审中,鑫源公司与汤某均确认双方的劳动关系已于2019年6月3日因汤某单方提出而解除。此外,鑫源公司主张对不愿意去新厂址公司的员工会安排到原厂址旁边的旧厂房(原公司仓库)工作,那里仍留有少量的机械设备可以进行生产。为此,鑫源公司提交了视频、照片为据。汤某对照片不予确认,同时认为照片显示的机械设备根本不足以供本次诉讼的35名劳动者使用。汤某亦提交了视频、照片证实因鑫源公司搬迁导致原厂址停工停产,且未对不去新址工作的员工做好安置。

2019年6月11日,广州市增城区永宁街环境保护所出具的《关于广州鑫源恒业电力线路器材有限公司噪音扰民问题的复函》上载明："5月30日,环保所工作人员对广州鑫源恒业电力线路器材股份有限公司进行现场检查。检查时,该公司已经停产并正在搬迁,车间内的设备基本已经拆除。"

一审法院认为,汤某于2019年6月3日以鑫源公司搬迁未按劳动合同约定提供劳动条件,未作出合理安排,违法连续降薪、克扣工资、未足额发放劳动报酬和未依法缴纳社会保险等为由单方提出解除劳动关系的事实,双方均无异议,原审法院予以确认。鑫源公司与汤某争议的焦点在于鑫源公司是否存在未按约定提供劳动条件、未足额支付劳动报酬和未缴纳社会保险的事实。根据原审法院查明以及前文论述，汤某离职前，鑫源公司已为汤某缴纳了险种齐全的社会保险，并足额支付了劳动报酬，汤某以此为由提出解除劳动关系并要求经济补偿，理据不足，原审法院不予采纳。汤某主张鑫源公司未按约定提供劳动条件，其实质在于因鑫源公司搬迁，双方未能就劳动合同继续履行达成一致意见。原审法院认为，尽管鑫源公司在2019年3月曾发布公告称会对不同意前往新厂址工作的劳动者提供工作岗位，并保持原岗位及合同待遇不变，但根据广州市增城区永宁街环境保护所2019年6月11日出具的《关于广州鑫源恒业电力线路器材有限公司噪音扰民问题的复函》来看，2019年5月30日，鑫源公司在广州市增城区的工厂已处于停产搬迁状态，机械设备均已拆除，故鑫源公司客观上已无法再为汤某提供保障工作岗位基本需求的劳动条件。鑫源公司主张已在原厂址隔壁放置有部分机械设备，仍可为包括汤某在内的多名劳动者提供劳动条件，但鑫源公司提交的照片和视频显示仅有少量的机械设备和工人，且无法证实为鑫源公司为汤某提供的工作环境，汤某对此亦不予确认。即便属实，上述机械设备亦不足以为包括汤某在内的35名劳动者提供生产条件。因此，鑫源公司主张仍可按原劳动合同约定保持汤某原岗位和原待遇不变，缺乏现实基础和事实依据，原审法院不予采信。汤某以鑫源公司未提供劳动条件为由提出解除劳动关系，并要求经济补偿，合法有据，原审法院予以支持。

二审法院认为，关于鑫源公司是否需要向汤某支付经济补偿金的问题，鑫源公司因工厂搬迁，导致鑫源公司与汤某的劳动合同客观情况发生重大变化。在此情况下，鑫源公司应与汤某协商变更劳动合同。由于双方对工作地点未能达成一致，鑫源公司遂主张，将在原厂址旁边的仓库改建成厂房，并留下少量的机械设备，以安排不愿意去新厂址工作的员工到此处工作。但根据广州市增城区永宁街环境保护所2019年6月11日出具的《关于广州鑫源恒业电力线路器材有限公司噪音扰民问题的复函》，广州市增城区永宁街环境保护所工作人员在2019年5月30日对鑫源公司的厂房进行现场检查时发现，鑫源公司已经停产并正在搬迁，车间内的设备亦已经基本拆除。据此，结合汤某提交的视频、照片，可以证实鑫源公司并未为留下的员工提供足够的劳动条件。因此，汤某以此为由提出解除劳动合同，并要求鑫源公司支付解除劳动合同的经济补偿金，有事实和法律的依据，原审法院予以支持，并无不当，本院予以维持。

案例分析

本案的争议焦点是汤某依照《劳动合同法》第三十八条的规定解除与鑫源公司

的劳动合同是否具有事实依据。

1. 汤某解除劳动合同的理由为鑫源公司未按照劳动合同的约定提供劳动条件,未及时足额支付劳动报酬,未依法为其缴纳社会保险费等。法院认定,鑫源公司已为汤某缴纳了险种齐全的社会保险,并足额支付了劳动报酬,故关键在于鑫源公司是否存在未按照劳动合同的约定提供劳动条件的情形。

2. 鑫源公司搬迁,如需要汤某到新办公地点工作,属于订立劳动合同时所依据的客观情形发生重大变化的情形,鑫源公司应当与汤某协商变更劳动合同,不能协商一致的,鑫源公司可以解除劳动合同,支付汤某经济补偿。

3. 鑫源公司搬迁,如不需要汤某到新办公地点工作,鑫源公司应当在原办公地点为汤某提供劳动条件。需要注意的是,鑫源公司搬迁导致原厂址停工停产,符合停工停产的条件,如认为鑫源公司可以在搬迁结束后,也就是停工停产结束后,再为汤某提供劳动条件,则在汤某提出解除劳动合同时,尚不能确定鑫源公司未为汤某提供劳动条件,汤某以鑫源公司未按照劳动合同约定提供劳动条件为由解除与鑫源公司的劳动合同没有事实依据。如认为鑫源公司停工停产期间未为汤某提供劳动条件,就已经构成《劳动合同法》第三十八条规定的未按照劳动合同约定提供劳动条件,则汤某以鑫源公司未按照劳动合同约定提供劳动条件为由解除与鑫源公司的劳动合同具有事实依据。

案例2　仕达融资担保有限公司与李某劳动争议纠纷案[(2018)京02民终2649号]

2013年3月11日,李某入职仕达融资担保有限公司(以下简称仕达融资公司)。2015年3月11日,双方续订劳动合同,合同期限至2018年3月10日。李某岗位为工程部主管,月工资标准为8000元。仕达融资公司已支付李某2017年2月工资1323元、3月工资1323元和4月1至5日工资228.1元。2017年4月5日,李某向仕达融资公司邮寄解除劳动关系通知书,内容为因仕达融资公司未足额支付劳动报酬、未依法缴纳社会保险费用,李某与其解除劳动关系,仕达融资公司应支付李某经济补偿。

仕达融资公司为证明因经营困难才决定对北京工程部停工停产,提交以下证据:证据1. 2017年1月23日《关于公司(北京工程部)停工停产及职工后续工作的通知》,内容有:由于工程担保业务近3年运营遇到阻力,几乎无新项目签约;按开发周期推算,预计将在2017年4月后才能获得新的项目订单,根据以上情况为了熬过寒冬,公司不得不决定北京工程部进入停产停工状态,在此期间工资发放按照《北京市工资支付规定》执行;停工停产时间自1月24日至4月30日;后续工作的安排,北京地区项目原有未处理完成的事件按原定流程继续执行、完成北京地区处于保修期的各项目每月的月报。证据2.2017年1月22日仕达融资公司致仕达融资公司工会的停工停产情况说明。证据3.2017年1月23日仕达融资公司工会关于停工停产回复。证据4.《关于停工停产的通知情况说明(一)》《关于停工停产的通知情况说明(二)》,内容有:员工李某、赵某会上明确提出不同意公司停工停产,与公司无法达成一致意见,故也无法完成公司工程部的后续工作。证据5.《关于公司近3年经营状况说明》。证据6.2017年2月8日仕达融资公司《关于公司面临巨大困境的大会》的说明,说明上有员工签字,但无李某签字。经质证,李某认可证据1的真实性,不认可证明目的;对证据2至证据6真实性及证明目的均不认可。李某主张仕达融资公司北京工程部没有停工停产,其正常工作至2017年4月5日。

李某提交证据有:2017年1月25日仕达融资公司北京工程部员工《〈关于公司(北京工程部)停产停业及职工后续工作的通知〉回复》,内容有:"关于公司于2017年1月24日发出的《关于公司(北京工程部)停产停业及职工后续工作的通知》,经工程部全体同事一致决议如下:关于公司的上述通知,未与全体员工进行有效沟通,未与全体员工达成一致意见,仅针对北京工程部全体同事,属于违法行为,工程部全体同事不能接受公司此项决议。工程部全体员工如下:李某,项目专员8000元;刘某,土建工程师7500元;赵某,合约主管6000元。"回复上有以上员工的签名。李某以此证据证明不同意仕达融资停工停产的安排,并坚持工作至4月5日。仕达融资公司对该证据的真实性认可,不认可证明目的。

一审法院认为,仕达融资公司主张因经营困难,决定对北京工程部停工停产,但其提交的证据不能证明其存在经营困难的情况,故对仕达融资公司的主张,法院不予采信。现李某主张其正常工作至2017年4月5日,仕达融资公司未提交反证,故法院对于李某的主张予以采信。仕达融资公司应支付李某2017年2月1日至4月5日的工资差额,具体数额由法院核定。仕达融资公司存在未足额支付李某工资的情况,现李某以仕达融资公司拖欠工资为由解除劳动关系,仕达融资公司应支付李某解除劳动关系经济补偿金。

二审法院认为,本案争议焦点在于仕达融资公司单方安排李某待岗是否合法。首先,仕达融资公司与李某并不存在因生产任务不足需要安排待岗等相关事宜的明确约定,在发生生产任务不足需要安排李某待岗时,仕达融资公司亦未与李某充分协商并达成一致意见;其次,如仕达融资公司认为北京工程部停工停产属于劳动关系建立时的客观情况发生重大变化,导致劳动关系无法存续且双方无法协商一致的情况,仕达融资公司可以选择依据《劳动合同法》第四十条第(三)项之规定解除劳动合同并向李某支付解除劳动合同经济补偿;最后,仕达融资公司不属于《北京市工资支付规定》第二十七条中"非因劳动者原因造成用人单位停工、停产"的情形,其依据该条规定单方安排李某待岗及支付基本生活费的行为并不符合相关规定。综上,仕达融资公司未与李某就待岗事宜充分协商并达成一致意见,而是单方安排待岗并支付基本生活费,其行为已经构成拖欠工资,李某被迫依据《劳动合同法》第三十八条第(二)款之规定提出解除劳动合同,并要求仕达融资公司支付拖欠工资及解除劳动关系经济补偿,于法有据,应予支持。本院认为,受各种因素影响,用人单位出现生产经营困难情况在所难免,用人单位可事先就遭遇经营困难时如何调整劳动者岗位、待遇等相关事宜与劳动者进行充分协商并依法形成相关约定,约定情形发生时可依约履行,以避免相关争议的发生。

案例分析

该案的争议焦点是仕达融资公司决定对北京工程部实施停工停产是否有效。

1. 仕达融资公司决定实施停工停产应当提供证据证明符合停工停产的情形,且北京工程部的生产工作确实处于停滞状态。而本案中,仕达融资公司提供的证据并不能证明其有停工停产的必要,且未提供证据证明北京工程部在停工停产期间生产工作处于停滞状态。故法院认为仕达融资公司不满足停工停产的条件。

2. 因仕达融资公司不满足停工停产的条件,故其实施停工停产无效,其依照《工资支付暂行规定》第十二条的规定支付李某工资、生活费,支付金额低于李某的工资标准,属于未及时足额支付劳动报酬。故李某可依照《劳动合同法》第三十八条的规定解除劳动合同,并要求仕达融资公司支付经济补偿。

专题二十五　长期两不找

一、长期两不找的法律后果

长期两不找是指用人单位与劳动者长期不联系,未履行劳动合同义务,劳动者未向用人单位提供劳动,用人单位也未支付劳动者劳动报酬、福利待遇等的情形。长期两不找的原因如劳动者停薪留职、长期待岗、请长假不归、不辞而别等。

用人单位与劳动者长期两不找,应当如何确定用人单位与劳动者的权利义务关系,在司法实务中就劳动合同是否解除、长期两不找期间的权利义务如何确定等方面存在不同的观点。

(一) 劳动合同是否解除

确定劳动合同是否已经解除具有实际意义,涉及劳动合同是否要继续履行,是否要支付经济补偿,因拖欠劳动报酬产生的纠纷的时效等问题。

一种观点认为,劳动关系建立后,用人单位与劳动者的劳动关系只要未经解除,就应当持续稳定地存在。长期两不找的情形,用人单位与劳动者均未向对方作出解除劳动合同的意思表示,法律也没有关于自动离职的规定,因此双方劳动合同尚未解除。如《吉林省高级人民法院关于审理劳动争议案件法律适用问题的解答(二)》中的观点是,劳动者与用人单位长期两不找,除用人单位提供证据证明劳动合同已经解除或终止外,劳动者要求确认劳动关系的,应予支持。该观点为主流观点。

另一种观点认为,劳动者长期未提供劳动,用人单位也未向劳动者支付劳动报酬、福利待遇的,双方已经以其行为表明不再履行劳动合同,故应当认定劳动合同已经解除。

(二) 两不找期间的权利义务关系

司法实务中尽管对劳动合同是否解除的问题存在不同的观点,但针对如何确定两不找期间用人单位与劳动者的权利义务关系的问题,即便认为劳动合同尚未解除,但劳动合同处于中止履行状态,劳动者未履行劳动合同义务,向用人单位提供劳动,故用人单位也无须支付劳动者劳动报酬,为劳动者缴纳社会保险费。如《北京市劳动和社会保障局、北京市高级人民法院关于劳动争议案件法律适用问题研讨会会议纪要》第十四条就规定,劳动者长期未提供劳动,用人单位又未依法与其解除劳动关系,双方长期两不找,可以认定双方劳动关系处于中止履行状态,中止履行期间用人单位和劳动者不存在《劳动法》上的权利义务关系,也不计算为本单位工作年限。如此后一方当事人提出解除劳动关系,另一方因不同意解除而申请仲裁,劳动仲裁委或人民法院经审查后如认为上述解除符合法律有关规定,应当确认解除。《江苏省高级人民法院劳动争议案件审理指南》也作了同样的规定。《辽宁省劳动人事争议仲裁委员会审理社会保险争议案件的指导意见(四)》第二十一条规定,"两不找"人员要求用人单位缴纳"两不找"期间社会保险费的,不予支持。《吉林省高级人民法院关于审理劳动争议案件法律适用问题的解答(二)》中的观点为,由于未付出劳动,除劳动者提供证据证明存在法定或约定事由外,劳动者要求支付工资、福利、生活费、社会保险待遇损失、解除劳动关系经济补偿、赔偿金等诉讼请求的,不予支持。

司法实务中也有少数观点认为,劳动者未提供劳动的,用人单位应当及时处理,用人单位未解除劳动合同的,应当承担相应的责任,故应当支付劳动者两不找期间的工资或支付劳动者生活费,为劳动者缴纳社会保险费。

(三) 劳动合同的解除

如认为用人单位与劳动者长期两不找,自双方开始两不找之日,劳动合同解除,则不存在之后劳动合同解除的问题。如认为劳动合同尚未解除,则一般认为劳动合同的解除按照《劳动合同法》的相关规定处理。如《北京市劳动和社会保障局、北京市高级人民法院关于劳动争议案件法律适用问题研讨会会议纪要》中就有明确说明,一方当事人提出解除劳动关系,另一方因不同意解除而申请仲裁,劳动仲裁委或人民法院经审查后如认为上述解除符合法律有关规定,应当确认解除。

二、合规管理

用人单位与劳动者长期两不找的,主流观点是认定劳动合同尚未解除,但处于中止履行的状态。中止履行则意味着劳动者可能会主张恢复履行劳动合同,或主张解除劳动合同并要求用人单位支付经济补偿;更有甚者,要求用人单位支付两不找期间的工资,缴纳两不找期间的社会保险费等。因此,长期两不找实际不利于用人单位。用人单位应当防止出现长期两不找问题,如已经存在两不找问题,及时处理。

(一)防止出现长期两不找问题

出现长期两不找的原因主要是用人单位没有完善的离职管理制度,或相关的工作人员工作疏忽。要防止出现长期两不找问题,用人单位应完善离职制度,对相关工作人员进行必要的培训。

1. 无论员工因何种原因离职,均应固定证据证明劳动合同已经解除以及解除的时间。

2. 对员工不辞而别,或假期结束后未到岗的,应及时联系处理。如员工提出离职,应要求其办理离职手续;拒不配合办理的,可通过录音、聊天信息等方式固定证据证明劳动者作出了解除劳动合同的意思表示;如不能固定证据证明劳动者作出了解除劳动合同的意思表示,应及时解除劳动合同。

3. 如出现员工联系不上的情形,又没有证据证明员工作出了解除劳动合同的意思表示,应及时解除劳动合同。

4. 用人单位解除劳动合同的,解除依据为员工旷工,严重违反用人单位的规章制度。解除劳动合同的相关规范详见本书用人单位单方解除劳动合同章节的内容。

(二)及时处理两不找问题

及时处理两不找的问题的前提是发现两不找问题。用人单位应定期自查是否存在员工未到岗的情形。如发现未到岗的情形,及时处理;已经出现长期两不找情形的,应及时收集、固定证据,证明劳动者长期未向用人单位提供劳动,并按照以下方式处理:

(1)与员工协商处理,要求其配合办理离职手续。

(2)协商不成的,通知其解除劳动合同,解除的依据是其长期未向单位提供劳动。劳动者无正当理由长期未向用人单位提供劳动的,一般会被认定为严重违反用人单位的规章制度。

案例1 开原水泥有限责任公司与甄某劳动争议纠纷案[(2022)辽12民终1763号]

甄某于1993年2月1日入职开原水泥有限责任公司(以下简称开原水泥公

司),从事化验室工作。其间甄某与开原水泥公司签订4份劳动合同,其中最后1份合同期为2006年1月1日至2008年12月31日,甄某工作至2010年4月。自2010年5月起甄某未在开原水泥公司处从事劳动。2010年5月1日开原水泥公司将甄某社保关系转出,变更原因为在职人员解除/终止劳动合同,甄某于2018年起补交2010年5月至2017年12月开原水泥公司应缴纳的保险统筹部分。开原市人民法院于2020年7月27日作出(2020)辽1282破申1号民事裁定,受理开原水泥公司破产清算申请。2020年8月5日作出(2020)辽1282破1-1号决定,指定北京市炜衡(沈阳)律师事务所担任开原水泥公司管理人,胡某为负责人。管理人于2021年10月26日对涉及职工344人的债权进行公示,公示中没有甄某。

一审法院认为,双方对自1993年2月1日至2010年4月双方建立劳动关系、履行的事实状态均无异议,本院予以确认。本案焦点是甄某未再向开原水泥公司提供劳动后其双方的关系如何定性,现对于甄某未再提供劳动的原因,双方各执一词,本院认为关键的事实是开原水泥公司是否安排甄某待岗、甄某所称待岗期间是否对开原水泥公司提出过到岗要求,甄某应对这两节事实负举证责任,但其未提供相关证据,故本院对甄某主张的事实不予采信。本案中,2010年5月1日开原水泥公司将甄某社保关系转出,甄某几年甚至十几年未给单位提供过任何劳动,用人单位也没给甄某发放过任何工资及福利待遇,但用人单位一直未正式与甄某解除或终止劳动关系,本院认为根据双方履行劳动关系的事实状态,应认定为甄某、开原水泥公司自2010年4月后属于长期两不找状态,关于此情况下劳动关系状态如何认定,《劳动合同法》和《劳动法》均无明确规定,学界观点亦未统一,参照2019年8月16日公布的《吉林省高级人民法院关于审理劳动争议案件法律适用问题的解答(二)》第一条的观点,本院认为结合本案中甄某由于未付出劳动,除劳动者提供证据证明存在法定或约定事由外,劳动者要求支付工资、福利、生活费、社会保险待遇损失、解除劳动关系经济补偿、赔偿金等诉讼请求的,本院不予支持。

二审法院认为,本案争议焦点为,甄某未再向开原水泥公司提供劳动后,双方是否仍存在劳动关系,以及开原水泥公司是否应支付离职补偿金等问题。2010年5月1日开原水泥公司将甄某社保关系转出后,甄某未给开原水泥公司提供过任何劳动,甄某已自行缴纳社保。双方属于长期两不找状态,可以认定双方劳动关系已解除。参照《吉林省高级人民法院关于审理劳动争议案件法律适用问题的解答(二)》第一条的观点,甄某长期未付出劳动,且无证据证明存在法定或约定事由,其要求支付垫付的社保费、待岗期间生活费、离职补偿金的诉讼请求,不应得到支持。

案例分析

本案二审法院的观点是,用人单位与劳动者长期两不找的,可以认定双方劳动关系已解除。需要注意的是,本案虽参照《吉林省高级人民法院关于审理劳动争议案件法律适用问题的解答(二)》中对用人单位与劳动者长期两不找问题的处理观点,但《吉林省高级人民法院关于审理劳动争议案件法律适用问题的解答(二)》中,就用人单位与劳动者长期两不找情形下劳动合同是否解除的问题的观点为,除用人单位提供证据证明劳动合同已经解除或终止外,劳动者要求确认劳动关系的,应予支持,即认为劳动合同不因双方长期两不找而自行解除。

案例2 河南省煤层气开发利用有限公司与田某劳动争议纠纷案[(2021)最高法民申3939号]

田某因与河南省煤层气开发利用有限公司(以下简称煤层气公司)职工破产债权确认纠纷案,不服河南省高级人民法院(2020)豫民终719号民事判决,向最高人民法院申请再审。

田某的理由主要为以下几点:(1)原审已查明田某与煤层气公司系事实劳动关系,2019年煤层气公司提起破产清算未将田某列入职工名单,依法属于单方解除劳动合同,应当支付经济赔偿金,而非经济补偿金。(2)原审法院认为劳动关系中止,于法无据。煤层气公司未为田某依法缴纳社保,2018年田某生病住院未能取得医保报销的损失,依法应当获得支持。(3)原审法院认定事实错误。①原审法院认定2014年8月后田某未再向煤层气公司提供劳动错误。《煤炭洗选加工投资协议》及煤层气公司规划发展部部长蒋某出具证明等证据可以证明,2014年8月至2015年7月,田某被派遣至煤层气公司郏禹分公司,在当地煤炭洗选加工项目担任管理人员。②不存在所谓的长期两不找的事实,现行法律也没有长期两不找的说法和法律依据。从2015年8月返回公司总部后,田某一直与煤层气公司沟通自己工作的事宜。③关于确定田某的工资标准的事实认定有误。田某在原单位永贵公司工作时,2012年至2013年,年薪328,180元,月薪平均为27,348元。现在出于煤层气公司的原因,双方未签订书面的劳动合同,原审法院依据煤层气公司单方提供的工资标准来计算田某的工资,属事实认定错误,最低应以2013年河南省煤炭从业管理人员的平均工资计算。

煤层气公司辩称,(1)原审程序合法,认定事实清楚,适用法律正确。①2014年8月后,田某未提供劳动,擅自离岗。田某提供的证据中,仅有蒋某的证言,煤层气公司数次联系原规划部长蒋某,蒋某对此也明确予以否认。②煤层气公司没有派遣田某去做煤炭洗选业务。既没有派遣的手续,也没有煤层气做该项业务的任何证明,即使田某在洗煤厂上班也只是其私人行为,与煤层气公司无关。煤层气公司没有进行相应的洗选、深加工方面的业务。③田某在煤层气公司工作应享受同工同酬的薪资待遇,若严格按照公司薪酬制度,只应享受科员级别待遇。田某以过往收益、预期的收益或煤炭整体待遇要求工资待遇并无法律依据。(2)煤层气公司提出以下几点敬请法院酌情考虑:①出于田某个人原因,其拒不办理工作调动手续,且由其补办的调动手续中显示其工资已由原单位发放并缴纳,与煤层气公司产生诉讼纠纷时又提供的原单位永贵能源开发有限责任公司(以下简称永贵公司)证明,自相矛盾。②田某无组织、无纪律是一贯行为。离开永贵公司不辞而别,离开煤层气公司不辞而别,2014年开始,煤层气公司一度陷入严重的生产经营困境,与田某期望的薪酬待遇相差巨大,也是其不辞而别的原因。人力资源部门没直接将其开除,只是出于国有企业固有惯例等原因,不想激化矛盾(永贵公司也没对其进行开除处理)。③煤层气公司曾安排专人先后与其进行十数次磋商,甚至愿意为其提供项目经理等高收入岗位并补偿十余万元,但其拒不协商。④煤层气公司在法律允许的范围内,已作出最大可能的让步。比如,对田某在永贵公司是否发放工资,多年在外工作等问题并未深究;田某在煤层气公司并未任命任何职务,仍同意按照正科级别计算工资、补偿金;尊重田某本人意见,解除劳动合同并给予补偿金。煤层气公司实在不愿意与职工闹成不可挽回的僵局。(3)田某的再审申请理由中,无新的事实和证据,没有再审法定原因,其提起再审没有法律依据。综上,请求驳回田某的再审申请。

最高人民法院经审查认为,田某与煤层气公司未签订劳动合同,双方均认可自2013年5月起建立事实劳动关系且田某提供劳动至2014年7月。田某称2014年8月后煤层气公司委派其到煤层气公司郑禹分公司协助开展选煤加工业务至2015年7月,但其提供的蒋某出具的证明系证人证言,蒋某未出庭作证,真实性无法核实,《煤炭洗选加工投资协议》并无煤层气公司委派其履行该合同的内容,不能证明其主张的受煤气层公司派遣至煤层气公司郑禹分公司工作的事实。劳动者提供劳动属于事实劳动关系的基本构成要件,原审法院认为田某未举证证明其于2014年8月后提供劳动,从而认定其提供劳动至2014年7月,后双方形成长期两不找的事实,自2014年8月起双方劳动关系处于中止履行状态,并无不当。由于此后双方不具有劳动法意义上的权利义务关系,田某申请再审认为2019年煤层气公司单方解除劳动合同,应当支付经济赔偿金,及煤层气公司应赔偿其2018年生病住院未能取得医保报销的损失,缺乏依据。

案例分析

(2021)最高法民申3939号民事裁定书系最高人民法院对田某的再审申请进行审理后作出的裁定,对之后类似案件的审理具有很重要的参考意义。从本案可以看出,最高人民法院的观点是,用人单位与劳动者长期两不找的,应当认定双方劳动合同自两不找之日起处于中止履行状态,中止履行期间,双方不具有劳动法意义上的权利义务关系,用人单位之后解除劳动合同,不违反法律规定。

专题二十六　服　务　期

服务期是指用人单位与劳动者约定的劳动者在本单位的最低服务期限,劳动者违反服务期约定的,应当按照约定承担违约责任。约定服务期可以约束员工在享受单位的特殊福利待遇后,违反约定跳槽到其他用人单位的行为。由此可见,服务期制度的主要立法目的是保护用人单位的合法权益。

一、服务期约定有效的条件

《劳动合同法》第三十七条规定,劳动者提前 30 日以书面形式通知用人单位,可以解除劳动合同。根据该规定,劳动者享有任意解除劳动合同的权利。《劳动合同法》第二十二条第一款规定,用人单位为劳动者提供专项培训费用,对其进行专业技术培训的,可以与该劳动者订立协议,约定服务期。相较于《劳动合同法》第三十七条,《劳动合同法》第二十二条规定属于特殊条款,应当优先适用,即原则上,劳动者享有任意解除劳动合同的权利,但用人单位与劳动者依据《劳动合同法》第二十二条的规定约定服务期的除外。因为是对劳动者解除劳动合同权利的限制,服务期约定的限制条件较多。

(一) 用人单位为劳动者提供专项培训费用

根据《劳动合同法》第二十二条的规定,用人单位为劳动者提供专项培训费用,对其进行专业技术培训的,可以约定服务期。反之,则不能约定服务期。如劳动者进行的培训不属于专项技术培训,或虽属于专业技术培训,但专项培训费用不是由用人单位提供,均不符合《劳动合同法》第二十二条规定的可以约定服务期的条件。

何为"专业技术培训"呢?《劳动合同法》等全国性的规范性文件均没有明确作出解释,但一些地方性的规定中对此进行了解释。如《2013 年江西省劳动人事争议裁审衔接工作座谈会纪要》第十三条规定,"专业技术培训"是指为提高劳动者特定技能而提供的培训,不包括上岗前的培训和日常业务培训。江苏省高级人民法院认为,用人单位对劳动者进行的上岗前培训和日常业务培训,不应认定为专业技术培训。参照上述规定,可以得出:(1)专业技术培训是指为提高劳动者特定技能而提供的培训;(2)上岗前的培训和日常业务培训不属于专业技术培训。

(二)例外情形

实践中还存在用人单位为劳动者提供一些特殊福利待遇的情形,如在北京等地办理本地户口等,然后据此和劳动者约定服务期。为方便区分,可以将依照《劳动合同法》第二十二条的规定约定的服务期称为培训服务期,将提供特殊福利待遇约定的服务期称为特殊待遇服务期。司法实务中,对特殊待遇服务期约定的效力认定存在不同的观点。

一种观点认为,该约定不属于《劳动合同法》第二十二条规定的用人单位可以与劳动者约定服务期的情形,不能适用《劳动合同法》第二十二条的规定。而依照《劳动合同法》第三十七条的规定,该约定排除了劳动者预告解除劳动合同的权利,根据《劳动合同法》第二十六条的规定,应属无效。

另一种观点则认为,用人单位为劳动者提供特殊福利待遇,与劳动者约定服务期的,该约定系双方真实的意思表示,具有公平性和合理性,且可以排除用人单位利用强势地位损害劳动者合法权益的可能,应当参照适用《劳动合同法》第二十二条的规定,认定约定有效。

二、违反服务期约定的法律责任

(一)违反服务期约定的情形

服务期是劳动者在用人单位的最低服务年限。相应地,违反服务期约定是指劳动者在双方约定的服务期届满前离职。当然,提前离职并不必然属于违反服务期约定。

《劳动合同法实施条例》第十七条规定,劳动合同期满,但是用人单位与劳动者依照《劳动合同法》第二十二条的规定约定的服务期尚未到期的,劳动合同应当续延至服务期满;双方另有约定的,从其约定。《劳动合同法实施条例》第二十六条规定,用人单位与劳动者约定了服务期,劳动者依照《劳动合同法》第三十八条的规定解除劳动合同的,不属于违反服务期的约定,用人单位不得要求劳动者支付违约金。有下列情形之一,用人单位与劳动者解除约定服务期的劳动合同的,劳动者应当按照劳动合同的约定向用人单位支付违约金：(1)劳动者严重违反用人单位的规章制度的；(2)劳动者严重失职，营私舞弊，给用人单位造成重大损害的；(3)劳动者同时与其他用人单位建立劳动关系，对完成本单位的工作任务造成严重影响，或者经用人单位提出，拒不改正的；(4)劳动者以欺诈、胁迫的手段或者乘人之危，使用人单位在违背真实意思的情况下订立或者变更劳动合同的；(5)劳动者被依法追究刑事责任的。根据该规定，认定劳动者在服务期届满前离职是否属于违反服务期的约定应遵循以下规则：

(1)劳动者因依照《劳动合同法》第三十七条的规定，提前30日通知用人单位解除劳动合同的，属于违反服务期的约定；

(2)劳动者依照《劳动合同法》第三十八条的规定解除劳动合同，不属于违反服务期的约定；

(3)用人单位依照《劳动合同法》第三十九条第(二)(三)(四)(五)(六)项的规定解除劳动合同，属于劳动者违反服务期的约定；

(4)用人单位依照《劳动合同法》第四十条、第四十一条的规定解除劳动合同，是否属于劳动者违反服务期的约定没有明确的规定，但该种情况下，因劳动者不存在过错，且劳动合同解除系用人单位单方解除，不宜认定为劳动者违反服务期的约定；

(5)用人单位违法解除劳动合同，不属于劳动者违反服务期的约定；

(6)劳动者违法解除劳动合同，属于违反服务期的约定；

(7)劳动合同期满，服务期尚未到期的，劳动者主张合同到期终止并离职的，属于违反服务期的约定。

(二)违反服务期约定的法律责任

1.培训服务期

《劳动合同法》第二十二条第二款规定，劳动者违反服务期约定的，应当按照约定向用人单位支付违约金。违约金的数额不得超过用人单位提供的培训费用。用人单位要求劳动者支付的违约金不得超过服务期尚未履行部分所应分摊的培训费用。根据该规定，劳动者违反服务期约定的违约金应受到培训费用及剩余服务期期限的限制，即违约金≤培训费用×剩余服务期期限/服务期期限。

关于培训费用的确定，员工培训过程中可能会发生培训费、交通费、住宿费、伙食费、培训期间工资等。哪些属于培训费用呢？根据《劳动合同法实施条例》第十六条的规定，《劳动合同法》第二十二条第二款规定的培训费用，包括用人单位为了对劳动者进行专业技术培训而支付的有凭证的培训费用、培训期间的差旅费用以及因培训产生的用于该劳动者的其他直接费用。需要注意的是,培训期间的工资不属于培训费。江苏省高级人民法院认为,劳动者接受专项培训期间的基本工资,不应认定为专项培训费用。《2013年江西省劳动人事争议裁审衔接工作座谈会纪要》第十三条规定,《劳动合同法》第二十二条规定的"培训费",不包括劳动者接受专项培训期间的工资。

2. 特殊待遇服务期

特殊待遇服务期不涉及培训费用,"特殊待遇"一般也难以量化为具体的金额。对违约责任的认定,结合司法实务对特殊待遇服务期约定的效力的不同观点,存在以下不同的做法。

(1)认定特殊待遇服务期无效,对应的违约责任条款也无效,用人单位要求劳动者承担违约责任的,不应予以支持。但劳动者违背诚实信用原则,给用人单位造成损失的,应当承担赔偿责任。

(2)认定特殊待遇服务期有效,且违约责任约定违约金条款的,因该违约金条款违反《劳动合同法》第二十五条的规定,故违约金条款无效。用人单位只能要求劳动者承担赔偿损失的责任。赔偿范围结合用人单位提供的特殊待遇、约定的服务期期限以及履行情况酌情确定。如《北京市劳动和社会保障局、北京市高级人民法院关于劳动争议案件法律适用问题研讨会会议纪要》第三十二条规定,用人单位为其招用的劳动者办理了本市户口,双方据此约定了服务期和违约金,由于该约定违反了《劳动合同法》第二十五条的规定,因此用人单位以双方约定为依据要求劳动者支付违约金的,不应予以支持。如确因劳动者违反了诚实信用原则,给用人单位造成损失,劳动者应当予以赔偿。

(3)认定特殊待遇服务期有效,违约责任约定合理的,劳动者按照约定承担违约责任;违约责任约定不合理的,结合劳动者的具体违约原因、违约程度等酌情调整。如《广东省中山市中级法院关于审理劳动争议案件若干问题的参考意见(2011)》规定,用人单位为其引进的部分非本市户籍人员办理本市户籍,可约定其为特殊待遇当事人通过书面合同约定,明确将用人单位为引进人员办理本市户口作为特殊待遇,并据此设定服务期和违约责任的,可予确认。所设定的服务期期限和违约金数额不合理的,可根据当事人的具体违约原因、违约程度酌情调整。

三、合规管理

用人单位对服务期约定的合规管理应当体现在服务期的约定及履行过程中,

确保服务期约定对劳动者有约束力,劳动者提前离职的,可以要求劳动者承担违约责任。因培训服务期与特殊待遇服务期不同,应分别进行合规管理。

(一)培训服务期的合规管理

1.约定合理、有效的服务期条款。服务期不是法定的,需要用人单位与劳动者约定服务期条款。就培训服务期而言,在约定服务期时要注意以下四点。

(1)要保证劳动者进行的培训属于专业技术培训。

(2)合理确定服务期期限。法律虽未对服务期期限加以限制,但过长的服务期可能导致劳动者难以接受,拒绝签订培训服务期协议,甚至在约定服务期后,消极对待,索性直接违约;过短的服务期又难以保证用人单位的合法权益。因此,在约定服务期时,应结合培训费用的金额合理确定服务期期限。

(3)约定违约金条款。违约金条款也不是法定的,需要用人单位与劳动者约定有违约金条款。关于违约金标准的确定,可参照《劳动合同法》第二十二条第二款的表述,同时考虑可能存在培训费用不断增加的情况。如违约金的数额为用人单位提供的培训费用,培训费用为用人单位多次支付的培训费用之和。

(4)如用人单位在约定服务期以前存在《劳动合同法》第三十八条规定的情形,应当在服务期约定中明确,劳动者自愿放弃依照《劳动合同法》第三十八条的规定解除劳动合同的权利。否则,劳动者依照《劳动合同法》第三十八条的规定解除劳动合同也不违反服务期约定。

2.固定证据证明培训费用由用人单位支付。用人单位与劳动者可以约定培训服务期的前提是培训费用由用人单位支付,如培训费用不是由用人单位支付,则用人单位无权与劳动者约定服务期,即便约定的服务期有效,因劳动者支付的违约金不得超过用人单位提供的培训费用,违约金条款也没有异议。因此,在履行培训服务期协议时,用人单位要注意固定证据证明培训费用系由用人单位支付。同时,因培训费用不包含劳动者培训期间的劳动报酬,在支付劳动者费用时要明确支付费用的名目,便于对培训费用进行认定。

3.依法履行劳动合同。约定服务期后,用人单位应依法履行劳动合同,防止出现《劳动合同法》第三十八条规定的情形后,劳动者依照《劳动合同法》第三十八条的规定解除劳动合同。

4.谨慎终止劳动合同。《劳动合同法实施条例》第十七条规定,劳动合同期满,但是用人单位与劳动者依照《劳动合同法》第二十二条的规定约定的服务期尚未到期的,劳动合同应当续延至服务期满;双方另有约定的,从其约定。劳动合同期满,服务期尚未到期的,用人单位是否可以选择终止劳动合同在司法实务中存在不同的观点。一种观点认为,服务期是用人单位给付一定培训费用为代价,要求接受对价的劳动者为用人单位相应提供服务的约定。用人单位依约支付相应对价后,即已完全履行自己的合同义务,是否要求劳动者履行提供服务则成为用人单位的权利。基于民事权利都可以放弃的原则,在劳动合同期满后,用人单位放弃对剩余服务期要求的,应当准许。另一种观点则认为,根据《劳动合同法实施条例》第十七条的规定,劳动合同期满,服务期尚未到期的,劳动合同应当续延至服务期满,用人单位如终止与劳动者的劳动合同,属于违法终止劳动合同。因此,劳动合同期满,服务期尚未到期的,如确需终止用工,建议与劳动者协商解除劳动合同,防止被认定为违法终止劳动合同。

(二)特殊待遇服务期的合规管理

鉴于特殊待遇服务期的效力问题以及违约金条款的效力问题在司法实务中存在争议,用人单位在为劳动者提供特殊待遇换取劳动者服务时间时,可避开服务期约定和违约金条款,与劳动者签订其他协议,明确将服务时间作为劳动者享受用人单位提供的特殊待遇的条件,或将服务时间不足作为协议的解除条件。类似协议不违反法律规定,如不存在其他合同无效事由,约定有效。如《上海市高级人民法院关于适用〈劳动合同法〉若干问题的意见》第七条第二款规定,用人单位向劳动者支付报酬,劳动者付出相应的劳动,是劳动合同双方当事人的基本合同义务。用人单位给予劳动者价值较高的财物,如汽车、房屋或住房补贴等特殊待遇的,属于预付性质。劳动者未按照约定期限付出劳动的,属于不完全履行合同。根据合同履行的对等原则,对劳动者未履行的部分,用人单位可以拒绝给付;已经给付的,也可以要求相应返还。因此,用人单位以劳动者未完全履行劳动合同为由,要求劳动者按照相应比例返还的,可以支持。

案例1 人民法院出版社与陈某劳动争议纠纷案[(2020)京02民终8460号]

2017年5月24日,人民法院出版社(甲方)与陈某(乙方)签订了劳动合同书,约定合同期限至2018年4月30日,其中第四十四条手写约定"甲方承诺为乙方办理北京户籍,乙方承诺在本单位的服务期为五年。乙方在约定的服务期限内因任何个人原因离职,即视为违约,乙方承担违约责任,并向甲方交纳违约金。违约金按照不满服务期的年限计算,每年乙方需向甲方交纳违约金2万元,6个月以上不满1年的按1年计算,6个月以下的按照半年计算"。2017年12月13日,双方签订劳动合同续订书,约定继续履行劳动合同期限为2018年5月1日至2022年4月30日,其中第九条约定:甲方(人民法院出版社)承诺为乙方(陈某)办理北京户籍,乙方承诺在本单位的服务期为5年。乙方在约定的服务期限内因任何个人原因离职,即视为违约,乙方需承担违约责任,并向甲方交纳违约金。违约金按照不满服务期的年限计算,每年乙方需向甲方交纳违约金6万元,6个月以上不满1年的按1年计算,6个月以下不足半年按照半年计算。

2017年8月21日,陈某向人民法院出版社提交落户申请报告,自述求学及入职几个月内的工作学习情况,对未来工作作出规划并申请落户。人民法院出版社予以批准并向教育部留学服务中心出具证明,请其协助办理档案转至中国国际人才开发中心事宜。2018年9月21日,陈某与中国国际人才开发中心签订《集体户口管理协议》。2019年11月26日,中国国际人才开发中心出具证明,证明陈某的人事档案自2018年4月至今存放该处。2019年12月27日,教育部出具证明,证明2018年3月陈某在该处办理了就业落户北京手续,当时的接收单位为人民法院出版社。

2018年11月9日,陈某向人民法院出版社提交离职报告,载明"由于个人原因,无法为单位继续服务",故提出辞职申请。同日,陈某填写出版社离职审批单,事项原因一栏填写"个人原因:(1)身体健康问题;(2)经过努力发现不适合本工作;(3)经济情况每况愈下,经济负担过重;(4)希望换个环境"。用人部门负责人及分管领导审批意见栏均签写需汇报或报请审示,人力资源部负责人于2018年11月14日审批"呈请冯书记审示",后于2018年12月6日审批"不同意,在服务期内因个人原因辞职,违背当初承诺,不同意"。

经一审法院询问,双方认可陈某在人民法院出版社的最后工作日为2018年12月3日,后人民法院出版社于2018年12月6日出具书面《关于不同意陈某在服务期内提出辞职申请的答复》,并向其劳动合同书中所留地址邮寄送达。此后,人民法院出版社继续为陈某缴纳社会保险至2020年5月,其中用人单位应负担部分28,224.7元,个人应负担部分11,788.22元。

为证明陈某离职造成的损失,人民法院出版社提交了《中共人民法院出版社党委会议纪要(2018年第12次)》及附件、《人力资源外包服务协议书》及附件、国际人才服务费明细及服务代理费票据等一组证据,证明陈某办理北京市落户手续增加落户名额导致人才服务成本费用大幅增加,造成巨大经济损失。陈某不认可会议纪要及附件,认可该组其他证据的真实性,但不认可证明目的,主张会议纪要中并未明确系针对其个人户口问题,且费用为用人单位的正常开支,与其无关。

陈某提交了《关于非北京籍留学回国人员申请办理在京就业落户手续的实施办法(试行)》《关于在京单位申请办理留学回国人员就业落户单位备案及申报接收计划的办法(试行)》,证明其符合落户条件,人民法院出版社属于备案单位可以配合出具相关材料。人民法院出版社认可该组证据真实性,不认可证明目的,主张申请手续及办理手续复杂,需提供巨大劳力物力,陈某在办理完落户后半年即离职,造成巨大经济损失和名誉损失。

一审法院认为,依法订立的劳动合同具有约束力,用人单位与劳动者应当履行劳动合同约定的义务。用人单位为劳动者提供专项培训费用,对其进行专业技术培训的,可以与该劳动者订立协议约定服务期。该条法律规定授予用人单位可以自行选择是否通过对劳动者进行专业技术培训的方式约定服务期的权利。在用人单位为劳动者提供足以与专业技术培训相对等的特殊待遇时,例如用人单位通过提供住房、汽车、现金补贴、落户等特殊待遇的方式与劳动者约定服务期的,应当参考适用《劳动合同法》第二十二条之规定,以避免造成用人单位和劳动者之间的劳动关系不稳定,以及因相关约定无效导致劳动者需要承担全额返还特殊待遇的后果。

北京市户口属于稀缺资源,本案中人民法院出版社根据陈某的个人申请及非京籍留学回国人员在京就业落户的相关政策,为陈某解决了北京市户口的行为属于用人单位为劳动者提供特殊待遇的范畴,陈某与人民法院出版社签订劳动合同书及续订合同书的行为,亦能表明陈某接受了人民法院出版社为其提供的特殊待遇。双方基于上述事实,经过协商一致签订了劳动合同书及续订合同书,双方均应当诚信守约。现陈某在明知自身的北京市户口已经通过人民法院出版社办理完毕,双方存在服务年限约定的情形下,仍然提前向人民法院出版社提交离职报告并从该公司离职,其行为已经违背了诚实信用原则,理应向人民法院出版社依约支付因此给人民法院出版社造成的经济损失。人民法院出版社提供的证据虽可证明其人力成本支出与为陈某等人员办理落户手续相关,但不足以证明系陈某一人原因造成,故一审法院依据双方劳动合同约定及履行情况,酌情认定陈某应支付人民法院出版社经济损失100,000元。

二审法院认为,《劳动合同法》第二十二条第一款规定,"用人单位为劳动者提供专项培训费用,对其进行专业技术培训的,可以与该劳动者订立协议,约定服务期",该条款属于授权性规范,即授予用人单位可以自行抉择是否通过对劳动者进行专业技术培训的方式约定服务期的权利。在用人单位为劳动者提供足以与专业技术培训相对等的特殊待遇时,如用人单位提供住房、汽车、现金补贴等,用人单位以提供该种特殊待遇的方式与劳动者约定服务期的,应当参照适用《劳动合同法》第二十二条之规定。

本案中陈某所享有的进京落户指标属于稀缺资源,为陈某办理进京落户手续并非人民法院出版社的法定义务。因此,人民法院出版社为陈某办理进京落户手续的行为属于用人单位为劳动者提供特殊待遇的范畴,人民法院出版社根据陈某的个人申请及非京籍留学回国人员在京就业落户的相关政策,签订涉案劳动合同书及劳动合同续订书,其中关于服务期为5年以及陈某提前离职所需要承担责任的约定应当参照适用《劳动合同法》第二十二条之规定。陈某既可以选择工作至5年期限届满,也可以选择将户口迁回原籍,亦可以选择提前离职并向人民法院出版社支付相应损失。现陈某在明知双方存在5年服务期之约定的情况下,仍然选择提前离职,且从未表达将户口迁回原籍的意思表示,表明其基于谋求更高待遇等想法自愿选择了最后一种方式,有违公平原则与诚实信用原则,亦对人民法院出版社造成较大损失,故陈某理应向人民法院出版社支付相应的经济损失。一审法院综合涉案劳动合同的相关约定及合同履行情况,酌情确定陈某应当支付人民法院出版社损失100,000元,处理妥当,予以维持。

案例分析

该案是《中国法院2022年度案例:劳动纠纷》第57号案例,参考价值较大。

第一,法院肯定服务期约定的效力。

该案中,人民法院出版社与陈某在劳动合同书中约定:"甲方承诺为乙方办理北京户籍,乙方承诺在本单位的服务期为5年。乙方在约定的服务期限内出于任何个人原因离职,即视为违约,乙方承担违约责任,并向甲方交纳违约金。违约金按照不满服务期的年限计算,每年乙方需向甲方交纳违约金2万元,6个月以上不满1年的按1年计算,6个月以下不足半年按照半年计算。"该约定属于典型的特殊待遇服务期约定。从法院说理可以看出,法院观点为用人单位已经按照上述约定履行了义务,上述约定应当参照适用《劳动合同法》第二十二条的规定,陈某应当按照约定履行服务期约定。

第二,陈某违反服务期约定。

双方约定的服务期为5年,陈某2017年5月24日入职,2018年11月9日因个人原因提出辞职,最后工作日为2018年12月3日。综上,陈某实际服务期限约为1.5年,不满5年,辞职原因为个人原因,违反了服务期约定。

第三,法院未肯定违约金条款的效力。

《劳动合同法》第二十五条规定,除本法第二十二条和第二十三条规定的情形外,用人单位不得与劳动者约定由劳动者承担违约金。该规定属于禁止性规定,故法院参照适用《劳动合同法》第二十二条的规定,肯定服务期约定的效力,但未肯定违约金条款的效力,未适用违约金条款,而是以陈某违背诚实信用原则给人民法院出版社造成损失为由,判决陈某赔偿人民法院出版社的损失。

案例2 中新苏州工业园区置地有限公司与陶某福利待遇纠纷案〔(2014)苏审二民申字第164号〕

2009年4月,陶某与中新苏州工业园区置地有限公司(以下简称中新置地公司)签订劳动合同,约定陶某在中新置地公司从事工程部执行员工作,月薪4500元,劳动合同期限自2009年4月1日起至2011年3月31日止。在劳动合同履行过程中,双方于2009年7月1日签订一份《中新置地购房补贴协议》,约定:"一、乙方(陶某)满足《中新置地购房补贴政策》中关于享受购房补贴的资格。根据乙方申请,甲方(中新置地公司)同意乙方选购甲方开发或者委托开发的澳韵花园小区19幢603号住房,并补贴乙方房价的15%。共计95,545元(该补贴实际以购房同等金额折扣形式体现,一旦乙方或者乙方配偶与甲方就上述住房签订了购房合同,则视为乙方享受了该住房补贴)。二、从乙方享受购房补贴之日起,乙方必须为甲方服务至少三年(36个月)。三、乙方无论因任何原因(包括但不限于辞职、解聘、开除等情况),从乙方享受购房补贴之日起在甲方服务未满三年(36个月)或在三年之内转让上述房产的,乙方均应全额向甲方退还上述购房补贴……"陶某据此享受了中新置地公司给予的95,545元购房补贴。

2011年3月31日,劳动合同到期,双方未续签劳动合同,陶某因个人原因提出辞职,希望于同年5月1日正式离职。2011年5月3日,陶某向中新置地公司出具的承诺书载明"因我个人原因离职后,关于享受公司优惠的房子退款的问题,我理解公司的决定及难处,我也接受公司的决定,但因个人目前资金不足,暂时拿不出全额款项人民币玖万伍仟伍佰肆拾伍元(95,545元),恳请公司批准我分两次退还全部费用,第一次在离职前退还人民币伍万元整(50,000元),第二次在2012年4月30日前退还余额人民币肆万伍仟伍佰肆拾伍元整(45,545元)"。为此,双方签订《关于员工购房补贴的补充协议》,约定:"三、乙方(陶某)提出分期付款申请:1.乙方同意全额退赔并提出分期付款申请。经甲方同意乙方在2012年4月30日前全额归还购房优惠95,545元(玖万伍仟伍佰肆拾伍元)。购房优惠可分两次归还,分别是正式离职前归还50,000元和2012年4月30日前归还剩余45,545元。2.如乙方有任何一期违约,则须另行向甲方支付相应应付款金额10%的违约金。本协议自签订之日起生效。"该补充协议签订后,陶某按约退还中新置地公司50,000元。

一审法院认为,本案中,《中新置地购房补贴协议》明确约定中新置地公司为陶某提供购房补贴,应视为用人单位为劳动者提供特殊待遇并约定服务期,该协议并未违反法律规定。双方的劳动合同到期,虽未续签劳动合同,但均以实际行动继续履行劳动合同,陶某离职时向中新置地公司提交书面辞职申请,并办理相应手续,此期间应视为双方劳动合同处于继续履行状态。依据《中新置地购房补贴协议》及补充协议的约定,陶某未按约服务满约定期限,应当承担违约责任,且陶某亦出具承诺书并实际履行,已归还50,000元,故陶某主张无须返还剩余的住房补贴款45,545元,缺乏事实与法律依据,不予支持。据此,判决陶某于判决生效之日起10日内返还中新置地公司购房补贴余额45,545元。

二审法院认为,中新置地公司没有为陶某提供专项培训费用,对其进行专业技术培训,故双方签订的《中新置地购房补贴协议》中关于自陶某享受购房补贴之日起,陶某必须为中新置地公司服务至少3年的约定,并非属于《劳动合同法》第二十二条所规定的服务期。从该协议内容分析,其符合附条件的民事法律行为的法律特征,附条件的民事法律行为只有在所附条件成就时才生效。根据《中新置地购房补贴协议》,陶某享受购房补贴的前提条件是自其享受购房补贴之日起,为中新置地公司服务满3年。双方在该协议中还约定了如果陶某没有在享受购房补贴后为中新置地公司服务满3年而提出辞职,陶某应当全额返还购房补贴。陶某于2011年5月5日因个人原因,正式提出离职,此时距陶某享受购房补贴未满3年,其享受购房补贴所附条件并未成就,故陶某负有返还95,545元购房补贴的义务,且在补充协议签订后,陶某已经按照补充协议返还了50,000元购房补贴,该行为应当视为陶某对双方协议的认可,故对剩余的45,545元购房补贴,陶某理应承担返还责任。陶某主张无须返还剩余45,545元购房补贴,缺乏事实与法律依据,不予支持。

江苏省高级人民法院认为,根据《劳动合同法》第二十二条、第二十三条及第二十五条的规定,除用人单位提供专项培训设定服务期或用人单位与劳动者约定竞业限制条款的情形外,用人单位不得与劳动者约定由劳动者承担违约金。该案中,中新置地公司与陶某签订的《中新置地购房补贴协议》不符合上述法律规定的情形,中新置地公司要求陶某返还的是住房补贴款,也不是违约金,故陶某请求判令其无须返还中新置地公司住房补贴款,没有法律依据。《民法通则》(已失效)第六十二条规定,民事法律行为可以附条件,附条件的民事法律行为在符合所附条件时生效。本案中,双方约定的购房补贴属于超出正常工资之外的福利待遇,不违反法律法规,合法有效。根据《中新置地购房补贴协议》,陶某享受购房补贴的前提条件是其自享受购房补贴之日起为中新置地公司服务满3年,服务未满3年而辞职的,须全额返还购房补贴。陶某辞职时距其享受购房补贴未满3年,故其享受购房补贴的条件没有成就,应当依约返还购房补贴。陶某辞职时也与中新置地公司达成购房补贴的补充协议,承诺分期归还购房补贴,并已实际履行了部分还款义务,对剩余的45,545元购房补贴,陶某理应返还。

案例分析

《劳动合同法》并未禁止用人单位与劳动者约定由用人单位向劳动者提供福利待遇,也不禁止附加生效条件。中新置地公司与陶某签订《中新置地购房补贴协议》,约定陶某享受购房补贴的资格,并约定享受的条件为自享受购房补贴之日起陶某在中新置地公司服务满3年,否则应当全额退还购房补贴。具体来说有以下三点。

第一,《中新置地购房补贴协议》的主要标的是中新置地公司向陶某提供购房补贴,陶某在中新置地公司服务满3年不是《中新置地购房补贴协议》的主要标的,只是《中新置地购房补贴协议》附加的生效条件。因此,《中新置地购房补贴协议》不违反《劳动合同法》第二十二条、第三十七条的规定,应属有效。

第二,《民法典》第一百五十八条规定,民事法律行为可以附条件,但是根据其性质不得附条件的除外。附生效条件的民事法律行为,自条件成就时生效。附解除条件的民事法律行为,自条件成就时失效。全额退还购房补贴不属于违约金条款,只是生效条件确定不成就后,《中新置地购房补贴协议》未生效,陶某基于《中新置地购房补贴协议》所领取的购房补贴没有法律上的依据所负有的返还责任,并不违反《劳动合同法》第二十五条的规定。

第三,即便《中新置地购房补贴协议》被认定为无效,陶某基于无效《中新置地购房补贴协议》而领取的购房补贴没有法律上的依据,亦应当返还。

专题二十七 保密与竞业限制

一、保密与竞业限制规范

保密与竞业限制是为了保护本单位的秘密信息不受侵犯。保密是防止本单位的秘密信息泄露;竞业限制是限制本单位员工在职期间或离职后,到与本单位生产或者经营同类产品、从事同类业务的有竞争关系的其他用人单位工作,或者自己开业生产或者经营同类产品、从事同类业务。

(一)保密义务的来源

1. 法定义务

保密义务分为两种,一种是法定的保密义务,另一种是约定的保密义务。根据《公司法》第一百四十八条的规定,公司的董事、高级管理人员不得擅自披露公司秘密。对于董事、高级管理人员,保密义务属于法定义务,源于法律的直接规定,不以双方约定为条件。另外,司法实务中有观点认为,根据《民法典》第五百零一条的规定,当事人在订立合同过程中知悉的商业秘密或者其他应当保密的信息,无论合同是否成立,不得泄露或者不正当地使用;泄露、不正当地使用该商业秘密或者信息,造成对方损失的,应当承担赔偿责任。因此,无论劳动合同是否明确约定劳动者需要保守商业秘密,劳动者作为劳动合同的当事人,均应对其知晓的用人单位的商业秘密负有保密义务。

2. 约定义务

《劳动合同法》第二十三条第一款规定,用人单位与劳动者可以在劳动合同中约定保守用人单位的商业秘密和与知识产权相关的保密事项。保密义务也可以由用人单位与劳动者约定产生。

(二)竞业限制条款的效力

《劳动合同法》第二十三条第二款规定,对负有保密义务的劳动者,用人单位可以在劳动合同或者保密协议中与劳动者约定竞业限制条款,并约定在解除或者终止劳动合同后,在竞业限制期限内按月给予劳动者经济补偿。劳动者违反竞业限制约定的,应当按照约定向用人单位支付违约金。第二十四条规定,竞业限制的人员限于用人单位的高级管理人员、高级技术人员和其他负有保密义务的人员。竞业限制的范围、地域、期限由用人单位与劳动者约定,竞业限制的约定不得违反法律、法规的规定。在解除或者终止劳动合同后,前款规定的人员到与本单位生产或者经营同类产品、从事同类业务的有竞争关系的其他用人单位,或者自己开业生产或者经营同类产品、从事同类业务的竞业限制期限,不得超过2年。

根据上述规定,竞业限制条款的效力应包含三个方面的内容,除了竞业限制条款整体是否有效外,还包括时间效力和空间效力。

1.竞业限制的人员限于用人单位的高级管理人员、高级技术人员和其他负有保密义务的人员。若约定竞业限制条款的员工不是单位的高级管理人员、高级技术人员以外的人员,也不对单位负有保密义务,则竞业限制条款无效。除此之外,竞业限制经济补偿的约定也可能会影响竞业限制条款对劳动者的约束力。

2.劳动合同解除或者终止后,竞业限制的期限不得超过2年。

根据《劳动合同法》的规定,劳动合同解除或者终止后,竞业限制的期限不得超过2年,故有观点认为竞业限制期限应当自劳动合同解除或者终止之日开始计算,且最长不得超过2年。实际不然,《劳动合同法》仅是对劳动合同解除或者终止后的竞业限制期限进行了限制,并未规定竞业限制期限的起算时间为劳动合同解除或终止之日,竞业限制期限应当以双方约定为准,没有约定的,从约定竞业限制条款之日开始,劳动者应履行竞业限制义务。

3.竞业限制的地域范围应具有合理性。关于竞业限制地域范围的约定,法律并无其他限制性规定,但并不是意味着用人单位可以任意与劳动者约定竞业限制的范围。实践中,如双方约定的竞业限制地域范围具有明显的不合理性,实践中一般认定超出合理范围的约定无效,即劳动者在合理地域范围以外有竞业限制协议禁止的行为的,也不认为劳动者违反了竞业限制约定。

(三)支付竞业限制经济补偿

根据《劳动合同法》第二十三条的规定,用人单位与劳动者约定竞业限制义务时,应一并约定在解除或者终止劳动合同后,在竞业限制期限内按月给予劳动者经济补偿。《劳动合同法》并未规定竞业限制经济补偿的标准,但竞业限制经济补偿应当具有一定的合理性,主要是不得约定过低。关于竞业限制经济补偿的约定,实践中存在三种情形。

1. 约定了合理的竞业限制经济补偿

用人单位与劳动者约定竞业限制义务时一并约定了用人单位应支付的竞业限制经济补偿,且竞业限制经济补偿合理的,约定有效。

2. 约定的竞业限制经济补偿过低

针对用人单位与劳动者约定的用人单位支付的经济补偿金额过低的情形的处理,实践中存在不同的观点。

一种观点认为,双方约定的竞业限制补偿数额过低,不足以维持劳动者在当地的最低生活标准的,属于《劳动合同法》第二十六条第一款第(二)项规定的"用人单位免除自己的法定责任、排除劳动者权利的"情形,该竞业限制条款无效,对劳动者没有约束力。如《江苏省劳动合同条例》第二十八条规定,用人单位对处于竞业限制期限内的离职劳动者应当按月给予经济补偿,月经济补偿额不得低于该劳动者离开用人单位前12个月的月平均工资的1/3。用人单位未按照约定给予劳动者经济补偿的,劳动者可以不履行竞业限制义务,但劳动者已经履行的,有权要求用人单位给予经济补偿。

另一种观点认为,用人单位与劳动者约定了竞业限制,但未约定经济补偿或约定的经济补偿过低的,不影响竞业限制条款或协议的效力,经济补偿的数额根据其他标准确定。如《浙江省高级人民法院民事审判第一庭、浙江省劳动人事争议仲裁院关于审理劳动争议案件若干问题的解答(三)》中指出,用人单位与劳动者约定了竞业限制,但未约定经济补偿或约定的经济补偿过低的,不影响竞业限制条款或协议的效力。用人单位可按照劳动者在劳动合同解除或者终止前12个月平均工资的30%按月支付或补足经济补偿。该标准低于劳动合同履行地最低工资标准的,按照劳动合同履行地最低工资标准支付。

3. 未约定用人单位支付竞业限制经济补偿

对于未约定用人单位支付竞业限制经济补偿的情形,根据《最高人民法院关于审理劳动争议案件适用法律问题的解释(一)》(法释〔2020〕26号)第三十六条的规定,劳动者履行了竞业限制义务,可要求用人单位按照劳动者在劳动合同解除或者终止前12个月平均工资的30%按月支付经济补偿,月平均工资的30%低于劳动合同履行地最低工资标准的,按照劳动合同履行地最低工资标准支付。

(四)竞业限制条款的解除

《最高人民法院关于审理劳动争议案件适用法律问题的解释(一)》第三十九条

规定,在竞业限制期限内,用人单位请求解除竞业限制协议的,人民法院应予支持。在解除竞业限制协议时,劳动者请求用人单位额外支付劳动者3个月的竞业限制经济补偿的,人民法院应予支持。根据该规定,用人单位享有任意解除权,但用人单位单方解除竞业限制协议的,在解除竞业限制协议时,劳动者可请求用人单位额外支付劳动者3个月的竞业限制经济补偿。

二、违反保密与竞业限制规范的法律责任

(一)违反保密义务的法律责任

《劳动合同法》第九十条规定,劳动者违反本法规定解除劳动合同,或者违反劳动合同中约定的保密义务或者竞业限制,给用人单位造成损失的,应当承担赔偿责任。劳动者违反保密义务,给用人单位造成损失的,用人单位无疑可以要求劳动者承担赔偿损失的法律责任。但因劳动者违反保密义务给用人单位造成的损失一般难以证明,因此在约定保密义务的同时,一般会约定劳动者违反保密义务需向用人单位支付违约金,用人单位是否可以依据违约金条款要求劳动者支付违约金在司法实务中存在争议。

一种观点认为,《劳动合同法》第二十三条第一款仅是规定用人单位可以与劳动者约定劳动者应履行保密义务,但未规定可以约定劳动者违反保密义务的违约金条款。《劳动合同法》第二十二条、第二十三条明确规定的可以约定劳动者支付违约金的情形仅包括违反服务期约定和违反竞业限制约定的情形,故用人单位与劳动者约定劳动者违反保密义务应向用人单位支付违约金违反了《劳动合同法》第二十五条的规定,应属无效。如《上海市高级人民法院关于劳动争议案件最新观点汇总(2014)》中的倾向性意见认为,对于违反保密义务是否向用人单位支付违约金的问题,从《劳动合同法》第二十三条第二款、第二十五条规定来看,由劳动者承担违约金必须有法律的明确规定,不允许用人单位和劳动者随意约定,而目前法律仅规定劳动者离职后违反竞业限制协议约定,应按约定向用人单位支付违约金,但未明确规定在职期内劳动者违反约定的保密义务需要支付违约金,在法无明文规定的情况下,不宜规定由劳动者承担违约金。同时,如果劳动者在职期内违反保密义务给用人单位造成损失,根据《劳动合同法》第九十条规定"劳动者违反劳动合同中约定的保密义务或竞业限制,给用人单位造成损失的,应当承担赔偿责任",用人单位可通过赔偿实际损失的方式来获得救济。故劳动合同中关于在职期内劳动者违反保密义务需支付用人单位违约金的约定系无效约定,用人单位主张劳动者支付

在职期内违反保密义务违约金的,应不予支持。该观点为主流观点。

另一种观点则认为,《劳动合同法》第二十五条规定,除本法第二十二条和第二十三条规定的情形外,用人单位不得与劳动者约定由劳动者支付违约金。而从《劳动合同法》第二十三条第一款的规定来看,《劳动合同法》并未将劳动者违反保密义务的情形排除在外。因此,《劳动合同法》实际上并未禁止用人单位与劳动者约定劳动者违反保密义务应向用人单位支付违约金。双方就此约定违约金的,如不存在其他无效事由,应当认定约定有效。

(二)违反竞业限制义务的法律责任

劳动者违反竞业限制义务的,属于违约行为。用人单位可以要求劳动者赔偿损失,也可以依据违约金条款要求劳动者支付违约金。

《劳动合同法》并未对违约金的标准进行规定,如约定的违约金低于实际损失或违约金过高,双方可主张依照《民法典》第五百八十五条第二款的规定进行调整,即约定的违约金低于造成的损失的,人民法院或者仲裁机构可以根据当事人的请求予以增加;约定的违约金过分高于造成的损失的,人民法院或者仲裁机构可以根据当事人的请求予以适当减少。

(三)用人单位未支付竞业限制经济补偿的法律责任

用人单位未支付竞业限制经济补偿的,劳动者可依据双方的约定要求用人单位支付竞业限制经济补偿。另外,根据《最高人民法院关于审理劳动争议案件适用法律问题的解释(一)》第三十八条的规定,劳动合同解除或者终止后,因用人单位的原因导致3个月未支付经济补偿,劳动者可以解除竞业限制条款。

三、合规管理

保密与竞业限制只是用人单位保护本单位的秘密信息不受侵犯的手段之一,要保护本单位的秘密信息不受侵犯,采取严密的保密措施是重点,首先应对用人单位的秘密信息采取保密措施,防止非必要员工接触秘密信息,未采取保密措施的信息,不能被认定为保密信息。对接触到本单位秘密信息的劳动者,应当与其签订保密协议,必要时可约定竞业限制条款。

(一)签订保密协议

没有签订保密协议,明确劳动者的保密义务的,用人单位可能难以证明劳动者应对本单位的秘密信息承担保密义务。签订保密协议时应注意以下两点。

1.明确保密信息的范围以及保密义务的内容。

保密信息的范围即哪些内容属于保密信息,如未明确保密信息的范围,用人单位主张劳动者违反保密义务还应提供证据证明特定的信息属于保密信息。保密义务的内容即劳动者遵守保密义务应当为的行为,包括作为和不作为。

2.约定违约责任,明确劳动者违反保密义务应承担的法律责任。

约定违约责任时,要约定的内容包括违约金条款、赔偿损失的范围、诉讼费用的范围以及承担等。尽管约定劳动者违反保密义务需要向用人单位支付违约金可能被认定为无效,但约定违约金条款更有利于督促劳动者履行保密义务。另外,如用人单位就劳动者履行保密义务向劳动者支付了保密费等对价,可以约定劳动者违反保密义务后应当返还用人单位已经支付的对价。

(二)约定竞业限制条款

在约定竞业限制条款时,应注意以下四点。

1.保证竞业限制条款的效力

(1)同时约定保密条款。

用人单位与劳动者约定竞业限制条款可以约定由劳动者支付违约金,但法律对约定竞业限制的条件以及竞业限制条款的内容有一定的限制。根据《劳动合同法》第二十三条第二款的规定,用人单位可以与之约定竞业限制条款的对象应当仅限于对用人单位负有保密义务的劳动者,也就是用人单位主张适用竞业限制条款时应当同时证明劳动者对用人单位负有保密义务。因此,约定竞业限制条款的同时,应当约定保密条款。

(2)竞业限制的期限在劳动合同解除或者终止以后不得超过2年,超过的部分无效。

(3)竞业限制的地域应根据用人单位的业务区域范围合理确定。

(4)竞业限制经济补偿不得过低。竞业限制经济补偿条款是竞业限制的必备条款,没有约定竞业限制经济补偿的,劳动者可以要求用人单位按照劳动者在劳动合同解除或者终止前12个月平均工资的30%按月支付经济补偿,月平均工资的30%低于劳动合同履行地最低工资标准的,按照劳动合同履行地最低工资标准支付。约定竞业限制经济补偿过低可能导致竞业限制约定对劳动者没有约束力。参照上述标准,约定的竞业限制经济补偿低于劳动合同履行地最低工资标准的,可能被认定为过低。

2. 合理确定竞业限制期限

用人单位与劳动者约定劳动者在职期间履行竞业限制义务的,无须向劳动者支付竞业限制经济补偿,但约定劳动者在劳动合同解除或终止后履行竞业限制义务的,应当向劳动者支付竞业限制经济补偿。在约定竞业限制期限时,可根据实际情况确定。

3. 约定违约金条款

违约金条款虽不是竞业限制的必备条款,但约定违约金条款才能更好地督促劳动者履行竞业限制义务。违约金条款可以在很大程度上减轻用人单位主张劳动者承担违约责任时的举证责任。

4. 约定报告义务

约定竞业限制条款的,可与劳动者约定劳动者离职后应当定期报告其履行竞业限制义务的情况,并提供相关的证明材料。

(三) 支付竞业限制经济补偿

用人单位应当在劳动合同解除或终止后,按照规定或约定支付劳动者竞业限制经济补偿,用人单位未支付经济补偿超过3个月的,劳动者可以解除竞业限制条款。

(四) 劳动者违反保密义务、竞业限制义务的,及时收集、固定证据

违反保密义务的行为主要为劳动者向第三方披露用人单位保密信息的行为。

违反竞业限制义务的行为包括劳动者到与本单位生产或者经营同类产品、从事同类业务的有竞争关系的其他用人单位工作,或者自己开业生产或者经营同类产品、从事同类业务。收集的证据为证明劳动者与其他单位存在用工关系的证据,或者证明劳动者是其他单位的股东、投资人、实际控制人的证据。如劳动合同、劳务协议、社会保险缴费记录、支付相关报酬的凭证、打卡记录、为其他单位提供劳动的证据、企业工商登记信息等。

另外,劳动者违反保密义务的,还要证明因劳动者违反保密义务给用人单位造成了损失。

案例 施耐德电气(中国)投资有限公司上海分公司与王某劳动争议纠纷案(《最高人民法院公报》2009 年第 11 期)

王某于 2005 年 8 月 29 日到施耐德电气(中国)投资有限公司上海分公司(以

下简称施耐德上海分公司)工作,双方签订了劳动合同,王某的工作地点在江苏省南京市。同日,双方签订了《保密和竞业禁止协议》,该协议约定:竞争业务是 i 公司或其关联公司从事或者计划从事的业务与 ii 公司或者关联公司所经营的业务相同、相近或相竞争的其他业务;竞争对手是除公司或其关联公司外从事竞争业务的任何个人、公司、合伙、合资企业、独资企业或其他实体,包括菲尼克斯等公司;区域是中华人民共和国境内。披露禁止是指雇员应对公司保密信息严格保密,在其与公司的聘用关系解除时不得以任何方式删改、锁定、复制保密信息,并应立即向公司返还所有保密信息及其载体和复印件;雇员同意在公司解除期间及其解除与公司的雇佣关系5年内,不以任何方式向公司或其关联公司的任何与使用保密信息工作无关的雇员、向任何竞争对手或者为公司利益之外的任何目的向任何其他个人和实体披露公司任何保密信息的全部或部分,除非该披露是法律所要求的。竞业禁止是指雇员承诺在解除与公司的雇佣关系1年内,不得在区域内部直接或者间接地投资或从事与公司业务相竞争的业务,或成立从事竞争业务的组织,或者向竞争对手提供任何服务或向其披露任何保密信息,不得正式或临时受雇于竞争对手或作为竞争对手的代理或代表从事活动。公司同雇员签订的劳动合同终止或者解除后,作为对雇员遵守披露禁止和竞业禁止承诺的经济补偿,公司将向雇员支付相当于其离职前1个月基本工资的竞业禁止补偿费;如雇员违背本合同义务,公司有权要求雇员停止侵害,解除与竞争对手的劳动、雇佣关系,并向公司赔偿相当于竞业禁止补偿费3倍的违约金。

2007年4月30日,王某从施耐德上海分公司处离职。施耐德上海分公司称其于2007年7月7日得知王某在菲尼克斯公司工作。施耐德上海分公司认为菲尼克斯公司与其存在业务竞争关系,王某离职后到菲尼克斯公司工作的行为违反了双方签订的《保密和竞业禁止协议》中确定的竞业禁止义务。2007年7月17日,施耐德上海分公司向上海市普陀区劳动争议仲裁委员申请劳动仲裁,要求王某承担竞业禁止违约金66,600元,并继续履行双方约定的竞业禁止义务。2007年9月20日,上海市普陀区仲裁委员会裁决王某承担竞业禁止违约金66,600元,对施耐德上海分公司的其他请求不予支持。庭审中,王某认可自己在菲尼克斯公司工作,但认为该公司与施耐德上海分公司只存在一些产品的交叉互补,不存在业务竞争关系。

另查明:施耐德上海分公司于2007年6月汇入王某的银行账户24,814.50元。施耐德上海分公司述称该笔款项是截至2007年4月王某的报酬,包括基本工资6800元、竞业禁止补偿金20,400元,上述费用扣除保险费和税费后,实发数额为24,814.50元。同时施耐德上海分公司表示,竞业禁止补偿金20,400元是按照王某离职前3个月的基本工资计算的。王某对收到上述款项无异议,但表示不清楚该笔款项的构成。施耐德上海分公司提供王某离职前12个月的收入明细,证明王某总收入税前为114,306元,税后为88,199.09元。王某对此表示异议,但其提供的2006年12月工资单载明其税后收入为6663元,与施耐德上海分公司陈述的数额基本一致。

施耐德上海分公司提交该公司和菲尼克斯公司的产品介绍,用以证明两公司在电源产品、工业以太网、接插线产品等方面均存在业务竞争。王某则认为菲尼克斯公司生产上述产品的市场份额很少,与施耐德上海分公司不存在业务竞争关系,仅仅是产品重叠和互补关系。

施耐德上海分公司提交中国工控网出具的市场份额调查数据,用以证明该公司与菲尼克斯公司的IO市场份额均处于前十名,分别是3.3%和2.9%;在HMI市场中,施耐德上海分公司的份额为3.1%,而菲尼克斯公司则属于非常小的公司,无法计算其市场份额。王某则认为两公司一个是销售公司,一个是生产公司,主要经营范围不同,90%以上的业务也不同,虽然部分产品相同,但产品存在交叉不等于存在业务竞争。南京市鼓楼区人民法院认为劳动者和用人单位的合法权益均受法律保护。王某的实际工作地点在江苏省南京市,本案劳动合同的实际履行地即为江苏省南京市,故本案除适用相关法律、法规外,还应当适用江苏省和南京市有关劳动争议的地方性法规。竞业禁止义务是对负有特定义务的劳动者的权利限制,即规定劳动者从原用人单位离职后,在一定期间内不得自营或为他人经营与原用人单位有直接竞争关系的业务。根据《江苏省劳动合同条例》第十七条的规定,用人单位与负有保守商业秘密义务的劳动者,可以在劳动合同或者保密协议中约定竞业限制条款,并应当同时约定在解除或者终止劳动合同后,给予劳动者经济补偿。其中,年经济补偿额不得低于该劳动者离开用人单位前12个月从该用人单位获得的报酬总额的1/3。用人单位未按照约定给予劳动者经济补偿的,约定的竞业限制条款对劳动者不具有约束力。根据上述法律、行政法规以及地方性法规的规定,用人单位与负有保守商业秘密义务的劳动者,可以在劳动合同或者保密协议中约定竞业禁止条款,限定劳动者在离职后的一定期间内不得从事与用人单位存在竞争关系的业务,以保护用人单位的合法经营利益。劳动者通常都有一定的专业,其专业又往往与用人单位所经营的业务存在一定的联系,其求职就业要以本人专业为依托。劳动者从原用人单位离职后,为了个人及其家庭的生活需要,通常要寻求新的工作,如果履行竞业禁止义务,在一定期间内可能难以找到新的工作,因此影响劳动者个人及其家庭的生活。正是考虑到涉及劳动者个人及其家庭生活的实际问题,上述法律、行政法规和地方性法规都明确规定,用人单位与劳动者在约定竞业禁止义务的同时,还应当约定在双方解除或者终止劳动合同后,由用人单位给予劳动者一定的竞业禁止经济补偿。没有约定竞业禁止经济补偿或者补偿数额过低、不符合规定的,竞业禁止协议没有法律约束力。本案中,王某与施耐德上海分公司签订的《保密和竞业禁止协议》所约定的竞业禁止经济补偿金仅为王某离职前1个月的基本工资,即使根据施耐德上海分公司的陈述,其实际支付给王某的竞业禁止经济补偿金也仅是王某3个月的基本工资,仍低于《江苏省劳动合同条例》规定的标准。因此可以认定,涉案《保密和竞业禁止协议》中的竞业禁止条款对王某不具有约束力,即使王某从施耐德上海分公司处离职后又到菲尼克斯公司工作的行为违反了该竞业禁止义务,王某亦不应承担违约责任。施耐德上海分公司关于王某应按照实际领取的竞业禁止补偿金的3倍支付违约金的诉讼主张不成立,依法不予支持。

综上,南京市鼓楼区人民法院于2007年12月14日判决:

(1)王某与施耐德上海分公司签订的《保密和竞业禁止协议》中约定的竞业禁止条款无效;

(2)施耐德上海分公司要求王某支付违约金的诉讼主张不成立,不予支持。

案例分析

本案是2009年最高人民法院公报案例,案件发生时,《江苏省劳动合同条例》第十七条规定,用人单位与负有保守商业秘密义务的劳动者,可以在劳动合同或者保密协议中约定竞业限制条款,并应当同时约定在解除或者终止劳动合同后,给予劳动者经济补偿。其中,年经济补偿额不得低于该劳动者离开用人单位前12个月从该用人单位获得的报酬总额的1/3。用人单位未按照约定给予劳动者经济补偿的,约定的竞业限制条款对劳动者不具有约束力。因王某与施耐德上海分公司签订的《保密和竞业禁止协议》所约定的竞业禁止经济补偿金仅为王某离职前1个月的基本工资,实际支付给王某的竞业禁止经济补偿金也仅是王某3个月的基本工资,低于《江苏省劳动合同条例》规定的标准,因此认定《保密和竞业禁止协议》中的竞业禁止条款对王某不具有约束力,施耐德上海分公司主张要求王某承担违约责任没有依据。

专题二十八　劳动者给用人单位造成损失

一、劳动者给用人单位造成损失的处理规范

《工资支付暂行规定》第十六条规定,因劳动者本人原因给用人单位造成经济损失的,用人单位可按照劳动合同的约定要求其赔偿经济损失。经济损失的赔偿,可从劳动者本人的工资中扣除。但每月扣除的部分不得超过劳动者当月工资的20%。若扣除后的剩余工资部分低于当地月最低工资标准,则按最低工资标准支付。《民法典》第一千一百九十一条规定,用人单位的工作人员因执行工作任务造成他人损害的,由用人单位承担侵权责任。用人单位承担侵权责任后,可以向有故意或者重大过失的工作人员追偿。劳务派遣期间,被派遣的工作人员因执行工作任务造成他人损害的,由接受劳务派遣的用工单位承担侵权责任;劳务派遣单位有过错的,承担相应的责任。

(一)可要求劳动者赔偿损失

1.劳动者承担赔偿责任的构成要件

根据《工资支付暂行规定》第十六条的规定,因劳动者本人原因给用人单位造成经济损失的,用人单位可按照劳动合同的约定要求其赔偿经济损失。一般认为,劳动者承担赔偿责任的构成要件包括:(1)劳动者因本人原因给用人单位造成经济损失;(2)劳动者主观上存在故意或重大过失。如《浙江省高级人民法院民事审判第一庭、浙江省劳动人事争议仲裁院关于审理劳动争议案件若干问题的解答(五)》中就规定,劳动者履行工作职责或执行工作任务时给用人单位造成损失的,属于用人单位经营风险,劳动者一般不承担赔偿责任。但劳动者因故意或重大过失给用人单位造成经济损失的,应予赔偿。在确定赔偿金额时,应当根据劳动者过错程度、单位或其他配合履职的劳动者有无过错等原因力比例、损失大小、劳动报酬水平、劳动合同是否继续履行等因素综合确定。

司法实务中,有观点认为,根据《工资支付暂行规定》第十六条的规定,用人单位主张劳动者承担赔偿责任的,应有规章制度的规定或劳动合同的约定作为依据,如用人单位的规章制度未作相关规定,劳动合同也未约定,用人单位不得要求劳动者承担赔偿责任。

2. 责任范围

在确定劳动者的赔偿责任时,法院一般会结合劳动者的过错程度、工作岗位、行为性质、薪资水平、赔偿能力、用人单位的管理指示疏漏等多种因素,酌情确定劳动者的赔偿责任。

(二) 工资扣除规范

根据《工资支付暂行规定》第十六条的规定,经济损失的赔偿,可从劳动者本人的工资中扣除。但每月扣除的部分不得超过劳动者当月工资的20%。若扣除后的剩余工资部分低于当地月最低工资标准,则按最低工资标准支付。当然,用人单位也可要求劳动者一次性对损失进行赔偿。

二、违反处理规范的法律责任

对劳动者因本人原因给用人单位造成损失的处理主要涉及劳动报酬支付的问题,如未经生效法律文书确定劳动者的赔偿责任,用人单位在未经劳动者同意的情况下要求劳动者承担赔偿责任,并在劳动者的工资中予以扣除;或虽经生效法律文书确定劳动者的赔偿责任,用人单位在劳动者的工资中扣除赔偿金额,但每月扣除部分超过劳动者当月工资的20%,或扣除后支付给劳动者的工资低于当地最低工资标准,构成未及时足额支付劳动报酬,应承担未及时足额支付劳动报酬的法律责任。未及时足额支付劳动报酬的法律责任详见支付劳动报酬章节的内容。

三、合规管理

(一) 完善依据

为防止用人单位在主张劳动者承担赔偿责任时,不能提供规章制度或劳动合同作为依据,应提前在规章制度中规定并在劳动合同中约定,劳动者因本人原因给用人单位造成损失的,应当承担赔偿责任。

(二) 明确岗位职责

在评价劳动者的主观过错程度时,一般会考虑用人单位是否明确告知劳动者岗位职责、操作规范等。如用人单位已经提前明确告知相应的岗位职责及操作规范,劳动者违反相关规定,一般认为劳动者主观过错程度更大。

(三)及时收集、固定证据

因劳动者本人原因给用人单位造成经济损失后,用人单位应及时收集、固定证据,证明实际产生的损失,以及损失系劳动者原因产生。

(四)妥善处理

因劳动者本人原因给用人单位造成经济损失后,用人单位应先确定劳动者的赔偿责任后,才能在劳动者的工资中按照规定予以扣除。用人单位可以与劳动者协商确定赔偿责任,不能协商确定的,应申请劳动仲裁或向人民法院提起诉讼,取得生效法律文书后再进行处理。

需要特别注意的是,一般认为,用人单位要求劳动者承担赔偿责任应当适用1年的仲裁时效期间的规定,用人单位应在仲裁时效期间内主张权利。

案例 无锡佳健医疗器械股份有限公司与马某劳动争议纠纷案[(2020)苏02民终4555号]

马某系无锡佳健医疗器械股份有限公司(以下简称佳健公司)注册专员,双方签订的书面劳动合同约定,合同期限为自2014年4月14日起至无固定期限。2018年4月20日,双方解除劳动关系,无锡市终止或解除劳动关系登记备案单载明解除合同原因为劳动者提前30日书面通知用人单位解除劳动合同。佳健公司代理了迈迪克公司ECG注册申请事宜,具体由马某负责。2016年12月20日,国家食品药品监督管理总局(以下简称食药监总局)[1]受理了ECG注册申请。佳健公司按要求向食药监总局缴纳了210,900元。2017年3月7日,食药监总局医疗器械技审评中心向佳健公司发出医疗器械注册补充资料通知,要求在收到本通知后1年内以书面形式一次性将补充材料送达该中心。具体补充资料包括中英文申报资料内容应一致、申请表部分、综述资料、研究资料、风险分析资料、技术要求等共计9个方面。双方确认上述需补充资料并不能完全由马某独立完成补充,如涉及产品部分就需要迈迪克公司进行配合。

在职期间,马某就其负责的工作编制了国内及进口产品注册计划进度表向佳

---

[1] 现为国家市场监督管理总局,后文不再赘述。

健公司进行汇报。2017年8月9日,马某关于ECG项目补正阶段的计划进度为2017年9月30日。2017年11月8日及9日,马某为ECG项目去北京出差,报销差旅费1245元。2018年1月24日至27日,马某去北京出差,报销差旅费1721元。2018年4月25日,佳健公司收到食药监总局对ECG不予注册的批件,理由是申请人逾期未提交补充资料。同时批件上备注。

佳健公司认为系因马某没有向其明确地陈述注册事宜的真实情况,导致错过了补正,应由马某承担赔偿责任,双方之间不仅是劳动关系,还是委托代理关系,故马某也应承担平等主体之间的侵权责任。马某认为无法如期提供补充资料是因为迈迪克公司没有提供,佳健公司也未催促迈迪克公司,其并无责任。

佳健公司就本案诉争于2019年12月19日向仲裁委申请仲裁,仲裁委于2019年12月25日以仲裁请求超过时效为由不予受理,佳健公司遂诉至法院。

庭审中,佳健公司陈述在提起仲裁前未明确向马某提出赔偿损失要求,也未举证曾进行过索赔。佳健公司还明确对劳动者承担损失赔偿责任并无约定或者规章制度规定。

一审法院认为,本案的争议焦点为本案是否超过仲裁时效以及马某应否承担赔偿责任。首先,劳动争议申请仲裁的时效期间为1年,仲裁时效期间从当事人知道或者应当知道其权利被侵害之日起计算。非因法定事由,当事人在申请仲裁期间内不提起仲裁,通过劳动仲裁程序主张其权利的时效即归于消灭,当事人即应承担由此产生的法律后果。本案中,佳健公司于2018年4月25日收到不予注册批件,但直到2019年12月19日方提出仲裁申请,此前并未明确提出索赔要求,故已超过仲裁时效期间。其次,马某不应承担赔偿责任。劳动者在工作中因重大过失给用人单位造成经济损失的,劳动者应当依据合同约定或规章制度规定向用人单位承担赔偿责任。本案中,一方面,佳健公司与马某之间就赔偿损失并无约定或规章制度规定;另一方面,通过计划进度表可以反映马某向公司汇报了该项目需进行补正,而补正资料中大量材料是马某无法独立完成的,因此佳健公司不能举证证明马某对ECG项目不予注册存在重大过错。据此,佳健公司要求马某承担赔偿责任缺乏依据。最后,佳健公司又主张双方之间为委托代理关系,马某构成平等主体之间的侵权责任。而马某担任佳健公司的注册专员系依据双方之间的劳动合同关系,而非委托代理关系。佳健公司也无证据证明马某存在侵权行为以及该行为与ECG项目不予注册的后果之间存在因果关系,故对佳健公司的上述主张,本院不予支持。

二审法院认为,关于佳健公司与马某之间的法律关系,佳健公司与马某签订了书面劳动合同,马某据此担任佳健公司注册专员,佳健公司主张双方系委托代理关系,无事实依据,本院不予采纳。本案系马某履职过程中产生的纠纷,应适用劳动争议仲裁时效的有关规定。关于时效的起算点。2018年4月25日,国家食药监总局向佳健公司下发的不予注册批件中明确了对ECG项目注册不予受理系因佳健公司未在1年内提交相关补正材料,故佳健公司于此时知道或应当知道权利被侵害,一审从该日起算仲裁时效,并无不当。综上,佳健公司的上诉请求无事实和法律依据,二审法院不予支持。一审判决认定事实清楚,适用法律正确,应予以维持。

案例分析

1. 马某不满足承担赔偿责任的构成要件。

一审法院认为,用人单位主张劳动者承担赔偿责任的,应有规章制度的规定或劳动合同的约定作为依据,且劳动者主观上应存在重大过错。而本案中存在以下两种情形。

(1)佳健公司的规章制度中并未就劳动者的赔偿责任进行规定,佳健公司与马某也未对此进行约定,故佳健公司主张承担赔偿责任没有依据。

(2)佳健公司不能提供证据证明马某对ECG项目不予注册存在重大过错。

综上,马某不满足承担赔偿责任的构成要件。

2. 本案仲裁时效期间已经经过。

根据《劳动争议调解仲裁法》第二十七条第一款的规定,劳动争议申请仲裁的时效期间为1年。仲裁时效期间从当事人知道或者应当知道其权利被侵害之日起计算。2018年4月25日,国家食药监总局向佳健公司下发的不予注册批件中明确了对ECG项目注册不予受理系因佳健公司未在1年内提交相关补正材料,故佳健公司于2018年4月25日知道或应当知道权利被侵害,应当在2019年4月25日前主张权利,但佳健公司2019年12月19日才申请劳动仲裁,仲裁时效期间已经经过。

专题二十九　劳动者涉嫌违法犯罪被采取刑事强制措施

一、劳动者被采取刑事强制措施的劳动合同履行规范

（一）用人单位可以暂时停止履行劳动合同的情形

《劳动合同法》第三条第二款规定，依法订立的劳动合同具有约束力，用人单位与劳动者应当履行劳动合同约定的义务。第二十九条规定，用人单位与劳动者应当按照劳动合同的约定，全面履行各自的义务。履行劳动合同约定的义务是用人单位与劳动者的义务，任何一方无正当理由不履行劳动合同的，应当承担相应的法律责任，对方甚至可以提出解除劳动合同。在一些特殊情况下，劳动者被限制人身自由，导致劳动者暂时无法履行劳动合同的，用人单位可以暂时停止履行劳动合同。

1. 根据劳动部印发的《关于贯彻执行〈中华人民共和国劳动法〉若干问题的意见》第二十八条第一款的规定，劳动者涉嫌违法犯罪被有关机关收容审查、拘留或逮捕的，用人单位在劳动者被限制人身自由期间，可与其暂时停止劳动合同的履行。

刑事强制措施包括传唤、拘传、拘留、逮捕、取保候审、监视居住等。劳动者被拘留或逮捕的，人身自由被限制，劳动者不能正常提供劳动，用人单位可以暂时停止劳动合同的履行。劳动者被传唤、拘传的，对劳动合同的履行影响不大，用人单位不可以停止劳动合同的履行。而劳动者被取保候审、监视居住的，用人单位是否可以暂时停止劳动合同的履行在司法实务中存在争议。

第一种观点认为，劳动者被取保候审、监视居住期间，劳动者的人身自由并未受到较多限制，且法律并未规定劳动者在取保候审期间，用人单位可以暂时停止劳动合同的履行，故用人单位不可以停止劳动合同的履行。多地的工资支付条例中都规定，劳动者在取保候审期间提供了劳动的，用人单位应当正常支付工资。

第二种观点认为,劳动者被取保候审、监视居住期间,劳动者的人身自由同样受到限制,会影响劳动合同的履行。因此,用人单位可以暂时停止劳动合同的履行。

第三种观点认为,劳动者被取保候审、监视居住期间,其人身自由并未受到较多限制,对不影响劳动合同的履行的,用人单位不得停止履行劳动合同;如影响劳动合同的履行,用人单位可以与劳动者协商变更劳动合同,安排适当的工作;如确实不能履行劳动合同,用人单位可以暂时停止劳动合同的履行。

2. 除上述规定外,一些地方性规定中还规定了其他的用人单位可以暂时停止履行劳动合同的情形。如根据《新疆维吾尔自治区关于进一步规范劳动合同管理有关问题的指导意见》第八条的规定,劳动者被强制戒毒期间的,用人单位可以暂时停止履行劳动合同。

要特别注意的是,用人单位仅在因劳动者原因导致不能履行劳动合同的情形下才可以停止履行劳动合同。如非劳动者原因导致劳动合同不能履行,用人单位可依法实施停工停产、与劳动者协商变更劳动合同,但不能停止履行劳动合同。

(二)暂时停止履行劳动合同期间的权利义务

1. 根据劳动部印发的《关于贯彻执行〈中华人民共和国劳动法〉若干问题的意见》第二十八条第二款的规定,暂时停止履行劳动合同期间,用人单位不承担劳动合同规定的相应义务。劳动者经证明被错误限制人身自由的,暂时停止履行劳动合同期间劳动者的损失,可由其依据《国家赔偿法》要求有关部门赔偿。用人单位不承担劳动合同规定的相应义务包括不支付劳动报酬、福利待遇,不为劳动者缴纳社会保险费等。

2. 劳动者被取保候审、监视居住期间,劳动者提供了劳动的,用人单位应当正常支付其工资。劳动者未提供劳动的,如认为用人单位可以暂时停止履行劳动合同,则停止履行劳动合同期间,用人单位无须承担劳动合同规定的相应义务;如认为用人单位不可以停止履行劳动合同,一般认为用人单位应当参照《人事部[①]关于国家机关、事业单位工作人员受行政刑事处罚工资处理意见的复函》的规定向劳动者支付生活费。

(三)恢复履行劳动合同

停止履行劳动合同只是暂时的,在暂时停止履行劳动合同的情形消失后,劳动

---

① 现为人力资源和社会保障部,后文不再赘述。

合同应当恢复履行。

二、违反暂时停止履行劳动合同规范的法律责任

用人单位违反暂时停止履行劳动合同规范的情形主要是指用人单位在不存在可以暂时停止履行劳动合同的情形下，停止履行劳动合同，当然也包括可以暂时停止履行劳动合同的情形消失后，用人单位未恢复履行劳动合同的情形。由此，一般会涉及未提供劳动条件、未及时足额支付劳动报酬、未依法为劳动者缴纳社会保险等情形，用人单位应分别承担相应的法律责任。相关的法律责任在其他章节中已详细说明，在此不做赘述。

三、合规管理

(一)正确掌握可以暂时停止履行劳动合同的情形

对暂时停止履行劳动合同进行合规管理就是要保证用人单位暂时停止履行劳动合同具有法律依据。用人单位在劳动者不能履行劳动合同期间欲停止履行劳动合同的，应结合法律规定和当地的地方性规定进行判断。要特别注意的是，劳动者涉嫌违法犯罪，但未被拘留或逮捕，仅是被取保候审或监视居住的，用人单位应结合当地的规定决定是否暂时停止履行劳动合同；如未作规定，应结合实际情况处理。

1. 不影响劳动合同履行的，不得停止劳动合同的履行。

2. 影响劳动合同履行的，可向劳动者提出协商变更劳动合同，按照变更后的劳动合同履行；不能协商一致的，应按照劳动合同约定提供劳动条件，通知劳动者提供劳动，以证明非用人单位原因导致劳动者未提供劳动，如劳动者不能提供劳动，可先不予支付劳动报酬。

(二)及时恢复劳动合同的履行

停止履行劳动合同是暂时的，可以暂时停止履行劳动合同的情形消失后，用人单位应当及时通知劳动者履行劳动合同，并按照劳动合同的约定提供劳动条件，否则，用人单位将承担未按照约定提供劳动条件的法律责任，劳动者可以要求用人单位支付工资，并依照《劳动合同法》第三十八条的规定解除劳动合同，要求用人单位支付经济补偿。

(三) 提前约定暂时停止履行劳动合同期间的权利义务

用人单位为劳动者缴纳社会保险费的,如需停止缴纳社会保险费可能需要劳动者予以配合,但劳动者被限制人身自由期间,又难以配合停止缴纳社会保险费。对此,用人单位可与劳动者约定,如按照法律规定,用人单位暂时停止履行劳动合同,劳动者应授权单位员工代为办理配合停止缴纳社会保险费的相关手续,包括但不限于代劳动者签字等。同时,还可以约定,暂时停止履行劳动合同期间,因劳动者不能配合停止缴纳社会保险费的,用人单位缴纳的社会保险费由劳动者承担。

案例 中旅国际会议展览有限公司与吕某劳动争议纠纷案[(2018)京0105民初10051号]

吕某与中旅国际会议展览有限公司(以下简称中旅公司)自2003年12月15日建立劳动关系。双方于2010年4月1日签订期限自该日至2012年12月31日的劳动合同书,双方于2013年1月1日签订劳动合同续订书,延续劳动合同期限至2015年12月31日。

吕某实际出勤至2014年3月13日,后因涉嫌贪污罪配合检察院调查而未再出勤。吕某于2014年3月31日被取保候审,同时被告知根据《刑事诉讼法》第六十九条第二款的规定,其应遵守不得进入中旅公司及与该案有关的场所、不得与该案相关人员会见或者通信等规定。检察院在进行相关调查后,于2015年12月9日作出京西检反贪撤[2015]1号撤销案件决定书,载明吕某涉嫌贪污案,因证据不足,决定撤销此案。

中旅公司于2016年8月25日向吕某作出终止劳动合同通知书,内容为:"吕某:你好!你与中旅国际会议展览有限公司签订的劳动合同于2015年12月31日到期。因你在职期间严重违反公司的规章制度,且严重失职,营私舞弊,对公司造成重大损害,故中旅国际会议展览有限公司决定不再与你续签劳动合同。中旅国际会议展览有限公司已于2016年3月21日通知与你终止劳动关系,但你不予认可,并不配合办理终止劳动合同手续及相关离职手续。现再次向你发送本通知,请你于2016年8月31日前办理终止劳动合同手续及离职手续,否则后果自负。"

中旅公司称以邮寄方式向吕某送达上述终止劳动合同通知书,吕某称于2016年9月1日收到该邮件。

1.2015年12月9日之后吕某与中旅公司劳动合同的履行情况

吕某称其在检察院于2015年12月9日作出撤销案件决定书后,于2015年12

月10日前往中旅公司,但中旅公司拒绝其进入办公场所。中旅公司对此不予认可,表示其公司于2016年1月知晓撤销案件决定书后,与吕某协商是否续订劳动合同,吕某态度不明确,后其公司了解了侦查的大致情况,决定解除劳动关系、不再续订劳动合同。吕某对此不予认可,表示其主张续订劳动合同,但中旅公司始终拒绝吕某进入工作场所。

2. 吕某的工资标准及工资发放情况

吕某和中旅公司均认可吕某在正常出勤期间的月工资构成分为固定工资和浮动工资,固定工资分为基本工资和岗位工资,共计9300元。浮动工资分为两部分,一部分是以奖金形式发放的月浮动工资,另一部分为年终奖。吕某和中旅公司均认可中旅公司按照正常标准向吕某支付工资至2014年3月31日,且工资支付周期为每月20日左右发放当个自然月的工资。

就吕某2014年4月之后的工资发放情况,吕某提交了其名下银行账户明细。中旅公司对于真实性予以认可。根据双方确认的工资支付周期,吕某在2014年3月的实收工资为6238.27元,自2014年4月至同年10月的实收工资金额分别为2218.76元、2218.76元、2218.76元、1839.34元、1839.34元、1839.34元、1839.34元。中旅公司认可自2014年11月起未向吕某发放工资,但认为此后为吕某缴纳的社会保险费和住房公积金应属于劳动报酬范围。

中旅公司就2014年4月至同年10月向吕某发放工资和缴纳社会保险费、住房公积金及代扣税情况提交了统计明细,显示该期间吕某的月税费前应发工资均为5700元,该统计明细载明的实发工资与上述吕某银行账户明细载明的金额一致。

法院认为,吕某与中旅公司于2003年12月15日建立劳动关系,双方最后签订期限至2015年12月31日的劳动合同书。在双方劳动合同于2015年12月31日届期至中旅公司于2016年8月25日向吕某作出终止劳动合同通知书期间,未有证据显示中旅公司向吕某作出过终止或解除劳动合同的意思表示,同时亦未有证据显示中旅公司向吕某提出过续订劳动合同而被吕某拒绝。考虑到吕某与中旅公司已经连续订立两次以上固定期限劳动合同,故在2015年12月31日最后一份劳动合同届期时,中旅公司无权单方决定终止劳动合同。吕某称其于2016年9月1日收到终止劳动合同通知书,中旅公司未就此提交反证,本院对吕某的该项意见予以采纳,并对吕某要求确认与中旅公司于2003年12月15日至2016年9月1日存在劳动关系的诉讼请求予以支持。

中旅公司自2016年1月1日之后未与吕某续订书面劳动合同,故吕某关于2016年1月至2016年8月未签订书面劳动合同双倍工资的诉讼请求于法有据,本

专题二十九　劳动者涉嫌违法犯罪被采取刑事强制措施

院予以支持。同时,中旅公司所作终止劳动合同通知书虽冠"终止"之名,但该通知书作出及到达吕某之时距双方劳动合同于2015年12月31日届期已长达8个月,且如前述,双方自2016年1月1日至同年9月1日应存续劳动关系,故该"终止"通知实系解除劳动合同之意思表示。针对该通知书所称"严重违反公司的规章制度,且严重失职,营私舞弊,对公司造成重大损害"之理由,中旅公司提交了检察院办理吕某涉嫌贪污罪的案件材料、注册费申请报销的财务凭证等证据,但针对该等案件材料,检察院已于2015年12月9日作出京西检反贪撤〔2015〕1号撤销案件决定书,以证据不足为由决定撤销此案,故中旅公司所提证据不足以证明吕某存在上述通知书所称行为。中旅公司解除与吕某的劳动关系,依据不足,中旅公司应依法支付吕某违法解除劳动合同的赔偿金。

关于吕某在2014年4月至2015年12月的工资问题,《关于贯彻执行〈中华人民共和国劳动法〉若干问题的意见》(劳部发〔1995〕309号)第二十八条规定:劳动者涉嫌违法犯罪被有关机关收容审查、拘留或逮捕的,用人单位在劳动者被限制人身自由期间,可与其暂时停止劳动合同的履行。暂时停止履行劳动合同期间,用人单位不承担劳动合同规定的相应义务。劳动者经证明被错误限制人身自由的,暂时停止履行劳动合同期间劳动者的损失,可由其依据《国家赔偿法》要求有关部门赔偿。但本案中,吕某自2014年3月31日之后被取保候审,并非被采取收容审查、拘留或逮捕的强制措施,故不应适用上述规定。同时根据《国家赔偿法》第十七条之规定,取保候审亦不属于可以取得赔偿之情形。

关于劳动者在取保候审期间的待遇,《劳动法》和《劳动合同法》均未有明确规定。原人事部曾就国家机关、事业单位工作人员存在类似情况作出过规定,《人事部关于国家机关、事业单位工作人员受行政刑事处罚工资处理意见的复函》规定,国家机关和事业单位工作人员被取保候审或被监视居住的,在此期间停发原工资,并按以下办法计发生活费:原为国家公务员的,按照本人原基本工资额(职务工资、级别工资、基础工资和工龄工资四项之和,下同)的75%计发生活费。机关技术工人按照本人原岗位工资和技术等级(职务)工资之和,机关普通工人按照原岗位工资数额,分别作为生活费发给,取消每月发放的奖金部分。事业单位工作人员按照本人原工资中的固定部分作为生活费发给,取消其工资中活的部分(津贴)。上述人员经审查核实后,如构不成刑事犯罪或不被行政处罚,且不给予任何行政纪律处分,补发其被扣除的工资、奖金、津贴、补贴。参照上述规定,吕某涉嫌贪污一案后由检察机关以证据不足为由撤销,中旅公司应补发吕某工资。故本院对吕某关于2014年4月1日至10月31日的工资差额、2014年11月1日至2015年12月9日工资的主张均予以支持。2015年12月9日之后，未有证据显示中旅公司向吕某安排过工作，中旅公司仍应按正常工资标准向吕某支付工资。

另需说明的是，根据《刑事诉讼法》第七十七条之规定，人民法院、人民检察院和公安机关对犯罪嫌疑人、被告人取保候审最长不得超过12个月。本案中，吕某自2014年3月31日被取保候审，但未有证据显示取保候审期限届满后吕某被告知过可以进入中旅公司的办公场所，亦未有证据显示中旅公司向吕某安排过工作，故取保候审期限届满至2015年12月9日，中旅公司仍应按正常工资标准向吕某支付工资。

案 例 分 析

本案中，吕某因涉嫌贪污罪配合检察院调查于2014年3月14日起未再出勤，于2014年3月31日被取保候审，同时被告知根据《刑事诉讼法》第六十九条第二款的规定，其应遵守不得进入中旅公司及与该案有关的场所、不得与该案相关人员会见或者通信等规定。检察院在进行相关调查后，于2015年12月9日作出京西检反贪撤〔2015〕1号撤销案件决定书，载明吕某涉嫌贪污案，因证据不足，决定撤销此案。

法院认为，吕某自2014年3月31日之后被取保候审，并非被采取收容审查、拘留或逮捕的强制措施，故中旅公司不得停止履行劳动合同。取保候审期间，用人单位应当参照《人事部关于国家机关、事业单位工作人员受行政刑事处罚工资处理意见的复函》的规定向吕某支付待遇。取保候审期满后，中旅公司未安排吕某工作，非吕某原因导致其未提供劳动，故中旅公司仍应正常支付吕某工资。

劳动合同变更篇——在职管理

专题三十　变更劳动合同内容

一、劳动合同变更规范

变更劳动合同内容的方式分为两种,一种是合意变更,另一种是单方变更。

(一)合意变更

1. 合意变更的情形

合意变更有两种情形,一种是用人单位与劳动者依照《劳动合同法》第三十五条的规定协商一致,变更劳动合同约定的内容。另一种是用人单位依照《劳动合同法》第四十条第(三)项的规定提出与劳动者协商变更劳动合同的内容。两种情形均需双方就变更劳动合同的内容达成一致意见,不同的是,存在《劳动合同法》第四十条第(三)项规定的情形,双方不能就变更劳动合同的内容达成一致意见的,用人单位可以单方解除劳动合同。

2. 合意变更劳动合同的形式

《劳动合同法》第三十五条第一款规定,用人单位与劳动者协商一致,可以变更劳动合同约定的内容。变更劳动合同,应当采用书面形式。《最高人民法院关于审理劳动争议案件适用法律问题的解释(一)》第四十三条规定,用人单位与劳动者协商一致变更劳动合同,虽未采用书面形式,但已经实际履行了口头变更的劳动合同超过1个月,变更后的劳动合同内容不违反法律、行政法规且不违背公序良俗,当事人以未采用书面形式为由主张劳动合同变更无效的,人民法院不予支持。根据上述规定,变更劳动合同与订立劳动合同不同,一般认为,变更劳动合同未采取书面形式并不影响变更劳动合同的效力。满足以下条件的,即使变更未采取书面形式,依然有效:

(1)用人单位与劳动者就变更劳动合同的内容协商一致;

(2)已经实际履行了口头变更的劳动合同超过1个月;

(3)变更后的劳动合同内容不违反法律、行政法规且不违背公序良俗。

(二)单方变更

单方变更是指用人单位或劳动者单方变更劳动合同的内容,主要是指用人单位单方变更劳动合同的内容。

原则上,变更劳动合同的内容应当遵循协商一致的原则。但当事人在订立劳动合同时,不可能对涉及劳动合同的所有问题均作出明确的规定,劳动合同履行过程中,如订立劳动合同时所依据的主客观情况发生变化,可能会导致劳动合同无法履行或者履行显失公平,这就需要对劳动合同的内容进行调整,以适应上述变化。因此,法律赋予了当事人在特定条件下单方变更劳动合同的权利,用人单位单方变更劳动合同的,应有合法的变更理由,且变更应具有相应的合理性。

1.法律规定的用人单位可以单方变更劳动合同的情形

根据《劳动合同法》《工伤保险条例》等法律、法规的规定,用人单位可以单方变更劳动合同内容的情形如下。

(1)根据《劳动合同法》第四十条第(一)项的规定,劳动者患病或者非因工负伤,在规定的医疗期满后不能从事原工作的,用人单位可以另行安排工作,劳动者仍不能从事另行安排的工作的,用人单位可以解除劳动合同。

(2)根据《劳动合同法》第四十条第(二)项的规定,劳动者不能胜任工作,用人单位可以对劳动者进行培训或者调整工作岗位,经过培训或者调整工作岗位,劳动者仍不能胜任工作的,用人单位可以解除劳动合同。

(3)根据《工伤保险条例》第三十六条第(二)项的规定,职工因工致残被鉴定为五级、六级伤残的,保留与用人单位的劳动关系,由用人单位安排适当工作,难以安排工作的,由用人单位按月发给伤残津贴。

可以看出,以上规定均是指对工作岗位、工作内容的变更,未涉及工作地点、劳动报酬等的变更。司法实务中一般认为,用人单位依照上述规定变更劳动者的工作岗位系劳动者原因,故变更工作岗位后,用人单位可以根据变更后的工作岗位,在合理的范畴内,适当降低劳动合同条件。

2.用人单位基于生产经营需要的变更

人力资源和社会保障部、最高人民法院在2020年联合发布的典型案例中,对用人单位单方调岗的情形进行了说明,认为在市场经济条件下,用人单位因生产经营需要而调整变化属于正常现象,法律允许用人单位根据自身生产经营需要,合理调整劳动者的工作岗位及工作地点,这不仅有利于维护用人单位的发展,也有利于劳动关系稳定。用人单位根据自身生产经营需要而对劳动者的工作岗位、工作地点进行适当调整,是行使用工自主权的重要内容,对其正常生产经营不可或缺。同时,还对用人单位对岗位或工作地点调整的合理性要求进行了进一步的说明,即用人单位用工自主权的行使也必须在相关法律和政策的框架内,符合一定条件和范围,如用人单位须对岗位或工作地点的调整作出合理说明,防止用人单位借此打击报复或变相逼迫劳动者主动离职,也即防止其权利的滥用。与用人单位依照法律规定变更劳动者的工作岗位的情形不同,用人单位基于生产经营需要的变更劳动合同的内容系非劳动者原因,故变更劳动合同一般不能降低劳动合同条件。仲裁和司法实务中,岗位或工作地点调整的合理性一般考虑以下因素:

(1)是否基于用人单位生产经营需要;

(2)是否属于对劳动合同约定的较大变更;

(3)是否对劳动者有歧视性、侮辱性;

(4)是否对劳动报酬及其他劳动条件产生较大影响;

(5)劳动者是否能够胜任调整的岗位;

(6)工作地点作出不便调整后,用人单位是否提供必要协助或补偿措施等。

3. 劳动者的异议权

用人单位单方变更合同的内容,如被认定不违反法律规定,劳动者应当服从,劳动者拒不服从的,属于违纪行为,用人单位可依照本单位规章制度的规定进行处理。但用人单位单方变更合同的内容,被认定违反法律规定的,劳动者有权对用人单位不合理的调整提出异议。提出异议期间,劳动者可在原岗位、原地点提供劳动。

二、违反劳动合同变更规范的法律责任

违反劳动合同变更规范的情形主要是用人单位变更劳动合同的内容违反法律规定的情形,如变更理由不充分,变更不合理等。用人单位存在前述违反劳动合同变更规范的情形的,变更劳动合同无效。用人单位仍坚持调整,并不为劳动者提供劳动条件或解除与劳动者的劳动合同的,应承担相应的法律责任。

1. 用人单位不为劳动者提供劳动条件的,劳动者可以依照《劳动合同法》第三十八条的规定解除劳动合同,并要求用人单位支付经济补偿。

2. 用人单位解除与劳动者的劳动合同的,属于违法解除劳动合同,应当承担违法解除劳动合同的法律责任。违法解除劳动合同的法律责任详见劳动合同解除与终止章节的内容。

三、合规管理

对变更劳动合同的合规管理就是要遵守变更劳动合同规范,保证变更劳动合同的效力。

(一)以协商为主

用人单位与劳动者协商变更劳动合同内容的,如变更后的劳动合同内容不违反法律、行政法规且不违背公序良俗,一般不再审查变更劳动合同的理由及合理性。因此,即使存在《劳动合同法》第四十条等规定的用人单位可以变更劳动合同的情形,在能够协商变更的情况下,协商变更是最优的选择。

需要注意的是,协商变更劳动合同的,应当签订书面协议,明确变更的内容,同时防止变更因未采取书面形式被认定为无效。

(二)单方变更劳动合同应遵守变更劳动合同规范

用人单位单方变更劳动合同时,应注意具有合法的变更理由,并在合理范围内变更劳动合同。

1.依照《劳动合同法》第四十条第(一)项的规定另行安排劳动者工作,应注意以下三点。

(1)劳动者系患病或者非因工负伤。如劳动者系患职业病或因工负伤,则按照《工伤保险条例》的规定享受相关的待遇,不适用该条的规定。

(2)劳动者医疗期已经届满。如劳动者尚在规定的医疗期内,用人单位以劳动者不能从事原工作为由另行安排其工作。

(3)另行安排的工作应当具有合理性,另行安排的岗位应结合劳动者的身体状况、工作能力等因素确定,不得带有歧视性、侮辱性。

2.依照《劳动合同法》第四十条第(二)项的规定调整工作岗位的,应注意以下两点。

(1)劳动者不能胜任工作。《劳动部关于〈中华人民共和国劳动法〉若干条文的说明》规定,"不能胜任工作",是指不能按要求完成劳动合同中约定的任务或者同工种、同岗位人员的工作量。用人单位不得故意提高定额标准,使劳动者无法完成,即认定劳动者能否胜任工作要根据劳动合同约定的任务和同工种、同岗位人员的工作量来认定,劳动者只要不能达到其中任何一项要求的,即属于不能胜任工作。需要特别注意的是,绩效考核处于末位并不等同于不胜任工作。

(2)调整工作岗位应当具有合理性,调整后的岗位应结合劳动者的身体状况、工作能力等因素确定,不得带有歧视性、侮辱性。

3. 依照《工伤保险条例》第三十六条第(二)项的规定安排适当工作的,应注意以下两点。

(1)劳动者因工致残被鉴定为五级、六级伤残。

(2)安排的工作应当适当,且具有合理性。

4. 用人单位基于生产经营需要调整工作岗位或工作地点的,应注意以下八点。

(1)确实基于用人单位生产经营需要。

(2)单方调整之前,应先告知劳动者调整工作岗位或工作地点的原因,并与劳动者就工作岗位或工作地点的变更进行协商。

(3)调整工作岗位或工作地点不得对劳动合同内容做太大变更。

(4)调整工作岗位不得具有歧视性、侮辱性。

(5)不得对劳动报酬及其他劳动条件产生较大影响。

(6)劳动者能够胜任调整后的工作。

(7)因工作地点变更给劳动者造成影响的,应提供必要协助或补偿等。

(8)劳动者对调整工作岗位或工作地点提出异议的,应当进行解释说明,并尝试进一步协商。

案例 菲世卡贸易(上海)有限公司与施某劳动争议纠纷案[(2014)沪二中民三(民)终字第731号]

施某于2006年10月30日入职利克坚管理咨询(上海)有限公司(以下简称利克坚公司),双方于2012年9月28日签订一份无固定期限劳动合同,约定施某担任Procurement Manager的职位。2013年7月1日利克坚公司作出股东决定,决定于2013年7月19日解散物流组,撤销物流经理职位,所有物流专员归为采购组并直接向采购经理进行汇报。2013年7月23日利克坚公司以邮件方式向施某发出调岗通知书及通知,调岗通知书载明因公司不再设置Procurement Manager的岗位,客观原因发生重大变化,导致原劳动合同无法继续履行,拟将施某的岗位调整为Procurement Specialist,调整后的工资为人民币(以下币种均为人民币)6500元。通知载明:公司因组织机构改革,不再设置Procurement Manager的岗位,客观情况发生重大变化,导致劳动合同无法正常履行,希望与施某协商一致解除劳动合同,公司根据法律法规并考虑客观因素,拟提供离职补偿金167,382.85元。2013年7月29日施某发邮件给利克坚公司表示不同意调岗调薪。同日,利克坚公司向施某发出利克坚管理咨询(上海)有限公司解除劳动合同通知书,载明:"兹因组织机构改革,公司不再设 Procurement Manager 的岗位,该客观情况发生重大变化,导致公司与您于 2012 年 9 月 28 日签署的劳动合同无法继续履行,公司已多次尝试了与您协商解除该劳动合同,但您未在公司要求的合理时间内给予公司正式答复,公司亦提供了 Procurement Specialist 的岗位以变更劳动合同内容,但您也明确拒绝接受该岗位,因此公司合理地认为您已拒绝与公司协商解除该劳动合同,同时拒绝与公司就调整该劳动合同内容达成一致意见。为保证公司工作正常进行,现公司决定正式解除该劳动合同。在您及时完成工作及公司资产交接的前提下,公司将根据法律规定支付您足额补偿金,共计人民币 167,382.85 元。"

一审法院认为,公民、法人的合法民事权益受法律保护。本案中,利克坚公司提供的股东决定显示,利克坚公司自 2013 年 7 月 19 日解散施某所在的部门,施某亦确认收到利克坚公司的上述决定,故施某的 Procurement Manager 岗位客观上已不存在。双方往来邮件显示,利克坚公司曾就调整岗位事宜与施某进行协商,将施某的岗位调整为 Procurement Specialist,施某对此予以拒绝,可见施某、利克坚公司双方对于岗位调整事宜未达成一致意见。施某称其所任职的 Procurement Manager 岗位即采购经理,该岗位实际仍存在,而施某、利克坚公司的陈述显示,利克坚公司对于采购物流共设两个部门,分别为 Procurement Department 和 Sourcing Department。施某称两个部门的主管岗位中文意思均为采购经理,但利克坚公司的"股东决定"内容显示利克坚公司决定解散的是 Procurement Department,即施某所在的部门,故施某的岗位实际已不存在。利克坚公司在与施某协商未果情况下与施某解除劳动合同并支付施某经济补偿金,并未违反法律规定。

二审法院认为,依法签订的劳动合同对双方当事人均具有约束力。本案中,利克坚公司系依据《劳动合同法》第四十条第(三)项为由解除与施某的劳动合同。该条文表述为"劳动合同订立时所依据的客观情况发生重大变化,致使劳动合同无法履行,经用人单位与劳动者协商,未能就变更劳动合同内容达成协议的",用人单位可以提前 30 日以书面形式通知劳动者解除劳动合同。《劳动合同法》的此项规定是情势变更原则在劳动合同中的体现。而该条款中的"客观情况发生重大变化"通常是指履行原劳动合同所必须具备的客观条件,因不可抗力或出现致使劳动合同全部或部分条款无法履行的其他情况,如自然条件、企业迁移、被兼并等使原劳动合同不能履行或不必要履行的情况。2013 年 7 月 29 日,利克坚公司决定不再按原劳动合同约定的职位及薪酬与施某继续履行劳动合同,其理由为公司股东决定将物流部和采购部合并。因利克坚公司系独资公司,所谓部门合并实际就是公司的管理行为,非外界客观因素所致,且根据双方当事人的陈述,两部门合并后,原物流部的工作人员仍全部保留并继续从事原工作,仅是工作汇报的对象发生了变化,即整个部门的合并涉及劳动合同主要内容变更的仅施某一人。同时,在一审、二审期间,利克坚公司亦未能举证确实存在法律规定的客观情况,且因该客观情况的重大变化导致原劳动合同不能继续,公司不得不作出上述决策。因此,本院认为,利克坚公司以《劳动合同法》第四十条第(三)项为由解除与施某的劳动合同,理由不能成立。

当然,劳动合同有效性应当受到尊重并不意味着劳动合同一经签订就不得做任何变更。企业出于经营状况需要、个人的工作能力等因素依法行使管理权,对员工的岗位进行合理的调整并无不可,但企业该权利的行使应当受到一定的限制,不得滥用经营自主权侵害劳动者合法权益。因此,用人单位因上述原因确需变更劳动合同的应证明其调岗调薪的合理性。施某2006年即入职利克坚公司,双方多次签订劳动合同,并于2012年9月28日签订了无固定期限劳动合同,明确施某的职位为Procurement Manager及月薪为13,000元,应该说该合同的签订是利克坚公司基于公司经营的需要及通过对施某长期的考察,对其工作能力的评定。双方劳动合同虽约定利克坚公司保留根据施某的资历和经验调整职位的权利,但如前所述,这种调整亦应当证明存在合理性。从查明事实看,利克坚公司在将物流与采购两部门合并后,仅有施某一人的岗位和薪酬发生重大变化。施某的职位从部门经理降为采购专员,薪酬由每月13,000元降为6500元,上述调岗降薪行为显然超出了合理范围。在施某答复不同意调整的当日,利克坚公司即作出了解除通知,显然缺乏依据。综上,本院认为,利克坚公司与施某解除劳动合同缺乏法律依据,应当支付施某违法解除劳动合同赔偿金。

案例分析

本案利克坚公司系依照《劳动合同法》第四十条第(三)项的规定解除与施某的劳动合同。根据《劳动合同法》第四十条第(三)项的规定,劳动合同订立时所依据的客观情况发生重大变化,致使劳动合同无法履行,经用人单位与劳动者协商,未能就变更劳动合同内容达成协议的,用人单位提前30日以书面形式通知劳动者本人或者额外支付劳动者1个月工资后,可以解除劳动合同。

本案中,利克坚公司并未提供证据证明存在劳动合同订立时所依据的客观情况发生重大变化,致使劳动合同无法履行的情形,故利克坚公司依照《劳动合同法》

第四十条第(三)项的规定解除与施某的劳动合同违反法律规定。

尽管不存在劳动合同订立时所依据的客观情况发生重大变化的情形,利克坚公司仍可基于生产经营需要调整施某的工作岗位,但应当在合理的范围内。利克坚公司对施某的调整为职位从部门经理降为物流专员,薪酬由每月13,000元降为6500元,对劳动合同的内容作了较大的变更,且对劳动报酬有较大影响,不具有合理性,故利克坚公司对施某工作岗位、劳动报酬的调整无效。

劳动合同的解除与终止篇——离职管理

专题三十一　劳动合同解除与终止的一般规定

劳动合同解除是指依据用人单位或者劳动者的意思,提前终止双方的劳动合同关系。劳动合同终止是指劳动合同终止的条件成就后,用人单位与劳动者之间劳动合同关系归于消灭。无论是解除还是终止,法律效果均为用人单位与劳动者的劳动合同关系归于消灭。

一、解除或终止劳动合同的规范

无论是用人单位还是劳动者,解除或终止劳动合同均需依照《劳动合同法》的规定,否则将承担违法解除或终止劳动合同的法律责任。

(一) 解除劳动合同的规范

根据《劳动合同法》的规定,无论是用人单位还是劳动者解除劳动合同,解除劳动合同的规范主要包含三个方面的内容:一是解除劳动合同的一方应享有解除劳动合同的权利;二是解除权的行使;三是解除劳动合同的程序。

1.解除劳动合同的权利

劳动合同解除分为协商解除劳动合同、劳动者单方解除劳动合同以及用人单位单方解除劳动合同三种情形。

(1)用人单位与劳动者均有权依照《劳动合同法》第三十六条的规定与对方协商解除劳动合同,但协商解除劳动合同的权利不是严格意义上的解除权,不属于形成权。

(2)劳动者可以依照《劳动合同法》第三十七条、第三十八条的规定单方解除劳动合同。实践中,将劳动者依照《劳动合同法》第三十七条的规定解除劳动合同的权利称为预告解除权,将劳动者依照《劳动合同法》第三十八条的规定解除劳动合同称为被迫解除权。

（3）用人单位可以依照《劳动合同法》第三十九条、第四十条、第四十一条的规定单方解除劳动合同。实践中，将用人单位依照《劳动合同法》第三十九条的规定解除劳动合同称为过错性解除，将用人单位依照《劳动合同法》第四十条的规定解除劳动合同称为无过错性解除，将用人单位依照《劳动合同法》第四十一条的规定解除劳动合同称为经济性裁员。用人单位单方解除劳动合同的权利限于以上法律条文规定的情形，用人单位不得在规章制度中规定或与劳动者约定其他用人单位可以单方解除劳动合同的情形。

2. 解除权的行使

劳动合同并不因用人单位或劳动者享有解除劳动合同的权利而自动解除，用人单位或劳动者未行使解除劳动合同的权利的，不发生解除劳动合同的法律效果，行使解除权不规范的，可能被认定为违法解除劳动合同。解除权行使的规则如下。

（1）协商解除劳动合同需双方就解除劳动合同达成一致意见。

（2）用人单位或劳动者单方解除劳动合同的，需解除劳动合同的一方将解除劳动合同的意思通知对方，但劳动者依照《劳动合同法》第三十八条第二款的规定解除劳动合同的除外。根据《劳动合同法》第三十八条第二款的规定，用人单位以暴力、威胁或者非法限制人身自由的手段强迫劳动者劳动的，或者用人单位违章指挥、强令冒险作业危及劳动者人身安全的，劳动者可以立即解除劳动合同，不需事先告知用人单位。

（3）用人单位或劳动者单方解除劳动合同的权利属于形成权，形成权的行使受除斥期间的限制。司法实务中一般认为，尽管《劳动合同法》未规定行使解除劳动合同的权利受除斥期间的限制，但用人单位或劳动者亦应在合理期限内行使单方解除劳动合同的权利，否则会使劳动关系处于不确定状态，也会使双方形成相互冲突的信赖利益。《民法典》第五百六十四条规定，法律规定或者当事人约定解除权行使期限，期限届满当事人不行使的，该权利消灭。法律没有规定或者当事人没有约定解除权行使期限，自解除权人知道或者应当知道解除事由之日起1年内不行使，或者经对方催告后在合理期限内不行使的，该权利消灭。参照上述规定，一般认为用人单位与劳动者行使单方解除劳动合同的权利应当自其知道或者应当知道解除事由之日起1年内行使。

（4）用人单位或劳动者单方解除劳动合同需遵守一定的程序，部分解除权的行使还应采取特定的形式。

(二)终止劳动合同的规范

《劳动合同法》第四十四条规定,有下列情形之一的,劳动合同终止:(1)劳动合同期满的;(2)劳动者开始依法享受基本养老保险待遇的;(3)劳动者死亡,或者被人民法院宣告死亡或者宣告失踪的;(4)用人单位被依法宣告破产的;(5)用人单位被吊销营业执照、责令关闭、撤销或者用人单位决定提前解散的;(6)法律、行政法规规定的其他情形。《劳动合同法实施条例》第十三条规定,用人单位与劳动者不得在《劳动合同法》第四十四条规定的劳动合同终止情形之外约定其他的劳动合同终止条件。根据上述规定,劳动合同的终止与其他民事合同的终止不同,主要区别如下:

(1)用人单位与劳动者不能约定劳动合同终止的条件;

(2)其他民事合同终止的条件成就后,合同自然终止,但劳动合同终止的条件成就后,劳动合同不必然终止。如用人单位被依法宣告破产后,仍有部分用工需求,用人单位继续用工,劳动未终止。

综上,特殊情形下,终止劳动合同需用人单位或劳动者向对方提出终止劳动合同的主张,可以理解为劳动合同终止的条件成就,用人单位或劳动者享有解除劳动合同的权利。特殊情形主要指用人单位被依法宣告破产,被吊销营业执照、责令关闭、撤销,用人单位决定提前解散等情形,即劳动合同尚能继续履行的情形。

另外,根据《劳动合同法实施条例》第五条、第六条的规定,自用工之日起1年内,劳动者不与用人单位订立书面劳动合同的,用人单位应当终止用工关系,终止用工关系主要体现为用人单位的义务,换个角度来说,也是用人单位的权利。

(三)后合同义务

劳动合同解除或终止后,用人单位与劳动者应当按照诚实信用原则履行后合同义务。《劳动合同法》第五十条规定,用人单位应当在解除或者终止劳动合同时出具解除或者终止劳动合同的证明,并在15日内为劳动者办理档案和社会保险关系转移手续。劳动者应当按照双方约定,办理工作交接。用人单位依照本法有关规定应当向劳动者支付经济补偿的,在办结工作交接时支付。用人单位对已经解除或者终止的劳动合同的文本,至少保存2年备查。根据该规定,劳动者的后合同义务主要为按照双方约定,办理工作交接。而用人单位的后合同义务包括:(1)出具解除或者终止劳动合同的证明;(2)在15日内为劳动者办理档案和社会保险关系转移手续;(3)支付经济补偿。

出具解除或者终止劳动合同的证明时要注意,根据《劳动部关于实行劳动合同制度若干问题的通知》第十五条的规定,证明书应写明劳动合同期限、终止或解除的日期、所担任的工作。如果劳动者要求,用人单位可在证明中客观地说明解除劳动合同的原因。

(四)支付经济补偿

根据《劳动合同法》第四十六条的规定,劳动合同解除或终止后,特定情形下,用人单位应当向劳动者支付经济补偿。

1. 应当向劳动者支付经济补偿的情形

结合《劳动合同法》《劳动合同法实施条例》《最高人民法院关于审理劳动争议案件适用法律问题的解释(一)》的规定,用人单位应当向劳动者支付经济补偿的情形包括以下几方面:

(1)由用人单位提出,双方协商一致解除劳动合同的;

(2)劳动者患病或者非因工负伤,经劳动鉴定委员会确认不能从事原工作、也不能从事用人单位另行安排的工作,用人单位解除劳动合同的;

(3)劳动者不胜任工作,经过培训或者调整工作岗位仍不能胜任工作,用人单位解除劳动合同的;

(4)劳动合同订立时所依据的客观情况发生重大变化,致使原劳动合同无法履行,经当事人协商不能就变更劳动合同达成协议,用人单位解除劳动合同的;

(5)用人单位依照法律规定经济性裁员的;

(6)劳动合同期满,劳动者同意续订劳动合同而用人单位不同意续订劳动合同,用人单位终止固定期限劳动合同的;

(7)因用人单位被依法宣告破产而终止劳动合同的;

(8)因用人单位被吊销营业执照而终止劳动合同的;

(9)因用人单位被责令关闭而终止劳动合同的;

(10)因用人单位被撤销而终止劳动合同的;

(11)因用人单位决定提前解散而终止劳动合同的;

(12)因用人单位经营期限届满不再继续经营导致劳动合同不能继续履行的;

(13)用人单位未按照劳动合同约定提供劳动保护,劳动者解除劳动合同的;

(14)用人单位未按照劳动合同约定提供劳动条件,劳动者解除劳动合同的;

(15)用人单位无故拖欠工资,劳动者解除劳动合同的;

(16)用人单位克扣工资,劳动者解除劳动合同的;

(17)用人单位低于当地最低工资标准支付劳动者工资,劳动者解除劳动合同的;

(18)用人单位未依法为劳动者缴纳社会保险费,劳动者解除劳动合同的;

(19)用人单位的规章制度违反法律、法规的规定,损害劳动者权益,劳动者解除劳动合同的;

(20)用人单位以欺诈手段,使劳动者在违背真实意思的情况下订立或者变更劳动合同,致使劳动合同无效,劳动者解除劳动合同的;

(21)用人单位以胁迫手段,使劳动者在违背真实意思的情况下订立或者变更劳动合同,致使劳动合同无效,劳动者解除劳动合同的;

(22)用人单位乘人之危,使劳动者在违背真实意思的情况下订立或者变更劳动合同,致使劳动合同无效,劳动者解除劳动合同的;

(23)用人单位免除自己的法定责任、排除劳动者权利,致使劳动合同无效,劳动者解除劳动合同的;

(24)用人单位订立劳动合同违反法律、行政法规强制性规定,致使劳动合同无效,劳动者解除劳动合同的;

(25)用人单位以暴力手段强迫劳动,劳动者解除劳动合同的;

(26)用人单位以威胁手段强迫劳动,劳动者解除劳动合同的;

(27)用人单位以非法限制人身自由的手段强迫劳动,劳动者解除劳动合同的;

(28)用人单位违章指挥危及劳动者人身安全,劳动者解除劳动合同的;

(29)用人单位强令冒险作业危及劳动者人身安全,劳动者解除劳动合同的;

(30)以完成一定工作任务为期限的劳动合同因任务完成而终止的;

(31)自用工之日起超过1个月不满1年,用人单位以劳动者拒绝订立书面劳动合同为由解除劳动合同的。

2.经济补偿支付的时间

根据《劳动合同法》第五十条第二款的规定,用人单位依照本法有关规定应当向劳动者支付经济补偿的,在办结工作交接时支付。

3.经济补偿的计算

《劳动合同法》第四十七条第一款规定,经济补偿按劳动者在本单位工作的年限,每满1年支付1个月工资的标准向劳动者支付。6个月以上不满1年的,按1年计算;不满6个月的,向劳动者支付半个月工资的经济补偿。《劳动合同法》第九十七条第三款规定,本法施行之日存续的劳动合同在本法施行后解除或者终止,依照本法第四十六条规定应当支付经济补偿的,经济补偿年限自本法施行之日起计算;

本法施行前按照当时有关规定,用人单位应当向劳动者支付经济补偿的,按照当时有关规定执行。司法实务中,经济补偿的计算口径不一,本书参考《最高人民法院新劳动争议司法解释(一)理解与适用》一书的相关内容,总结计算经济补偿的步骤及相关规则如下①。

第一步:根据劳动合同解除或终止的具体情形,依照《劳动合同法》第四十六条的规定确定用人单位是否应当支付劳动者经济补偿。

第二步:确定是否应合并计算劳动者在原单位工作年限。

根据《劳动合同法实施条例》第十条的规定,劳动者非因本人原因从原用人单位被安排到新用人单位工作的,劳动者在原用人单位的工作年限合并计算为新用人单位的工作年限。原用人单位已经向劳动者支付经济补偿的,新用人单位在依法解除、终止劳动合同计算支付经济补偿的工作年限时,不再计算劳动者在原用人单位的工作年限。关于"劳动者非因本人原因从原用人单位被安排到新用人单位工作"的认定,《最高人民法院关于审理劳动争议案件适用法律问题的解释(一)》第四十六条第二款规定,用人单位符合下列情形之一的,应当认定属于"劳动者非因本人原因从原用人单位被安排到新用人单位工作":(1)劳动者仍在原工作场所、工作岗位工作,劳动合同主体由原用人单位变更为新用人单位;(2)用人单位以组织委派或任命形式对劳动者进行工作调动;(3)因用人单位合并、分立等原因导致劳动者工作调动;(4)用人单位及其关联企业与劳动者轮流订立劳动合同;(5)其他合理情形。

第三步:劳动者的工作年限跨越《劳动合同法》施行前后的,结合《劳动合同法》施行前的相关规定,确定用人单位是否应当支付劳动者经济补偿。

根据《劳动合同法》第九十七条的规定,劳动合同解除或终止以后,用人单位应当支付劳动者经济补偿的,经济补偿从《劳动合同法》施行之日,也就是 2008 年 1 月 1 日开始计算。但是,如劳动者在《劳动合同法》施行之前就已经在本单位工作,应当依照当时的法律规定确定用人单位是否也应当支付劳动者经济补偿,如应当支付,应当依照当时的有关规定计算劳动者在《劳动合同法》施行之前的工作年限对应的经济补偿。由此,就有必要结合《劳动合同法》施行之前的规定,判断哪些情形下,劳动合同解除或终止后,用人单位需要支付劳动者经济补偿。

《劳动合同法》施行以前,规定用人单位在劳动合同解除或终止以后应当支付

---

① 参见最高人民法院民事审判第一庭编著:《最高人民法院新劳动争议司法解释(一)理解与适用》,人民法院出版社 2021 年版,第 570~577 页。

劳动者经济补偿的规范性法律文件有《违反和解除劳动合同的经济补偿办法》(已失效)、《劳动法》、《劳动部关于实行劳动合同制度若干问题的通知》、《最高人民法院关于审理劳动争议案件适用法律若干问题的解释》(法释〔2001〕14 号,已失效),尽管上述规定部分已经被废止,但在《劳动合同法》施行之前是有效的。根据以上规定,《劳动合同法》施行之前,劳动合同解除或终止后,用人单位需要支付经济补偿的情形如下:

(1)由用人单位提出,双方协商一致解除劳动合同;

(2)劳动者患病或者非因工负伤,不能从事原工作、也不能从事用人单位另行安排的工作,用人单位解除劳动合同的;

(3)劳动者不胜任工作,经过培训或者调整工作岗位仍不能胜任工作,用人单位解除劳动合同的;

(4)劳动合同订立时所依据的客观情况发生重大变化,致使原劳动合同无法履行,经当事人协商不能就变更劳动合同达成协议,用人单位解除劳动合同的;

(5)用人单位依照法律规定经济性裁员的;

(6)用人单位以暴力、威胁或者非法限制人身自由的手段强迫劳动,劳动者解除劳动合同的;

(7)用人单位未按照劳动合同约定支付劳动报酬或者提供劳动条件,劳动者解除劳动合同的;

(8)用人单位克扣或者无故拖欠劳动者工资,劳动者解除劳动合同的;

(9)用人单位拒不支付劳动者延长工作时间工资报酬,劳动者解除劳动合同的;

(10)用人单位低于当地最低工资标准支付劳动者工资,劳动者解除劳动合同的。

第四步:分段计算经济补偿,再相加。

《劳动合同法》施行前后关于经济补偿的标准不一样,在计算经济补偿时,如劳动者的工作年限跨越《劳动合同法》实施前后,且根据《劳动合同法》实施前的相关规定,用人单位也应当支付劳动者经济补偿,应以《劳动合同法》施行的时间将劳动者的工作年限分为两段,《劳动合同法》施行前的部分依照《劳动合同法》施行前的规定计算经济补偿,《劳动合同法》施行后的部分依照《劳动合同法》施行后的规定计算经济补偿。将计算出的经济补偿相加即为用人单位应当支付劳动者的经济补偿。

(1)《劳动合同法》施行之后的经济补偿的计算。

《劳动合同法实施条例》第二十七条规定,《劳动合同法》第四十七条规定的经济补偿的月工资按照劳动者应得工资计算,包括计时工资或者计件工资以及奖金、津贴和补贴等货币性收入。劳动者在劳动合同解除或者终止前12个月的平均工资低于当地最低工资标准的,按照当地最低工资标准计算。劳动者工作不满12个月的,按照实际工作的月数计算平均工资。根据以上规定,计算《劳动合同法》施行之后的经济补偿的规则如下。

①经济补偿按劳动者在本单位工作的年限,每满1年支付1个月工资的标准向劳动者支付。6个月以上不满1年的,按1年计算;不满6个月的,向劳动者支付半个月工资的经济补偿。

②月工资是指劳动者在劳动合同解除或者终止前12个月的平均工资,劳动者工作不满12个月的,按照实际工作的月数计算平均工资。平均工资低于当地最低工资标准的,按照当地最低工资标准计算。

③月工资按照劳动者应得工资计算,应当包括劳动者个人承担的社会保险费、住房公积金以及个人所得税。

④劳动者月工资高于用人单位所在直辖市、设区的市级人民政府公布的本地区上年度职工月平均工资3倍的,向其支付经济补偿的标准按职工月平均工资3倍的数额支付,向其支付经济补偿的年限最高不超过12年。

(2)《劳动合同法》施行以前的经济补偿的计算。

《违反和解除劳动合同的经济补偿办法》(已失效)第五条规定,经劳动合同当事人协商一致,由用人单位解除劳动合同的,用人单位应根据劳动者在本单位工作年限,每满1年发给相当于1个月工资的经济补偿金,最多不超过12个月。工作时间不满1年的按1年的标准发给经济补偿金。第七条规定,劳动者不胜任工作,经过培训或者调整工作岗位仍不能胜任工作,由用人单位解除劳动合同的,用人单位应按其在本单位工作的年限,工作时间每满1年,发给相当于1个月工资的经济补偿金,最多不超过12个月。第十一条规定,本办法中经济补偿金的工资计算标准是指企业正常生产情况下劳动者解除合同前12个月的月平均工资。劳动部办公厅对《关于执行〈违反和解除劳动合同的经济补偿办法〉有关规定的请示》的答复中明确,《违反和解除劳动合同的经济补偿办法》(已失效)第五条规定的"工作时间不满一年的按一年标准发给经济补偿金",适用于该办法第六条至第九条。

根据上述规定,计算《劳动合同法》施行以前的经济补偿的规则如下。

①根据劳动者在本单位工作年限,每满1年发给相当于1个月工资;工作时间不满1年的按1年的标准发给经济补偿金。注意当工作时间不满6个月时,《劳动合同法》实施前后的计算方式不同。

②下列情形,支付经济补偿金的数额最多不超过12个月本人工资:第一,由用人单位提出,双方协商一致解除劳动合同的;第二,劳动者不胜任工作,经过培训或者调整工作岗位仍不能胜任工作,用人单位解除劳动合同的。

③月工资是指企业正常生产情况下劳动者解除合同前12个月的月平均工资。需要注意的是,计算2007年12月31日以前的经济补偿时,月工资并不受用人单位所在直辖市、设区的市级人民政府公布的本地区上年度职工月平均工资3倍的限制,也不因月工资过高导致支付经济补偿金的数额最多不超过12个月本人工资。

关于支付经济补偿的问题,还需注意以下三点。

①根据《劳动合同法》第七十一条的规定,非全日制用工双方当事人任何一方都可以随时通知对方终止用工。终止用工,用人单位不向劳动者支付经济补偿。

②根据《劳动合同法实施条例》第十二条的规定,地方各级人民政府及县级以上地方人民政府有关部门为安置就业困难人员提供的给予岗位补贴和社会保险补贴的公益性岗位,不适用支付经济补偿的规定。

③根据《劳动合同法实施条例》第二十五条的规定,用人单位解除或者终止劳动合同违反《劳动合同法》规定的,应支付赔偿金,支付了赔偿金后,不再支付经济补偿。

二、违反解除或终止劳动合同规范的法律责任

无论是用人单位还是劳动者,违反解除或终止劳动合同规范的,应当承担相应责任。

(一) 解除(终止)劳动合同不规范的法律责任

解除或终止劳动合同不规范的,可能会存在两种法律后果:一是被认定不发生解除(终止)劳动合同的效果;二是被认定解除(终止)劳动合同违反法律规定。用人单位与劳动者协商解除劳动合同的,一般不存在解除劳动合同不规范的情形。针对其他情形,根据解除(终止)劳动合同的不同规范要求,解除(终止)劳动合同不规范的,可能会产生劳动合同未解除(终止)或解除(终止)劳动合同被认定为违法解除(终止)的法律后果。具体而言有以下几种情形。

(1) 没有解除权解除劳动合同的,属于违法解除劳动合同。没有解除权的情形包括:

①解除劳动合同没有法律依据;

②解除劳动合同没有事实依据。

(2)解除权行使不规范的,根据具体情况,可能被认定不发生解除劳动合同的效果,或被认定为违法解除劳动合同。

①没有将解除劳动合同的意思通知对方或未按照法律规定采取书面形式通知的,一般会被认定不发生解除劳动合同的效果。

②除斥期间届满后行使解除权的,因解除权已经消灭,属于没有解除权解除劳动合同的情形。

③劳动者行使预告解除权未按照法律规定提前通知的,一般会被认定为违法解除劳动合同。

(3)解除劳动合同的程序违法的,要区分具体情况。

①用人单位单方解除劳动合同,未按照规定提前通知工会的,根据《最高人民法院关于审理劳动争议案件适用法律问题的解释(一)》第四十七条的规定,属于违法解除劳动合同。

②用人单位依照《劳动合同法》第四十条的规定解除劳动合同,未提前30日通知劳动者本人也额外支付劳动者1个月工资的,一般不会因此认定用人单位构成违法解除劳动合同。

(4)终止劳动合同不规范的情况主要包括以下两种：

①劳动合同终止条件未成就,一方主张终止劳动合同,并实际停止履行劳动合同的,属于违法终止劳动合同。

②劳动合同终止条件成就,但劳动合同尚能履行,希望终止劳动合同的一方未通知对方终止劳动合同,劳动合同继续履行的,劳动合同未终止。

关于违法解除或终止劳动合同的法律责任,用人单位的责任与劳动者的责任不一样。

第一,用人单位违法解除或终止劳动合同的法律责任。《劳动合同法》第四十八条规定,用人单位违反本法规定解除或者终止劳动合同,劳动者要求继续履行劳动合同的,用人单位应当继续履行;劳动者不要求继续履行劳动合同或者劳动合同已经不能继续履行的,用人单位应当依照本法第八十七条规定支付赔偿金。第八十七条规定,用人单位违反本法规定解除或者终止劳动合同的,应当依照本法第四十七条规定的经济补偿标准的2倍向劳动者支付赔偿金。根据上述规定,用人单位违法解除或终止劳动合同的,劳动者可以选择：①要求用人单位继续履行劳动合同;②要求用人单位支付赔偿金。

需要注意的是,劳动者要求用人单位继续履行劳动合同的,应以劳动合同可以继续履行为前提,如劳动合同已经无法继续履行的,劳动者只能要求用人单位支付赔偿金。

关于违法解除或终止劳动合同的赔偿金的计算,根据《劳动合同法》第八十七条的规定,赔偿金的标准为《劳动合同法》第四十七条规定的经济补偿标准的2倍,结合《劳动合同法实施条例》第二十五条的规定,赔偿金的计算标准有以下五种情形。

①按劳动者在本单位工作的年限,每满1年支付2个月工资;6个月以上不满1年的,按1年计算;不满6个月的,向劳动者支付1个月工资。

②月工资是指劳动者在劳动合同解除或者终止前12个月的平均工资,劳动者工作不满12个月的,按照实际工作的月数计算平均工资。平均工资低于当地最低工资标准的,按照当地最低工资标准计算。

③月工资按照劳动者应得工资计算,应当包括劳动者个人承担的社会保险费、住房公积金以及个人所得税。

④劳动者月工资高于用人单位所在直辖市、设区的市级人民政府公布的本地区上年度职工月平均工资3倍的,按职工月平均工资3倍的数额计算,计算赔偿金的年限最高不超过12年。

⑤赔偿金的计算年限自用工之日起计算。

第二,劳动者违法解除或终止劳动合同的法律责任。劳动者违法解除或终止劳动合同的法律责任与用人单位不同,根据《劳动合同法》第九十条的规定,劳动者违反本法规定解除劳动合同,给用人单位造成损失的,应当承担赔偿责任。关于赔偿责任的范围,《违反〈劳动法〉有关劳动合同规定的赔偿办法》第四条规定,劳动者违反规定或劳动合同的约定解除劳动合同,对用人单位造成损失的,劳动者应赔偿用人单位下列损失:①用人单位招收录用其所支付的费用;②用人单位为其支付的培训费用,双方另有约定的按约定办理;③对生产、经营和工作造成的直接经济损失;④劳动合同约定的其他赔偿费用。当然,用人单位也可以要求劳动者继续履行劳动合同。

司法实务中,一般认为,劳动者没有继续履行劳动合同的意愿的,劳动合同将陷于不能继续履行的状态,用人单位无权要求劳动者继续履行劳动合同。

(二)未履行后合同义务的法律责任

1. 劳动者的法律责任

劳动合同解除或终止后,劳动者拒不办理工作交接的,用人单位可不支付其经济补偿,给用人单位造成损失的,应当承担赔偿责任。

2. 用人单位的法律责任

《劳动合同法》第八十九条的规定,用人单位违反本法规定未向劳动者出具解除或者终止劳动合同的书面证明,由劳动行政部门责令改正;给劳动者造成损害的,应当承担赔偿责任。根据该规定,用人单位不为劳动者出具解除或者终止劳动合同的证明,或出具的解除或者终止劳动合同的证明不符合要求,因此给劳动者造成损失的,应当承担赔偿责任。当然,用人单位未为劳动者办理档案和社会保险关系转移手续,给劳动者造成损失的,也应当从承担赔偿责任。

实践中,给劳动者造成的损失一般为劳动者因无法再就业产生的工资收入损失,关于赔偿责任的范围,如无法确定经济损失具体数额,一般按照劳动者在解除或终止劳动合同前12个月平均工资确定。

如《北京市高级人民法院、北京市劳动争议仲裁委员会关于劳动争议案件法律适用问题研讨会会议纪要(二)》第四十一条规定,劳动者能够证明因用人单位的过错造成其无法就业并发生实际经济损失,应当予以支持。劳动者对用人单位过错与其无法就业有直接的因果关系以及因此所造成经济损失的具体数额负有举证责任,不能证明有直接因果关系的不予支持,如确实造成经济损失,但无法确定经济损失具体数额,可以按照劳动者在解除或终止劳动合同前12个月平均工资确定。

(三)未支付经济补偿的法律责任

根据《劳动合同法》第八十五条的规定,用人单位解除或者终止劳动合同,未依照本法规定向劳动者支付经济补偿的,由劳动行政部门责令限期支付;逾期不支付的,责令用人单位按应付金额50%~100%的标准向劳动者加付赔偿金。司法实务中,劳动者可以申请劳动仲裁要求用人单位支付经济补偿;如经劳动行政部门责令用人单位限期支付,用人单位仍未支付,劳动者还可以要求用人单位支付加付赔偿金。

三、合规管理

用人单位对劳动者离职的合规管理应当综合解除或终止劳动合同的规范以及劳动合同解除或终止后的后合同义务。

(一)依法履行劳动合同

用工过程中,用人单位应依法履行劳动合同,确保不存在《劳动合同法》第三十八条规定的情形。确因特殊情形不能完全依法履行劳动合同的,要合理利用民事权利可以放弃的原则,与劳动者协商后约定,劳动者放弃依照《劳动合同法》第三十八条的规定解除劳动合同的权利。如用人单位不能及时足额支付劳动合同报酬,可与劳动者协商签订工资支付协议,明确劳动者同意单位暂缓支付部分劳动报酬,劳动者不得以单位未及时足额支付劳动报酬为由解除劳动合同。

(二)谨慎解除劳动合同

1.选择合适的依据

用人单位单方解除劳动合同的,应当就其解除劳动合同的合同性承担举证责任,举证责任较重,风险较大。确有解除劳动合同需求的,优先选择"劝退"的方式,即由劳动者以个人原因为由提出辞职,双方协商一致解除劳动合同。难以做劝退处理的,解除劳动合同之前,应综合考量用人单位的解除权、解除权的行使、解除劳动合同的程序、是否需要支付经济补偿等方面,评估解除劳动合同的风险及成本。收集、固定证据后,再决定是否单方解除劳动合同。被认定为违法解除劳动合同的风险较大,且经济补偿与赔偿金差额较大的,可考虑采取其他方式使劳动者单方解除劳动合同。

2.遵守解除劳动合同的程序

司法实务中,对未建立工会的用人单位单方解除劳动合同时是否需要通知其他工会的问题存在争议。一种观点认为,通知工会本身只是一个程序性事项,用人单位解除劳动合同并不以工会同意为前提,因此,用人单位单方解除劳动合同仅需通知本单位工会即可,如本单位没有工会,无须再通知其他工会。另一种观点认为,通知工会是用人单位单方解除劳动合同的必要程序,用人单位违反法律、行政法规规定或者劳动合同约定的,工会有权要求用人单位纠正。用人单位应当研究工会的意见,并将处理结果书面通知工会。用人单位未通知工会的,剥夺了工会要求用人单位纠正的权利,损害了劳动者的利益。因此,如果用人单位尚未建立工会,用人单位应当通知用人单位所在地的总工会。从风险管理的角度,未建立工会的用人单位单方解除劳动合同的,建议先查询当地司法实务的观点,并咨询当地总工会后,再决定是否通知当地其他工会。应通知工会而未通知的,要及时补正通知工会的程序。

(三)劳动者违法解除劳动合同的,及时收集、固定证据

劳动者违法解除劳动合同的,为保证用人单位可以要求劳动者承担赔偿责任,应注意收集、固定证据证明劳动合同解除的时间、原因,劳动者离职的时间,以及用人单位的损失。

(四)合法终止劳动合同

终止劳动合同应当通知劳动者,通知劳动者前,应先确认劳动合同终止的条件是否成就。尤其是在劳动合同期满时,如存在劳动合同期限续延的情形,待该情形消失时再终止劳动合同。

(五)正确履行后合同义务

劳动解除或终止后,及时向劳动者出具解除或终止劳动合同的书面证明,并要求劳动者签字确认。同时,为劳动者办理档案和社会保险关系转移手续。

为确保劳动者积极配合办理工作交接,应提前与劳动者约定需要交接的内容,在劳动合同履行过程中,工作交接应当清楚、留痕。如需支付经济补偿,在劳动者配合办理完成工作交接时再支付。

案例1 爱协林天捷热处理系统(唐山)有限公司与吴某劳动争议纠纷案[(2015)唐民一终字第1280号]

2002年4月,吴某经招聘到爱协林天捷热处理系统(唐山)有限公司(以下简称爱协林天捷公司)机械工程部从事机械设计工作,2014年6月26日双方签订无固定期限劳动合同,工作地点为唐山市高新区××路××号。2015年3月20日,公司制发通知,内容如下:因机械工程部、电气工程部自2015年3月23日起搬到滦南新办公地点办公,请工程部所有员工于2015年3月23日起到滦南上班,公司已安排到滦南上班的班车,详见通勤路线图。2015年3月23日,爱协林天捷公司再次制发通知,内容如下:因机械工程部、电气工程部自2015年3月23日起已搬到滦南新办公地点办公,请工程部吴某等未到滦南新办公地点上班的员工于2015年3月23日起到滦南上班,再到唐山市高新区工厂不算出勤,违者视为旷工,按员工手册的相关规定处理。吴某看到上述通知后仍到唐山市高新区厂区上班直到2015年4月2日,之后未再到爱协林天捷公司上班。爱协林天捷公司员工手册规定:员工连续旷工3天以上,按自动离职处理。吴某认可双方之间的劳动关系于2015年3月26日解除,但原因是劳动合同约定的工作地点变动不能达成一致而解除。爱协林天捷公司主张双方之间的劳动关系未解除,并提交2015年5月7日敦促吴某来公司上班的通知,但工资为吴某发放至2015年3月25日,社会保险缴至2015年6月,一审认定吴某离职前12个月平均工资为9856.17元/月,二审认定吴某离职前12个月平均工资为12,671.73元/月。

专题三十一 劳动合同解除与终止的一般规定

一审法院认为,双方自2002年4月起建立劳动关系,劳动合同约定吴某的工作地点在唐山市高新区,后因吴某所在的机械工程部搬迁至滦南,吴某的工作地点发生变更,爱协林天捷公司要求吴某到新办公地点上班,吴某未同意,双方就变更合同内容不能达成一致,劳动关系应当解除。按照2015年3月23日爱协林天捷公司向吴某制发的通知及员工手册规定,可推定出2015年3月26日爱协林天捷公司有向吴某解除劳动关系的意思表示,而吴某也认可双方劳动关系该日解除,故本院认定2015年3月26日双方劳动关系解除。根据相关规定,此种情形爱协林天捷公司应支付吴某解除劳动合同经济补偿金。吴某离职前12个月平均工资为9856.17元/月,吴某在爱协林天捷公司工作13年,爱协林天捷公司应向吴某支付解除劳动合同经济补偿金128,130.21元(9856.17元/月×13个月)。

唐山市中级人民法院认为,双方自2002年4月起建立劳动关系。劳动合同约定吴某工作地点在唐山市高新区,后因吴某所在的机械工程部搬迁至滦南,吴某工作地点发生变更,双方就变更合同的内容不能达成一致,原一审判决双方之间的劳动关系自2015年3月26日解除,吴某对此予以认可,爱协林天捷公司对此在法定期限内亦未提起上诉,因此本院对此予以确认。根据《劳动合同法》第四十条第(三)项、第四十六条第(四)项之规定,此种情形应由爱协林天捷公司支付吴某解除劳动合同经济补偿金。根据《劳动合同法》第四十七条、第九十七条第三款,《劳动合同法实施条例》第二十七条,《违反和解除劳动合同经济补偿办法》(已失效)第八条、第十一条规定,爱协林天捷公司应支付吴某经济补偿金数额为157,753.65元[计算方式为:2002年4月至2008年1月1日,5年零8个月,按5个月计算经济补偿金,每月12,671.73元,共计63,358.65元;2008年1月1日起至2015年3月25日,共计7年零3个月,按7.5个月计算经济补偿,唐山市(设区的市级人民政府)2014年就业人员年平均工资50,344元,月平均工资3倍是12,586元,共计94,395元;以上合计157,753.65元]。

案例分析

本案主要是经济补偿纠纷,按照上述计算经济补偿的步骤。

第一步:根据劳动合同解除或终止的具体情形,确定用人单位是否应当支付劳动者经济补偿。本案法院认定双方劳动合同已经解除,系爱协林天捷公司依据《劳动合同法》第四十条第(三)项的规定解除劳动合同,具体情形为劳动合同订立时所依据的客观情况发生重大变化,致使劳动合同无法履行,经用人单位与劳动者协商,未能就变更劳动合同内容达成协议,用人单位单方解除劳动合同。根据《劳动合同法》第四十六条第(三)项的规定,爱协林天捷公司应当支付吴某经济补偿。

第二步:确定是否应合并计算劳动者在原单位工作年限。本案不涉及应合并计算劳动者在原单位工作年限的情形。

第三步:劳动者的工作年限跨越《劳动合同法》施行前后的,结合《劳动合同法》施行前的相关规定,确定用人单位是否应当支付劳动者经济补偿。本案中,双方自2002年4月起建立劳动关系,《劳动合同法》自2008年1月1日起施行,吴某的工作年限跨越《劳动合同法》施行前后,应当结合《劳动合同法》施行前的相关规定,确定爱协林天捷公司是否应当支付吴某经济补偿。根据《违反和解除劳动合同的经济补偿办法》(已失效)第八条的规定,爱协林天捷公司应当支付吴某经济补偿。

第四步:分段计算经济补偿,再相加。

(1)《劳动合同法》施行以前,吴某在爱协林天捷公司的工作年限为5年零8个月,经济补偿为6个月工资,吴某离职前12个月平均工资为12,671.73元/月,经济补偿为6个月×12,671.73元/月=76,030.38元。

(2)《劳动合同法》施行以后,吴某在爱协林天捷公司的工作年限为7年零3个月,经济补偿为7.5个月工资,吴某离职前12个月平均工资为12,671.73元/月,高于当时爱协林天捷公司所在直辖市、设区的市级人民政府公布的本地区上年度职工月平均工资3倍(12,586元/月),计算经济补偿金的月工资标准按照12,586元/月确定,经济补偿为7.5个月×12,586元/月=94,395元。

(3)爱协林天捷公司应支付吴某的经济补偿为76,030.38元+94,395元=170,425.38元。

一审法院的计算公式为9856.17元/月×13个月,可以看出,计算经济补偿金的月数为13个月。可见,一审法院在计算经济补偿金的时候并没有分段计算,而是将吴某在公司的全部工作年限12年11个月换算为13个月进行计算。

从二审法院的计算公式就可以看出明显是采取分段计算的方式。只不过在将《劳动合同法》实施前的工作年限折算为支付经济补偿金的月数时,没有依据劳动部办公厅对《关于执行〈违反和解除劳动合同的经济补偿办法〉有关规定的请示》的答复中的规定进行折算,将5年零8个月换算为5个月而不是6个月,因此最终计算的结果相差一个月工资12,671.73元。

案例2 吴某与中国铁路南昌局集团有限公司南平工务段劳动争议纠纷案 [(2020)闽民再353号]

吴某于1996年12月入职中国铁路南昌局集团有限公司南平工务段(以下简称

中铁南平工务段)。双方于1997年1月17日签订一份劳动合同书,合同期限自1997年1月1日起至2000年12月31日止。2015年6月4日,吴某与中铁南平工务段(时名南昌铁路局南平工务段)重新签订一份劳动合同书,合同期限为无固定期限。该合同第二十六条约定:"乙方(吴某)有下列情形之一的,甲方(中铁南平工务段)依法解除劳动合同:……(十一)被依法追究刑事责任的。"吴某原为养路工,2005年之后吴某在中铁南平工务段检测监控车间顺昌探伤工区从事探伤工作。

2016年5月16日,吴某在道路上醉酒驾驶机动车,2016年5月19日,吴某主动到顺昌县公安局投案,并如实供述自己的犯罪事实,2016年6月3日,顺昌县人民检察院以吴某犯危险驾驶罪向顺昌县人民法院提起公诉。2016年8月4日,中铁南平工务段检测监控车间向福建省顺昌县人民法院出具一份《关于给吴某从轻处理的请求》,载明:"本单位职工吴某,现任南昌铁路局南平工务段检测监控车间顺昌探伤工区技术工,从1997年1月开始在本单位供职以来,一直表现很好,遵纪守法,工作认真负责,爱岗敬业,乐于助人,业务水平优秀,并起了榜样作用,得到领导和同事的好评。这次喝酒骑摩托车,是一时疏忽大意,且没有造成不良后果。如果因此被追究刑事责任,按本单位劳动合同法规定,要被开除。为此,请求司法机关能体谅吴某的实情,给予吴某不起诉或免予刑事处罚处理。"2016年9月2日,顺昌县人民法院作出(2016)闽0721刑初122号刑事判决,判决"被告人吴某犯危险驾驶罪,判处拘役二个月,缓刑二个月,并处罚金人民币4000元(已缴纳)"。在缓刑考验期间,吴某正常在南平铁路工务段检测监控车间顺昌探伤工区工作。缓刑考验期结束后,吴某仍在中铁南平工务段检测监控车间顺昌探伤工区工作,没有再出现违法违纪及严重违反单位规章制度的情形。

2018年8月13日,中铁南平工务段作出《解除吴某同志劳动合同的通知》(南平工人[2018]第211号),载明"吴某因犯危险驾驶罪,现依据福建省顺昌县人民法院(2016)闽0721刑初122号刑事判决书,解除吴某同志2015年6月4日与本单位签订的劳动合同,自2018年8月13日起生效"。同日,中铁南平工务段向吴某发出《解除劳动合同通知书》,吴某在《职工处分呈报表》上"本人意见"栏签名,下方"处分意见"栏及"审批意见"栏落款时间分别为2018年8月9日、2018年8月13日。

一审法院认为,吴某于1996年入职中铁南平工务段,双方建立劳动合同关系。在双方劳动关系存续期间,吴某因犯危险驾驶罪于2016年9月2日被依法追究刑事责任,根据《劳动合同法》第三十九条第(六)项规定及劳动合同书约定,吴某被依法追究刑事责任,中铁南平工务段可以单方即时解除劳动合同,但从中铁南平工务段向顺昌人民法院出具的《关于给吴某从轻处理的请求》载明的内容以及吴某受到刑事处罚至2018年8月近两年时间仍在原工作岗位从事探伤工作的情况来看，中铁南平工务段并未选择解除与吴某的劳动关系，而是继续延续劳动关系，应视为中铁南平工务段对于吴某被依法追究刑事责任，已选择放弃行使解除权。在吴某缓刑考验期间结束近两年后且没有再出现违法违纪及严重违反单位规章制度的情形下，即不存在《劳动合同法》第三十九条规定的中铁南平工务段可以即时解除吴某劳动合同的条件，中铁南平工务段无权单方解除与吴某劳动合同。同时，从《职工处分呈报表》上吴某签名时间看，并非吴某意愿，故中铁南平工务段于2018年8月13日作出解除与吴某劳动关系的决定构成违法解除。中铁南平工务段的下属单位检测监控车间就吴某的醉驾行为向顺昌县人民法院出具了请求予以免除刑事责任的《关于给吴某从轻处理的请求》，中铁南平工务段作为检测监控车间的上级部门，应当对其下属车间的行为承担责任，故检测监控车间出具《关于给吴某从轻处理的请求》的行为应视为中铁南平工务段已对吴某可能受到刑事处罚的情况知情。中铁南平工务段主张的《关于给吴某从轻处理的请求》系吴某私自盗盖或私刻车间公章，以及吴某故意隐瞒被追究刑事责任其不知情，均不能成立，不予采纳。劳动立法的本意是保护劳动者的合法权益，构建和谐稳定的劳动关系，如用人单位在具备解除劳动合同条件时未选择解除劳动合同，而是继续延续劳动关系，在多年以后再以劳动者之前所犯错误为由提出解除劳动合同，明显不利于劳动者的保护、不利于保持和谐稳定关系，与劳动立法精神相悖，中铁南平工务段主张其滞后解除劳动合同，不意味着放弃或者丧失劳动合同解除权，不违反现行法律规定，亦不能成立。中铁南平工务段主张确认劳动合同书于2018年8月13日解除的诉讼请求，缺乏事实和法律依据，不予支持。吴某请求撤销南平工人[2018]第211号《解除吴某同志劳动合同的通知》及继续履行劳动合同书，依据充分。

二审法院认为，吴某与中铁南平工务段于2015年6月4日重新签订一份劳动合同书，双方自此时起均应按照该劳动合同的约定履行各自义务。在该劳动合同书履行期间内，吴某于2016年5月16日发生醉驾，并于同年9月2日因犯危险驾驶罪被顺昌县人民法院判处"拘役二个月，缓刑二个月，并处罚金人民币4000元（已缴纳）"，即吴某在其与中铁南平工务段签订的劳动合同期内被依法追究刑事责任。根据《劳动合同法》第三十九条第（六）项的规定："劳动者有下列情形之一的，用人单位可以解除劳动合同：（六）被依法追究刑事责任的。"中铁南平工务段有权单方解除其与吴某的劳动合同。中铁南平工务段在作出解除与吴某的劳动合同的决定前已将开除处分决定通知所在工会并经工会同意，之后，吴某于2018年8月13日收到解除劳动合同通知书并在《职工处分呈报表》中签字确认，故中铁南平工务段系在劳动合同履行期内行使解除劳动合同的权利,并未违反法律、行政法规的规定,且其已依法履行了相关程序,应当认定中铁南平工务段与吴某的劳动合同于2018年8月13日解除。一审法院认定中铁南平工务段违法解除其与吴某的劳动合同存在错误,应予纠正。

福建省高级人民法院再审认为,根据《劳动合同法》第三十九条第(六)项"劳动者有下列情形之一的,用人单位可以解除劳动合同:(六)被依法追究刑事责任的"的规定,在劳动合同期间,劳动者被依法追究刑事责任系用人单位可以单方解除合同的法定情形之一,该条虽未对用人单位单方解除劳动合同的期间予以规制,但用人单位亦应在合理期限内行使单方解除劳动合同的权利,否则会使劳动关系处于不确定状态,也会使双方形成相互冲突的信赖利益,劳动者一方认为用人单位已放弃解除劳动合同权利,用人单位则认为其有权随时解除劳动合同。具体到本案,吴某系在与中铁南平工务段签订无固定期限劳动合同期间因刑事犯罪被判刑,中铁南平工务段依法享有法定单方解除劳动合同权利。但是,根据查明的事实,2016年9月2日,吴某被判处拘役2个月,缓刑2个月,其在缓刑考验期间及结束后均仍在中铁南平工务段检测监控车间顺昌探伤工区工作,中铁南平工务段并未对吴某的劳动供给提出异议,吴某也未再出现违法违纪及严重违反单位规章制度的情形,中铁南平工务段也未以吴某被追究刑事责任为由提出解除合同,结合2016年8月4日,吴某所在工作部门中铁南平工务段检测监控车间出具的《关于给吴某从轻处理的请求》这一事实,应认定中铁南平工务段明知吴某被判处刑罚仍接受吴某劳动力供给之事实。因此,中铁南平工务段直至2018年8月13日,以吴某被追究刑事责任为由作出《解除吴某同志劳动合同的通知》(南平工人[2018]第211号),该解除合同通知显然超出了吴某的预期,也与中铁南平工务段先前接受吴某劳动之行为相悖,因此,即使解除通知作出前履行了告知工会等程序,也应当认为该解除行为违反了诚信原则,超出解除权行使的合理期限。一审判决认定事实、适用法律正确,应予以维持。二审判决认为"中铁南平工务段系在劳动合同履行期内行使解除劳动合同的权利,并未违反法律、行政法规的规定,且其已依法履行了相关程序,应当认定中铁南平工务段与吴某的劳动合同于2018年8月13日解除",适用法律错误,本院予以纠正。判决如下:

(1)撤销福建省南平市中级人民法院(2020)闽07民终271号民事判决;

(2)维持福建省南平市延平区人民法院(2019)闽0702民初4687号民事判决。

案例分析

本案中,2016年9月2日,顺昌县人民法院作出(2016)闽0721刑初122号刑事判决,判决"被告人吴某犯危险驾驶罪,判处拘役二个月,缓刑二个月,并处罚金人民币4000元(已缴纳)"。根据《劳动合同法》第三十九条的规定,中铁南平工务段有权单方解除与吴某的劳动合同。但中铁南平工务段应当自知道或应当知道上述事实之日起,在合理期限内行使解除权,否则会使吴某产生中铁南平工务段放弃行使解除权的信赖。

2016年8月4日,吴某所在工作部门中铁南平工务段检测监控车间出具《关于给吴某从轻处理的请求》,应认定中铁南平工务段知晓或应当知晓吴某被追究刑事责任。2018年8月13日,中铁南平工务段才以吴某被追究刑事责任为由解除与吴某的劳动合同,明显已经超出合理期限,应当认定中铁南平工务段在解除与吴某的劳动合同时,其解除权已经消灭。故中铁南平工务段解除与吴某的劳动合同违反法律规定。

案例3 北京四达时代国际投资有限公司与金某劳动争议纠纷案[(2022)京02民终7319号]

金某于2021年7月12日入职北京四达时代国际投资有限公司(以下简称四达投资公司),任海外事业部管理培训生。金某的工作地点在国外。四达投资公司与金某签订了起止期限为2021年7月12日至2025年12月31日的劳动合同,约定:金某的试用期为6个月,试用期月基本工资为5360元;转正后的月基本工资为6700元,月长期驻海外岗位津贴3350元。2021年8月16日,金某以四达投资公司拖欠2021年7月的工资为由,向四达投资公司提交离职申请书,并表示希望于该日进行离职交接。尔后,金某与四达投资公司之间的劳动合同因上述原因而于2021年8月18日正式解除。

另查,金某在向四达投资公司提出解除劳动合同之前,曾在"四达时代优秀毕业生群"中发信息,其内容为"各位前辈们好,我是刚入职四达一个月的管培生金某。最近准备离开四达,预计会和公司有很多撕扯。想和各位前辈请教一下,该如何离职且不给四达一分钱"。金某在向四达投资公司提出解除劳动合同之前未向四达投资公司提出过发放2021年7月的工资的要求。

2021年9月15日,四达投资公司为金某出具了离职证明,该离职证明中载明的金某的离职时间为"2021年8月13日",金某以离职时间有误为由,拒收上述离职证明。2021年9月29日,四达投资公司向金某送达了修改正确的离职证明。

庭审中,金某主张四达投资公司未为其出具离职证明给其造成了损失,并提交:某集团HR的微信聊天记录截图及该集团的录用通知书、某科技公司的Offer及该公司HR的微信聊天记录截图、重庆某公司HR的微信聊天记录截图及该公司的录用通知书、某米HR的微信聊天记录截图。金某出具了重庆某公司的录用通知书原件,该证据的出具时间为2021年8月24日,其上加盖有重庆某公司的公章,通知书内容为:"金某先生,您好,我们非常荣幸地通知您,您已通过公司面试,重庆某公司邀请您加入,聘用相关条款如下:职位:海外业务专员;到岗日期:2021年8月28日;试用期:三个月;薪资:试用期:基本工资8000元/月;转正工资:基本工资10,000元/月+绩效;五险一金:缴纳基数8000元;入职材料:离职证明(必备)。"四达投资公司认可重庆某公司的录用通知书的真实性。

一审法院认为,用人单位应当在解除或者终止劳动合同时出具解除或者终止劳动合同的证明。用人单位违反法律规定未向劳动者出具解除或者终止劳动合同的书面证明,给劳动者造成损害的,应当承担赔偿责任。本案中,四达投资公司与金某之间的劳动合同于2021年8月18日解除,故四达投资公司应在该日为金某出具解除劳动合同证明。然而,四达投资公司直到2021年9月15日才向金某出具相应证明文件,且其中所载明的金某的离职时间存在错误。四达投资公司迟延为金某出具离职证明的行为违反法律规定。同时,根据法院确认真实性的重庆某公司的录用通知书中所记载的内容,可以认定该公司已于2021年8月24日录用金某,并要求金某于2021年8月28日持离职证明报到,且离职证明属于报到时必须携带的入职材料。结合上述事实,可以认定金某关于四达投资公司在此前未为其出具离职证明给其造成了损失的主张可信度极高,本院对此予以支持。重庆某公司录用金某的岗位与金某在四达投资公司的岗位具有相同的性质,且通过对比金某在四达投资公司的月工资标准,可以认定金某关于要求四达投资公司按照重庆某公司的相应岗位的工资标准赔偿相应损失的主张并无明显不当,法院对此予以支持。同时,结合四达投资公司迟延为金某出具离职证明的时长,可以认定金某关于要求四达投资公司赔偿相当于1个月工资的损失的主张并无明显不当。综上,对金某关于要求四达投资公司支付未出具离职证明所造成的损失的诉讼请求,法院予以支持。判决北京四达时代国际投资有限公司于判决生效之日起10日内向金某支付未出具离职证明所造成的损失8000元。

二审法院认为,关于四达投资公司应否支付金某未出具离职证明所造成的损失,根据《劳动合同法》第五十条的规定,用人单位应当在解除或者终止劳动合同时出具解除或者终止劳动合同的证明。双方于2021年8月18日解除劳动关系,但四达投资公司迟至2021年9月15日才为金某出具离职证明,该行为明显已违反上述法律规定。四达投资公司在二审中提交的证据亦不能证明其公司已按法律规定向金某出具解除劳动合同的证明。一审法院综合考虑金某提供的证据及四达投资公司出具离职证明的时间,结合本案之实际,判决四达投资公司支付金某未出具离职证明所造成的损失8000元并无不当。

案例分析

《劳动合同法》第五十条规定,用人单位应当在解除或者终止劳动合同时出具解除或者终止劳动合同的证明。第八十九条规定,用人单位违反本法规定未向劳动者出具解除或者终止劳动合同的书面证明,由劳动行政部门责令改正;给劳动者造成损害的,应当承担赔偿责任。根据上述规定,劳动合同解除或终止后,用人单位未向劳动者出具解除或者终止劳动合同的书面证明,给劳动者造成损失的,应当承担赔偿责任。具体到本案体现为以下三种情形。

第一,四达投资公司应当于2021年8月18日向金某出具离职证明。

四达投资公司与金某的劳动合同于2021年8月18日解除。无论解除原因为何,四达投资公司均应在解除劳动合同时向金某出具解除劳动合同的证明。

第二,四达投资公司2021年9月29日才向金某出具符合规定的离职证明,已经违反法律规定。

2021年9月15日,四达投资公司为金某出具了离职证明,该离职证明中载明的金某的离职时间为"2021年8月13日"。金某以离职时间有误为由,拒收上述离职证明。2021年9月29日,四达投资公司向金某送达了修改正确的离职证明。根据《劳动部关于实行劳动合同制度若干问题的通知》第十五条的规定,证明书应写明劳动合同期限、终止或解除的日期、所担任的工作。四达投资公司出具的离职证明离职时间有误,金某拒收具有正当理由。因此,四达投资公司向金某出具离职证明的时间应当认定为2021年9月29日,已经违反法律规定。

第三,因四达投资公司未及时向金某出具离职证明,已经给金某造成损失。

金某提供某集团的录用通知书载明,"金某先生,您好,我们非常荣幸地通知您,您已通过公司面试,重庆某公司邀请您加入,聘用相关条款如下:职位:海外业务专员;到岗日期:2021年8月28日;试用期:三个月;薪资:试用期:基本工资8000元/月;转正工资:基本工资10,000元/月+绩效;五险一金:缴纳基数8000元;入职材料:离职证明(必备)"。可以证明,如金某在2021年8月28日可以提供离职证明,则其可以获得该集团的工作,并获得工资收入。但四达投资公司在2021年9月29日才向金某出具符合规定的离职证明,导致金某丧失该工作机会,如金某在2021年8月28日至2021年9月29日未获得工资收入,金某本应在某集团获得的工资收入应认定为金某的损失。

综上,四达投资公司未及时向金某出具离职证明,给金某造成了工资收入损失,应当承担赔偿责任。损失约为金某本应获得的某集团支付的2021年8月28日至2021年9月29日的工资收入,约为8000元。

案例4 无锡华泰塑料制品有限公司与郑某劳动争议纠纷案[(2016)苏02民终2293号]

2011年2月28日,郑某入职无锡华泰塑料制品有限公司(以下简称华泰公司)工作。2013年4月9日,双方又签订《全日制劳动合同》,约定合同有效期为2013年4月1日至2015年4月1日,合同履行地为无锡市鹅湖镇××路××号,执行12小时(11小时计件计酬)、每周轮休工作制,试用期工资为2000元。2015年5月15日,华泰公司出具通告,载明"包装车间员工郑某在公司安排生产时,拒不服从公司合理生产安排,要求公司必须答应郑某想怎么生产就怎么生产,如果公司不答应她条件就拒绝上班,要求公司要么开除她要么答应她的条件,此员工严重违反公司规定,为严肃厂纪,无论什么员工只要不服从公司合理生产安排,就无法做到一个合格的员工,经公司研究决定:对郑某不服从公司安排做开除处理同时解除劳动关系"。

一审法院认为,用人单位在制定、修改或者决定直接涉及劳动者切身利益的规章制度或者重大事项时,应当经职工代表大会或者全体职工讨论,提出方案和意见,与工会或者职工代表平等协商确定,华泰公司称其规章制度已经征求员工意见,且经过上墙公示,于2010年8月16日开始施行的,属合法有效之规章制度,其仅提供了规章制度公示的照片,未提供其他证据,故对该意见不予采纳;用人单位单方解除劳动合同,应当事先将理由通知工会,用人单位尚未建立工会的,通知用人单位所在地工会,华泰公司在单方解除与郑某的劳动合同时,未履行法律规定的程序性义务,其解除劳动合同的行为违法。

二审法院认为,按照法律规定,用人单位对严重违反规章制度的劳动者可以提前解除劳动合同,但是解雇纠纷的审查实行实体与程序并重的原则。用人单位应当提供证据证明存在解雇事由,以证言作为证据的,证人应当出庭接受质询,用人单位不能提供证据或者提供的证据不足以证明争议事实的,应当承担不利的诉讼后果;用人单位按照规章制度解雇的,还应当证明该项制度的制定履行了民主程序,证明解雇决定听取了工会的意见,不能证明或者证据不足以证明履行了民主程序与工会程序的,亦承担不利的诉讼后果。该案中,华泰公司主张郑某拒不听从工作安排的事实没有充分的证据予以证明,郑某严重违反规章制度的事实难以确认。华泰公司的规章制度未经过民主程序讨论,与郑某解除劳动关系亦未按照法律规定的程序征求工会的意见。因此,一审判决认定华泰公司违法解除劳动合同符合法律规定。

案例分析

根据《最高人民法院关于审理劳动争议案件适用法律若干问题的解释(四)》(已失效)第十二条的规定,建立了工会组织的用人单位解除劳动合同符合《劳动合同法》第三十九条、第四十条规定,但未按照《劳动合同法》第四十三条规定事先通知工会,劳动者以用人单位违法解除劳动合同为由请求用人单位支付赔偿金的,人民法院应予支持,但起诉前用人单位已经补正有关程序的除外。本案中,法院的观点为,华泰公司虽未建立工会,但其单方解除劳动合同前,应通知其所在地工会。故法院以华泰公司单方解除与郑某的劳动合同未履行通知工会的程序为由认定,华泰公司解除劳动合同违法。

专题三十二　预告解除劳动合同

《劳动合同法》第三十七条规定，劳动者提前30日以书面形式通知用人单位，可以解除劳动合同。劳动者在试用期内提前3日通知用人单位，可以解除劳动合同。实践中将劳动者依照《劳动合同法》第三十七条的规定提前通知用人单位解除劳动合同的情形称为预告解除劳动合同。

一、预告解除劳动合同规范

根据《劳动合同法》第三十七条的规定，劳动者无须任何理由，按照规定提前通知用人单位即可解除劳动合同，可以将劳动者的该权利称为预告解除权，预告解除权的行使应当满足一定的规范要求。

(一)试用期员工预告解除劳动合同

根据《劳动合同法》第三十七条的规定，劳动者在试用期内提前3日通知用人单位，可以解除劳动合同，且无须采取书面形式。

(二)正式员工预告解除劳动合同

正式员工是指非试用期间员工。根据《劳动合同法》第三十七条的规定，正式员工行使预告解除权的要求有两个：一是提前30日通知用人单位；二是通知应采取书面形式。

实践中，有的用人单位与劳动者约定劳动者解除劳动合同应提前3个月通知用人单位，甚至更久。这种约定可以称为预告期约定。司法实务中，对预告期约定的效力存在不同的观点。一种观点认为，《劳动合同法》第三十七条赋予了劳动者提前30日(试用期提前3日)通知用人单位即可单方解除劳动合同的权利，强调的是劳动者的权利，用人单位与劳动者约定劳动者解除劳动合同应当提前3个月通知用人单位违反法律规定，属于排除劳动者权利的情形，应属无效。另一种观点则认为，劳动者享有预告解除权，允许劳动者自由、自主地辞职并选择再就业，有利于劳动者的自我发展。但规定预告期是为了防止劳动者滥用解除权随意解除劳动关系而影响企业的正常生产经营，主要目的是保护用人单位。对于一些重要的技术岗位、涉密岗位，30日的预告期可能不够用人单位及时作出合理的工作安排，不利于用人单位合法权益的保护。因此，用人单位可以与劳动者在法定预告期外约定合理的预告期，如预告期约定不存在其他致使合同无效的事由的，该约定有效。如《北京市劳动合同规定》第三十四条第一款规定，劳动者解除劳动合同，应当提前30日或者按照劳动合同约定的提前通知期，以书面形式通知用人单位。《江苏省劳动合同条例》第二十七条第二款规定，对负有保密义务的劳动者，用人单位可以与其在劳动合同或者保密协议中，就劳动者要求解除劳动合同的提前通知期以及提前通知期内的岗位调整、劳动报酬作出约定。提前通知期不得超过6个月。

关于书面形式的要求，根据《民法典》第四百六十九条的规定，书面形式是合同书、信件、电报、电传、传真等可以有形地表现所载内容的形式。以电子数据交换、电子邮件等方式能够有形地表现所载内容，并可以随时调取查用的数据电文，视为书面形式。

(三) 例外情形

《劳动合同法》第二十二条第一款规定，用人单位为劳动者提供专项培训费用，对其进行专业技术培训的，可以与该劳动者订立协议，约定服务期。服务期是指用人单位与劳动者约定的劳动者在本单位的最低服务期限。相较于《劳动合同法》第三十七条，《劳动合同法》第二十二条规定属于特殊条款，在用人单位与劳动者约定了有效的服务期的情形下，劳动者的预告解除权将受到服务期的限制，劳动者在服务期内依照《劳动合同法》第三十七条的规定解除劳动合同的，应当承担相应的违约责任。

二、违反预告解除劳动合同规范的法律责任

劳动者预告解除劳动合同不符合规范要求的，可能会被认定劳动合同未解除或劳动者解除劳动合同违反法律规定。

(一) 未采取书面形式

试用期员工预告解除劳动合同不要求必须采取书面形式，正式员工预告解除

劳动合同未采取书面形式的,一般会被认定为员工未行使预告解除权,不产生预告解除劳动合同的法律效果,即劳动合同未解除。

(二) 未提前通知用人单位

劳动者依照《劳动合同法》第三十七条的规定解除劳动合同,但未按照规定或双方的约定提前通知用人单位的,属于违法解除劳动合同。根据《劳动合同法》第九十条的规定,劳动者违反本法规定解除劳动合同,给用人单位造成损失的,应当承担赔偿责任。

关于赔偿责任的范围,《违反〈劳动法〉有关劳动合同规定的赔偿办法》第四条规定,劳动者违反规定或劳动合同的约定解除劳动合同,对用人单位造成损失的,劳动者应赔偿用人单位下列损失:(1)用人单位招收录用其所支付的费用;(2)用人单位为其支付的培训费用,双方另有约定的按约定办理;(3)对生产、经营和工作造成的直接经济损失;(4)劳动合同约定的其他赔偿费用。

三、合规管理

针对劳动者预告解除劳动合同的情形,从招聘阶段就要进行合规管理。

(一) 约定预告期

法定的预告期是 30 日或 3 日(试用期员工),尽管司法实务中对预告期约定的效力存在争议,但约定无效的后果是按照法定预告期确定劳动者提前通知用人单位的时间,故该争议属于对用人单位有利的争议。因此,用人单位可以结合具体员工的实际情况,在劳动者入职时与劳动者约定合理的预告期;或者在员工工作岗位发生变更时,可根据实际情况变更预告期约定。需要注意的是,即便认为用人单位可以与劳动者约定预告期,明显不合理的预告期约定也可能因此得到否定的评价。

(二) 约定服务期

约定服务期可以很好地保障用人单位的权益,在单位为员工提供专业技术培训费用时,可以与员工约定服务期,防止员工在享受单位福利后离职,有违单位的初衷。服务期的合规管理详见本书专门章节内容。

(三) 劳动者未采取书面形式通知的处理

劳动者未采取书面形式通知用人单位预告解除劳动合同的,可按照劳动者未行使预告解除权处理。劳动者离职的,用人单位可以按照旷工处理。切不可在劳动者离职后就随他去,不办理离职手续,未办理离职手续可能会认定双方劳动合同尚未解除或终止。

(四)及时收集、固定证据

劳动者违反规定或约定预告解除劳动合同的,应当赔偿单位的以下损失:

(1)招收录用劳动者所支付的费用;

(2)为劳动者支付的培训费用;

(3)提前离职对用人单位生产、经营和工作造成的直接经济损失。

综上,用人单位因招收录用劳动者支付费用,或为劳动者支付培训费用的,要注意保留相关的证据,如合同、支付凭证等。因劳动者提前离职对用人单位生产、经营和工作造成损失的,及时收集、固定证据。同时,用人单位要固定好证明劳动者离职时间的证据,以证明劳动者未尽到提前通知的义务,有效的考勤记录尤为重要。

案例 茌平华信碳素有限公司与王某劳动争议纠纷案[(2021)鲁15民终4233号]

王某于2007年3月1日进入茌平华信碳素有限公司(以下简称华信公司)工作,2009年3月至2018年8月、2019年1月至2021年2月华信公司为王某缴纳了工伤保险,工作期间发放了正常工资。华信公司2021年按照程序制定了员工手册。2021年3月19日曾组织职工集中学习员工手册,为督促学习该手册内容并组织了相应考试,王某也参加了学习活动及考试活动并签字。员工手册第一百四十八条规定:"连续旷工15天或1年内累计旷工30天以上视为严重违纪,解除劳动合同。"王某2021在7月14日没有继续在华信公司处工作。2021年7月31日,华信公司通过EMS快递向王某邮寄了解除劳动合同通知书,其中载明王某"已经连续旷工15天以上,视为严重违纪,公司予以解除与其签订的劳动合同"。王某于2021年8月1日签收了该快递。王某于2021年6月30日向聊城市茌平区劳动人事争议仲裁委员会申请仲裁,请求:(1)确认自2007年3月1日起到申请仲裁之日止与华信公司存在劳动关系;(2)裁决华信公司支付经济补偿金110,000元。聊城市茌平区劳动人事争议仲裁委员会于2021年8月13日作出茌劳人仲案字(2021)第145号裁决书,裁决王某与茌平华信碳素有限公司之间自2009年3月至2021年7月存在劳动关系。驳回王某的其他仲裁请求。王某不服该裁决,起诉请求:(1)请求确认王某2007年3月1日至2021年7月14日与华信公司之间存在劳动关系。(2)依法解除王某与华信公司之间的劳动合同,支付王某经济补偿110,000元。(3)要求华信公司支付经济赔偿金220,000元。

一审法院认为,对于王某与华信公司之间的劳动关系的存续时间,开始时间应当认定为2007年3月1日,对于劳动关系的终止时间,王某主张自仲裁申请书送达华信公司时劳动关系即已经解除,但《劳动合同法》第三十七条规定:"劳动者提前三十日以书面形式通知用人单位,可以解除劳动合同。劳动者在试用期内提前三日通知用人单位,可以解除劳动合同。"本条中将劳动者解除劳动合同的条件限定为提前30日以书面形式通知用人单位,可以解除劳动合同。故王某主张的任意解除权不适用于劳动关系中劳动者解除劳动关系的情形。该条规定的立法目的是保证企业的正常生产经营,防止劳动者滥用解除权随意解除劳动关系而影响企业的正常生产经营。故王某主张已经通过仲裁的方式解除了劳动关系,不予支持。华信公司向王某邮寄的解除劳动合同通知书中已经记载:"鉴于双方劳动关系存续期间,因你于2021年7月14日开始至今未来公司上班,也未到公司办理请假手续,已连续旷工15天以上,根据信发集团2021年1月1日起执行的员工手册第一百四十八条的规定,对连续旷工15天或一年内累计旷工30天以上的,视为严重违纪,公司解除与其签订的劳动关系。公司现提出解除与你的劳动关系。"王某于2021年8月1日收到该通知,终止劳动关系的时间应以王某收到华信公司邮寄的解除通知书的签收日期为准,即2021年8月1日通知到达之日劳动关系解除。故认定王某与华信公司之间自2007年3月1日至2021年7月31日之间存在劳动关系。

对于王某主张的要求解除劳动关系的经济补偿金及经济赔偿金问题。《劳动合同法》第三十九条第(二)项规定:"劳动者有下列情形之一的,用人单位可以解除劳动合同:(二)严重违反用人单位的规章制度的。"在该法第四十六条、第四十八条中规定的应当支付经济补偿金、经济赔偿金的情形中并不包括本案中的情形,故王某要求支付经济补偿金、经济赔偿金的诉讼请求,无法律依据,不予支持。

二审法院认为,该案的争议焦点是:(1)华信公司与王某劳动合同关系的解除时间。(2)华信公司是否应当支付王某经济补偿金110,000元。

关于第一个争议焦点。王某自2021年7月14日开始不再到华信公司工作,但此时其并未书面通知华信公司要求解除劳动关系,亦未办理任何解除劳动关系的手续,双方此时存在劳动关系。因王某连续旷工15天,违反了公司员工手册的相关规定,华信公司于2021年7月31日向王某邮寄解除劳动合同通知书,王某于2021年8月1日签收该通知书,王某签收解除劳动合同通知书之日即为双方终止劳动关系的时间。原审认定王某与华信公司双方劳动关系自2021年8月1日解除正确。

关于第二个焦点问题。王某未办理请假手续，已连续旷工15天以上，违反了华信公司员工手册第一百四十八条"对连续旷工15天或一年内累计旷工30天以上的，视为严重违纪，公司解除与其签订的劳动关系"的规定，公司于2021年7月31日向王某邮寄解除劳动合同通知书，双方于王某收到解除劳动合同通知书签收之日解除了劳动关系。华信公司的行为符合《劳动合同法》第三十九条用人单位可以解除劳动合同的情形，依法不应当支付经济补偿金，原审判决不予支持王某要求支付经济补偿金的诉讼请求并无不当。

案例分析

1.劳动者未提出解除劳动合同，无正当理由未到岗工作的，不产生解除劳动合同的法律效果。

本案中，王某自2021年7月14日开始不再到华信公司工作，并主张法院应当认定自2021年7月15日就解除了双方之间的劳动合同关系。但王某并未提供证据证明其在2021年7月15日通知华信公司解除劳动合同，故双方劳动合同并未解除。

2.王某无正当理由未到岗工作，属于旷工，华信公司解除劳动合同不违反法律规定。

王某自2021年7月14日开始不再到华信公司工作，属无正当理由未到岗，构成旷工。华信公司员工手册第一百四十八条规定，对连续旷工15天或一年内累计旷工30天以上的，视为严重违纪，公司解除与其签订的劳动关系。截至2021年7月31日，王某连续旷工达15天，严重违反华信公司的规章制度，华信公司可以解除与王某的劳动合同。

专题三十三 被迫解除劳动合同

《劳动合同法》第三十八条第一款规定,用人单位有下列情形之一的,劳动者可以解除劳动合同:(1)未按照劳动合同约定提供劳动保护或者劳动条件的;(2)未及时足额支付劳动报酬的;(3)未依法为劳动者缴纳社会保险费的;(4)用人单位的规章制度违反法律、法规的规定,损害劳动者权益的;(5)因本法第二十六条第一款规定的情形致使劳动合同无效的;(6)法律、行政法规规定劳动者可以解除劳动合同的其他情形。第三十八条第二款规定,用人单位以暴力、威胁或者非法限制人身自由的手段强迫劳动者劳动的,或者用人单位违章指挥、强令冒险作业危及劳动者人身安全的,劳动者可以立即解除劳动合同,不需事先告知用人单位。

一、被迫解除劳动合同规范

(一)劳动者享有被迫解除权的情形

用人单位有《劳动合同法》第三十八条第一款规定的情形的,劳动者可以随时通知用人单位解除劳动合同,用人单位有《劳动合同法》第三十八条第二款规定的情形的,劳动者可以立即解除劳动合同,不需事先告知用人单位。可以将劳动者依照《劳动合同法》第三十八条的规定解除劳动合同的权利称为被迫解除权。根据《劳动合同法》第三十八条的规定,劳动者行使被迫解除权的要求并不苛刻,仅需通知用人单位即可,甚至不需要提前通知。但劳动者仅在法律规定的特定情形下才享有被迫解除权。

1. 用人单位未按照劳动合同约定提供劳动保护或者劳动条件

劳动保护是指保护劳动者在劳动生产过程中的安全和健康,劳动条件是指劳动者在劳动生产过程中所需的物质条件。需要注意的是,尽管法律未明确规定用人单位未提供劳动合同未约定的劳动保护或劳动条件,劳动者可以解除劳动合同,但对于一些必需的劳动保护和劳动生产过程中所必备的物质条件,劳动合同未明确约定由用人单位提供，用人单位未提供的，劳动者仍可以依照《劳动合同法》第三十八条的规定解除劳动合同。

2. 用人单位未及时足额支付劳动报酬

无论是未及时支付劳动报酬还是未足额支付劳动报酬，劳动者都享有被迫解除权，需要注意的是此处的劳动报酬的范围。当然包括常规的工资，如基本工资、加班工资、绩效工资、奖金等。司法实务中争议较大的是年休假工资报酬。

一种观点认为，年休假工资报酬属于工资报酬，用人单位应支付劳动者年休假工资报酬而未支付的，属于未及时足额支付劳动报酬。如《云南省高级人民法院 云南省人力资源和社会保障厅关于审理劳动人事争议案件若干问题的座谈会纪要》规定，用人单位未按照法律规定或劳动合同约定及时足额向劳动者发放津贴、未休年休假工资报酬，劳动者以此为由解除劳动合同并向用人单位主张经济补偿的，应予支持。

另一种观点则认为，年休假工资报酬系用人单位未安排劳动者休年休假的补偿，而年休假属于福利性质，因此，年休假工资报酬也属于福利，不属于劳动报酬。如《北京市高级人民法院、北京市劳动人事争议仲裁委员会关于审理劳动争议案件法律适用问题的解答》中规定，支付未休年休假的工资报酬与正常劳动工资报酬、加班工资报酬的性质不同，其中包含用人单位支付职工正常工作期间的工资收入（100%部分）及法定补偿（200%部分）。《职工带薪年休假条例》在于维护劳动者休息、休假权利，劳动者以用人单位未支付其未休带薪年休假工资中法定补偿（仅200%部分）而提出解除劳动合同时，不宜认定属于用人单位"未及时足额支付劳动报酬"的情形。

3. 用人单位未依法为劳动者缴纳社会保险费

根据《社会保险法》等规定，用人单位依法为劳动者缴纳社会保险费的要求包括：(1)及时参保；(2)足额申报缴费基数；(3)足额缴纳社会保险费。对于此处的未依法为劳动者缴纳社会保险费，司法实务中认定的标准不一。总之，只要是不满足以上全部要求，就可能被认定为未依法为劳动者缴纳社会保险费。

4. 用人单位的规章制度违反法律、法规的规定，损害劳动者权益

用人单位的规章制度违反法律、法规规定的，应属无效，但劳动者不因此直接享有被迫解除权。如违反法律、法规规定的规章制度未实际执行，未损害劳动者权益，劳动者不得以用人单位的规章制度违反法律、法规的规定为由解除劳动合同。一般认为，用人单位应当遵守当地的地方性法规，规章制度的内容违反当地的地方性规定的，也会被认定为违反法律、法规的规定。地方性法规主要涉及劳动者

的休息、休假及工资支付问题。

5.因《劳动合同法》第二十六条第一款规定的情形致使劳动合同无效

《劳动合同法》第三十八条第一款第(五)项规定,因本法第二十六条第一款规定的情形致使劳动合同无效的,劳动者可以解除劳动合同。第二十六条第一款规定,下列劳动合同无效或者部分无效:(1)以欺诈、胁迫的手段或者乘人之危,使对方在违背真实意思的情况下订立或者变更劳动合同的;(2)用人单位免除自己的法定责任、排除劳动者权利的;(3)违反法律、行政法规强制性规定的。需要注意的是,上述第(二)项、第(三)项规定,一般是导致合同部分无效。根据《劳动合同法》第三十八条第一款第(五)项的规定,劳动合同整体无效的,劳动者享有解除劳动合同的权利。另外,劳动者以欺诈、胁迫的手段或者乘人之危,使对方在违背真实意思的情况下订立或者变更劳动合同的,劳动合同无效。用人单位不存在过错,劳动者当然也不能以此为由解除劳动合同。

6.用人单位以暴力、威胁或者非法限制人身自由的手段强迫劳动者劳动,或者违章指挥、强令冒险作业危及劳动者人身安全

用人单位以暴力、威胁或者非法限制人身自由的手段强迫劳动者劳动的,或者用人单位违章指挥、强令冒险作业危及劳动者人身安全的,劳动者可以立即解除劳动合同,不需事先告知用人单位。

(二)解除权的行使

根据《劳动合同法》第三十八条的规定,劳动者依照《劳动合同法》第三十八条第一款的规定解除劳动合同的,应当通知用人单位。劳动者依照《劳动合同法》第三十八条第二款的规定解除劳动合同的,不需事先告知用人单位。

二、违反被迫解除劳动合同规范的法律责任

(一)解除劳动合同没有事实依据

劳动者不能提供证据证明用人单位存在《劳动合同法》第三十八条规定的情形的,劳动者不享有被迫解除权,劳动者依照《劳动合同法》第三十八条的规定解除劳动合同,构成违法解除劳动合同,应承担违法解除劳动合同的法律责任,即按照《违反〈劳动法〉有关劳动合同规定的赔偿办法》第四条的规定承担赔偿责任。

(二)解除劳动合同未通知用人单位

劳动者依照《劳动合同法》第三十八条第一款的规定解除劳动合同的,应当通

知用人单位;未通知用人单位的,不发生解除劳动合同的效果;劳动者未到岗提供劳动的,构成旷工,用人单位可按照劳动者旷工处理。

三、合规管理

(一)依法履行劳动合同

对劳动者单方解除劳动合同进行合规管理就是要依法履行劳动合同,防止存在《劳动合同法》第三十八条规定的情形,相关的履行规范在本书的其他章节均有详细说明,在此不做赘述。

(二)劳动者擅自离职的处理

虽存在《劳动合同法》第三十八条规定的情形,但劳动者未通知用人单位解除劳动合同即离岗的,按照旷工处理,构成严重违反规章制度的,按照依法制定的规章制度的规定处理。

案例 乌鲁木齐瑞格林环境景观设计有限公司与熊某劳动争议纠纷案[(2019)新0104民初8231号]

熊某于2015年6月1日入职乌鲁木齐瑞格林环境景观设计有限公司(以下简称瑞格林公司),从事行政文员工作,每月工资3500元,双方签订了书面劳动合同。2018年5月2日熊某向瑞格林公司提出请假申请,要求自2018年6月25日起请假至2018年9月30日,请假事由为:预产期2018年7月15日,因36周后每3天去医院产检一次,害怕提前生产,所以提前20天休产假。瑞格林公司于2018年5月11日审批结束。熊某于2018年11月20日提出病假申请,要求自2018年12月10日至2018年12月14日请假,请假事由为:因剖宫产,医院建议在产假结束前最后一周入院检查刀口恢复及有无增生发生,因新疆产假158天,剖宫产增加15天,我的产假于12月20日结束,所以12月10日住院检查。瑞格林公司于2018年12月3日审批结束。

2019年1月15日熊某向瑞格林公司主管领导报备将于2019年2月底辞职。2019年2月26日熊某给瑞格林公司提交一份离职通知书,内容为:"因公司违反《新疆维吾尔自治区人口与计划生育条例》,依据条例本人剖宫产应休产假173天,实休98天。公司于2019年2月25日收回本人办公工位,让本人坐在休假员工华某工位,用他人电脑办公。依据《劳动合同法》第三十八条第一款第(一)项、第(四)项之规定提出解除劳动关系,我将于今天离开单位,并已做好工作交接,交接

表一式两份已交予新疆分部负责人肖某。届时请公司依据《工资支付暂行规定》第九条之规定,在解除劳动关系时一次性支付本人工资,并按照《劳动合同法》第五十条之规定,及时办理离职手续、出具解除劳动合同证明、支付相应的经济补偿金。"此后熊某办理了工作交接并离职。

瑞格林公司的员工服务体系中出勤与休假管理中休假制度第三条规定,"……(4)原则上员工连续请事假不得超过3个工作日,特殊情况需经公司审批"。第五条规定,"(1)女员工生育期处在劳动合同有效期内,并符合国家法律规定的,可享受98个自然日的产假……(5)产假期满后,有特殊情况需再继续休假的,应书面申请并经公司批准后按事假规定执行"。

法院认为,本案争议的焦点为瑞格林公司是否应当向熊某支付解除劳动关系经济补偿金。《劳动合同法》第三十八条第一款第(一)项、第(四)项规定:"用人单位有下列情形之一的,劳动者可以解除劳动合同:(一)未按照劳动合同约定提供劳动保护或者劳动条件的……(四)用人单位的规章制度违反法律、法规的规定,损害劳动者权益的。"《女职工劳动保护特别规定》第七条第一款规定:"女职工生育享受98天产假,其中产前可以休假15天;难产的,增加产假15天;生育多胞胎的,每多生育1个婴儿,增加产假15天。"《新疆维吾尔自治区人口与计划生育条例》第二十六条规定:"女职工符合规定生育子女的,除国家规定的产假外,增加产假六十天,给予男方护理假十五天。婚假、产假、护理假期间,工资、奖金照发。"本案中,瑞格林公司是在乌鲁木齐市注册成立的有限公司,其除应当遵守国家的法律、法规外,还应当遵守新疆维吾尔自治区的地方性法规,瑞格林公司的员工服务体系中规定女员工享受98个自然日的产假,其制度违背《新疆维吾尔自治区人口与计划生育条例》的规定,现熊某以瑞格林公司的规章制度违反法律、法规的规定,损害劳动者权益为由,提出与瑞格林公司解除劳动关系,且以书面的方式向瑞格林公司提交了离职通知书,符合《劳动合同法》第四十六条规定的应当向劳动者支付经济补偿金的情形,按照熊某的工作年限及双方认可的工资数额,其主张的数额不超出《劳动合同法》第四十七条规定的标准,故对熊某要求瑞格林公司支付经济补偿金的请求本院予以支持。

案例分析

1.《新疆维吾尔自治区人口与计划生育条例》(2017年修正版)第二十六条规定,国家机关工作人员和社会团体、企业事业单位职工依法办理结婚登记后,除国家规定的婚假外,增加婚假20天。女职工符合规定生育子女的,除国家规定的产假外,增加产假60天,给予男方护理假15天。婚假、产假、护理假期间,工资、奖金照发。瑞格林公司是在乌鲁木齐市注册成立的有限公司,其应当遵守新疆维吾尔自治区的地方性法规。瑞格林公司的员工服务体系中规定女员工享受98个自然日的产假,违反上述规定。

2.瑞格林公司按照员工服务体系的规定,仅安排熊某休产假98天,损害了熊某的权益。熊某依照《劳动合同法》第三十八条第(四)项的规定解除劳动合同具有事实依据。

3.根据《劳动合同法》第四十六条第(一)项的规定,熊某依照《劳动合同法》第三十八条的规定解除劳动合同的,瑞格林公司应当支付熊某经济补偿。

专题三十四　过错性解除

《劳动合同法》第三十九条规定,劳动者有下列情形之一的,用人单位可以解除劳动合同:(1)在试用期间被证明不符合录用条件的;(2)严重违反用人单位的规章制度的;(3)严重失职,营私舞弊,给用人单位造成重大损害的;(4)劳动者同时与其他用人单位建立劳动关系,对完成本单位的工作任务造成严重影响,或者经用人单位提出,拒不改正的;(5)因本法第二十六条第一款第一项规定的情形致使劳动合同无效的;(6)被依法追究刑事责任的。实践中,将用人单位依照《劳动合同法》第三十九条的规定单方解除劳动合同称为过错性解除,即用人单位以劳动者存在过错为由解除劳动合同。

一、过错性解除规范

(一)用人单位享有解除权的情形

劳动者有《劳动合同法》第三十九条规定的情形之一的,用人单位享有解除权。

1.劳动者在试用期间被证明不符合录用条件

用人单位以劳动者在试用期间被证明不符合录用条件为由解除劳动合同需满足两个条件:

(1)劳动者在试用期间

劳动者在试用期间是劳动者在试用期间被证明不符合录用条件的当然含义,《劳动部办公厅对〈关于如何确定试用期内不符合录用条件可以解除劳动合同的请示〉的复函》规定,对试用期内不符合录用条件的劳动者,企业可以解除劳动合同;若超过试用期,则企业不能以试用期内不符合录用条件为由解除劳动合同。

(2)劳动者不符合录用条件

认定劳动者不符合录用条件应注意两个方面,一是录用条件是什么?二是劳动者是否符合录用条件？录用条件一般可以分为通用条件和特殊条件，通用条件即一般岗位都适用的条件，主要是劳动者的工作态度以及一些品德问题；特殊条件即针对具体岗位才适用的条件，主要是劳动者的工作能力、工作技能方面。

司法实务中，在认定劳动者不符合录用条件时，就是否需要以用人单位已经告知劳动者具体的录用条件为前提这一问题存在争议。一种观点认为，用人单位与劳动者约定试用期的，应当同时告知劳动者录用条件，否则不得以未告知过的录用条件来认定劳动者不符合录用条件。另一种观点认为，试用期应当给予双方更大的选择自由，用人单位的考察内容可以很广泛，即便没有明确告知劳动者录用条件，用人单位仍可就品德修养、专业技能、身体状况、工作能力、文化素质等认定劳动者不符合录用条件。

2.劳动者严重违反用人单位的规章制度

劳动者严重违反用人单位的规章制度是指劳动者违反用人单位的规章制度或劳动纪律，且达到严重的程度。

（1）劳动者存在违纪行为

《劳动合同法》第三十九条规定，劳动者严重违反用人单位的规章制度的，用人单位可以解除劳动合同，《劳动法》第二十五条规定，劳动者严重违反劳动纪律或者用人单位规章制度的，用人单位可解除合同。司法实务中一般认为，上述两个法律条文并不是冲突的关系，二者均可适用。因此，劳动者严重违反劳动纪律的，用人单位也可以解除劳动合同。

（2）违纪行为达到严重的程度

根据《劳动合同法》第三十九条的规定，劳动者严重违反用人单位的规章制度的，用人单位才能解除劳动合同，如劳动者只是一般的违纪行为，用人单位不能解除劳动合同。

在认定劳动者的行为是否属于严重违纪时，并不能完全依据用人单位规章制度的规定来判断，应当结合实际情况对其规定的合理性进行判断。譬如，拒绝签收用人单位文件的行为一律视为严重违反用人单位规章制度的行为当然存在不妥。另外，对于合理性的判断还要根据工作岗位、工作地点等实际情况进行考量，比如，一般工作场所内吸烟通常不能视为严重违反用人单位规章制度，但是加油站的工作人员在工作场所吸烟当然可以认定为严重违反用人单位的规章制度。所以，规章制度对严重违反用人单位规章制度的行为进行规定的并不当然有效，并不是都可以适用。

3. 劳动者严重失职,营私舞弊,给用人单位造成重大损害

用人单位以劳动者严重失职,营私舞弊,给用人单位造成重大损害为由解除劳动合同需满足两个条件:

(1)劳动者存在严重失职,营私舞弊的行为

失职是指工作人员对本职工作不认真负责;营私舞弊是指因图谋私利而玩弄欺骗手段。需要注意的是,失职需要构成严重失职,而是否属于严重失职比较抽象,并没有具体的标准,可以结合劳动者的主观过错、遭受损害大小等来判断。

(2)给用人单位造成重大损害

给用人单位造成重大损害是用人单位可以解除劳动合同的必要条件,重大损害同样是比较抽象的,没有具体的标准。司法实务中,一般会参考用人单位规章制度的规定或者劳动合同的约定。需要注意的是,给用人单位造成损害与劳动者的严重失职,营私舞弊的行为之间应当存在因果关系。

4. 劳动者同时与其他用人单位建立劳动关系,对完成本单位的工作任务造成严重影响,或者经用人单位提出,拒不改正

用人单位以劳动者同时与其他用人单位建立劳动关系,对完成本单位的工作任务造成严重影响,或者经用人单位提出,拒不改正为由解除劳动合同需满足两个条件:

(1)劳动者同时与其他用人单位建立劳动关系

建立劳动关系是指事实上与其他用人单位建立劳动关系,不包括签订劳动合同或者是其他协议但没有实际履行的情形。如实践中常见的挂证行为并未建立劳动关系。

(2)对完成本单位的工作任务造成严重影响,或者经用人单位提出,拒不改正

未经用人单位同意与其他用人单位建立劳动关系并不直接导致用人单位可以单方解除与劳动者的劳动合同,还必须满足以下条件之一:

①因与其他用人单位建立劳动关系对完成本单位的工作任务造成严重影响。造成严重影响没有确定的标准,要结合因与其他用人单位建立劳动关系不能完成本单位的工作任务给单位造成的损害来判断。但劳动者与其他用人单位建立劳动关系仍能完成本单位工作任务的,一般不能认定对完成本单位的工作任务造成了严重影响。

②经用人单位提出,拒不改正,即劳动者未经用人单位同意与其他用人单位建立劳动关系后,用人单位提出改正,劳动者拒不改正的情形。

5. 劳动者以欺诈、胁迫的手段或者乘人之危,使用人单位在违背真实意思的情况下订立或者变更劳动合同的

根据《劳动合同法》第二十六条的规定,劳动者以欺诈、胁迫的手段或者乘人之危,使用人单位在违背真实意思的情况下订立或者变更劳动合同的,劳动合同无效。劳动合同因此无效的,用人单位可以解除劳动合同。

需要注意的是,劳动者存在欺诈、胁迫或者乘人之危的行为并不当然使劳动合同无效,认定劳动合同无效需同时满足以下两个条件。

(1)劳动者在订立或变更劳动合同时存在欺诈、胁迫或者乘人之危的行为。欺诈、胁迫的手段或者乘人之危应当是发生在订立劳动合同之时,订立劳动合同之后,劳动者存在欺诈、胁迫或者乘人之危的行为的,并不导致劳动合同无效。

(2)用人单位因劳动者欺诈、胁迫或者乘人之危作出了不真实或不自由的意思表示。尽管劳动者存在欺诈、胁迫或者乘人之危的行为,但用人单位没有因此产生认识错误,或者因此作出不真实、不自由的意思表示的,不导致劳动合同无效。如劳动者在婚姻状况,生育情况等方面存在欺诈行为,即便用人单位因此产生了认识错误,也不得以劳动者的婚姻状况,生育情况等拒绝录用劳动者,故劳动合同并不因劳动者的欺诈行为而无效。

6. 劳动者被依法追究刑事责任

《劳动部关于〈中华人民共和国劳动法〉若干条文的说明》规定,被依法追究刑事责任具体指:(1)被人民检察院免予起诉的;(2)被人民法院判处刑罚的(刑罚包括,主刑:管制、拘役、有期徒刑、无期徒刑、死刑;附加刑:罚金、剥夺政治权利、没收财产);(3)被人民法院依据《刑法》第三十二条免予刑事处分的。需要注意的是,是否要求用人单位解除劳动合同时满足劳动者已经被依法追究刑事责任,司法实务中存在不同的观点。

一种观点认为,应当要求用人单位解除劳动合同时劳动者已经被依法追究刑事责任,如劳动者涉嫌犯罪,但还未被依法追究刑事责任,或追究刑事责任的法律文书还未生效,用人单位不能解除劳动合同。

另一种观点认为,不应当要求用人单位解除劳动合同时劳动者已经被依法追究刑事责任,应以劳动者最终是否被依法追究刑事责任的结果作为依据。若劳动者最终被依法追究刑事责任,而仅因用人单位在劳动者被追究刑事责任的裁判生效之前与其解除劳动合同,就认定用人单位违法解除,不但与事实不符,亦对用人单位不公平,有违公平原则。

（二）解除权的行使

1. 用人单位依照《劳动合同法》第三十九条的规定解除劳动合同的，应当将解除劳动合同的意思及理由通知劳动者。

2. 根据《劳动合同法》第四十三条的规定，用人单位单方解除劳动合同，应当事先将理由通知工会。用人单位违反法律、行政法规规定或者劳动合同约定的，工会有权要求用人单位纠正。用人单位应当研究工会的意见，并将处理结果书面通知工会。

二、违反过错性解除规范的法律责任

（一）解除劳动合同没有事实依据

用人单位依照《劳动合同法》第三十九条的规定解除劳动合同的，应当提供证据证明其解除劳动合同具有事实依据。用人单位不能提供证据证明劳动者存在《劳动合同法》第三十九条规定的情形之一的，则用人单位不享有过错解除权，用人单位依照《劳动合同法》第三十九条的规定解除劳动合同，构成违法解除劳动合同，应承担违法解除劳动合同的法律责任，即劳动者可以主张继续履行劳动合同或要求用人单位支付违法解除劳动合同的赔偿金。需要注意的是，最高人民法院2022年发布的指导案例180号中的裁判观点为："人民法院在判断用人单位单方解除劳动合同行为的合法性时，应当以用人单位向劳动者发出的解除通知的内容为认定依据。在案件审理过程中，用人单位超出解除劳动合同通知中载明的依据及事由，另行提出劳动者在履行劳动合同期间存在其他严重违反用人单位规章制度的情形，并据此主张符合解除劳动合同条件的，人民法院不予支持。"

（二）解除劳动合同未通知劳动者

用人单位依照《劳动合同法》第三十九条的规定解除劳动合同的，应当通知劳动者。未通知劳动者的，不发生解除劳动合同的效果。

（三）未事先将理由通知工会

《最高人民法院关于审理劳动争议案件适用法律问题的解释（一）》第四十七条规定，建立了工会组织的用人单位解除劳动合同符合《劳动合同法》第三十九条、第四十条规定，但未按照《劳动合同法》第四十三条规定事先通知工会，劳动者以用人单位违法解除劳动合同为由请求用人单位支付赔偿金的,人民法院应予支持,但起诉前用人单位已经补正有关程序的除外。根据上述规定,用人单位依照《劳动合同法》第三十九条的规定解除劳动合同未事先通知工会的,构成违法解除劳动合同,但用人单位至迟可在起诉前补正通知工会的程序,用人单位在起诉前通知工会后,不因其未事先通知工会被认定为违法解除劳动合同。

三、合规管理

用人单位依照《劳动合同法》第三十九条的规定解除劳动合同的,应当遵循以下规则。

1. 先收集、固定证据证明劳动者存在《劳动合同法》第三十九条规定的情形。

2. 选择合适的解除依据。

(1) 劳动者以个人原因为由提出辞职,双方协商一致解除劳动合同的,用人单位的风险最小;

(2) 难以做劝退处理的,应结合劳动者存在的具体情形选择解除理由,劳动者同时存在《劳动合同法》第三十九条规定的多种情形的,全部作为解除劳动合同的理由。

3. 事先将理由通知工会,未建立工会的,先查询当地司法实务的观点,并咨询当地总工会后,再决定是否通知当地其他工会。应通知工会而未通知的,及时补正通知工会的程序。

4. 通知劳动者解除劳动合同。通知劳动者解除劳动合同时应注意固定证据证明已经将单方解除劳动合同的意思及理由告知劳动者,如签收纸质的解除劳动合同通知书,邮寄纸质的解除劳动合同通知书,通过微信信息、手机短信、电子邮件等发送解除劳动合同通知。

5. 劳动合同解除后,应及时向劳动者出具解除或终止劳动合同的书面证明,并要求劳动者签字确认。同时,为劳动者办理档案和社会保险关系转移手续。

案例1 胡某与中国某某人寿保险股份有限公司云南分公司劳动争议纠纷案
[(2014)昆民二终字第17号]

胡某于2012年11月5日到中国某某人寿保险股份有限公司云南分公司(以下简称保险公司)工作,岗位为助理合规与风险管理。双方于2012年11月5日签订了书面劳动合同,合同期限为2012年11月5日至2015年11月4日。劳动合同书中约定的胡某的试用期为6个月。保险公司于2013年6月9日出具了解除胡某劳动合同的通知书,以胡某在试用期间不符合录用条件为由解除劳动合同。

一审法院认为,根据《劳动部办公厅对〈关于如何确定试用期内不符合录用条件可以解除劳动合同的请示〉的复函》之规定,"对试用期内不符合录用条件的劳动者,企业可以解除劳动合同;若超过试用期,则企业不能以试用期内不符合录用条件为由解除劳动合同"。本案中,劳动合同书中约定的胡某的试用期为6个月,而胡某在保险公司工作至2013年6月9日,早已过了试用期限,故保险公司以胡某试用期内不符合录用条件提出解除胡某劳动合同属于违法解除。

二审法院认为,《最高人民法院关于民事诉讼证据的若干规定》第二条规定,当事人对自己提出的诉讼请求所依据的事实或者反驳对方诉讼请求所依据的事实有责任提供证据加以证明。没有证据或者证据不足以证明当事人的事实主张的,由负有举证责任的当事人承担不利后果。本案中,保险公司主张胡某在试用期内不符合录用条件,且严重违反公司的规章制度,故可以解除与胡某的劳动合同。保险公司解除与胡某的劳动合同时已超出了试用期,且保险公司并未就胡某严重违反规章制度的主张提交充分、有效的证据证实,故上诉人保险公司单方解除与胡某的劳动合同不符合法律的规定。

案例分析

本案中,双方约定的劳动合同期限为3年,自2012年11月5日起至2015年11月4日止,可以约定6个月的试用期,故双方的试用期不违反法律规定,应为有效,胡某的试用期应到2013年5月4日。胡某在保险公司工作至2013年6月9日,保险公司在试用期满后才以胡某在试用期间被证明不符合录用条件为由解除劳动合同,解除劳动合同违法。

案例2 有研半导体材料有限公司与李某劳动争议纠纷案[(2016)京03民终2722号]

李某于2003年7月17日入职有研半导体材料有限公司(以下简称有研半导体公司),担任电工,2015年1月5日,有研半导体公司与李某解除劳动合同。

有研半导体公司称李某存在拒绝签收公司送达的文件及信函通知、秘密窃取公司的设备运行记录的行为,根据公司履行民主程序制定且依法履行公示程序下发的2014版员工手册规定,上述两种行为严重违反了公司规章制度,故公司于2015年1月8日单方与李某解除劳动合同,属于合法解除。

针对李某是否拒绝签收公司送达的文件问题,李某称2014年12月19日公司找其谈话过程中,其并没有明确表示拒绝签收文件,而是表示十点半后回来公司,再讨论签收文件的事情,但回来后公司已经不允许其进入,且之后再也联系不上公司的相关领导。有研半导体公司则称2014年12月19日谈话的过程中,李某的所说所为已经表示出拒绝签收的意思,而且公司也从未禁止李某进公司大门,只是不让李某进入工作现场,因为2014年12月19日已经通知李某休年假,其书面提出放弃休年假方可进入工作现场工作,李某当天回到公司后,并未提出要求签收文件,如果李某想签收,可以亲自到公司的人力资源部去,但直到2015年1月5日,李某都没有这样做。

针对李某是否偷窃公司财务的问题,李某称《制冷机运行记录》等3份公司文件放在办公室的柜子里,并没有上锁,平时也由其保存,当时从公司拿出来只是为了作为证据提交法庭,用后也完整归还单位,认定为偷窃过于牵强。有研半导体公司则称3份公司文件平时由包括李某在内的工作人员保存,公司外部的人员进不去也拿不到,如果李某需要将文件作为证据提交,可以要求法院向有研半导体公司调取,而且,该3份文件如《制冷机运行记录》涉及公司机器运行的技术参数,属于与"制作工艺及方法"相关的商业秘密,是公司的无形资产,李某偷拿、复印这些记录将对公司造成很大影响,即使这些文件并非商业秘密,也属于公司财物,未经允许不能拿走。

一审法院认为,关于有研半导体公司是否违法解除劳动合同的问题,根据法律规定,劳动者严重违反用人单位规章制度的,用人单位可以解除劳动合同。李某虽主张有研半导体公司2014年版员工手册未依法制定,未公示,亦未组织其进行学习,但其认可在员工手册征求意见表、发放登记表及培训签到表中的签字,从有研半导体公司提供的员工手册2014年改版意见征集情况汇总表、征求意见表、第四届董事会第四次会议决议、2014年版员工手册发放登记表、员工手册(2014年版)培训记录表及培训签到表等证据来看,法院认定员工手册(2014年版)的制定履行了法定程序,且经过公示并组织包括李某在内的员工进行了学习,可以作为处理双方劳动争议的依据。有研半导体公司通过民主程序制定的员工手册将"拒绝签收公司送达的文件及信函通知"及"偷盗公司财物"界定为严重过失,是行使管理权及维护财产权的表现,具有正当性,但能否将上述行为界定为严重违反公司规章制度,并以此作为与员工解除劳动合同的合理依据,还应充分考虑员工拒绝签收的具体情况,充分考虑与偷窃财物相关的数额、情节、过错程度、损害后果等因素。本案中,李某虽在未经公司领导批准的情况下,从公司拿走了《制冷机运行记录》等3份文件,但其目的是将文件作为证据向法庭提交,之后也归还给了公司,可见,李某在主观上并没有偷盗该3份文件的故意,其行为并不构成偷盗公司财物。根据双方均认可的光盘视频,2014年12月19日双方约谈过程中,有研半导体公司要求李某签收公司向其送达的2014年11月考勤汇总表、2014年12月工资清单、附带发工资的说明及休年假通知等文件,但李某始终表示要进行核对确认,认可的签,不认可的不签。视频最后,李某也未明确表示拒绝签字,而是提出有事需要外出,十点半回来核对后再签字。虽然有研半导体公司副总经理闫某告诉李某如果当时不签收,则视为拒签,但因员工手册并未明确规定拒绝签收的形式和标准,李某本次未签收公司送达文件的行为并不当然构成拒签。有研半导体公司将李某一次未当场签收的行为界定为拒绝签收,并以严重违反公司规章制度为由,与其解除劳动合同,确有不妥。故对有研半导体公司要求不支付李某违法解除劳动合同赔偿金的请求,本院不予支持。

二审法院认为,根据《最高人民法院关于民事诉讼证据的若干规定》第六条"在劳动争议纠纷案件中,因用人单位作出开除、除名、辞退、解除劳动合同、减少劳动报酬、计算劳动者工作年限等决定而发生劳动争议的,由用人单位负举证责任"的规定,有研半导体公司应对其所主张李某严重违反公司规章制度的事实承担举证责任,本案中有研半导体公司向法院提交员工手册、解除劳动合同决定书等证据证实,证明李某违反了员工手册中的规定,即"拒绝签收公司送达的文件及信函通知"及"偷盗公司财物"。需要说明的是,严重违反用人单位规章制度,是指劳动者明知或应知规章制度的要求,却基于故意或重大过失的心态,实施了严重违反规章制度的行为,对于是否构成严重违反,应充分考虑员工拒绝签收的具体情况,充分考虑与偷窃财物相关的数额、情节、过错程度、损害后果等因素予以确定。具体于本案中李某虽在未经公司同意的情况下,从公司拿走了《制冷机运行记录》等3份文件,但李某在主观上并没有以非法占有为目的窃取3份文件材料的故意,并不能构成有研半导体公司所主张的偷盗公司财物行为。对有研半导体公司所主张的拒签行为,根据查明的事实李某对有研半导体公司送达的文件始终未明确表示拒绝签字,虽然有研半导体公司工作人员告知李某如果当时不签收,则视为拒签,但鉴于员工手册中并未明确规定拒绝签收的形式和标准,故李某未签收公司送达文件的行为并不当然构成拒签。有研半导体公司将李某未当场签收的行为界定为拒绝签收欠妥。综上,有研半导体公司的上诉理由不能成立,本院不予支持。一审法院判决正确,应予维持。

案例分析

根据《劳动合同法》第三十九条的规定，劳动者严重违反用人单位的规章制度的，用人单位才能解除劳动合同，如劳动者只是一般的违纪行为，用人单位不能解除劳动合同。本案中，尽管有研半导体公司通过民主程序制定的员工手册将"拒绝签收公司送达的文件及信函通知"及"偷盗公司财物"界定为严重过失，但是否属于严重违反规章制度不能简单依据用人单位的规章制度进行认定，还要结合特定的情形来判断违纪行为是否达到严重的程度，具体而言有以下两点需要注意。

1. 李某从公司拿走《制冷机运行记录》等3份文件因不具备非法占有的目的，并不属于偷盗公司财物，故不属于偷盗公司财物，更不属于严重违反规章制度。

2. 员工手册并未明确规定拒绝签收公司送达的文件及信函通知的具体认定标准，而且"严重违反"应充分考虑员工拒绝签收的具体情况。李某未当场签收的行为具有正当理由，主观恶意并不强，不宜认定为严重违反规章制度的行为。

综上，李某并不构成严重违反有研半导体公司的规章制度，有研半导体公司以李某严重违反规章制度为由解除劳动合同违反了《劳动合同法》第三十九条第（二）项的规定。

案例3 中国建设银行股份有限公司永州市分行与周某劳动争议纠纷案［（2018）湘1103民初3150号］

1995年12月，周某通过招聘进入中国建设银行股份有限公司永州市分行（以下简称建行永州分行）工作，之后每两年签订一次劳动合同，双方最后签订一份劳动合同的期限为2015年12月29日至2017年12月28日。2018年1月16日，建行永州分行向周某下发了关于给予周某行政开除处分的决定，认定周某挪用建设银行资金，向供应商出借资金并谋取高息，在行外单位兼职获取报酬，在集中采购工作中严重失职，违反了建设银行员工从业禁止规定、廉洁从业和履职尽责规定，情节严重。根据《中国建设银行工作人员违规失职行为处理办法》（建总发〔2011〕1号，已失效）第六十六条、第二百五十二条之规定，以及《中国建设银行员工违规处理办法》（建总发〔2016〕59号）第十四条、第三十九条、第四十三条和第五十五条之规定，经征求永州市分行工会意见，由永州市分行纪委会审议并报永州市分行党委批准，决定给予周某行政开除处分，同时通知原告停止上班。

另查明，自2011年下半年开始，周某将其注册造价工程师资格证挂靠在湖南潇湘招标代理有限公司，2016年转挂靠在湖南省龙洋立业建设有限公司。另查明，

专题三十四　过错性解除

《中国建设银行工作人员违规失职行为处理办法》(建总发〔2011〕1号,已失效)第九条规定,有下列情节之一的,应从重处理:(1)因违规引发案件、重大事故的;(2)因违规造成建设银行重大财产损失或重大风险的;(3)因违规严重损害建设银行声誉的;(4)因违规造成建设银行办公、营业秩序混乱的;(5)因违规导致建设银行受到外部监管机构或政府部门处罚的;(6)为本人、近亲属或利益相关人谋取私利的;(7)授意、指使、强迫他们违规,或主谋实施共同违规的;(8)一年内多次发生违规的;(9)阻挠、抗拒调查的。第十四条规定,盗窃、侵占或挪用建设银行资金或其他财产的,给予开除处分。第三十九条规定,利用职权或职务上的影响,有下列行为之一的,给予警告至记过处分;情节较重的,给予记大过至降级处分;情节严重的,给予撤职至开除处分:(1)为他人谋取利益,本人、近亲属或其他特定关系人收受财物的;(2)接受影响职务廉洁性的宴请、旅游、健身、娱乐等活动安排,或收受礼品、礼金、消费卡等的;(3)为近亲属或其他特定关系人的职务晋升、经营活动等谋取利益的;(4)纵容、默许近亲属和其他特定关系人利用员工本人职权或者职务上的影响谋取私利的;(5)在操办婚丧喜庆事宜中,借机敛财的;(6)与贷款客户、供应商、理财业务客户等利益相关方发生资金往来,不能证明资金往来正当性的。第四十三条规定,违反规定,有下列行为之一的,给予警告至记过处分;情节较重的,给予记大过至降级处分;情节严重的,给予撤职至开除处分:(1)经商办企业的;(2)拥有非上市企业的股份或证券的;(3)本人或借他人名义从事有偿中介活动的;(4)擅自在其他经济实体中兼职,或经批准兼职但违反规定领取兼职工资或其他报酬的。第五十五条规定,违反集中采购管理规定,有下列行为之一的,给予警告至记过处分;情节较重的,给予记大过至降级处分;情节严重的,给予撤职至开除处分:(1)违反规定程序直接确定产品或服务供应商的;(2)对应采用竞争方式采购而擅自采用单一来源方式采购的;(3)延误采购时机,造成被动续约的;(4)提供虚假资料信息或意见,影响谈判评审结果,损害建设银行利益的;(5)采购谈判招标走形式、内定供应商的;(6)采购人员未按规定执行回避制度的;(7)对列入上级集中统一采购范围的产品或服务,自行采购的;(8)未按全行统一采购政策实施采购的;(9)采购方案或结果应报批而未履行审批程序的;(10)化整为零规避集中采购的;(11)玩忽职守,采购物品质量低劣的。

法院认为,1995年12月,周某通过招聘进入建行永州分行工作,周某在建行永州分行已连续工作10年以上,并每两年订立一次劳动合同,依照法律规定,建行永州分行应当与劳动者周某订立无固定期限的劳动合同,故周某与建行永州分行存在事实上的无固定期限的劳动合同关系,建行永州分行下发行政开除周某的文件,实际是解除了双方的劳动合同,双方为此发生纠纷,对于本案本院作如下评析意见:(1)建行开除周某处分认定的挪用公款问题,建行永州分行没有提供相应的证据证实,刘某转给周某的13,159元是属于建行永州分行的公款,既无法律规定又无合同约定该款是建行永州分行所有,故建行永州分行的处分决定确认周某挪用公款的事实是错误的;该笔款系刘某单方私下为表明其诚信态度而为,属于刘某个人财产。挪用公款是指国家工作人员利用职务上的便利,挪用公款归个人使用,进行非法活动的,或者挪用公款数额较大、进行营利活动的,或者挪用数额较大、超过3个月未还的行为;周某不是国家工作人员,该款是刘某私下转入周某账户,周某对其账户的存款具有所有权,可以自由支配处分,受法律保护,不存在挪用行为,故建行永州分行认定周某挪用公款的决定是错误的。(2)关于周某向刘某借款谋取私利的问题,根据本院查明的事实,借款人是倪某,建行永州分行没有提供相应的证据证实实际借款控制人是周某,该借款资金出处可查,周某对其账户往来都能说明其正当性,因此建行永州分行的处分决定确认周某向供应商出借资金的事实是错误的。(3)关于周某将其注册造价师资格证挂靠外单位获取报酬的问题,《中国建设银行湖南省分行工程造价咨询业务管理实施细则》第二条规定,本实施细则所称工程造价咨询业务系指我行接受委托,对建设项目工程造价所提供的中介咨询服务,该规定的适用人员属于建行湖南省分行设立的造价咨询单位及其业务人员,周某通过业余自学取得注册造价师资格证,但并没有在建行永州分行从事造价咨询业务工作,周某工作岗位是建行永州分行个金部,因此周某在外单位空挂注册证的行为不属于违规失职行为。(4)关于建行永州分行开除周某的处分决定适用的2011年的《中国建设银行工作人员违规失职行为处理办法》已于2016年3月被废止,不能作为周某违反劳动单位规章制度的依据。(5)关于建行永州分行开除周某的处分,解除与周某劳动合同是否合法的问题,依照法律规定,劳动者严重违反用人单位的规章制度的,严重失职,营私舞弊,给用人单位造成重大损害的,用人单位可以解除劳动合同,本案周某没有上述严重违规行为,建行永州分行解除周某的劳动合同违反了《劳动合同法》的有关规定,属于违法解除劳动合同。解除劳动合同是从根本上消灭劳动关系,用人单位作出此项决定,应当慎重,本案只审理周某是否严重违反用人单位的规章制度,是否严重失职,营私舞弊,给用人单位造成重大损害,对周某的其他一般违规行为是否存在,本院不予审查。但周某对用人单位作出了书面检讨,工作上是有一般违规和失职行为的,建行永州分行可给予周某调换岗位使用的处分,依法依规行使管理权,促进社会和谐。

案例分析

根据《劳动合同法》第三十九条第(三)项的规定,劳动者严重失职,营私舞弊,给用人单位造成重大损害的,用人单位可以解除劳动合同。需要注意的是,必须是"严重失职""营私舞弊",如果劳动者仅存在一般失职行为,不能认定为严重失职。

本案中,建行永州分行主张周某挪用建设银行资金,向供应商出借资金并谋取高息,在行外单位兼职获取报酬,在集中采购工作中失职,违反了建设银行员工从业禁止规定、廉洁从业和履职尽责规定,据此解除劳动合同,而法院认定的事实为周某不存在挪用建设银行资金,谋取私利的问题,周某在外单位空挂注册证的行为也不属于违规失职行为。尽管周某存在一般违规和失职行为,但一般失职行为不满足用人单位可以解除劳动合同的条件,故建行永州分行解除劳动合同违反了《劳动合同法》的规定,属于违法解除劳动合同。

案例4 大连龙威客运集团有限公司与张某劳动争议纠纷案[(2018)辽02民终4165号]

大连龙威客运集团有限公司(以下简称龙威公司)与张某于2013年10月28日签订固定期限劳动合同,约定:合同期限自2013年11月1日起至2014年10月31日止;张某在龙威公司处司机岗位,从事班车服务工作;张某所在岗位实行以年为周期综合计算工时工作制。上述劳动合同期满后,双方经三次续签至2017年10月31日。2016年11月24日,张某、龙威公司签订劳动合同补充条款,其中第五条约定:"乙方(张某)保证在甲方(龙威公司)工作期间,不得从事其他兼职工作,否则甲方有权解除劳动关系且不承担任何经济补偿。"庭审中,龙威公司辩称其于2017年4月28日发现张某存在兼职行为,并提供照片及情况说明予以证实,此后龙威公司要求张某到公司参加停班学习,但张某未再到龙威公司单位上班。张某则主张其不存在兼职行为,是龙威公司单位领导不让其上班,但未提供证据证明。2017年6月9日,龙威公司向张某身份证记载的住址"辽宁省大连市金州区春和小区1-7-3"邮寄送达关于解除劳动合同的通知,快递跟踪查询记录显示该通知已于2017年6月11日签收。2017年9月18日,张某通过劳动监察部门收到龙威公司出具的解除劳动合同证明书,载明解除劳动合同原因为:"劳动者同时与其他用人单位建立劳动关系,对完成本单位的工作任务造成严重影响,或者经用人单位提出拒不改正。"

一审法院认为,张某自2017年5月1日后未再到龙威公司处上班,后龙威公司向张某身份证记载的地址邮寄送达解除劳动合同通知书,龙威公司提供的快递跟踪查询记录显示上述邮件已于2017年6月11日签收,可以推定张某收到了龙威公司发出的解除劳动合同通知书,故本院认定原告、龙威公司解除劳动合同的时间为2017年6月11日。张某未举证证明2017年6月12日至9月18日其仍在龙威公司处工作,根据《劳动争议调解仲裁法》第六条之规定:"发生劳动争议,当事人对自己提出的主张,有责任提供证据。与争议事项有关的证据属于用人单位掌握管理的,用人单位应当提供;用人单位不提供的,应当承担不利后果。"张某应承担不利后果。故本院认定原告、龙威公司自2017年6月1日至6月11日存在劳动关系,张某关于2017年6月12日至2017年9月18日双方存在劳动关系的诉称意见,因无证据证明,本院不予支持。关于张某要求龙威公司支付违法解除劳动合同赔偿金32,000元的诉讼请求,根据《劳动合同法》第三十九条之规定:"劳动者有下列情形之一的,用人单位可以解除劳动合同:(一)在试用期间被证明不符合录用条件的;(二)严重违反用人单位的规章制度的;(三)严重失职,营私舞弊,给用人单位造成重大损害的;(四)劳动者同时与其他用人单位建立劳动关系,对完成本单位的工作任务造成严重影响,或者经用人单位提出,拒不改正的;(五)因本法第二十六条第一款第一项规定的情形致使劳动合同无效的;(六)被依法追究刑事责任的。"本案中,龙威公司提供的照片及情况说明能够证明系因张某在其他用人单位兼职,张某不接受整改,故龙威公司提出与张某解除劳动合同。龙威公司提出与张某解除劳动合同的事由符合上述法律的规定,并非违法解除行为,故无须向张某支付违法解除劳动合同赔偿金。

二审法院认为,龙威公司提供的证据能够证明张某已于2017年6月11日签收龙威公司发出的解除劳动合同通知书,故一审法院认定双方解除劳动合同的时间为2017年6月11日,并无不当,本院予以确认。张某自2017年5月1日后未再向龙威公司提供劳动,且张某亦无证据证明系龙威公司原因导致其无法提供劳动,故龙威公司无须向张某支付相应的劳动报酬。张某在其他用人单位兼职,龙威公司发现后提出,张某不接受整改。据此,龙威公司与张某解除劳动合同,符合《劳动合同法》第三十九条第(四)项规定,并非违法解除劳动合同,无须向张某支付违法解除劳动合同赔偿金。

案例分析

根据《劳动合同法》第三十九条第(四)项的规定,劳动者同时与其他用人单位建立劳动关系,对完成本单位的工作任务造成严重影响,或者经用人单位提出,拒不改正的,用人单位可以解除劳动合同。

本案中,龙威公司发现张某与其他单位建立劳动关系以后,要求张某整改,张某不接受整改,故龙威公司解除劳动合同符合法律规定。如龙威公司发现张某与其他单位建立劳动关系以后直接解除劳动合同,则需要提供证据证明因张某与其他单位建立劳动关系对完成本单位的工作任务造成严重影响,否则构成违法解除劳动合同。

案例5 海南金手指房地产开发有限公司与王某劳动争议纠纷案[(2014)海中法民一终字第382号]

2012年3月30日,王某到海南金手指房地产开发有限公司(以下简称金手指公司)应聘时,在金手指公司发给的应聘表的婚姻状况一栏填写为"未";在员工登记表的婚否一栏填写"否"。2012年4月16日,金手指公司、王某签订劳动合同书,约定:王某应聘到金手指公司担任预算员工作;工资实行基本工资和绩效工资相结合的工资分配方法,绩效工资年底考核发放,按金手指公司制定的相关规定执行;合同期限从2012年4月16日起至2014年4月15日止,试用期从2012年4月16日起至2012年6月15日止。合同签订后,王某一直在金手指公司处担任预算员工作,平均工资为4784.9元。2012年11月,金手指公司发现王某于2011年7月15日已结婚,并怀孕,遂于2013年1月25日向王某发出解除劳动合同关系的通知,解除了与王某的劳动合同关系。

一审法院为,王某应聘入职时,双方未约定未婚为入职条件,因此,王某隐瞒已婚事实行为虽有不当,尚不能构成欺诈行为。双方签订劳动合同后,王某也实际入职工作,金手指公司支付劳动报酬,双方就存在劳动合同关系。在劳动关系存续期间,金手指公司明知道王某怀孕而解除与王某的劳动合同关系违反了《劳动合同法》第四十二条关于女职工在孕期不得解除劳动合同的禁止性规定,应当支付王某经济赔偿金9569.8元(4784.9元×2)。

二审法院认为,首先,金手指公司并未提供证据证明当初招聘员工时以未婚为入职条件;其次,金手指公司解除与王某之间的劳动合同,系以其怀孕后无法胜任工作为由,而非以其隐瞒婚姻状况为由,且婚姻状况属于个人信息,在不影响王某之履职行为的情况下,未如实披露婚姻状况并不构成对金手指公司的欺诈。故金手指公司以王某欺诈为由要求认定劳动合同无效,没有事实和法律依据,本院依法不予采信。金手指公司在王某怀孕期间解除劳动合同,违反了法律禁止性规定,属违法解除劳动合同,依法应支付违法解除劳动合同经济赔偿金。

案例分析

《劳动合同法》第二十六条第一款第(一)项规定,以欺诈、胁迫的手段或者乘人之危,使对方在违背真实意思的情况下订立或者变更劳动合同的,劳动合同无效。第三十九条第(五)项规定,劳动者存在因本法第二十六条第一款第(一)项规定的情形致使劳动合同无效的情形,用人单位可以解除劳动合同。本案中,王某在订立劳动合同时就其婚姻状况作出了虚假陈述,属于欺诈行为,但该欺诈行为并不导致劳动合同无效,理由如下:

(1)用人单位因劳动者的婚姻状况拒绝录用劳动者的,属于就业歧视,违反了法律规定,故婚姻状况不能成为用人单位拒绝录用劳动者的理由。

(2)因婚姻状况不能成为用人单位拒绝录用劳动者的理由,故劳动者在婚姻状况方面存在欺诈,并不会导致用人单位作出不真实的意思表示,劳动合同并不因此无效。

因不存在劳动合同无效的情形,故金手指公司依据《劳动合同法》第三十九条第(五)项的规定解除与王某之间的劳动合同没有事实依据,属于违法解除劳动合同。

案例6 大连万象地产有限公司、鼎建房地产开发(大连)有限公司与吕某劳动争议纠纷案[(2019)辽0203民初3011号]

2009年7月1日,吕某到大连万象地产有限公司(以下简称万象公司)工作,2009年11月17日被聘为公司总经理,2010年1月1日吕某与万象公司签订劳动合同书,合同期限为2010年1月1日至2011年12月31日。2010年3月31日,吕某被该公司聘为执行董事,同时任职总经理兼法定代表人。双方劳动合同期满后,续签合同至2013年12月31日。吕某在万象公司工作至2013年3月30日。2015年4月13日,万象公司免去吕某执行董事及法定代表人职务。2013年4月15日,吕某到鼎建房地产开发(大连)有限公司(以下简称鼎建公司)工作,工作岗位为董事长兼总经理,双方签订了劳动合同书。2016年6月30日,鼎建公司以损害公司利益为由与吕某解除劳动合同关系,未出具书面解除合同证明书。

2014年3月21日,吕某作为法定代表人,通过鼎建公司支票向本人账户转款1,600,000元。大连市甘井子区人民检察院以甘检公诉刑诉[2018]1053号起诉书,指控吕某及万象公司等涉嫌虚开发票罪。2019年5月27日大连市甘井子人民检察院以甘检公诉刑补诉[2019]1号补充起诉决定书指控吕某涉嫌职务侵占罪。

一审法院认为,关于吕某要求鼎建公司向其支付违法解除劳动合同赔偿金2,333,300元这一主张,鼎建公司提出2016年6月30日其与吕某解除劳动合同关系时发现吕某存在损害公司利益、涉嫌刑事犯罪的相关事实,并提供了2019年大连市甘井子区人民检察院补充起诉决定书,该案现尚在审理中,该证据不足以证明鼎建公司主张的该节事实,故认定鼎建公司单方解除与吕某的劳动关系,属违反解除劳动合同。吕某要求鼎建公司支付违法解除劳动合同的赔偿金符合法律规定,一审法院予以支持。根据《最高人民法院关于审理劳动争议案件适用法律问题的解释(四)》(已失效)第五条第一款的规定,劳动者非因本人原因从原用人单位被安排到新用人单位工作,原用人单位未支付经济补偿,新用人单位向劳动者提出解除、终止劳动合同,在计算支付经济补偿金或赔偿金的工作年限时,劳动者请求把在原用人单位的工作年限合并计算为新用人单位工作年限的,人民法院应予支持。二被告系关联企业,吕某在2010年至2013年轮流与二被告订立劳动合同,并在鼎建公司工作至2016年6月,属于法律规定的劳动者非因本人原因从原用人单位被安排到新用人单位工作的情形,故吕某在鼎建公司处的工作年限应当合并计算为6年零6个月。吕某在鼎建公司的工资标准为每月20,000元,该工资标准高于大连市2015年度社会平均月工资的三倍17,064元(5688元/月×3),应当按照大连市2015年度社会平均月工资的三倍17,064元计算。故鼎建公司应向吕某支付违法解除劳动合同赔偿金238,896元(17,064元×7个月×2倍)。吕某主张中超出的部分,本院不予支持。

二审过程中,万象公司提交大连市甘井子区人民法院(2018)辽0211刑初1010号刑事判决书,证明吕某因犯职务侵占罪被判处有期徒刑。

二审法院认为,2016年6月30日,鼎建公司以发现吕某存在损害公司利益、涉嫌刑事犯罪为由提出解除劳动合同关系。劳动者涉嫌违法犯罪被有关机关收容审查、拘留或逮捕的,用人单位在劳动者被限制人身自由期间,可与其暂时停止劳动合同的履行。劳动者被依法追究刑事责任的,用人单位可依据《劳动法》第二十五条解除劳动合同。鼎建公司提供的大连市甘井子区人民法院(2018)辽0211刑初1010号刑事判决书,该案判决现尚未生效,鼎建公司以吕某涉嫌刑事犯罪为由提出解除劳动合同不符合法律规定,一审法院认定鼎建公司解除劳动合同违法应当支付违法解除劳动合同赔偿金并无不妥,本院予以维持。

案例分析

根据《劳动合同法》第三十九条第(六)项的规定,劳动者被依法追究刑事责任的,用人单位可以解除劳动合同。

　　本案中,鼎建公司以吕某存在损害公司利益、涉嫌刑事犯罪的相关事实提出解除劳动合同关系,于2016年6月30日解除与吕某的劳动合同,并提供了大连市甘井子区人民法院(2018)辽0211刑初1010号刑事判决书,证明李某被依法追究刑事责任。但鼎建公司解除劳动合同的时间为2016年6月30日,当时吕某并未被依法追究刑事责任,故法院认定鼎建公司解除劳动合同违反法律规定。

专题三十五 无过错性解除

一、用人单位的解除权

(一)用人单位享有解除权的情形

劳动者有《劳动合同法》第四十条规定的情形之一的,用人单位享有解除权。

1. 劳动者患病或者非因工负伤,在规定的医疗期满后不能从事原工作,也不能从事由用人单位另行安排的工作

《劳动合同法》第四十条第(一)项规定,劳动者患病或者非因工负伤,在规定的医疗期满后不能从事原工作,也不能从事由用人单位另行安排的工作的,用人单位可以解除劳动合同。结合《劳动合同法》第四十二条的规定,劳动者患病或非因工负伤用人单位解除劳动合同需满足以下条件:(1)劳动者医疗期届满;(2)劳动者不能从事原工作;(3)用人单位另行安排工作;(4)劳动者不能从事由用人单位另行安排的工作;(5)劳动者不存在《劳动合同法》第四十二条规定的情形。

如何确定医疗期是否已经届满详见劳动者患病或非因工负伤章节内容,还需注意的是:

(1)如何认定劳动者不能从事原工作

认定劳动者不能从事原工作可参照劳动者不能胜任工作的认定标准。《劳动部关于〈中华人民共和国劳动法〉若干条文的说明》规定,"不能胜任工作",是指不能按要求完成劳动合同中约定的任务或者同工种,同岗位人员的工作量。用人单位不得故意提高定额标准,使劳动者无法完成。也就是说,认定劳动者能否胜任工作要根据劳动合同约定的任务和同工种,同岗位人员的工作量来认定,劳动者只要不能达到其中任何一项要求的,即属于不能胜任工作。相应地,劳动者不能按要求完成劳动合同中约定的任务或者同工种,同岗位人员的工作量的,可以认定劳动者不能从事原工作。

(2）如何认定劳动者不能从事由用人单位另行安排的工作

要特别注意的是，司法实务中一般认为，用人单位依照《劳动合同法》第四十条第（一）项的规定另行安排劳动者的工作，劳动者无正当理由拒不服从工作安排的，可以认定劳动者不能从事由用人单位另行安排的工作。

(3）如何理解《劳动合同法》第四十二条规定的情形

根据《劳动合同法》第四十二条的规定，劳动者有下列情形之一的，用人单位不得依照本法第四十条、第四十一条的规定解除劳动合同：①从事接触职业病危害作业的劳动者未进行离岗前职业健康检查，或者疑似职业病病人在诊断或者医学观察期间的；②在本单位患职业病或者因工负伤并被确认丧失或者部分丧失劳动能力的；③患病或者非因工负伤，在规定的医疗期内的；④女职工在孕期、产期、哺乳期的；⑤在本单位连续工作满15年，且距法定退休年龄不足5年的；⑥法律、行政法规规定的其他情形。需要特别注意的是，劳动者在本单位连续工作满15年的确定。

《劳动合同法实施条例》第十条规定，劳动者非因本人原因从原用人单位被安排到新用人单位工作的，劳动者在原用人单位的工作年限合并计算为新用人单位的工作年限。原用人单位已经向劳动者支付经济补偿的，新用人单位在依法解除、终止劳动合同计算支付经济补偿的工作年限时，不再计算劳动者在原用人单位的工作年限。但反对合并计算的观点认为，上述规定仅适用于计算支付经济补偿的工作年限，如不涉及计算支付经济补偿的工作年限，则不适用上述规定。

2.劳动者不能胜任工作，经过培训或者调整工作岗位，仍不能胜任工作

《劳动合同法》第四十条第（二）项规定，劳动者不能胜任工作，经过培训或者调整工作岗位，仍不能胜任工作的，用人单位可以解除劳动合同。结合《劳动合同法》第四十二条的规定，用人单位解除劳动合同合法的构成要件为：(1) 劳动者不能胜任工作；(2) 用人单位对劳动者进行培训或调整工作岗位；(3) 劳动者仍不能胜任工作；(4) 劳动者不存在《劳动合同法》第四十二条规定的情形。需要特别注意的是，绩效考核处于末位并不等同于不胜任工作，调整工作岗位应当具有合理性，未进行合理的调岗或培训，直接解除劳动合同的，属于违法解除劳动合同。

3.劳动合同订立时所依据的客观情况发生重大变化，致使劳动合同无法履行，经与劳动者协商，未能就变更劳动合同内容达成协议

《劳动合同法》第四十条第（三）项规定，劳动合同订立时所依据的客观情况发生重大变化，致使劳动合同无法履行，经用人单位与劳动者协商，未能就变更劳动合同内容达成协议的，用人单位可以解除劳动合同。结合《劳动合同法》第四十二

条的规定,用人单位解除劳动合同合法的构成要件为:

(1)劳动合同订立时所依据的客观情况发生重大变化致使劳动合同无法履行

《劳动部关于〈中华人民共和国劳动法〉若干条文的说明》规定,"客观情况"指发生不可抗力或出现致使劳动合同全部或部分条款无法履行的其他情况,如企业迁移、被兼并、企业资产转移等,并且排除本法第二十七条所列的客观情况。《劳动法》第二十七条所列的情况是指用人单位濒临破产进行法定整顿期间或者生产经营状况发生严重困难,需要裁减人员。另外需要注意的是,客观情况发生重大变化需达到使劳动合同无法履行的程度,如劳动合同尚能继续履行,用人单位不能解除劳动合同。

(2)经与劳动者协商,未能就变更劳动合同内容达成协议

劳动合同订立时所依据的客观情况发生重大变化,导致劳动合同不能继续履行的,用人单位应当先与劳动者协商变更劳动合同,如果能够协商变更劳动合同内容,变更劳动合同的内容后继续履行。用人单位未与劳动者协商变更劳动合同直接解除劳动合同的,属于违法解除劳动合同。

(3)劳动者不存在《劳动合同法》第四十二条规定的情形

《劳动合同法》第四十二条为国家保护特殊职工的规定,用人单位不得依据《劳动合同法》第四十条、第四十一条的规定解除劳动合同。

(二)解除权的行使

1. 用人单位依照《劳动合同法》第四十条的规定解除劳动合同的,应当提前30日以书面形式通知劳动者本人或者额外支付劳动者1个月工资。

2. 根据《劳动合同法》第四十三条的规定,用人单位单方解除劳动合同,应当事先将理由通知工会。用人单位违反法律、行政法规规定或者劳动合同约定的,工会有权要求用人单位纠正。用人单位应当研究工会的意见,并将处理结果书面通知工会。

(三)支付经济补偿

根据《劳动合同法》第四十六条的规定,用人单位依照《劳动合同法》第四十条的规定解除劳动合同,应当向劳动者支付经济补偿。

二、违反无过错性解除规范的法律责任

(一)解除劳动合同没有事实依据

用人单位依照《劳动合同法》第四十条的规定解除劳动合同,应当提供证据证

明其解除劳动合同具有事实依据。否则,构成违法解除劳动合同,应承担违法解除劳动合同的法律责任,即劳动者可以主张继续履行劳动合同或要求用人单位支付违法解除劳动合同的赔偿金。

(二) 解除权的行使不规范的法律责任

1. 未采取书面形式通知劳动者

用人单位依照《劳动合同法》第四十条的规定解除劳动合同的,应当提前30日以书面形式通知劳动者本人,用人单位未采取书面形式通知劳动者的,一般不发生解除劳动合同的效果。

2. 未提前通知劳动者也未额外支付1个月工资

用人单位依照《劳动合同法》第四十条的规定解除劳动合同的,应提前30日以书面形式通知劳动者本人或者额外支付劳动者1个月工资,用人单位未提前通知劳动者也未额外支付1个月工资的,一般不因此认定用人单位构成违法解除劳动合同,用人单位仅需按照规定额外支付1个月工资即可。如《浙江省高级人民法院民事审判第一庭、浙江省劳动人事争议仲裁院关于审理劳动争议案件若干问题的解答(三)》中就明确,用人单位解除劳动合同符合《劳动合同法》第四十条规定情形,但未提前30日通知劳动者,也未额外支付劳动者1个月工资的,属于程序瑕疵,不构成违法解除。劳动者要求用人单位支付违法解除劳动合同赔偿金的,不予支持。但劳动者要求用人单位额外支付1个月工资的,可予支持。

(三) 未事先将理由通知工会

用人单位解除劳动合同,未事先通知工会的,构成违法解除劳动合同,但用人单位至迟可在起诉前补正通知工会的程序,用人单位在起诉前通知工会后,不因其未事先通知工会被认定为违法解除劳动合同。

(四) 未支付经济补偿

用人单位应支付经济补偿而未支付经济补偿的法律责任在劳动合同解除与终止的一般规定一节已经进行说明,在此不做赘述。

三、合规管理

用人单位依照《劳动合同法》第四十条的规定解除劳动合同的,应当遵循以下规则。

专题三十五　无过错性解除

1.先收集、固定证据证明存在《劳动合同法》第四十条规定的情形。

(1)如劳动者系患病或者非因工负伤,在规定的医疗期满后不能从事原工作,应先安排其从事其他合理的工作,劳动者不能从事另行安排的工作或拒绝从事另行安排的工作的,才符合解除劳动合同的条件。

(2)如劳动者系不能胜任工作,应先对其进行培训或合理变更工作岗位,培训或合理变更工作岗位后劳动者仍不能胜任工作的,才符合解除劳动合同的条件。

(3)如系劳动合同订立时所依据的客观情况发生重大变化,致使劳动合同无法履行情形,应当先与劳动者协商变更劳动合同,双方不能就变更劳动合同内容达成一致意见的,才符合解除劳动合同的条件。

2.选择合适的解除依据。

(1)员工以个人原因为由提出辞职,双方协商一致解除劳动合同的,用人单位的风险最小;

(2)难以做劝退处理的,应结合劳动者存在的具体情形选择解除依据。

3.事先将理由通知工会,未建立工会的,先查询当地司法实务的观点,并咨询当地总工会后,再决定是否通知当地其他工会。应通知工会而未通知的,及时补正通知工会的程序。

4.书面通知劳动者解除劳动合同。通知劳动者解除劳动合同时应注意固定证据证明已经将单方解除劳动合同的意思及理由告知劳动者,如签收纸质的解除劳动合同通知书,邮寄纸质的解除劳动合同通知书,通过微信信息、手机短信、电子邮件等发送解除劳动合同通知等。

5.劳动合同解除后,及时向劳动者出具解除或终止劳动合同的书面证明,并要求劳动者签字确认。同时,为劳动者办理档案和社会保险关系转移手续。在劳动者配合办理完成工作交接时支付经济补偿。

案例1 **上海某汽车服务有限公司与耿某劳动争议纠纷案[(2013)浦民一(民)初字第17145号]**

2000年1月20日,耿某至上海某汽车服务有限公司(以下简称汽车公司)处从事出租车驾驶员工作。2010年9月9日,双方签订从2010年9月27日开始的无固定期限劳动合同。2013年1月24日,汽车公司向耿某寄出通知书,载明:你自2011年元月起,病休已满2年,车队于2013年1月6日已与你当面沟通,告知相关事项,你明确不能胜任出租车运营工作。我们在协商解除劳动关系上,又无法达成一致。现根据《劳动合同》第九条第四款"医疗期满后不能上班工作的,可解除劳动关系"

的规定与你解除劳动关系并依照相关规定给予适当的经济补偿。你如有争议,可向区劳动仲裁机构申请仲裁。2013年1月31日,汽车公司开具退工证明,载明耿某自2000年1月20日进单位工作,现于2013年1月31日合同解除。

法院认为,根据相关法律规定,劳动者患病或非因公负伤,在规定的医疗期满后不能从事原工作,也不能从事由用人单位另行安排的工作的,用人单位提前30日以书面形式通知劳动者本人或额外支付劳动者1个月工资后,可以解除劳动合同。本案中,汽车公司未提供充分证据证明耿某不能从事汽车公司另行安排的工作,故汽车公司解除与耿某的劳动关系违反法律规定的程序,耿某要求汽车公司支付违法解除劳动关系赔偿金的请求,本院予以准许。审理中,汽车公司为证明己方主张,提供如下证据:(1)证人许某、徐某(二人均系汽车公司员工)的证言,证明耿某医疗期满后,汽车公司于2013年1月6日与耿某协商,安排耿某作为驾驶员顶班或门卫等工作,遭到耿某拒绝;(2)汽车公司工会提供的证明,证明因耿某不服从汽车公司安排的新工作,汽车公司工会同意汽车公司解除与耿某的劳动关系。耿某对上述证据均不予认可。汽车公司提供证人证言证明其曾与耿某协商过另行安排工作岗位,因证人系汽车公司员工,与汽车公司存在利害关系,其证言无法认定汽车公司证明内容,故汽车公司的上述意见,本院不予采信。

案例分析

根据《劳动合同法》第四十条第(一)项的规定,劳动者患病或者非因工负伤,在规定的医疗期满后不能从事原工作,也不能从事由用人单位另行安排的工作的,用人单位提前30日以书面形式通知劳动者本人或者额外支付劳动者1个月工资后,可以解除劳动合同。

本案中,耿某2000年1月20日入职汽车公司,截至2011年元月,耿某在汽车公司的工作年限为10年以上15年以下,故耿某的医疗期至少为12个月。截至2013年1月24日,耿某病休超过2年,医疗期已经届满。

但医疗期届满后,如耿某不能从事原工作,汽车公司应当另行安排工作,耿某仍不能从事另行安排后的工作的,汽车公司才可以解除劳动合同。汽车公司未提供证据证明已经为耿某另行安排工作,且耿某不能从事汽车公司另行安排的工作,故汽车公司依据《劳动合同法》第四十条第(一)项的规定解除与耿某的劳动合同违法。

案例2　北京链家房地产经纪有限公司与张某劳动争议纠纷案[(2015)二中民终字第05307号]

张某与北京链家房地产经纪有限公司(以下简称链家公司)签订了劳动合同书,合同期限为2011年7月1日至2014年6月30日,随后双方签订了补充协议,约定张某执行不定时工时制,在运营部门推销岗位工作。

张某主张链家公司2014年4月25日强行关闭其人事系统及业务系统,违法解除与其的劳动关系。链家公司则主张张某2014年4月23日自行离职,其公司未对张某的自行离职行为进行处理,并主张经了解,其公司大兴区运营部门关闭了张某的人事系统及业务系统,其公司总部对此不知情也不同意,当天晚些时候得知此事,但未将其系统进行恢复处理。

张某提交的其2014年4月25日与王某的通话录音显示:张某问,"我的系统上不去了,我想问一下是什么原因";对方答,"那应该是封了";张某问,"包括人事还有销售系统全封了是吗"?对方答,"应该是";对方说,"咱们大区根据规定,零业绩的已经全部淘汰完毕了,就剩您自个儿了";张某答:"嗯,那公司现在就是彻底淘汰了呗?也就是说这系统彻底查封了是吧?"对方说,"嗯,对,这个事儿对于我们来说,我们不纠结这事儿了,因为我们本身统一规定的,大家都这么执行,就你不这么执行的情况下,后期我们没办法做这事儿呀";对方说,"咱们刚开始谈的是您自己主动办离职,我们就别费力怎么着了,对吧?您不是不同意吗?但您不同意我们的方法,那我就强行封闭系统了";张某说,"那你们现在已经不是劝退了,你们已经是直接给我辞退了是吧?我连人事系统都没有体现了,我在公司没有任何记录了";对方答,"对,您要这么说,我只能认可你说的这个现状,您的人事系统确实被我们封掉了"。

张某提交的其2014年4月28日与葛某的通话录音显示:张某问,"我们这边那个总监,把我系统给封了,我想问咱们公司怎么给我办理手续啊";对方答,"办理什么手续,您那个淘汰没签离职单吗"?张某问,"这几天我没有作出业绩来,你不能说我同意了,我就应该立马走人,那不可能啊";对方答,"那有什么的,咱们公司现在有这个淘汰制度,这个淘汰制之前也是公布过的,你也知道的对吗?大区也讲了这么久的,那你既然符合这个条件的话,那也就是淘汰了。不满足公司的绩效要求被淘汰的话,肯定是没有什么补偿金的"。

北京市大兴区人民法院经审理认为:王某以张某3个月零业绩为由,封闭了张某的销售系统以及人事系统,使张某不再具备继续为链家公司提供劳动的条件;葛某作为链家公司的人事总监,在知悉张某的销售系统及人事系统被封闭的情况下,称其公司存在淘汰制度,如张某符合该条件,就是被淘汰了。用人单位应为劳动者提供必要的劳动条件,虽然链家公司未正式出具文件解除与张某的劳动关系,但王某作为链家公司大兴区的业务总监,葛某作为链家公司的人事总监,其二人的行为可以视为链家公司的行为;结合链家公司在2014年4月25日以后未再支付张某工资的事实,法院认定链家公司于2014年4月25日解除与张某的劳动关系,且解除原因为末位淘汰,链家公司的解除行为属于违法解除,应按照法律规定支付张某违法解除劳动关系的赔偿金。

北京市第二中级人民法院认为:链家公司的大兴区业务总监王某与链家公司总部的人事总监葛某均在通话中确认,张某的销售系统与人事系统被封闭,是张某的销售业绩已符合链家公司的淘汰条件所致。链家公司主张,张某的工作系统被封闭属于链家公司相关运营区域的自身行为,链家公司总部对此不知情亦不同意,但双方劳动关系存续期间,用人单位应当为劳动者提供必要的劳动条件,王某、葛某作为链家公司相关部门的负责人,其二人履行职务的行为应当视为链家公司的行为。因链家公司在知晓张某的工作系统被封闭后并未进行恢复亦未再向其支付工资,本院据此认定,链家公司于2014年4月25日解除了与张某的劳动关系。链家公司以张某的销售零业绩为由对其进行末位淘汰,属于违法解除劳动关系,应当依照法律规定向张某支付违法解除劳动关系的赔偿金,原审法院核定的赔偿金数额并无不当,本院予以确认。

案 例 分 析

根据《劳动合同法》第四十条第(二)项的规定,劳动者不能胜任工作,经过培训或者调整工作岗位,仍不能胜任工作的,用人单位提前30日以书面形式通知劳动者本人或者额外支付劳动者1个月工资后,可以解除劳动合同。

本案中,链家公司依据该公司的淘汰制度解除与张某的劳动合同属于违法解除劳动合同,理由如下。

1. 链家公司的该制度制定程序合法且已经向张某公示,但因该规章制度的内容违反了《劳动合同法》第四十条第(二)项的规定,应属无效,不能对劳动者适用,故链家公司不能依据规章制度的规定解除与张某的劳动合同。

2. 张某考核处于末尾,并不等同于其不能胜任工作,而且即便其不胜任工作,链家公司仍需对其进行培训或者调整工作岗位,培训或调整工作岗位后张某仍然不能胜任工作的,链家公司才能单方解除劳动合同。因此,链家公司以张某考核处于末位直接解除劳动合同当然属于违法解除劳动合同。

案例3　上海今世多服饰企业有限公司与陈某劳动争议纠纷案[(2021)沪01民终8728号]

陈某于2001年4月2日进入上海今世多服饰企业有限公司(以下简称今世多公司)工作,双方签订有期限自2013年3月1日起的无固定期限劳动合同,约定陈某的岗位为会计。2020年8月25日,今世多公司出具解除劳动合同通知书,内载"由于公司在连续两年的财务审计过程中,发现公司会计账目存在固定资产账目不清等相关财务问题,并且财务部在收到会计师事务所发出的整改意见后,仍未予整改,公司决定,对公司财务部门进行改革,将整个财务部门托管于专业的会计师事务所。鉴于疫情蔓延,整体大环境萧条,公司业务急剧下滑,深受影响,公司采取精减措施,上海生产结束,配套人员也都精减。鉴于此,公司与你多次协商未果,现公司郑重发函通知你,即日起本司将单方与你解除劳动合同,公司将按照《劳动合同法》的相关规定,给予你相应的经济补偿金"。陈某于2020年8月26日收到该解除劳动合同通知书。

一审中,(1)今世多公司提供2020年7月至同年9月利润表、2020年9月纳税申报表、2020年9月工资汇总表、今世多公司生产厂区照片、解除劳动合同协议书及财务托管服务合同,以证明今世多公司连续亏损,处于停工停产状态,公司已无陈某岗位。经质证,陈某对2020年7月至9月利润表、2020年9月纳税申报表、2020年9月工资汇总表及解除劳动合同协议书真实性无异议,但对证明内容不予认可;对今世多公司生产厂区照片、财务托管服务合同真实性、关联性均不予认可。(2)今世多公司提供协商解除劳动合同协议及2020年8月协商解除劳动合同的过程说明,以证明今世多公司多次与陈某协商解除劳动合同未果。经质证,陈某对该证据真实性无异议,但表示仅与其协商解除劳动合同,并非协商变更劳动合同。(3)陈某提供今世多公司工商信息、厂区照片、陈某2020年9月及10月个税明细、交接清单,以证明今世多公司仍在经营,陈某岗位仍然存续,并未出现劳动合同订立时所依据的客观情况发生重大变化致使劳动合同无法继续履行的情形。经质证,今世多公司对陈某2020年9月及10月个税明细真实性不予认可,对其余证据真实性无异议,但对证明内容不予认可。(4)今世多公司表示:解除与陈某的劳动合同时,财务部门仍然存续;今世多公司曾与陈某协商变更劳动合同,协商内容为希望陈某去今世多公司在江苏省连云港市东海县的关联公司工作,但陈某因为孩子读高三问题,没有继续协商下去;今世多公司存在工会,解除劳动合同之前曾口头通知过工会,但无书面依据。陈某表示今世多公司从未与其协商去今世多公司的关联公司工作的事宜,双方仅协商过解除劳动合同事宜。

一审法院认为，根据法律规定，因用人单位作出开除、辞退、解除劳动合同等决定而发生争议的，由用人单位负举证责任。本案中，今世多公司表示系根据《劳动合同法》第四十条第(三)项解除与陈某的劳动合同。对此，用人单位依据《劳动合同法》第四十条第(三)项解除与劳动者的劳动合同，必须满足以下条件：劳动合同订立时所依据的客观情况发生重大变化；原劳动合同无法继续履行；用人单位与劳动者就变更劳动合同内容进行协商未能达成协议。根据前述查明的事实以及双方陈述，首先，今世多公司解除通知书所述的企业受外部环境影响、业绩下滑等系企业正常经营风险，今世多公司所述停工停产并未提供充分的证据证明，且与在案证据以及双方陈述不符；同时，今世多公司解除与陈某的劳动合同之时，今世多公司财务部门以及陈某原工作内容仍然存在；故今世多公司所述情形并不构成劳动合同订立时所依据的客观情况发生重大变化，导致原劳动合同无法继续履行之情形。至于今世多公司提供的财务托管服务合同，因是否采取财务托管是今世多公司企业自身主观行为，且托管时间为2020年10月至同年12月，故该证据亦无法证明今世多公司所欲证明之目的。其次，今世多公司所述曾与陈某协商，希望陈某至该公司外地关联公司工作，一则陈某对此予以否认，今世多公司对此也未提供证据予以证明；二则陈某至今世多公司关联公司工作，涉及劳动合同主体变更及劳动转移之事宜，今世多公司对此并未给予明确说明。基于此，认定今世多公司并未依法履行协商变更劳动合同内容的程序。最后，根据法律规定，用人单位单方解除劳动合同，应当事先将理由通知工会。现今世多公司并未提供证据证明在解除劳动合同之前曾履行过通知义务或起诉之前补正有关程序。至于今世多公司提供的工会参与劳动合同协商解除的过程说明，该证据仅能反映今世多公司工会主席曾参与过与陈某协商解除劳动合同，此时今世多公司并未作出解除意思表示，故该节事实并不能直接视为今世多公司在单方解除劳动合同前已履行了通知工会义务。故据此认定今世多公司解除劳动合同程序违法。综上，今世多公司解除与陈某的劳动合同缺乏事实和法律依据，且程序违法，构成违法解除，应支付陈某违法解除劳动合同赔偿金。

二审另查明，一审中，今世多公司陈述，解除与陈某的劳动合同时，财务部门仍然存续，签订托管协议之后撤销。

二审法院认为，本案争议焦点为：(1)今世多公司是否存在客观情况发生重大变化致使劳动合同无法履行之情形；(2)今世多公司是否就变更劳动合同内容依法与陈某进行过诚信协商。关于争议焦点一，今世多公司主张受疫情影响和中美贸易摩擦的影响，其公司停产停业，导致其公司客观情况发生重大变化。然而，一则今世多公司提供的证据尚不足以证明该公司所述的因客观情况导致停工停产,且今世多公司陈述解除与陈某的劳动合同时,财务部门仍然存在;二则财务托管服务合同等发生在解除劳动合同之后的证据,亦无法反映在解除与陈某的劳动合同时,今世多公司已然发生客观情况重大变化致使劳动合同无法履行之情形,故对今世多公司的解除理由难以采纳。关于争议焦点二,今世多公司提供的协商解除劳动合同协议和解除过程的证明只能反映出该公司与陈某就解除劳动合同进行过协商。今世多公司并未提供证据证明其公司就变更劳动合同内容以便维系劳动关系与陈某进行诚信协商。在此情况下,今世多公司单方解除劳动合同显然违反了法律规定,应依法向陈某支付赔偿金。

案例分析

根据《劳动合同法》第四十条第(三)项的规定,劳动合同订立时所依据的客观情况发生重大变化,致使劳动合同无法履行,经用人单位与劳动者协商,未能就变更劳动合同内容达成协议的,用人单位提前30日以书面形式通知劳动者本人或者额外支付劳动者1个月工资后,可以解除劳动合同。

本案中,首先,今世多公司主张系受疫情影响和中美贸易摩擦的影响,其公司停产停业,导致其公司客观情况发生重大变化,但今世多公司提供的证据尚不足以证明该公司所述的因客观情况导致停工停产。

其次,今世多公司陈述解除与陈某的劳动合同时,财务部门仍然存在,而陈某的工作岗位为会计,故双方劳动合同可以继续履行。

最后,今世多公司提供的证据仅能证明就解除劳动合同与陈某进行协商,不能证明与陈某协商变更劳动合同。

综上,今世多公司依据《劳动合同法》第四十条第(三)项的规定解除与陈某的劳动合同没有事实依据,属于违法解除劳动合同。

另外,今世多公司未按照《劳动合同法》第四十三条的规定事先将理由通知工会,即便今世多公司依据《劳动合同法》第四十条第(三)项的规定解除与陈某的劳动合同具有事实依据,也将因此被认定解除劳动合同违法。

专题三十六　经济性裁员

一、经济性裁员规范

《劳动合同法》第四十一条第一款规定,有下列情形之一,需要裁减人员20人以上或者裁减不足20人但占企业职工总数10%以上的,用人单位提前30日向工会或者全体职工说明情况,听取工会或者职工的意见后,裁减人员方案经向劳动行政部门报告,可以裁减人员:(1)依照《企业破产法》规定进行重整的;(2)生产经营发生严重困难的;(3)企业转产、重大技术革新或者经营方式调整,经变更劳动合同后,仍需裁减人员的;(4)其他因劳动合同订立时所依据的客观经济情况发生重大变化,致使劳动合同无法履行的。实践中,将用人单位依照《劳动合同法》第四十一条的规定解除劳动合同称为经济性裁员。用人单位进行经济性裁员时应遵守相应规范。

(一)经济性裁员的适用条件

结合《劳动合同法》第四十一条、第四十二条的规定,用人单位进行经济性裁员应同时满足:

1.用人单位自身生产经营发生变化需要大量裁减人员

根据《劳动合同法》第四十一条第一款的规定,用人单位必须满足以下条件才能进行经济性裁员:

(1)依照《企业破产法》规定进行重整的;

(2)生产经营发生严重困难的;

(3)企业转产、重大技术革新或者经营方式调整,经变更劳动合同后,仍需裁减人员的;

(4)其他因劳动合同订立时所依据的客观经济情况发生重大变化,致使劳动合同无法履行的。

2. 裁减人员数量达法定标准

根据《劳动合同法》第四十一条的规定,用人单位进行经济性裁员裁减人员数量须达到 20 人以上,或裁减人数不足 20 人但占企业职工总数的 10% 以上。

(二)经济性裁员的程序

根据《劳动合同法》第四十一条、《企业经济性裁减人员规定》第四条的规定,进行经济性裁员的,应按下列程序进行:

(1)提前 30 日向工会或者全体职工说明情况,并提供有关生产经营状况的资料;

(2)提出裁减人员方案,内容包括:被裁减人员名单,裁减时间及实施步骤,符合法律、法规规定和集体合同约定的被裁减人员经济补偿办法;

(3)将裁减人员方案征求工会或者全体职工的意见,并对方案进行修改和完善;

(4)向当地劳动行政部门报告裁减人员方案以及工会或者全体职工的意见,并听取劳动行政部门的意见;

(5)由用人单位正式公布裁减人员方案,与被裁减人员办理解除劳动合同手续,按照有关规定向被裁减人员本人支付经济补偿金,出具裁减人员证明书。

(三)不得裁减的人员

根据《劳动合同法》第二十一条、第四十二条的规定,用人单位进行经济性裁员时不得裁减以下人员:

(1)从事接触职业病危害作业的劳动者未进行离岗前职业健康检查,或者疑似职业病病人在诊断或者医学观察期间的;

(2)在本单位患职业病或者因工负伤并被确认丧失或者部分丧失劳动能力的;

(3)患病或者非因工负伤,在规定的医疗期内的;

(4)女职工在孕期、产期、哺乳期的;

(5)在本单位连续工作满 15 年,且距法定退休年龄不足 5 年的;

(6)试用期员工。

另外,一些地方性的规定中也规定了一些不得裁减的人员。如《北京市企业经济性裁减人员规定》(已失效)中还规定了以下不得裁减的人员:(1)男职工年满 50 周岁,女职工年满 45 周岁的;(2)残疾职工;(3)夫妻双方在同一企业的,只允许裁减一人。

(四)应当优先留用的人员

根据《劳动合同法》第四十一条第二款的规定,裁减人员时,应当优先留用下列人员:(1)与本单位订立较长期限的固定期限劳动合同的;(2)与本单位订立无固定期限劳动合同的;(3)家庭无其他就业人员,有需要扶养的老人或者未成年人的。

(五)支付经济补偿

根据《劳动合同法》第四十六条的规定,用人单位依照《劳动合同法》第四十一条第一款的规定解除劳动合同的,应当向劳动者支付经济补偿。

二、违反经济性裁员规范的法律责任

违反经济性裁员规范主要包括以下情形:
(1)不具备经济性裁员的适用条件进行经济性裁员,包括不存在用人单位自身生产经营发生变化需要大量裁减人员的情形以及裁减人员数量未达法定标准的情形;
(2)裁减不得裁减的人员;
(3)未留用优先留用的人员;
(4)裁员程序违法;
(5)未支付经济补偿。

司法实务中一般认为,存在上述第(1)(2)(3)种违反经济性裁员规范的情形的,会认定用人单位违法解除劳动合同,裁员程序违法的,一般不因此认定用人单位解除劳动合同违法。未支付经济补偿的法律责任已经在之前的章节进行说明,在此不做赘述。

三、合规管理

用人单位因生产经营发生变化需要大量裁减人员的,因涉及人数一般较多,容易产生群体性纠纷,应谨慎对待。

1. 确定裁减人员时,应注意不得裁减的人员以及应当优先留用的人员。优先留用是指同等条件下优先留用,优先留用一般要考虑相同岗位员工的情形,不同岗位的员工之间一般不存在优先留用的问题。

2. 优先与劳动者协商解除劳动合同。未进行协商,直接单方解除劳动合同容易激化矛盾。

3.不能与劳动者就解除劳动合同协商一致的,再根据实际情况选择解除劳动合同的依据。用人单位生产经营发生变化需要大量裁减人员的,可能同时满足劳动合同订立时所依据的客观情况发生重大变化,致使劳动合同无法履行的条件,用人单位可根据实际情况选择较为合适的解除依据。

4.依照《劳动合同法》第四十条、第四十一条的规定解除劳动合同的,应注意履行相应的程序。

5.通知劳动者解除劳动合同。通知劳动者解除劳动合同时应注意固定证据证明已经将单方解除劳动合同的意思及理由告知劳动者,比如签收纸质的解除劳动合同通知书,邮寄纸质的解除劳动合同通知书,通过微信信息、手机短信、电子邮件等发送解除劳动合同通知等。

6.劳动解除后,及时向劳动者出具解除或终止劳动合同的书面证明,并要求劳动者签字确认。同时,为劳动者办理档案和社会保险关系转移手续。在劳动者配合办理完成工作交接时支付经济补偿。

案例 广东联友办公家具有限公司与粟某劳动争议纠纷案[(2021)粤01民终8957号]

粟某于2007年3月5日入职广东联友办公家具有限公司(以下简称联友公司)处任生产工(扶手组装员),双方于2016年12月29日续签了自2017年1月1日起的无固定期限劳动合同。2020年2月21日,因自2020年年初受新冠疫情影响,订单数量持续显著下降,企业营业额大幅下降,生产产能不饱和,人员结构及数量过剩,大批人员闲置,无工可干,亏损严重,公司经营已发生严重亏损,联友公司董事会作出《关于经济性裁员的决议》,决议内容为公司为了克服和渡过难关,必须依法依规实行经济性裁员。2020年2月22日,联友公司向公司工会发出《广东联友办公家具有限公司关于经济性裁员的征询函》,就公司经济性裁员事宜通知工会并听取工会意见,并向工会提交了经济性裁员方案。2020年3月23日,联友公司工会委员会组织工会委员及职工代表组成协商小组,就上述《广东联友办公家具有限公司关于经济性裁员的征询函》进行协商,到会的30名职工代表均同意公司实行经济性裁员。2020年3月24日,联友公司工会委员会就上述征询函结果进行了公示并书面回复联友公司同意上述经济性裁员方案并要求联友公司根据法律规定向劳动行政部门报告,依法操作,保护员工合法权益。同日,联友公司向工会委员会提交了《裁减人员情况报告表》《因受疫情影响经营严重亏损裁员报备情况说明》《被裁减人员名单及经济补偿方案》等材料。上述《裁减人员情况报告表》主要记载了以下内容：现有职工人数646人，裁减人员95人（其中男性44人、女性51人，占职工比例14.71%，目前亏损额281.55万元），联友公司工会委员会在上述报告表中盖章表示同意裁员。2020年3月30日，广州市南沙区人力资源和社会保障局根据联友公司提交的经济性裁员的备案材料（包括公司经营情况及附件、裁员报告及补偿方案、提前30日给工会的书面材料、工会意见及公示情况说明等）向联友公司发出《关于经济性裁员备案的告知书》，要求联友公司按照相关的法律法规执行。2020年4月27日，联友公司以根据《劳动合同法》第四十一条的规定，决定实施经济性裁员并已向广州市南沙区人力资源和社会保障局进行经济性裁员备案为由，向粟某发出解除劳动合同通知书，通知粟某于2020年4月30日解除双方劳动合同关系，经济补偿金为30,220.29元。2020年4月30日，联友公司向粟某发放了2020年4月至5月3日的工资2782.34元及经济补偿金30,220.29元。

一审法院认为，《劳动合同法》第四十一条第一款规定："有下列情形之一，需要裁减人员二十人以上或者裁减不足二十人但占企业职工总数百分之十以上的，用人单位提前三十日向工会或者全体职工说明情况，听取工会或者职工的意见后，裁减人员方案经向劳动行政部门报告，可以裁减人员：（一）依照企业破产法规定进行重整的；（二）生产经营发生严重困难的；（三）企业转产、重大技术革新或者经营方式调整，经变更劳动合同后，仍需裁减人员的；（四）其他因劳动合同订立时所依据的客观经济情况发生重大变化，致使劳动合同无法履行的。"本案中，联友公司因受新冠疫情影响，订单不足以满足现有人力配置而作出裁员的决定，符合上述"其他因劳动合同订立时所依据的客观经济情况发生重大变化，致使劳动合同无法履行"的情形，联友公司已提前30日向工会说明情况并已向广州市南沙区人力资源和社会保障局进行经济性裁员备案，故联友公司解除与粟某的劳动关系符合《劳动合同法》第四十一条第一款的规定。粟某不存在《劳动合同法》第四十二条规定的用人单位不得依照本法第四十条、第四十一条规定解除劳动合同的情形，故粟某主张联友公司违法解除劳动关系并要求联友公司支付赔偿金，缺乏事实和法律依据，本院不予支持。

二审法院认为，联友公司上诉主张其属于经济性裁员，依法只需支付经济补偿金，经济补偿金的计算基数应为2491.32元/月，故其仅需向粟某支付解除劳动关系的经济补偿金差额3412.53元；粟某则主张其属于应当优先留用人员，联友公司对其进行裁员属于违法解除劳动合同，故联友公司应当向其支付违法解除劳动合同的赔偿金差额65,861.81元。对于双方争议的联友公司实施经济性裁员解除与粟某的劳动关系是否合法问题,本院具体分析如下:《劳动合同法》第四十一条第二款第(二)项规定:"裁减人员时,应当优先留用下列人员:(二)与本单位订立无固定期限劳动合同的。"第四十二条第(五)项规定:"劳动者有下列情形之一的,用人单位不得依照本法第四十条、第四十一条的规定解除劳动合同:(五)在本单位连续工作满十五年,且距法定退休年龄不足五年的。"根据上述法律规定,用人单位在符合可以进行经济性裁员的法定情形下,依法需要保障相关劳动者的优先留用权利。因此,在联友公司与粟某已经签订了无固定期限劳动合同的情况下,结合粟某在联友公司裁员时距离其退休年龄不足5年的事实,粟某理应属于上述法律条款中规定的联友公司实施经济性裁员时的优先留用人员。《最高人民法院关于审理劳动争议案件适用法律问题的解释(一)》第四十四条规定:"因用人单位作出的开除、除名、辞退、解除劳动合同、减少劳动报酬、计算劳动者工作年限等决定而发生的劳动争议,用人单位负举证责任。"对于裁员粟某的原因,根据联友公司一审期间提交的《裁员粟某的原因说明》,本院认为该裁员原因系针对一般员工作出的,用人单位可以根据工作内容及员工表现决定是否对该员工进行裁员;但在本案中,粟某属于法律规定裁减人员时应当优先留用的人员,联友公司未能举证证实其没有优先留用粟某的合理性,应视为其对粟某实施经济性裁员构成违法解除劳动合同,故联友公司应当向粟某支付违法解除劳动合同的赔偿金。

案例分析

用人单位依照《劳动合同法》第四十一条的规定解除劳动合同的,应当提供证据证明:(1)用人单位自身生产经营发生变化需要大量裁减人员;(2)裁减人数必须达到法定标准;(3)未裁减应当优先留用的人员。本案中要注意以下三种情况。

(1)联友公司因受新冠疫情影响,订单不足以满足现有人力配置而作出裁员的决定,符合其他因劳动合同订立时所依据的客观经济情况发生重大变化,致使劳动合同无法履行的情形。

(2)联友公司裁减人员为95人,达到法定标准。

(3)联友公司与粟某已经签订了无固定期限劳动合同,粟某属于应当优先留用的人员,但联友公司未能提供证据证明留用的人员中,均为应当优先留用的人员,即不能证明与留用的人员相比,粟某不具有被优先留用的事由。

综上,联友公司因裁减应当优先留用的粟某,违反了《劳动合同法》第四十一条第二款的规定,构成违法解除劳动合同。

专题三十七　劳动合同期满终止

一、劳动合同期满终止规范

根据《劳动合同法》第四十四条的规定,劳动合同期满的,劳动合同终止。劳动合同期满终止主要注意两点:一是劳动合同期满的确定;二是是否存在用人单位不得终止劳动合同的情形。

(一) 劳动合同期满的确定

一般情形下,到劳动合同约定的劳动合同期限到期时间,用人单位未与劳动者续订劳动合同的,劳动合同期满,但存在劳动合同期限续延的情形的,劳动合同期满的时间不再是劳动合同约定的到期时间,而是续延后的时间。

1. 依照《劳动合同法》第四十五条的规定续延

《劳动合同法》第四十五条规定,劳动合同期满,有本法第四十二条规定情形之一的,劳动合同应当续延至相应的情形消失时终止。但是,本法第四十二条第(二)项规定丧失或者部分丧失劳动能力劳动者的劳动合同的终止,按照国家有关工伤保险的规定执行。第四十二条规定,劳动者有下列情形之一的,用人单位不得依照本法第四十条、第四十一条的规定解除劳动合同:(1)从事接触职业病危害作业的劳动者未进行离岗前职业健康检查,或者疑似职业病病人在诊断或者医学观察期间的;(2)在本单位患职业病或者因工负伤并被确认丧失或者部分丧失劳动能力的;(3)患病或者非因工负伤,在规定的医疗期内的;(4)女职工在孕期、产期、哺乳期的;(5)在本单位连续工作满 15 年,且距法定退休年龄不足 5 年的;(6)法律、行政法规规定的其他情形。

2. 因服务期续延

根据《劳动合同法实施条例》第十七条的规定,劳动合同期满,但是用人单位与劳动者依照《劳动合同法》第二十二条的规定约定的服务期尚未到期的,劳动合同应当续延至服务期满;双方另有约定的,从其约定。

3. 因担任基层工会主席、副主席或者委员续延

根据《工会法》第十九条的规定,基层工会专职主席、副主席或者委员自任职之日起,其劳动合同期限自动延长,延长期限相当于其任职期间;非专职主席、副主席或者委员自任职之日起,其尚未履行的劳动合同期限短于任期的,劳动合同期限自动延长至任期期满。但是,任职期间个人严重过失或者达到法定退休年龄的除外。

4. 因被采取传染病防治措施续延

《传染病防治法》第四十一条规定,对已经发生甲类传染病病例的场所或者该场所内的特定区域的人员,所在地的县级以上地方人民政府可以实施隔离措施,并同时向上一级人民政府报告;接到报告的上级人民政府应当即时作出是否批准的决定。上级人民政府作出不予批准决定的,实施隔离措施的人民政府应当立即解除隔离措施。在隔离期间,实施隔离措施的人民政府应当对被隔离人员提供生活保障;被隔离人员有工作单位的,所在单位不得停止支付其隔离期间的工作报酬。实践中,一般认为,劳动合同在隔离治疗期、医学观察期以及因政府实施隔离措施或者采取其他紧急措施期间到期的,应当顺延至上述期限结束。如《江苏省高级人民法院、江苏省人力资源和社会保障厅、江苏省司法厅印发〈关于做好涉新冠肺炎疫情劳动争议调解和案件审理工作的指导意见〉的通知》第二十条就规定,劳动合同在隔离治疗期、医学观察期以及因政府实施隔离措施或者采取其他紧急措施期间到期的,应当顺延至上述期限结束。劳动者因隔离治疗、医学观察、政府实施隔离措施或者采取其他紧急措施而不能提供正常劳动,用人单位以此为由解除劳动合同,或者终止在上述期间到期的劳动合同,劳动者请求继续履行劳动合同的,应予支持;劳动者不要求继续履行或者劳动合同已经不能继续履行的,劳动者请求用人单位支付违法解除劳动合同赔偿金的,应予支持。

5. 停工留薪期续延

《工伤保险条例》第三十三条第一款规定,职工因工作遭受事故伤害或者患职业病需要暂停工作接受工伤医疗的,在停工留薪期内,原工资福利待遇不变,由所在单位按月支付。因此,一般认为劳动合同在停工留薪期内到期的,应当续延至停工留薪期满。如停工留薪期满后,劳动者被确认丧失或者部分丧失劳动能力,按照相关规定处理。

另外,如存在法律拟制用人单位与劳动者已订立无固定期限劳动合同的情形,则劳动合同期限为无固定期限,不存在劳动合同期满的问题。根据《最高人民法院关于审理劳动争议案件适用法律问题的解释(一)》第三十四条以及《劳动合同法》

第十四条的规定,存在以下两种情形,视为用人单位与劳动者已订立无固定期限劳动合同:

(1)用人单位自用工之日起满1年不与劳动者订立书面劳动合同的。司法实务中,劳动合同到期后满1年,用人单位未与劳动者续订书面劳动合同的,也会认定属于前述情形。

(2)劳动合同期满后,劳动者仍在原用人单位工作,原用人单位未表示异议;根据《劳动合同法》第十四条规定,用人单位应当与劳动者签订无固定期限劳动合同而未签订的。

(二) 用人单位不得终止劳动合同的情形

1. 劳动者在用人单位连续工作满10年的

根据《劳动合同法》第十四条第二款的规定,劳动者在用人单位连续工作满10年的,用人单位应当与劳动者订立无固定期限劳动合同。劳动合同期满,劳动者已经在用人单位连续工作满10年的,除劳动者提出订立固定期限劳动合同外,用人单位应当与劳动者订立无固定期限劳动合同,不享有终止劳动合同的权利。

2. 用人单位与劳动者连续订立二次固定期限劳动合同,且劳动者没有《劳动合同法》第三十九条和第四十条第(一)项、第(二)项规定的情形的

根据《劳动合同法》第十四条第二款第(三)项的规定,自《劳动合同法》开始实施以后,用人单位与劳动者连续订立二次固定期限劳动合同,且劳动者没有《劳动合同法》第三十九条和第四十条第(一)项、第(二)项规定的情形,续订劳动合同的,除劳动者提出订立固定期限劳动合同外,用人单位应当与劳动者续订无固定期限劳动合同。与该条第二款第(一)项、第(二)项规定不同的是,该项多了"续订劳动合同的"这一条件。因对该条件存在不同理解,劳动合同期满,用人单位已经与劳动者连续订立二次固定期限劳动合同,且劳动者没有《劳动合同法》第三十九条和第四十条第(一)项、第(二)项规定的情形的,用人单位以劳动合同期满为由终止劳动合同是否违反法律规定在司法实务中存在不同的观点。

第一种观点认为,自《劳动合同法》开始实施以后,用人单位与劳动者连续订立二次固定期限劳动合同,且劳动者没有《劳动合同法》第三十九条和第四十条第(一)项、第(二)项规定的情形的,劳动合同期满后,与劳动者订立无固定期限劳动合同是用人单位的义务,用人单位没有权利终止劳动合同,用人单位终止劳动合同的,违反法律规定。

第二种观点认为,订立劳动合同,应当遵循平等自愿、协商一致的原则。劳动

合同期满后,用人单位有权决定是否与劳动者续订劳动合同。如用人单位同意续订劳动合同,则适用《劳动合同法》第十四条第二款的规定;如用人单位拒绝与劳动者续订劳动合同,则不适用《劳动合同法》第十四条第二款的规定。因此,用人单位终止劳动合同不违反法律规定。

第三种观点认为,订立劳动合同,应当遵循平等自愿、协商一致的原则。劳动合同期满后,用人单位有权不与劳动者续订劳动合同,但不得恶意规避与劳动者订立无固定期限劳动合同。因此,如用人单位不与劳动者续订劳动合同的原因是拒绝订立无固定期限劳动合同,则用人单位终止劳动合同违反法律规定;如用人单位是出于订立无固定期限劳动合同以外的其他原因不续订劳动合同,不违反法律规定。

(三)支付经济补偿

根据《劳动合同法》第四十六条的规定,除用人单位维持或者提高劳动合同约定条件续订劳动合同,劳动者不同意续订的情形外,依照本法第四十四条第(一)项规定终止固定期限劳动合同的,用人单位应当向劳动者支付经济补偿。劳动合同期满终止可以分为以下三种情形:

(1)用人单位维持或者提高劳动合同约定条件续订劳动合同,劳动者不同意续订;

(2)用人单位降低劳动合同约定条件续订劳动合同,劳动者不同意续订;

(3)用人单位不同意续订。

以上情形,除第(1)种情形外,劳动合同期满终止的,用人单位应当支付劳动者经济补偿。当然,劳动者在用人单位提出续订劳动合同前,主动提出不续订的,用人单位也无须支付劳动者经济补偿。

二、违反劳动合同期满终止规范的法律责任

(一)违法终止劳动合同的法律责任

1.存在劳动合同续延的情形,或法律拟制双方已经订立无固定期限劳动合同的,劳动合同期限未满,不满足劳动合同终止的条件,用人单位无权终止劳动合同。如用人单位终止劳动合同,属于违法终止劳动合同,应承担违法终止劳动合同的法律责任。

2.劳动合同期满,满足应当订立无固定期限劳动合同的条件的,用人单位以劳

动合同到期为由终止劳动合同可能被认定为违法终止劳动合同。

(二) 未支付经济补偿的法律责任

未支付经济补偿的法律责任已经在之前的章节进行说明,在此不做赘述。

三、合规管理

对劳动合同期满终止的合规管理一方面要保证终止劳动合同不违反法律规定,另一方面要尽可能使用人单位不支付经济补偿。

(一) 确定劳动合同是否期满

劳动合同约定的劳动合同期限到期后,应结合劳动者的实际情况,逐一检索是否存在劳动合同期限续延的情形以及法律拟制双方已经订立无固定期限劳动合同的情形。如存在劳动合同期限续延的情形,待相关情形消失后再终止劳动合同。

(二) 先征询劳动者续订意向,再终止劳动合同

1. 劳动者不同意续订

劳动合同期满,且不存在劳动合同期限续延的情形的,如用人单位欲终止劳动合同,建议先询问劳动者的续订意向,如劳动者不同意续订,再终止劳动合同。劳动合同因此终止的,用人单位无须支付劳动者经济补偿。

2. 劳动者同意续订

如劳动者同意续订,还要看是否满足用人单位应当与劳动者订立无固定期限劳动合同的条件,如不满足用人单位应当与劳动者订立无固定期限劳动合同的条件,用人单位可以通知劳动者终止劳动合同,劳动合同因此终止的,用人单位应当支付劳动者经济补偿。如满足用人单位应当与劳动者订立无固定期限劳动合同的条件,用人单位终止劳动合同可能被认定为违法终止劳动合同,确要终止劳动合同关系的,终止劳动合同时,不得以不同意订立无固定期限劳动合同为由终止劳动合同。

案例1 北京新月联合汽车有限公司与李某劳动争议纠纷案[(2022)京02民终2261号]

李某在北京新月联合汽车有限公司(以下简称新月汽车公司)从事出租车驾驶员工作。2020年6月9日,李某向新月汽车公司提交"幻觉和妄想状态,休30天"

的医院诊断证明后未上班工作。新月汽车公司向李某出具终止劳动合同证明书,内容载有"我单位与李某签订的劳动合同从2017年12月13日起至2020年6月30日止。根据《劳动合同法》第四十四条规定,劳动合同于2020年6月30日到期终止"。

李某提交的证据,以及新月汽车公司的质证意见如下。

1. 劳动合同,用以证明新月汽车公司出示的合同上四处签名都不是李某本人签字。新月汽车公司表示该合同的封面签字不一定是李某本人签字,但落款处为李某本人签字。

2. 劳动合同续订协商通知书,用以证明新月汽车公司出示的通知书及回执上两处签字都不是李某本人所签。新月汽车公司称该证据是真实的,两处签字均为李某本人签字,不认可李某所述的证明目的。

3. 终止劳动合同证明书,用以证明新月汽车公司于2020年6月30日在李某病假期间违法终止劳动合同。新月汽车公司认可该证据的真实性,不认可证明目的,认为公司系合法与李某终止劳动合同。

4. 安定医院门诊病历两页,用以证明李某2020年6月7日就诊初步诊断为"幻觉、妄想状态,休30天"。新月汽车公司表示对病历的真实性无法核实,但确认收到李某提交的病假证明。对于病假证明上所载诊断"幻觉、妄想状态",新月汽车公司表示不好判断是不是符合医疗期休假的规定。

5. 入职体检报告,用以证明李某患有血压高的疾病。新月汽车公司认可该证据的真实性,称该北汽公司入职体检报告显示的体检时间是2020年6月8日,是李某向新月汽车公司交还车辆并提交病假证明的前一天,可以印证李某不再与新月汽车公司续约及其前往其他公司工作的意愿。对此,李某解释称其在与新月汽车公司存续劳动关系期间产生了要去其他公司工作的想法,并在与相关人员进行接洽后按照对方的要求去参加了体检,这是其作为劳动者的合法选择权,新月汽车公司不能对其想法和预备行为作出限制,毕竟其没有实际向新月汽车公司提出过离职。

6. 投诉登记表,用以证明新月汽车公司于2020年12月3日对李某恶意投诉的行为最终被认定为投诉不实,印证李某没有所谓的严重精神疾病。新月汽车公司不认可该证据的真实性,称投诉系公司工作人员的个人行为,不代表新月汽车公司,不能认定是履行新月汽车公司职务的行为。

新月汽车公司提交的证据,以及李某的质证意见如下。

1. 劳动合同,用以证明新月汽车公司与李某劳动合同订立的期限是2017年12

月13日至2020年6月30日。

2.劳动合同续订协商通知书(存根)及回执,用以证明新月汽车公司于2020年5月向李某发出劳动合同续签通知,李某签收了该通知,并在回执的"不同意续签"栏签字,确认不与新月汽车公司续签合同。

李某不认可上述证据中"李某"签字的真实性,不认可新月汽车公司的证明目的,并提出对新月汽车公司提交的劳动合同、劳动合同续订协商通知书及回执中共计五处"李某"签字进行笔迹鉴定。

法院组织双方确定了鉴定比对样本,并经随机程序选定法大法庭科学技术鉴定研究所为鉴定机构。鉴定机构接受法院委托并经过初步审查后,发出补充鉴定材料告知书,要求补充样本等材料。经询,双方当事人无法按照鉴定机构要求提供更多的共同确认的比对样本,导致鉴定机构无法进行鉴定。

一审法院认为,当事人对自己提出的诉讼请求所依据的事实或者反驳对方诉讼请求所依据的事实有责任提供证据加以证明,没有证据或者证据不足以证明当事人的事实主张的,由负有举证责任的当事人承担不利后果。关于李某要求新月汽车公司支付违法终止劳动合同经济赔偿金12万元的请求,李某提出进行笔迹鉴定的申请因缺乏鉴定样本无法鉴定,故李某否认签字的质证意见不能成立;但李某提交的诊断证明可以证实其在2020年6月30日劳动合同期满时确处于休病假期间。在此情况下,即使新月汽车公司持有李某关于到期不再续签劳动合同的意思表示,仍不应在李某病假期满前终止劳动合同。新月汽车公司违反了《劳动合同法》关于劳动合同期满终止的除外情形即对患病劳动者保护的规定,属于违法终止性质,应当向李某支付经济赔偿金。

二审法院认为,《劳动合同法》第四十二条、第四十五条规定,劳动者患病或者非因工负伤,在规定的医疗期内劳动合同期满的,劳动合同应当续延至相应的情形消失时终止。根据查明的事实,新月汽车公司虽出具提前征询到李某不续签劳动合同意向的回执,但新月汽车公司在李某已向其公司提交了就医诊断证明处于病假休息期内的情况下,径行于劳动合同期满日终止劳动合同,有违《劳动合同法》关于劳动合同期满终止除外情形的规定,故一审对李某要求新月汽车公司支付违法终止劳动合同赔偿金的请求予以支持,并无不当。新月汽车公司认可接收了李某的病假证明,李某自此停止工作病休,新月汽车公司现以对李某病休诊断证明上所载病状诊断的依据有所质疑,以及李某入职其他单位的体检报告内容与病休诊断证明所体现的李某身体健康状况不相符为由,主张其公司于李某劳动合同到期日终止劳动合同合法,事实及法律依据不足,故新月汽车公司请求改判无须支付违法终止劳动合同赔偿金,本院不予支持。

案例分析

根据《劳动合同法》第四十二条、第四十五条的规定,劳动者患病或者非因工负伤,在规定的医疗期内劳动合同期满的,劳动合同应当续延至上述情形消失时终止。本案中,李某提交的医院诊断证明可以证明其患病,因李某2020年6月9日开始病休,截至劳动合同期满之日(2020年6月30日),其必然处于医疗期内,根据《劳动合同法》第四十五条的规定,劳动合同期限应当续延至李某医疗期届满之日或李某治疗结束之日。新月汽车公司提前终止与李某的劳动合同违反了《劳动合同法》第四十五条的规定,应当依照《劳动合同法》第四十八条的规定向李某支付赔偿金。

案例2 美柏玩具咨询服务(深圳)有限公司与王某劳动争议纠纷案[(2016)粤0303民初13028号]

美柏玩具咨询服务(深圳)有限公司(以下简称美柏公司)与加拿大美高公司深圳代表处系关联企业,为同一股东分别设立的独立法人企业、机构。2004年7月5日至2013年4月1日,王某与深圳市对外劳动服务有限公司签订劳动合同,由深圳市对外劳动服务有限公司将王某派遣到加拿大美高公司深圳代表处工作。对此,美柏公司、王某及加拿大美高公司深圳代表处、深圳市对外劳动服务有限公司签有协议,约定自2013年4月1日起,美柏公司承认王某在加拿大美高公司深圳代表处的服务年限,王某将为加拿大美高公司深圳代表处的服务年限视为美柏公司的服务年限;美柏公司将保持王某在加拿大美高公司深圳代表处时的工作岗位并提供不低于原岗位的工资福利待遇。2014年4月,美柏公司、王某及深圳市对外劳动服务有限公司签订三方协议,载明王某自2004年7月5日起与深圳市对外劳动服务有限公司签订劳动合同,并被深圳市对外劳动服务有限公司派遣至美柏公司处工作。协议约定王某与深圳市对外劳动服务有限公司于2014年4月30日协商终止/解除原劳动合同;美柏公司、王某于2014年5月1日签订劳动合同并自当日起生效,美柏公司将就计算经济补偿金(如适用)及我国法律法规下的其他法定福利的目的而承认王某自原入职日起在代表处/公司的工作年限;在终止原劳动合同时,深圳市对外劳动服务有限公司与美柏公司均无须向王某支付经济补偿金;在今后美柏公司终止或解除与王某订立的新劳动合同而依法需要支付经济补偿金时,美柏公司将合并计算王某自原入职日起被派遣至代表处/公司的工作年限及其在美柏公处的工作年限并依法承担义务。美柏公司、王某于2014年5月1日签订了书面劳动合同,合同期限从当日起至2016年4月30日止;合同约定就下述目的承认王某自2004年7月5日起在深圳市对外劳动服务有限公司的服务年限:第一,确定王某是否具有……第二,计算离职经济补偿金(如适用)及中国法律法规项下的其他法定福利。上述劳动合同期满后,王某要求与美柏公司签订无固定期限劳动合同,美柏公司表示不同意继续签订劳动合同,双方的劳动合同关系终止。经计算,王某在劳动合同终止前12个月的平均工资为6871元,美柏公司已支付王某终止劳动合同经济补偿金58,404元。王某因本案纠纷向深圳市罗湖区劳动人事争议仲裁委员会申请仲裁,请求裁决美柏公司:(1)支付王某违法终止劳动合同赔偿金109,596元;(2)支付王某律师费5000元。

本院认为,王某与深圳市对外劳动服务有限公司建立的劳动关系于2014年4月30日解除,但深圳市对外劳动服务有限公司、加拿大美高公司深圳代表处及美柏公司均没有支付王某经济补偿,且美柏公司承认王某自2004年7月5日至2014年4月30日的工作年限,故截至2016年4月,王某在美柏公司处的连续计算的工作年限已超过10年,符合要求订立无固定期限劳动合同的情形。但美柏公司拒绝与王某签订无固定期限劳动合同,并以劳动合同期限届满为由终止双方原固定期限劳动合同,其行为违反法律规定,美柏公司应支付违法终止劳动合同的赔偿金。

案例分析

1. 美柏公司应当与王某订立无固定期限劳动合同。

根据《劳动合同法》第十四条的规定,劳动者在用人单位连续工作满10年的,劳动者提出或者同意续订、订立劳动合同的,除劳动者提出订立固定期限劳动合同外,应当订立无固定期限劳动合同。本案中,截至2016年4月,王某在美柏公司处的连续计算的工作年限已超过10年,符合要求订立无固定期限劳动合同的条件,王某提出签订无固定期限劳动合同,美柏公司应当与王某订立无固定期限劳动合同。

2. 美柏公司终止劳动合同违反法律规定。

美柏公司依法应当与王某订立无固定期限劳动合同,在王某提出订立无固定期限劳动合同的情况下,美柏公司拒绝与王某订立无固定期限劳动合同,终止劳动合同,违反了《劳动合同法》第十四条的规定,属于违法解除或终止劳动合同。美柏公司应当依照《劳动合同法》第四十八条的规定承担违法解除或终止劳动合同的法律责任。

本书编委会简介

主 编

杨京,昆明医科大学法学副教授,国浩律师(昆明)事务所兼职律师。
专业领域:民商法律事务、劳动争议、劳动用工法律风险与合规管理、企业法律风险管控。

郑建丰,广东恒宝律师事务所主任,律师、仲裁员、企业合规师,中国法学会会员、深圳市律协企业合规专业委委员,宝安区律工委行业合规委副主任、民商事法律专业委副主任。
专业领域:企业常年法律顾问、企业经营合规与风险防控、重大民商事争议。

卓家鹏,北京盈科(昆明)律师事务所劳动人事部执行主任,北京盈科(全国)劳动与社会保障专业委员会委员,风控猫劳动用工法律体检平台特聘讲师,风控狮劳动用工法律管控平台特聘顾问。
专业领域:常年法律顾问、劳动用工法律风险管理、用工模式设计、保密方案设计、服务期方案设计、企业经济性裁员、建立标准合同文本体系以及仲裁、诉讼案件代理。

游本春,硕士研究生导师,盈科全国劳动与社会保障专业委员会主任。
专业领域:劳动争议、常年劳动用工法律顾问、劳动用工法律风险与合规管理。

副 主 编

贺继征,深圳市赋能教育训练有限公司总经理、首席管理咨询顾问,深圳市盐田区人民法院陪审员,深圳市福田区劳动人事争议仲裁委员会调解员,深圳市人力资源管理协会监事长,广东省职业技能鉴定指导中心高级考评员、督导员,深圳市罗湖区劳动模范。

专业领域:劳动用工风险预防控制,劳动关系协商、调解、仲裁、应诉,人力资源管理实操与应用。

陈萍,四川瀛领禾石律师事务所主任、党总支书记、创始合伙人,建设工程与房地产专业委员会主任。四川省律师协会规则与大数据委员会委员、四川省律师协会城乡统筹专业委员会委员、成都市律师协会理事、成都市律师协会成华区分会副会长;成都仲裁委员会仲裁员、北海国际仲裁院仲裁员、钦州仲裁委员会仲裁员。

专业领域:常年法律顾问、公司法律事务、行政法律事务、合同法律事务、刑事辩护。

乔烈武,三级律师,安徽省律师协会劳动法专业委员会副主任,蚌埠市律师协会劳专委主任,北京盈科(蚌埠)律师事务所股权合伙人,监事会主任,建设工程和房地产专业委员会主任。

专业领域:劳动用工风险防范和劳动争议纠纷处理,建设工程和房地产纠纷处理。

张友贵,高级企业合规师,取得会计师、审计师、企业法律顾问执业证书。在国有企业、私营企业、会计师事务所均有任职经历。在审计、人力资源、法务等岗位任管理工作多年,具有丰富的实践经验,现任职大型药企人力资源经理及法务经理。

专业领域:劳动争议,劳动用工风控以及合规筹划。

刘建忠,山东康桥(威海)律师事务所主任、高级合伙人,威海市律师协会秘书长,威海市破产管理人协会秘书长,威海市法学会市域社会治理研究会副会长,山东大学(威海)法律硕士研究生合作导师,威海、潍坊、淄博等多家仲裁委员会仲裁员,高级企业合规师,社会稳定风险评估师。

专业领域:公司治理及企业常年法律顾问、劳动用工法律风险与合规管理、民商争议。

王建军,北京浩天(济南)律师事务所高级合伙人,北京浩天(济南)律师事务所法律顾问部主任。

专业领域:企业法律顾问、企业法律风险管理、公司治理、股权设计与激励。

杨静,北京市中洲律师事务所律师。

专业领域:劳动争议、民商事争议解决、法律风险管理。

陈清,江苏高瞻律师事务所创始人、主任。专注于企业组织体系的两高人员(高薪、高管)的用工风险防控和股权激励系统建设,打造中小企业的自动运营系统。

专业领域:公司治理、股权架构设计、股权激励,企业用工风险防控。

王优飞,浙江省法学会知识产权法学研究会常务理事、浙江省知识产权委员会委员、浙江省知识产权调解委员会调解员,台州市知识产权委员会副主任、台州市知识产权维权援助专家、台州市仲裁委员会仲裁员、台州市律师协会第七届理事会理事,北京盈科(台州)律师事务所管委会主任,知识产权法律事务部主任,盈科浙江区知识产权专业委员会主任。

专业领域:企业常年法律顾问、知识产权业务、民商事诉讼、建设工程。

徐婷,新疆任远律师事务所副主任、执行事务部部长、高级合伙人,高级合同管理师,高级劳动关系管理师,企业合规师。

专业领域:建设工程、民商事诉讼及争议解决、企业法律风险防控、劳动关系管理体系的建立及风险评估,公司日常法律顾问业务与执行事务。

陈锐,北京盈科(昆明)律师事务所专职律师,注册会计师(非执业会员),注册税务师(非执业会员),风控猫劳动用工法律体检平台特聘讲师,风控狮劳动用工法律管控平台特聘顾问,高级人力资源法务师,高级工程师、注册电气工程师、一级注册消防工程师、项目管理专业人士。

专业领域:企业劳动用工、财税合规及风险管理、企业法律顾问。

张峰,盈科全国劳动与社会保障专业委员会副秘书长,北京盈科(嘉兴)律师事务所劳动法律事务部主任。

专业领域:劳动争议、常年劳动法律顾问、劳动用工法律风险防范与合规管理。

编委

张萍,云南天外天律师事务所合伙人律师,昆明律协宪法与行政法专业委员会委员,建筑工程与基础设施专业委员会委员,云南省律协公司法及合规业务研究委员会委员,云南省律协妇女未成年人保护业务研究委员会委员,保山仲裁委仲裁员,钦州仲裁委员会仲裁员,云南省文山商会副会长及监事,云南中华文明研究会法律研究中心副主任,文山州国资委外派董事、文山市人民检察院听证员,文山州、楚雄州涉案企业合规第三方监督评估机制专业人员。

专业领域:国企业务及建设工程专业方向。

王凤英,四川丰宜律师事务所副主任,合伙人律师。

专业领域:常年法律顾问、企业合规管理。

方志新,北京市盈科(鄂尔多斯)律师事务所执行主任,内蒙古律师协会律所战略管理委员会、财税专业委员会、婚姻家庭专业委员会委员,呼和浩特市律师协会青年律师、女律师工作委员会委员,内蒙古经济调解中心人民调解员。

专业领域:企业法律顾问、公司治理、劳动争议、劳动用工法律风险与合规管理。

钱大胜,广西科技大学副教授,广西典哲律师事务所执业律师,广西柳州市普法讲师团讲师,广西科技计划项目评审专家,企业合规师。

专业领域:劳动争议、婚姻家事、合同纠纷等诉讼业务及公司治理、企业法律风险防范等非诉讼业务。

伍琼,广东广和律师事务所合伙人律师,广东广和律师事务所劳动与社会保障业务委员会及调解业务委员会委员。曾任深圳市劳动人事争议仲裁委员会兼职仲裁员、深圳市律师协会第九届保险法法律专业委员会委员、深圳市龙岗区人民调解专家库专家、广东广和律师事务所公司法业务委员会副主任。

专业领域:企业法律风险管理及人力资源法律事务,已为多家企业提供专业的劳动专项法律服务和用工方案设计。

李杰,枣庄市律师协会刑辩委员会副主任、枣庄市劳动法学研究会(个人)会员、滕州市十人大法律咨询员、滕州市人民检察院民事行政联络员、山东滕国律师事务所副主任、劳动人事部主任。

专业领域:劳动、金融、家事传承等。

温乐，北京市君致律师事务所律师。

专业领域：证券与资本市场、公司与并购重组、公司债券融资、民商事争议解决。

岑曦蕾，广东诺臣律师事务所合伙人。

专业领域：婚姻家事，企业法律顾问，财富传承规划。

郭芬，广东省法学会疑难案件处理中心专家律师库律师，广东省法学会婚姻法学研究会理事，广州市法学会民商法学研究会会员，企业法律风险管理师，广州市律师协会维护社会稳定奖获奖律师，广东省信访局中立法律服务社十大典型案例获奖律师，广州市中立法律服务社优秀法律服务工作者、数年精品案例获奖律师。

专业领域：民商事，行民交叉。

王颖，山东奥瀚律师事务所主任律师，山东省律师协会刑事、婚姻家事委员会委员，临沂市民事委员会委员，临沂仲裁委员会仲裁员。

专业领域：刑事、劳动用工、企业合规等。

赵纪秀，北京市盈科（济南）律师事务所股权高级合伙人，公益委员会主任，民商事诉讼三部主任。

专业领域：企业刑事合规业务、民商事诉讼业务。

吴建，北京盈科（成都）律师事务所合伙人律师，劳动人事争议仲裁委员会兼职仲裁员。

专业领域：劳动争议、企业常年法律顾问、企业合规管理、建设工程房地产。